GESCHICHTE UND GESCHEHEN

Gerhard Henke-Bockschatz
Michael Epkenhans
Ursula Fries
Reinhard Ilg
Bärbel Kuhn
Elisabeth Lamparter
Georg Langen
Gerhild Löffler
Heinz Niggemann
Michael Sauer
Helge Schröder
Susanne Thimann-Verhey
Martin Thunich

Ernst Klett Verlag
Stuttgart · Leipzig

Bildnachweis: S. 160, 172: akg-images, Berlin
S. 171: Michael Sauer, Hannover

Nicht in allen Fällen war es uns möglich, den Rechteinhaber der Abbildungen ausfindig zu machen. Berechtigte Ansprüche werden selbstverständlich im Rahmen der üblichen Vereinbarungen abgegolten.

Fakultative Inhalte im Schülerband sind im Inhaltsverzeichnis dieses Lehrerbandes mit einem * gekennzeichnet.

1. Auflage   1 7 6 5 4 | 2014 2013 2012 2011

Alle Drucke dieser Auflage sind unverändert und können im Unterricht nebeneinander verwendet werden. Die letzte Zahl bezeichnet das Jahr des Druckes.

Das Werk und seine Teile sind urheberrechtlich geschützt. Jede Nutzung in anderen als den gesetzlich zugelassenen genannten Fällen bedarf der vorherigen schriftlichen Einwilligung des Verlags. Hinweis zu § 52 a UrhG: Weder das Werk noch seine Teile dürfen ohne eine solche Einwilligung eingescannt und in ein Netzwerk eingestellt werden. Dies gilt auch für Intranets von Schulen und sonstigen Bildungseinrichtungen.

Fotomechanische Wiedergabe nur mit Genehmigung des Verlages.

© Ernst Klett Verlag Leipzig GmbH, 2006.
Alle Rechte vorbehalten.
Internetadresse: www.klett.de

Unter Mitarbeit von: Gerhard Henke-Bockschatz, Michael Epkenhans, Ursula Fries, Reinhard Ilg, Bärbel Kuhn, Elisabeth Lamparter, Georg Langen, Gerhild Löffler, Heinz Niggemann, Michael Sauer, Helge Schröder, Susanne Thimann-Verhey, Martin Thunich

Redaktion: form & inhalt verlagsservice Martin H. Bredol, Seeheim-Jugenheim
Herstellung: Kerstin Heisch

Zeichnungen/Illustrationen: Lutz-Erich Müller, Leipzig

Satz: context · Ina Henkel-Graneist, Leipzig
Reproduktion: Meyle + Müller, Medien-Management, Pforzheim
Druck: Digitaldruck Tebben, Biessenhofen

Printed in Germany

ISBN-13: 978-3-12-411273-6

Konzeption und Aufbau von Lehrerband und Schülerband 5

Auf dem Weg zur Demokratie: England und die USA * *(Gerhard Henke-Bockschatz, Elisabeth Lamparter, Susanne Thimann-Verhey)* 9
1. England im 17. Jahrhundert: König und Parlament ringen um die Vorherrschaft * 10
2. England wird zur bedeutendsten Seemacht* 15
3. Englands Kolonien in der Neuen Welt * 18
4. Der Weg in die Unabhängigkeit * 21
5. Verfassungen regeln die Herrschaft des Volkes * 23
6. Die junge Demokratie zwischen Expansion und Bürgerkrieg * 26

Die Französische Revolution – Aufbruch in die moderne Gesellschaft *(Ursula Fries, Reinhard Ilg, Heinz Niggemann)* 30
1. Aufklärung: Die Welt wird neu erklärt 31
2. Frankreich in der Krise 32
3. „Freiheit, Gleichheit, Brüderlichkeit!" – Das alte Regime wird gestürzt 35
4. Der „Despotismus der Freiheit": Die Schreckensherrschaft 38
5. Napoleon beendet die Revolution 41
6. Deutschland unter Napoleon: Besatzung oder Befreiung? 44
7. Zwei moderne Staaten entstehen: Baden und Württemberg 46
8. Wird Europa französisch? 48

Industrialisierung und soziale Frage *(Gerhard Henke-Bockschatz, Gerhild Löffler)* 51
1. England – Werkstatt der Welt 52
2. Gründe der englischen Industrialisierung 54
   Gewusst wie: Arbeiten mit Statistiken 56
3. Deutschland auf dem Weg zur Industriegesellschaft 57
   Werkstatt: Die zweite industrielle Revolution 59
4. Unternehmer – die Väter der Industrialisierung? 60
5. Das Leben der Arbeiter 61
6. Wie soll die soziale Frage gelöst werden? 62
7. Arbeiter organisieren sich 64
8. Vom Leinentuch zum Zeppelin – Industrialisierung in Südwestdeutschland 67
   Werkstatt: Die moderne Stadt entsteht 68
9. Folgen für die Umwelt 69
   Lernen lernen: Fachlexika benutzen 70

Deutsche streben nach Freiheit und Einheit *(Bärbel Kuhn, Elisabeth Lamparter, Helge Schröder)* 71
1. Die Neuordnung Europas: Der Wiener Kongress 72
2. Bürger fordern Freiheit und Einheit 75
   Gewusst wie: Karikaturen verstehen und deuten 77
3. Vor der Explosion? Julirevolution und Vormärz 78
4. Revolution in Deutschland 81
5. Revolution ist nicht nur Männersache * 83
6. Eine Verfassung für ganz Deutschland 86
7. Revolution in Baden 88
8. Das Ende der Revolution: Bilanz und Ausblick 91
9. Preußen erringt die Vorherrschaft in Deutschland 93
10. Der Deutsch-Französische Krieg und die Gründung des Deutschen Reiches 96

Leben im Deutschen Kaiserreich *(Gerhild Löffler, Michael Sauer)* 101
1. Verfassung und Herrschaft 102
   Gewusst wie: Historienbilder untersuchen 104
2. Die Gesellschaft – Wandel und Beharrung 106
3. Nationalismus und Militarismus 108
   Werkstatt: Denkmäler erkunden 109

Inhalt

- 4. Vom Umgang mit Minderheiten und Andersdenkenden ... 111
- 5. Frauen im Kaiserreich – der lange Weg zur Gleichberechtigung ... 113
- 6. Aufbruch in die Moderne ... 114
  - Lernen lernen: Eine Geschichtszeitung zur Kaiserzeit ... 117

Imperialismus und Erster Weltkrieg *(Michael Epkenhans, Gerhild Löffler)* ... 118
- 1. Die Vorherrschaft Europas in der Welt ... 118
- 2. Interessen der Europäer – Folgen für die Einheimischen ... 119
- 3. „Kein Sonnenuntergang in unserem Reich" – das Deutsche Reich als Kolonialmacht ... 121
  - Werkstatt: Sensationen aus Übersee ... 123
- 4. Konkurrenz in der Welt – Frieden in Europa: Bismarcks Außenpolitik ... 124
- 5. Das Weltmachtstreben Wilhelms II. – Die deutsche Außenpolitik verändert Europa ... 125
- 6. Der Balkan – ein „Pulverfass" für Europa? ... 127
- 7. Europa im „Juli 1914" – Wie ein „Weltbrand" entsteht ... 129
- 8. Von der Kriegsbegeisterung zum Massentod ... 130
  - Gewusst wie: Feldpost auswerten ... 131
- 9. Totaler Krieg und gesellschaftlicher Wandel ... 132
  - Werkstatt: Überleben an der Heimatfront ... 133
- 10. Der lange Weg zum Frieden ... 134

Vom Zarenreich zur Sowjetunion *(Martin Thunich)* ... 136
- 1. Russland zwischen Erstarrung und Reform ... 137
- 2. 1917 – ein Jahr, zwei Revolutionen ... 139
- 3. Die Bolschewisten sichern ihre Macht ... 141
  - Gewusst wie: Fotografien als historische Quelle ... 143
- 4. Die Diktatur Stalins * ... 143
  - Werkstatt: Kunst in der Diktatur* ... 146
  - Lernen lernen: Ein Rollenspiel entwerfen ... 147

Wende dein Wissen an: Die Französische Revolution *(Elisabeth Lamparter)* ... 149
Wende dein Wissen an: Die Industrialisierung *(Gerhild Löffler)* ... 151
Wende dein Wissen an: Die Revolution von 1848/1849 *(Reinhard Ilg)* ... 152
Wende dein Wissen an: Das Deutsche Kaiserreich *(Gerhild Löffler)* ... 155
Wende dein Wissen an: Imperialismus und Erster Weltkrieg *(Gerhild Löffler)* ... 157
Wende dein Wissen an: Die Russische Revolution *(Gerhild Löffler)* ... 158

Kopiervorlagen ... 160
- 1 William Penns Verhandlungen mit den Indianern ... 160
- 2 Ist Sklaverei eine Sünde? Eine Auseinandersetzung um die Sklaverei im Jahr 1855 ... 161
- 3 Politische Gruppierungen in der Französischen Revolution ... 162
- 4 Verfassungen in Frankreich von 1789 bis 1815 ... 163
- 5 Kinderarbeit in einer Glashütte ... 164
- 6 Gliederung einer Maschinenfabrik ... 165
- 7 Rollenspiel: „Warum hat die Revolution von 1848 ihre Ziele nicht erreicht?" ... 166
- 8 Die politische Opposition wird unterdrückt ... 168
- 9 Ein Reich und viele Länder ... 169
- 10 Wohnraum für viele – die Mietskaserne ... 170
- 11 Ein Geldschein als Geschichtsquelle – der „blaue Hunderter" ... 171
- 12 Kommunistische Führer in Russland ... 172
- 13 Wirtschaftliche Umgestaltung der Sowjetunion ... 173

Kopiervorlagen: Bearbeitungs- und Lösungsvorschläge ... 174

Konzeption und Aufbau von Schüler- und Lehrerband

Zum Schülerband
„Geschichte und Geschehen" ist ein für den Geschichtsunterricht der Sekundarstufe I an Gymnasien in Baden-Württemberg konzipiertes Unterrichtswerk. Es ist auf der Basis des baden-württembergischen Bildungsplans 2004 erarbeitet.

Ziele des Lehrwerkes
Das Ziel der Autorinnen und Autoren ist es, die methodischen und fachlichen Kompetenzen zu vermitteln, welche die Schülerinnen und Schüler laut Bildungsstandards am Ende der jeweiligen Jahrgangsstufe beherrschen sollen. „Geschichte und Geschehen" erhebt außerdem den Anspruch, Schülerinnen und Schüler für die zu vermittelnden Inhalte zu interessieren und zur Auseinandersetzung mit ihnen anzuregen. Ausgehend von der jeweiligen Altersstufe sind die Einheiten deswegen anschaulich und altersgemäß aufgebaut. Zugleich will das Lehrwerk Lehrerinnen und Lehrern die Unterrichtsgestaltung erleichtern und verschiedene methodische oder thematische Zugriffe eröffnen.

Inhalte
Die verschiedenen Dimensionen historischer Erfahrung, z. B. die politik-, wirtschafts-, sozial-, alltags- und kulturgeschichtliche werden integrativ behandelt. Auch die Frage nach den Lebensverhältnissen und -entwürfen von Frauen und Männern (Geschlechtergeschichte) wird durchgängig gestellt. Bezüge zur Gegenwart werden – wenn angebracht – im Verfassertext, den Materialien, vor allem aber in den „Fragen und Anregungen" hergestellt. Die Erschließung der historischen Themen ist von den Prinzipien der Problemorientierung, der Multikausalität, der Multiperspektivität, der Kontroversität und des Fremdverstehens bestimmt.
Wo es sich anbietet, wird der behandelte historische Raum in eine europäische oder globale Perspektive eingeordnet (vor allem ab Band 2). Eine Verengung auf die Nationalgeschichte soll so vermieden werden. Dieser Perspektive steht die Betrachtung regionaler Beispiele gegenüber, die in verschiedenen Themeneinheiten immer wieder behandelt werden.

Aufbau
Die Schülerbände sind übersichtlich in Themeneinheiten gegliedert. Untereinheiten darin sind Kapitel mit einem Umfang von zwei bis sechs Buchseiten. Die Kapitel können als Grundlage für eine Unterrichtseinheit von jeweils ein bis drei Stunden dienen.

Auftaktdoppelseiten
Jede Themeneinheit wird durch eine Auftaktdoppelseite eröffnet, der unterschiedliche Funktionen zukommen: Ihre Gestaltung mit Bildern und Karten soll den Schülerinnen und Schülern Anreize bieten, sich mit den nachfolgenden Kapitelthemen auseinander zu setzen. Kurze Einleitungstexte reißen die Themen an und werfen zentrale Fragen auf. Die Materialien sind so ausgewählt, dass sie ein vorstrukturierendes Einstiegsgespräch ermöglichen und man auch am Ende einer behandelten Themeneinheit wieder resümierend auf sie zurückkommen kann.

Darstellungsteil
Die Verfassertexte (VT) fungieren als thematische Darstellung oder Zusammenfassung. Wichtige Daten sind den Verfassertexten in Form einer Zeittafel vorangestellt. Ein synchronoptischer Überblick am Ende des Bandes ermöglicht zusätzliche chronologische Orientierung. Besonderer Wert wird auf eine altersgemäß verständliche sprachliche Darstellung gelegt, die den Weg zur eigenständigen, interessierten Arbeit der Schülerinnen und Schüler eröffnet. Verschiedene Stile – erzählend, exemplarisch-dokumentierend, sachlich-informierend – sollen die Schülerinnen und Schüler mit den unterschiedlichen sprachlichen Darbietungsformen von Geschichte vertraut machen. Elementare Begriffe zum systematischen Aufbau eines Fachvokabulars sind in den Kapiteln wie im Register besonders hervorgehoben. Die Zusammenfassungen im Anhang stellen das in den Bildungsstandards festgeschriebene Grundwissen in knapper Form dar und bieten einen Einstieg in die Wiederholung des Stoffes.

Materialteil
„Geschichte und Geschehen" weist ein breites Spektrum unterschiedlicher Materialien auf. Von Anfang an wird den Schülerinnen und Schülern der Unterschied zwischen Quelle und Darstellung verdeutlicht: Quellen sind mit einem „Q", Darstellungen mit einem „D" ausgewiesen.
Inhaltlich und methodisch bilden Darstellungs- und Materialteil eine thematische Einheit. Mit den Materialien lassen sich darüber hinaus Inhalte der Darstellung konkretisieren, Aspekte vertiefen oder den Kapitelschwerpunkt um zusätzliche Aspekte erweitern. Verfassertexte und Materialien können aber auch unabhängig voneinander eingesetzt werden.
Alle Themen sind multiperspektivisch angelegt, sofern es sich von der Sache her anbietet. Eine ausdrückliche kontrastive Anordnung von Textquellen oder Auszügen aus der Sekundärliteratur (kontrovers) bietet Schülerinnen und Schülern die Gelegenheit, sich ein eigenes Urteil zu bilden.

Arbeitsanregungen und -vorschläge
Jedes Kapitel endet mit „Fragen und Anregungen", die oft mehrere Materialien miteinander verknüpfen und ggf. den Verfassertext einbeziehen. So werden die thematische Gesamtstruktur wie Einzelaspekte ins Blickfeld gerückt. Die Fragen und Anregungen geben Impulse zu multiperspektivischer Betrachtung und Perspektivenwechsel zielen auf handlungsorientierte Zugänge und Transfers.
In einzelnen Kapiteln regen Literaturtipps und Projektvorschläge zu weiterführender Beschäftigung mit dem Thema an. Diese Angebote ermöglichen unterrichtliche Aktivitäten unabhängig vom Lehrwerk und unterstützen einen Geschichtsunterricht, der verstärkt auf handlungs- und produktionsorientierte Ansätze zurückgreift.

	Gewusst wie (Methode)	*Werkstatt*	*Lernen lernen*
Inhalt: Was machen die Schüler?	eine fachspezifische Methode Schritt für Schritt erarbeiten	eine gelernte Methode in der Praxis oder einer simulierten Situation anwenden -> „Mini-Projekt"	mithilfe allgemeiner Lernstrategien fachspezifische Inhalte festhalten und verarbeiten
Funktion: Was bringt es den Schülern?	ein Thema erschließen -> Erkenntnisgewinn	Transfer auf die eigene Situation/ Umfeld	Aneignung des Inhaltes (Reflexion)

Integriertes methodisches Lernen

„Geschichte und Geschehen" enthält drei Typen besonders hervorgehobener Seiten: Die „Gewusst-wie"-, „Werkstatt"- und „Lernen-lernen"-Seiten sind Teil eines Gesamtkonzeptes, das auf den Erwerb von Methoden- und Lernkompetenz hin orientiert ist und aufbauend für die Bände 1 bis 4 entwickelt wurde. Den Seiten kommen je eigene Inhalte und Funktionen zu:

Gewusst wie (Methodenschulung)
An Unterrichtsgegenständen sollen Lernende nicht nur inhaltliche Einzelkenntnisse und Zusammenhänge erfahren, sondern auch die Möglichkeit erhalten, sich fachspezifische Fertigkeiten anzueignen und einzuüben.
Die Methodenschulung erfolgt innerhalb einzelner Kapitel an wichtigen inhaltlichen Themen, für deren Bearbeitung das gewählte Verfahren typisch ist. Wer an einem Beispiel gelernt hat, wie sich historisches Wissen gewinnen lässt, kann diese Qualitäten auch auf andere Themen übertragen. Weil die Methodenschulung jedoch nicht mit dem einmaligen Präsentieren der Methode erledigt ist, müssen methodische Zugangs- und Arbeitsweisen geübt und angewendet werden. Darum werden auf den „Gewusst-wie"-Seiten die einzelnen Schritte der Materialerschließung zusammengefasst und so verallgemeinert (methodische Arbeitsschritte), dass sie auf andere Materialien gleichen Typs übertragbar sind.

Werkstatt
Die „Werkstatt"-Seiten wollen zu selbstverantwortlichem Lernen hinführen, indem sie ein aufgabengeleitetes offenes Lernen ermöglichen. Unter einer anregenden Fragestellung bieten sie ein Arrangement von Materialien an, dessen Zusammenhänge sich die Schülerinnen und Schüler selbst erschließen sollen. In einzelnen Kapiteln werden Quellen so gruppiert, dass Schülerinnen und Schüler in Partner- oder Gruppenarbeit ein Thema selbsttätig bearbeiten. Hierzu wenden sie Strategien und methodische Fertigkeiten an, die sie in den vorangegangenen Kapiteln des Schülerbandes erlernt haben. Meist fordert eine Aufgabe zur weiterführenden Recherche auf. Das geleitete Entdecken soll schließlich zu einer systematischen Dokumentation und Präsentation der Ergebnisse führen.

Lernen lernen
Die zentrale Forderung des Bildungsplans, nachhaltiges Lernen zu fördern, setzt „Geschichte und Geschehen" für den alltäglichen Geschichtsunterricht um. Die Konzeption der „Lernen-lernen"-Seiten am Ende jeder Themeneinheit geht von folgenden Erkenntnissen aus: Erfolgreiche Lernerinnen und Lerner

– verfügen über ein allgemeines und ein fachspezifisches Strategiewissen und sind in der Lage, dieses wirksam einzusetzen.
– steuern ihr eigenes Lernen bewusst und denken über ihr Wissen und Lernen nach.
– sind in der Lage, ihr erarbeitetes Wissen und Können eigenständig festzuhalten, Neues zu verinnerlichen und an eigenen Strukturen festzumachen.
– verfügen zudem über ein positives Selbstkonzept und über ein sachlich motiviertes Interesse. Sie planen ihr Lernen kompetent, gestalten ihren Arbeitsplatz bewusst, überprüfen dauernd ihr eigenes Lernen und zeigen ein adäquates Prüfungsverhalten.
– verfügen über ein gut organisiertes Wissen.

Auf jeder „Lernen-lernen"-Seite wird eine Aufgabe vorgegeben, damit Lernende durch eigenständige Dokumentation selber den Lerngegenstand oder ein ausgewähltes Studienobjekt erfahren. Die Aufgabe besteht aus einer Handlungsanweisung zur Entwicklung von Material. Sie führt ausgewählte Fragen und Anregungen aus den Kapiteln konsequent weiter. Schülerinnen und Schüler erarbeiten die Dokumentation während oder nach dem Bearbeiten der Themeneinheit. Lehrpersonen leiten die Arbeit an und bewerten sie. Natürlich können die Lehrerinnen und Lehrer weiterhin zusätzliche oder alternative Aufgaben geben und diese besprechen oder schriftlich dokumentieren lassen.

Die „Lernen-lernen"-Seiten leiten also zur Verankerung und Dokumentation des erworbenen Wissens und Könnens an, befördern eigenes Nachdenken über das Geschichtslernen und erklären allgemeine und fachspezifisch bedeutsame Lernstrategien.

Nachhaltiges Lernen

„Geschichte und Geschehen" unterstützt das nachhaltige Lernen mit einem dreistufigen Konzept:

Die Kapitel
Die erste Ebene des nachhaltigen Lernens sind die Kapitel, in denen Inhalte (Verfassertext, Materialien, Grundbegriffe, Zeitleisten), fachspezifische Methoden (Gewusst wie) und Lerntechniken (Lernen lernen) vermittelt werden. Die „Fragen und Anregungen" leiten dazu an, diese Inhalte zu erschließen und die Methoden einzuüben. Dabei stellen sie immer wieder Bezüge zwischen den Themeneinheiten und

Kapiteln her und helfen so, die Inhalte zu verknüpfen und Methoden zu übertragen. Dem isolierten Lernen kleinerer Einheiten, die die Schüler nach der Klausur wieder vergessen, wird so entgegengewirkt.

Zusammenfassungen
Die zweite Ebene des nachhaltigen Lernens bilden die Zusammenfassungen im Anhang. Auf jeweils einer Seite werden hier die Themeneinheiten der Bildungsstandards zusammenhängend dargestellt, die standardrelevanten Grundbegriffe fallen durch ihre farbige Markierung ins Auge. Die Zusammenfassungen helfen, die großen Zusammenhänge zu erkennen, die sich in den Themeneinheiten über viele Kapitel strecken. Sie bieten einen Einstieg bei der Wiederholung länger zurückliegender Einheiten und können insbesondere vor den Vergleicharbeiten eingesetzt werden. Selbstverständlich erfordert eine umfassende Prüfungsvorbereitung, in die Kapitel zurückzublättern, um sich Details, Begriffe, Daten etc. ins Gedächtnis zu rufen.

Wende dein Wissen an
Diese Seiten im Anhang bilden die dritte Ebene des nachhaltigen Lernens: Sie bieten den Schülern die Möglichkeit, ihre erworbenen inhaltlichen und methodischen Kompetenzen anzuwenden und zu erproben. Zu jeder Themeneinheit der Bildungsstandards stehen auf einer Doppelseite eine oder mehrere Quellen bzw. Darstellungen im Mittelpunkt, die die Schüler, erschließen, einordnen und interpretieren sollen. Die Materialien wurden so ausgesucht, dass sich an ihnen viele zentrale Aspekte der Themeneinheit aufhängen lassen. Die Aufgaben („So kommst du zum Ziel") zeigen Wege auf, wie die Quellen erschlossen und die Ergebnisse präsentiert werden können. Sie bieten aber bewusst keine Verweise auf hilfreiche Seiten in den Kapiteln, weil die Schüler an dieser Stelle zeigen sollen, dass sie die Informationen selber finden können.
Die Seiten können über das Jahr verteilt am Ende der jeweiligen Themeneinheit oder als direkte Vorbereitung für die Vergleichsarbeiten eingesetzt werden. Der Lehrer erhält dabei eine Übersicht über den Leistungsstand der Schüler und kann feststellen, wo weiterer Lern- und Übungsbedarf besteht.

Neue Medien im Unterricht
„Geschichte und Geschehen" enthält Angebote, die Themen auch mithilfe der Neuen Medien zu erschließen. Dazu haben die Autorinnen und Autoren Software entwickelt, die eng auf die Inhalte des Schülerbuchs abgestimmt ist und die den Einsatz des Computers im Unterricht ermöglicht. Darüber hinaus finden Lehrer wie Schüler Zusatzmaterialien und weiterführende schülergerecht ausgewählte Links im Internet (www.klett-verlag.de/gug). Im Schülerbuch wird an jeweils inhaltlich gebotener Stelle auf die Software und das Internet verwiesen.

Unterrichten mit „Geschichte und Geschehen"
Autorinnen, Autoren und Verlag erschien es wichtig, den Lehrerinnen und Lehrern mit dem Lese-, Lern- und Arbeitsbuch „Geschichte und Geschehen" ein Leitmedium an die Hand zu geben, mit dem sie ihren Unterricht nach Maßgabe ihrer Vorstellungen und Unterrichtsbedingungen variabel gestalten können. Bei dem komplexen Prozess der Unterrichtsplanung und ihrer Realisierung bieten die Lehrermaterialien zu „Geschichte und Geschehen" eine praxisorientierte und konkrete Hilfe.

Zu den Lehrermaterialien

Jedem Schülerbuch wird eine CD-ROM mit Lehrermaterialien zur Seite gestellt. Konzeption und Aufbau der Lehrer-CD-ROM resultieren unmittelbar aus der beschriebenen Zielsetzung. Um eine möglichst enge inhaltliche sowie fachdidaktische Abstimmung zwischen den Vorgaben des Schülerbandes und den Ausführungen und Anregungen der Lehrer-CD-ROM zu gewährleisten, wurden seine Abschnitte von den Autorinnen und Autoren geschrieben, die auch die entsprechenden Kapitel im Schülerband verfasst haben.

Konzeption der Themeneinheit
Die „Einleitung" skizziert die Inhalte und Schwerpunkte der Themeneinheit und erläutert sie im Hinblick auf ihre fachdidaktische Reduktion und Problemstellung. Auch werden bereits hier oder spätestens in den Erläuterungen zu den einzelnen Kapiteln Bezüge zu verwandten Themen in anderen Unterrichtseinheiten aufgezeigt.
In den Ausführungen zur jeweiligen Auftaktdoppelseite werden deren Aufbau und unterrichtspraktische Verwendungsmöglichkeiten erläutert. Zusatzinformationen zu den einzelnen Elementen der Auftaktdoppelseite runden den Abschnitt ab.

Erläuterungen zu den Kapiteln
Zu Beginn wird die Konzeption der Einzelkapitel dargelegt und besonders an thematischen und didaktischen Schwerpunktsetzungen oder Reduktionen konkretisiert. Wenn möglich, ergänzen Hinweise auf fachübergreifenden Unterricht den Abschnitt.

Die „Möglichkeiten zur Unterrichtsgestaltung" sind als unterrichtspraktische Konkretisierung dieser konzeptionellen Überlegungen zu sehen. Sie verstehen sich als Angebot und Anregung. Lehrerinnen und Lehrer werden dabei selbst über Schwerpunkte entscheiden und entsprechend ihrem didaktischen Zugriff und ihrer methodischen Vorgehensweise auswählen. Hinweise auf unterrichtliche Alternativen oder ergänzende Materialien werden deshalb meist schon an dieser Stelle gegeben. Hierzu ist auch ein Vorschlag für ein Tafelbild zu zählen, das als Ergebnissicherung, aber auch als Vertiefung genutzt werden kann.
Die „Zusatzinformationen zum Verfassertext" und „Zusatzinformationen zu den Materialien" enthalten oft Hinweise, die Hintergründe, aber auch weniger offensichtliche und bekannte Zusammenhänge erhellen und den Blick gegebenenfalls auf die nicht sogleich erkennbaren Wege lenken.
Im Abschnitt „Zu den Fragen und Anregungen" wird der Erwartungshorizont skizziert.
Jeder Großabschnitt schließt ab mit Lektürehinweisen für Schülerinnen und Schüler, manchmal auch Hinweisen auf fachdidaktische Titel für den praktischen Unterricht sowie

auf entsprechende Medien, ohne dass damit ein Anspruch auf Vollständigkeit verbunden ist.

Kopiervorlagen
Der Anhang enthält Kopiervorlagen (und im Anhang die entsprechenden Bearbeitungs- und Lösungsvorschläge). Sie können im Unterricht vielgestaltig eingesetzt werden und bieten Möglichkeiten, die über die exemplarisch thematisierte Einbindung in den Unterricht hinausgehen.

Auf dem Weg zur Demokratie: England und die USA

Inhalte und Schwerpunkte

Die Themeneinheit handelt zunächst von der Geschichte Englands im 17. Jahrhundert; dann wird die Geschichte der USA von der Gründung bis zum Bürgerkrieg thematisiert. Die inhaltliche Klammer ist in der Überschrift formuliert, beide Staaten sind „Auf dem Weg zur Demokratie". Die Einheit wird auf der einen Seite gerahmt von der Darstellung des Absolutismus in Europa und auf der anderen von der Französischen Revolution. Damit ist die politische und geistesgeschichtliche Gesamtentwicklung der Machtminderung des Königs und der neu einsetzenden Demokratisierungs-Bestrebungen skizziert.

England im 17. Jahrhundert

Die spezifische Entwicklung in England weicht vom Absolutismus in Frankreich, der auf andere kontinentaleuropäische Länder ausstrahlt, ab. Der Weg zu modernen Demokratien wird über die Schwächung des Königs und die Etablierung des Parlaments *(= „Parlamentarisierung")* beschritten, so dass am Ende des 17. Jahrhunderts, als Monarch und Parlament aus überwiegend adligen Vertretern bestehen *(= „König im Parlament")* die parlamentarische Monarchie, nämlich gewählte Volksvertreter aus allen sozialen Schichten, entstanden ist; der Monarch selber ist in seinen Zuständigkeiten teilweise bis zur Repräsentationsfunktion zurückgedrängt *(= „Demokratisierung")*.

Das Gedankengut einer gemäßigten und kontrollierten Staatsführung gelangt von England in die nordamerikanischen Kolonien und bietet die Grundlage der freiheitlichen, nicht mehr monarchisch ausgerichteten Amerikanischen Unabhängigkeitserklärung. Aus den dort in Unabhängigkeitskampf und -erklärung gewonnenen Erfahrungen stammen wesentliche Impulse für den Freiheitskampf und das Auflehnen gegen die absolutistische Monarchie in Frankreich, der schließlich in der Französischen Revolution eskaliert.

Dieser Zeitabschnitt in der Verquickung von alter und neuer Welt wird wesentlich mitbestimmt von dem Gedankengut der Aufklärung sowie dem Einfluss religiöser Gruppierungen und Freikirchen, wie sie nach der Reformation gerade in England entstehen und in ihrer Vielfalt nach Amerika gelangen.

Die USA

Der Aufstieg der USA von einer Gruppe englischer Kolonien über einen lockeren Staatenbund zu einem Bundesstaat, der sich dann im Verlauf des 19. Jahrhunderts den größten Teil des nordamerikanischen Territoriums zwischen Atlantik und Pazifik einverleibte und damit zu einer politischen und wirtschaftlichen Großmacht avancierte, hat die Weltgeschichte der beiden letzten Jahrhunderte entscheidend geprägt. In erster Linie muss die Wegbereiter- und Vorbildfunktion hervorgehoben werden, die von der Konstituierung der demokratisch-republikanischen Staatsform auf die übrige Welt, vor allem aber auf das „alte" Europa ausging. Viele Elemente der Amerikanischen Revolution wurden zum Vorbild der Französischen Revolution und beeinflussten auf diesem Weg die politische Entwicklung Europas maßgeblich. Auf mentalitäts- und ideengeschichtlicher Ebene ist in dieser Hinsicht auch an Wirkungen zu erinnern, die das „Land der unbegrenzten Möglichkeiten" mit seinem „pursuit of happiness" auf die Subjektivität von Menschen hatte, die in spätfeudalistischen Verhältnissen aufwuchsen. Aber auch die heutige exzeptionelle machtpolitische Stellung der USA in der Welt sowie viele der innenpolitischen Probleme der USA sind ohne Wissen um die Geschehnisse zwischen Kolonisation und Bürgerkrieg nur schwer zu verstehen.

Von den Amerikanern wurde die Besiedelung und Eroberung des Kontinents im Laufe der Zeit sehr unterschiedlich beurteilt. Für ihr Selbstbewusstsein spielte seit der Mitte des 19. Jahrhunderts die Vorstellung von der „manifest destiny", der ihnen von Gott vorherbestimmten Aufgabe, die Reichtümer des Kontinents der Menschheit zunutze zu machen, eine wichtige Rolle. Gegen Ende des 19. Jahrhunderts, mit dem offiziell verkündeten Ende der „Pionierzeit", kam dann der Gedanke auf, das Leben an der Frontier habe den amerikanischen Nationalcharakter fundamental geprägt. Diese Ansicht findet heutzutage nur noch wenige Anhänger. Sie wird aber ihrerseits unter der Frage thematisiert, wie für den jungen Staat eine nationale historische Identität konstruiert wurde. Die amerikanische Historiographie blickt heutzutage wesentlich kritischer und differenzierter auf die Zeit der Konstituierung und Expansion der Republik. Die Schicksale der Minderheiten, die von den Siedlern an den Rand gedrängt oder ausgenutzt wurden (v. a. die indigenen Völker und die versklavten Schwarzen), werden nicht nur nicht mehr verschwiegen, sondern zuweilen sogar im Sinne einer übertriebenen political correctness zum wichtigsten Bezugspunkt erhoben. Auch den ökologischen Folgen der oftmals äußerst rücksichtslosen Ausbeutung der natürlichen Reichtümer des Landes wird heutzutage erheblich größere Aufmerksamkeit zu teil. Trotzdem wird immer noch vielerorts und bei vielen Anlässen mit großem nationalen Pathos an die Zeit der Pioniere und Staatsgründer erinnert.

In den Geschichtsunterricht zum Thema „Entstehung und Expansion der USA" werden Schülerinnen und Schüler im Allgemeinen einige Kenntnisse und Voreinstellungen mitbringen. Obwohl heutzutage sicherlich weniger Karl-May-Bücher gelesen und auch weniger Western gesehen werden als vor einigen Jahrzehnten, kann doch davon ausgegangen werden, dass den Jugendlichen einige vage und klischeehafte Vorstellungen geläufig sind: Indianer in Tipis, indianische Lebensweisen „im Einklang mit der Natur", Planwagen in der Prärie, Siedler in Blockhäusern, blutige Kämpfe zwischen Siedlern und Indianern, Sheriffs, die mit ihren Colts das Recht durchsetzen, Trapper und Cowboys usw. Diese oftmals romantisierenden und abenteuerhaften Bilder sollten aufgegriffen und im Sinne eines realistischeren Geschichtsbewusstseins beeinflusst werden. Hierzu kommt v. a. die Konfrontation mit bisher nicht gekannten Lebensweisen sowohl der Indianer als auch der Siedler in Frage. Die generelle didaktische Intention bei dem Thema „Entstehung und Expansion der USA" sollte allerdings darin bestehen, den Jugendlichen zu verdeutlichen, wie sich unter den Bedingungen der schon bald eindeutigen militärischen Überlegenheit der Siedler über die Indianer, des damit ermöglichten Zugriffs auf die Reichtümer des Landes und der gleichzeitigen Ferne der Kolonialmacht Schritt für Schritt eine neue Art von Staatsräson herausbildete. Das ständig wachsende politische Selbstbewusstsein der Siedler als Bürger einer Gesellschaft, in der keine traditionellen feudalen Eliten, sondern die Gemeinschaft der Besitzenden und nach Besitz Strebenden die Macht in ihrem Sinne ausüben sollte, führte zur Loslösung vom Mutterland und zum Aufbau eines durch vielfältige „checks and balances" gekennzeichneten Staatswesens. Diesem Staatswesen war von Beginn an auch das Bestreben zu Eigen, den Rest des Kontinents für sich zu beanspruchen. Deshalb plante und regelte es die Expansion, schuf die gesetzlichen Grundlagen dafür, wie die Indianer verdrängt werden konnten und wie gesiedelt werden durfte.

Auftaktdoppelseite 10/11

Auf der linken Seite der ADS finden sich Illustrationen, die das Geschehen in den englischen Kolonien bzw. den USA beleuchten. Durch die Abbildungen soll einerseits die Begeisterung und die Feierlichkeit zum Ausdruck gebracht werden, mit der zuerst die Unabhängigkeitserklärung und einige Zeit später die Verfassung verabschiedet wurden. Andererseits weist die Karikatur auf die Sklaverei als das schwerwiegendste strukturelle innenpolitische Problem hin, das den jungen Staat von Beginn an belastete und schließlich zum Bürgerkrieg führte.

Die Zeitschrift „Punch", aus der die Karikatur oben links entnommen ist, erschien in England. Die Karikatur nimmt in Umkehrung der realen Machtverhältnisse und unter Abstraktion von den politischen und ökonomischen Gegensätzen zwischen Nord- und Südstaaten eindeutig für das weiße Amerika Partei: Der in zeitgenössisch-rassistischer Art gezeichnete Sklave droht den Staat zu teilen, während Süd- und Nordstaatler ratlos daneben stehen.

Im Hintergrund findet sich quasi als Folie der Entwicklungen auf dem nordamerikanischen Kontinent ein Ausschnitt aus dem Original der Unabhängigkeitserklärung. Auf die beiden anderen Abbildungen wird im Kontext der Kapitel 4 und 5 näher eingegangen.

Die rechte Seite der ADS ist der Entwicklung in England vorbehalten. Die Abbildung des Großsiegels zeigt die Rückseite mit der Umschrift: „1651, in the third year of freedome by God's blessing restored" (im dritten Jahr der durch Gottes Gnade wiederhergestellten Freiheit). Gezeigt ist eine Versammlung des Unterhauses. Die (im Kapitel 2 abgebildete) Vorderseite zeigt eine Landkarte der Britischen Inseln, die unter Cromwell zum „Commonwealth" geeint wurden, mit der Bildumschrift: „Seal of England the Great". Das Siegel findet sich heute im British Museum London.

Der Palace of Westminster (heute: Houses of Parliament) lag ursprünglich vor den Toren Londons und diente als Wohnsitz der Könige. Nachdem Henry VIII den Palast nicht mehr nutzte, entwickelte sich das Gebäude zum politischen und administrativen Zentrum des Königreichs. Es wurde 1834 bei einem Brand zum größten Teil zerstört und anschließend im Perpendicularstyle wieder aufgebaut. Von den ersten Bauten blieb nur jener Saal erhalten, der möglicherweise seinerzeit der größte in Europa war, als er 1097–1099 erbaut wurde. Nach der Rückkehr der Stuarts war in Westminster Hall fast 25 Jahre lang der Kopf Cromwells ausgestellt. Der beeindruckende Saal dient heute als Vestibül für das House of Commons.

Der Kupferstich aus dem Jahr 1790 unterstreicht die enorme Bedeutung, die der unblutige Wechsel des Herrschers in der „Glorious Revolution" 1688/1689 für England besaß und besitzt.

1. England im 17. Jahrhundert: König und Parlament ringen um die Vorherrschaft

Konzeption

Für das Verständnis der Entwicklungen in den amerikanischen Kolonien und die Umwälzungen in Europa im Gefolge der Französischen Revolution ist die Einbeziehung der Geschichte Englands im 17. Jahrhundert unverzichtbar. Das erste Kapitel der Themeneinheit knüpft an den Stoff des Vorgängerbandes an, der die „Magna Charta" im Umfeld der Auseinandersetzungen zwischen Adel und Königtum in England und Frankreich thematisiert hatte. Hier werden nun die einzelnen Etappen des Kampfes zwischen König und Parlament in England skizziert, die schließlich in den Grundrechte-Katalog der „Bill of Rights" münden.

Aspekte der Unterrichtsgestaltung

Vorschläge für den Themeneinstieg:
Es bietet sich an, auf die rechte Hälfte der ADS zurückzublättern: dort sind die beiden maßgeblichen Kontrahenten um Macht und Entscheidungsgewalt, nämlich Parlament und Monarch(en) abgebildet und damit als Einstieg für Problemfragen vorgestellt. Diese Fragen können sich richten auf:
a. die Verbindungslinien zwischen dem Parlament unter Cromwell von 1651 und dem heutigen Parlament;
b. den Gegensatz und die jeweiligen Zuständigkeiten von Parlament auf der einen und Herrscher auf der anderen Seite. Dabei sind folgende Fragen denkbar:
– Wer hat welche Zuständigkeiten und Befugnisse, wie sind diese legitimiert? (vgl. „Magna Charta" von 1215)
– Wer hat zu Beginn des 17. Jahrhunderts den größeren Einfluss, wer am Ende jenes Jahrhunderts?
– Welche Entwicklung hat zu einem Herrscherpaar auf dem englischen Thron geführt?
– Impulsfragen zum Transfer: Warum will die Mehrheit der Engländer heute die Monarchie erhalten? Welche Rolle spielt das englische Königshaus im 21. Jahrhundert?

Auf folgende Teilthemen kann eingegangen werden:
– Traditionen und Legitimation von Parlament und Herrscher:

In die Überlegungen zur ADS reihen sich die 1. Marginalie zum Bild Q1 ein; den Bogen zur Moderne schließt das gegenüberliegende Bild Q2. Den Schlusspunkt als eine erste Ergebnissicherung zum Grundbegriff „Parlament"

Auf dem Weg zur Demokratie: England und die USA

Tafelbild

Machtkampf zwischen König und Parlament

König
(Regierung)
- gottähnliche Stellung
- ignoriert das Parlament
- lässt Parlamentarier verfolgen

Parlament
(Gesetzgebung/Finanzen)
- fordert politische Macht (seit 1215)
- ignoriert das Parlament
- lässt Parlamentarier verfolgen

**1640–1689:
Zeit der Umbrüche/Bürgerkrieg**

1649: König Karl I. wird enthauptet
1653–1658: Cromwell: „Lord Protektor/England: Republik
1688: Glorreiche Revolution
1689: „Bill of Rights"/Wilhelm III. von Oranien

Gesetze
Steuern
stehendes Heer
regelmäßige Einberufung des Parlaments
Redefreiheit
persönliche Freiheit

König und Parlament „gleichberechtigt";
England ist konstitutionelle Monarchie

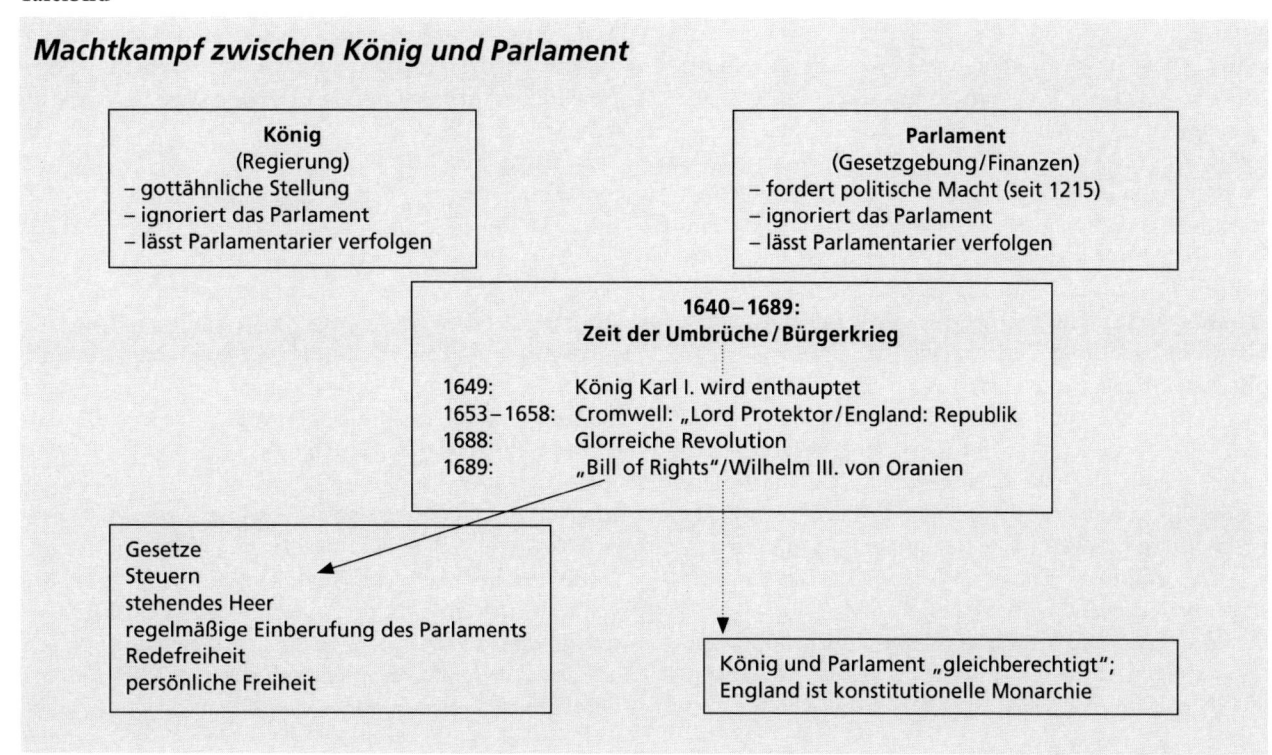

setzt der Text zu Q2 mit dem Hinweis auf die 700-jährige Tradition des englischen Parlaments in Ober- und Unterhaus.
Überdies erlauben die Bildvergleiche Q1 und Q2 reichhaltige Detailgegenüberstellungen, sowohl hinsichtlich Kontinuitäten als auch hinsichtlich Veränderungen. Der VT auf den Seiten 12/13 bietet den Schülerinnen und Schülern Hintergrundinformationen dazu.
– Der Konflikt Parlament und Herrscher:
Mit der Marginalie „Das Parlament schränkt die Macht des Königs ein" ist der spannungsreiche Konflikt König vs. Parlament eröffnet; seine lang dauernden Lösungsversuche durchziehen das Thema dieses Kapitels auf den übrigen Seiten.
– Die Konfessionsverhältnisse:
Zusätzlich verkompliziert werden die Machtverhältnisse durch die Konfessionsfrage. (Marginalie: „Einfluss religiöser Strömungen"). Hier sind sowohl für das weitere Verständnis der Geschichte Englands als auch des nachfolgenden Themas „USA" die beiden Begriffe „Puritaner" und „Quäker" wichtig. Überdies bieten sie eine Überleitung zum nächsten Teilthema.
– The Lord Protector Oliver Cromwell:
Seine Person, seine Politik und seine Reformen. Wichtig sind hier die Grundbegriffe „Republik" und „Diktator".
– Die „Glorious Revolution" 1688/89:
Wie „glorreich" ist die „Glorious Revolution"? Wie revolutionär ist sie?
Ist nur der König ausgetauscht worden oder hat sich mehr verändert?
Analyse des Grades der Demokratisierung.
Vergleich und Kontexteinbindung der Grundrechte, der englischen „Bill of Rights" (Q9), der Amerikanischen Unabhängigkeitserklärung bzw. dortigen Bill of Rights, französischer Menschen- und Bürgerrechte (1789) und deutscher Menschenrechte (1848/49 und Grundgesetz).

Als übergreifende Problem-/Fragestellungen können abschließend thematisiert werden:
– Musste der Konflikt zwischen König und Parlament zum Todesurteil Karls I. 1649 führen?
– Welchen Einfluss übte die religiöse Zugehörigkeit der jeweils Agierenden auf ihre Politik aus?
– Was hatte sich am Ende des 17. Jahrhunderts gegenüber dem Anfang politisch gebessert?

Zusatzinformationen zum Verfassertext

Die Schülerinnen und Schüler sollen die vom Kontinent grundlegend verschiedene historisch-politische Entwicklung in ihren einzelnen Etappen und die spezifische Prägung der englischen Gesellschaft erkennen. Es soll ihnen auch bewusst werden, dass die Ereignisse des 17. Jahrhunderts die Basis für einen bis heute fortwirkenden Sonderweg Englands darstellen, der für die speziellen Vorbehalte gegen den europäischen Integrationsprozess mit verantwortlich ist.
Die dem 17. Jahrhundert innewohnende Dynamik beendete die unter den Stuarts eingeleitete Phase des Absolutismus. Sie übersprang also die „Normalität" der Entwicklung in den großen europäischen Kontinentalstaaten. Die Hinrichtung König Karls I. 1649 negierte die Heiligkeit und Unantastbarkeit der Monarchie. Die Einführung der Republik und die Protektoratsherrschaft unter Oliver Cromwell blieben zwar ein Zwischenspiel, aber die Wiederherstellung der Monarchie 1660 nach dem Interregnum hatte vor allem pragmatische Gründe. Die traditionellen Herrschaftsstrukturen schienen zur inneren Stabilität und Rechtssicherheit des Landes notwendig zu sein.
Die Schülerinnen und Schüler sollen erkennen, dass die Restauration zwar die Stuarts zurückbrachte, diese aber nicht mehr die Macht ihrer Vorgänger besaßen. Als sie zur unumschränkten Herrschaft und zu einem offen be-

kannten Katholizismus zurückkehren wollten, wurden sie entfernt.

In der „Glorious Revolution" von 1688 sicherte sich der Teil der Gesellschaft, der unter Cromwell und danach aufgestiegen und reich geworden war, die Teilhabe an der politischen Macht. Die Regelungen beim dynastischen Wechsel und die bald folgenden Gesetze machten das Parlament endgültig zu einem festen Bestandteil des politischen Herrschaftsgefüges. Das Unterhaus „bewachte" nicht mehr nur die Regierung, es war selbst ein Teil der Regierung geworden. Dabei muss aber beachtet werden, dass die bis heute überdauernde Staatsform der parlamentarischen Monarchie damals noch keine Demokratisierung der Gesellschaft bedeutete. Nicht nur das Oberhaus, auch viele Unterhaussitze blieben im erblichen Besitz adliger Familien. Diese Adelsoligarchie behinderte jede Wahlrechtsausweitung auf die übrige Bevölkerung, die noch weitere rund 150 Jahre nur punktuell politisch partizipieren konnte und auch nur dann, wenn sie Ansehen und entsprechende Einkünfte besaß.

Zusammenfassend lässt sich sagen: Das 17. Jahrhundert ist eine der verwirrendsten Epochen der englischen Geschichte. Mit dem Kampf gegen die absolutistischen Tendenzen Karls I. begann die englische Revolution, die in der Enthauptung des Königs und der Abschaffung der Monarchie gipfelte. Diese im damaligen Europa einzigartige Entwicklung sowie die praktisch als Diktatur einzuordnende Herrschaft Cromwells zur Zeit der Republik waren nur eine Stufe auf dem Weg des gesellschaftlich-politischen Fortschritts.

Die Monarchie war zwar 1660 wieder eingeführt worden, aber das alte Problem der parlamentarischen Kontrolle des Königs bestand nach wie vor. Der Parlamentsbeschluss vom 1. Mai 1661, dass „gemäß den Grundgesetzen des Königreichs die Regierung eine durch König, Lords und Commons sei und sein sollte", blieb pauschal. Karl II. hat es nicht auf eine endgültige Kraftprobe mit dem Parlament ankommen lassen wie später sein unvorsichtigerer Bruder Jakob II. Auf dessen Maßnahmen reagierten die besitzenden Klassen sofort.

Die radikalen Kräfte aus dem breiten Spektrum des Puritanismus spielten schon bald keine Rolle mehr in dem seit der Restauration zutage getretenen antidemokratischen Charakter der Entwicklung. Sie wurden gesetzlich benachteiligt, wie der „Claredon Code" zum Ausschluss von Nonkonformisten aus der Lokalpolitik zeigt. Sie hatten sich in eine Reihe von pazifistischen, z. T. sektiererischen Gruppen aufgelöst, von denen viele in die amerikanischen Kolonien auswanderten.

Abschließende einige ergänzende Detailinformationen zu einzelnen Aspekten:

Parlament

Die Stadien der Parlamentsentwicklung sollten nicht als gradlinige Entwicklungsgeschichte zum modernen Parlamentarismus hin interpretiert werden. Vor allem die Geschichte der „Magna Charta" ist die Geschichte eines Umdeutungsprozesses. Aus der Welt des Lehnswesens wird sie in die des entstehenden Parlamentarismus hinein genommen. Wichtig bleibt die Charta als Ausgangspunkt für das Prinzip des „Rule of Law", der Herrschaft des Rechts. Noch in der hier vorgestellten Stuartzeit besaß das Parlament kein verbrieftes Recht, den autonomen Bereich der königlichen Regierung zu kontrollieren. Ihm fehlten auch noch die gesicherte gesetzliche Fundierung und die Periodizität. Das Gesetz von 1640 war insofern ein Meilenstein in der Entwicklung, als die Auflösung nicht mehr im Belieben des Königs lag.

„Petition of Right" (1628)

Sie war nicht nur ein Protest gegen die Herrschaft Karls I. wegen der Erpressung von Anleihen und Abgaben sowie der willkürlichen Einkerkerung bei der Verweigerung dieser Zahlungen, sondern es handelte sich auch um einen Protest gegen den kostspieligen Krieg mit Frankreich, der diese Zwangsgelder erforderlich machte. Dazu erhob der König noch Einfuhrzölle, das Tonnen- und Pfundgeld auf Weine und Nahrungsmittel, die vom Parlament ebenfalls nicht bewilligt worden waren.

Einfluss religiöser Strömungen

In den Auseinandersetzungen zwischen Krone und Parlament war die Religionsfrage stets von entscheidender Bedeutung. Ihrem Selbstverständnis nach war die englische Nation protestantisch; in diesem Bewusstsein grenzte sie sich gegen das katholische Irland, Frankreich und Spanien ab. Dass die katholisierende und sogar um Vermittlung bemühte Linie der beiden Stuartkönige nach der Restauration, zusammen mit anderen Faktoren, zu einer verschärften Ausgrenzung, gar teilweise zur Diffamierung Einzelner als Staatsfeinde und zu einer lang anhaltenden Angst vor Katholisierung führte, liegt auf der Hand. Gerade im 17. Jahrhundert zersplittern die Protestanten, in Puritaner, Quäker, Presbyterianer, Baptisten, Methodisten u. a. Sie waren vor allem in Handel und Handwerk besonders stark vertreten, verliehen aber auch den Wissenschaften nachhaltige Impulse. Es wird gleichzeitig verständlich, dass im Rahmen der später einsetzenden Auswanderungsbewegungen diese religiöse Vielfalt auch nach Amerika gelangte und bis heute dort existiert.

Zusatzinformationen zu den Materialien

Q1, Q4, Q5, Q6 König Jakob I., der einzige Sohn Maria Stuarts, regierte nominell ab 1567 als Jakob VI. in Schottland. Er war calvinistisch erzogen und gelehrter Theologe und Staatstheoretiker. Als er 1603 als Nachfolger Elisabeths I. den englischen Thron bestieg, wurde er Anglikaner. Er studierte gerne und schrieb einige Bücher; so verfasste er auch Traktate über die Natur der königlichen Gewalt (vgl. Q5). Seinem Sohn Karl Stuart prägte er den Satz ein: „Wo kein Bischof ist, da ist auch kein König."

Seiner Gesinnung nach neigte er zum Absolutismus und stand daher dem Parlament ablehnend gegenüber, das er so wenig wie möglich einberief (vgl. Q4 und Q6). Seine Politik war auf Frieden ausgerichtet, 1604 beendete er mit den „Frieden von London" den Krieg mit Spanien. Mit den katholischen Festlandmonarchien Spanien und Frankreich bahnte er freundliche Beziehungen an. Er verheiratete seinen Sohn – nachdem eine Liaison mit dem spanischen Königshaus fehlgeschlagen war – mit der französischen Prinzessin Henriette, Tochter des Königs Heinrich IV.; dies löste in seinem Land große Unruhe aus. Man befürchtete die Rückkehr des Katholizismus auf den Thron.

Der Ausbruch des 30-jährigen Krieges auf dem Festland veranlasste das Parlament den König aufzufordern, zugunsten der protestantischen Pfalz einzugreifen, um 1620, zum Zeitpunkt der Abbildung Q1. Auch empfahl es ihm, seinen Sohn mit einer evangelischen Prinzessin zu verheiraten. Hiergegen verwahrte sich der König vehement. Der Gegensatz zwischen Parlament und König verschärfte sich noch, als Jakob I. plante, die anglikanische Kirche, mit der er gut zusammenarbeitete, im puritanisch-presbyterianischen Schottland einzuführen. Als er 1625 starb, hinterließ er ein nach außen hin friedlich scheinendes Land, das jedoch innerlich mit hochgradigen Spannungen angefüllt war.

Q2 Britannien ist am Ende des 17. Jahrhunderts eine konstitutionelle Monarchie. Der König hat die Funktionen des Oberhauptes des Staates, der Jurisprudenz, der Kirche und des Oberbefehlshabers der Armee. Das heutige Großbritannien ist eine parlamentarische Monarchie. Die Rolle des Königs, bzw. heute der Königin Elisabeth II., ist laut Konstitution eher eine symbolische. Die wahre Staatsmacht liegt beim Premierminister und seinem Kabinett. Jedes Jahr im Herbst eröffnet die Königin formal die neue Parlamentsperiode, nachdem die Regierung ihr den nächsten Jahresplan zur Unterzeichnung vorgelegt hat, den sie laut Verfassung formal ablehnen kann. Dies ist jedoch seit 1707, also seit nunmehr fast 300 Jahren, nicht mehr vorgekommen. Die Aufnahme in Q2 zeigt Elisabeth II. bei ihrer zeremoniellen Eröffnungsrede 1984.

Q3 Oliver Cromwell hat durch seine Person und sein politisches Handeln den Verlauf der englischen Geschichte im 17. Jahrhundert stark beeinflusst. Cromwell war der Sohn eines Edelmannes aus der unteren Adelsschicht. Die ersten 43 Jahre seines Lebens hatte er keinerlei nationale Bedeutung, lediglich einige lokale politische Aktivitäten in seinem Wohnort Huntington werden ihm nachgesagt. Sicher ist seine Mitgliedschaft im Parlament von 1628, jedoch spielte er auch dort keine besondere Rolle. Man vermutet, dass er in jener Zeit Zugang zu einer mehr puritanisch ausgerichteten Form protestantischer Religion gewann. Später wurde er Parlamentsmitglied im Auftrag von Cambridge und gehörte ab 1640 auch dem so genannten „Langen Parlament" an. Die Spannungen zwischen Parlament und König intensivierten sich, und Cromwell schloss sich mehr und mehr der „revolutionären" radikalen Hauspartei an, die vom König weitgehende Zugeständnisse verlangte. Als 1642 ein offener Krieg gegen den König nicht mehr zu vermeiden war, stellte er im Namen seiner Gesinnungsgenossen ein Parlaments-Heer zusammen und kämpfte im ausgebrochenen Bürgerkrieg (1642–1648) als Kavallerie-Offizier für die Interessen des Parlaments.

Das gezeigte Portrait entspricht ganz dem puritanischen, rücksichtslos offenen Geist der Cromwell-Ära wie auch seiner Person selbst: die Warzen in seinem Gesicht wurden – angeblich auf seine Anweisung hin – nicht kaschiert; ein königlicher Portraitmaler in früheren Jahren hätte diesen Makel verdeckt.

Q7/Q8 Nach den beiden Bürgerkriegen (1642–1646 und 1648), die Cromwell mit seinen Truppen für sich entscheiden konnte, geriet das Parlament ganz unter den Einfluss seiner Armee. Der Armee-Rat (army council) „säuberte" Ende 1648 das Parlament, indem er einen Großteil der Mitglieder hinauswarf. Das verbleibende Rumpfparlament sollte hinfort England regieren. Doch die Arbeit dieser reduzierten Regierungsmannschaft konnte den überwachenden Armee-Rat nicht zufrieden stellen. Man vermutet, dass 1653 einige Offiziere Cromwell überredet hatten, das Rumpfparlament aufzulösen. Das ist die dargestellte Bildsituation in Q8.

Als Nachfolge-Gremium berief Cromwell die „Versammlung der Heiligen" (Assembly of Saints) ein, 140 handverlesene Vertrauensmänner. Auch mit diesem Parlament gab es für ihn kein Auskommen, so dass er die „Heiligen" bereits nach 5 Monaten auseinander trieb (Q7), um als „Lord Protektor" nunmehr das Land diktatorisch zu regieren.

Q9 Nach den Verfassungsverstößen des zum Katholizismus konvertierten Jakob II. bot das Parlament 1688 dem protestantischen Statthalter der Niederlande, Wilhelm von Oranien und seiner Frau Maria die englische Krone an; dieser politische Wechsel ist unter der Bezeichnung „Glorreiche Revolution" bekannt. Das Parlament konnte dabei in dem Vertrag „Bill of Rights" vom 23.10.1689 seine alten Rechte vom Königspaar neu bestätigen lassen; damit war die konstitutionelle Monarchie entstanden. Am Ende des 17. Jahrhunderts ist als Ergebnis des langen Ringens um die Vorherrschaft festzuhalten, dass erstens das Parlament vertragsmäßig über der Krone steht und zweitens der Absolutismus in England nicht Fuß gefasst hat. So musste das Königspaar in seinem Krönungseid erstmalig den Satz beschwören, dass es entsprechend den im Parlament verabschiedeten Statuten regieren würde („according to the statutes in parliament agreed on").

Die „Bill of Rights" ist eine Grundrechtscharta, die parlamentarische und individuelle Rechte festlegt: kein stehendes Heer, Freiheit der Rede und Bewilligungsrecht von Steuern und Abgaben; für jeden einzelnen Bürger Schutz von Eigentum und persönlicher Freiheit. Sie steht in der Traditionslinie von der Magna Charta über die auch als englisches Staatsgrundgesetz zu bezeichnende Habeas-Corpus-Akte; letztere hatte 1679 den Schutz vor willkürlicher Verhaftung eingeschränkt und die Freiheit der Person garantiert. Selber wiederum wird die „Bill of Rights" der wegweisende Ausgangspunkt für Grundrechte in allen modernen demokratischen Verfassungen, so z.B. in der „Virginia Bill of Rights" (USA 1787), die „Menschen- und Bürgerrechte" in Frankreich (1789), weiterhin in den Grundrechten in der Verfassung der Frankfurter Nationalversammlung (Paulskirche 1848/49) und in deren Fortführung über die Weimarer Reichsverfassung (1919) bis zum Bonner Grundgesetz (1949), Artikel 104.

Zu den Fragen und Anregungen

1 So könnte eine entsprechende Zeitleiste aussehen:
(K + = positiv für den König; P + = positiv für das Parlament)

1603: König Jakob I. – moderat absolutistisch, „gottähnliche Macht" (Q1; Q5): K +;

1604: Parlament bestärkt seine Rechte als Institution, auch der Gerichtsbarkeit, und der Unantastbarkeit seiner Mitglieder (Q4): P +;

1628: Parlamentsstellung weiterhin gestärkt durch „Petition of Right": Geldforderungen der Krone ohne Zustimmung des Parlaments sind gesetzeswidrig: P +;

1629: Karl I. löst das Parlament auf und regiert bis 1640 alleine weiter: K +;

1640: Geldnöte für Feldzüge gegen Schotten und Iren machen Parlamentszustimmung nötig, doch in Querelen darüber und über die Frage des Oberbefehls kommt es von 1642–1648 zum Bürgerkrieg; der Puritaner Oliver Cromwell, Diktator und Oberbefehlshaber des Parlamentsheeres, sieht sich gleich den Königen als von Gott eingesetzt: „K" +;
1649: öffentliche Enthauptung Karls I.
1655: Cromwell löst das Parlament auf (Q7): „K" +;
1660: Parlamentsentschluss zur Wiederherstellung der Stuart-Monarchie: Karl II. folgt seinem Vater auf den Thron; Parlament überwacht, dass dem Herrscher kein Heer unterstellt wird: P +;
1688: Nach Karls II. Tod folgt ihm sein Bruder Jakob II. auf den Thron; beide waren Katholiken; um das Erbkönigtum in katholischen Händen unter dessen Sohn zu verhindern, bestimmt das Parlament den protestantischen Erbstatthalter der Niederlande, Wilhelm III. von Oranien und dessen Frau Maria II. zum neuen Königspaar auf dem englischen Thron: P +;
1689: „Glorreiche Revolution"; König und Königin müssen den vom Parlament vorgelegten Grundrechte-Katalog „Bill of Rights" anerkennen, der Garantie der Rechte und Freiheiten des Parlaments. Die Machtbefugnisse der Monarchen werden durch eine Staatsverfassung begrenzt: P +.
2 Jakob I. rechtfertigt seine Macht lt. Q5: „Könige = Götter", sie haben „gottähnliche Macht" und dementsprechend: beliebige Machtbefugnis zur Gewährung oder Zerstörung von Leben (ihrer Untertanen) (Metapher der Schachfiguren); sie sind niemandem verantwortlich außer Gott; sie haben Stellung und Funktion eines Richters und sind unfehlbar.
3

	Absolutismus	**Konstitutionelle Monarchie**
Staatsform	Monarchie	Monarchie
Staatsoberhaupt	König	König
Mitspracherecht des Parlaments	Nur sehr gering, oftmals ganz ausgeschaltet	Großes Mitspracherecht
Rechte des Parlaments		Repräsentant des Volkes, Besteuerungsrecht, Gesetzgebungsrecht
Rechte der Parlamentarier		Genießen Rechte und Freiheiten, z. B. Persönlichkeitsschutz und Redefreiheit
Grundrechte	König ist nicht an Grundrechte gebunden	König ist an Grundrechte gebunden
Gerichtsbarkeit	Liegt beim König	Liegt beim Parlament

4 Noch radikaler und „absolutistischer" als Jakob I. oder Karl I. löst Cromwell 1655 das Parlament auf (Q7) und bringt das auch mit entsprechender Sprache und Gestik deutlich zum Ausdruck (Q8). Er duldet keinen Widerspruch, sondern regiert diktatorisch, bzw. ebenfalls „gottähnlich" (VT); er allein verkörpert die gesetzgebende Gewalt. Gleichzeitig gelingt es ihm aufgrund eigener Stellung und seines Einflusses, das Parlamentsheer erstens zu restrukturieren und zweitens siegreich in den Kampf zu führen. Über die militärischen Erfolge hinaus sichert er die politische Einheit von England, Schottland und Irland in der Republik („Commonwealth") – jedoch nicht über seinen Tod (1658) hinaus.
5 In allen Abbildungen ist der einzelne Herrscher oder das Herrscherpaar sichtbar von Adligen umgeben und „begrenzt", eingebunden in stark zeremonielle Abläufe. Die Machtbefugnisse und Herrschaftsstile der jeweiligen Monarchen sind jedoch verschieden.
– Das Großsiegel auf der ADS von 1651 weist in seiner Bildumschrift deutlich auf die „durch Gottes Segen wiederhergestellte Freiheit" des Parlaments, hier des Unterhauses, hin; auch dessen gerichtsähnliche Funktion ist in der Abbildung gut erkennbar;
– Besonderheit der Doppelspitze: König und Königin auf dem Thron (wenngleich Maria in deutlich geringerem Maße einflussreich ist als Wilhelm); sie empfangen beide aus den Händen der Parlamentarier ihre Kronen.
– Q1: Jakob I. (1620): „moderat absolutistisch" (vgl. Aufgabe 1)
– Q2 reiht die Monarchin Elisabeth II. in die lange Tradition des Parlamentarismus ein. Einzelheiten der Staatsform werden nicht sichtbar.
Wenngleich diese lange, seit ca. 700 Jahren währende Traditionslinie keineswegs einheitlich verläuft, sondern ihre sich deutlich voneinander abhebenden Teilentwicklungen aufweist (König ohne Parlament; König im Parlament; König und Parlament als ‚gleichberechtigt'; König fast nur noch Repräsentativfunktion), begründen sich hieraus Kontinuität, Konservativismus und in gewissem Sinne Stabilität.
6 Grundrechte lt. der „Bill of Rights" (Q9): Ohne Zustimmung des Parlaments darf der König
– keine Gesetze außer Kraft setzen;
– keine Gelder zum Nutzen der Krone erheben;
– keine Truppen in Friedenszeiten ausheben oder unterhalten;
Des Weiteren gilt:
– Untertanen protestantischen Glaubens dürfen Waffen zu ihrer Verteidigung tragen;
– freie Wahl der Parlamentsmitglieder;
– Redefreiheit; Freiheit parlamentarischer Debatten und Verhandlungen;
– Gerichtsort ist das Parlament.
7 Mögliche Schülerantwort zur Erläuterung des Begriffs Parlament: Das Wort kommt vom lateinischen „parlare" (sprechen) und bezeichnete die Versammlung der Stände, die den König berieten. In England bestand/besteht das Parlament aus dem Oberhaus (House of Lords) und dem Unterhaus (House of Commons). Hier entwickelte sich im Mittelalter das Recht des Parlaments über die Erhebung von Steuern mitzuentscheiden und bei Gesetzen mitzuwirken. Bis zum 19. Jahrhundert vertrat das Parlament nicht das Volk, sondern repräsentierte nur eine kleine besitzende Oberschicht. Heute verstehen wir unter einem Parlament eine Versammlung gewählter Vertreter des Volkes, die Gesetze verabschiedet und die Regierung kontrolliert.

2. England wird zur bedeutendsten Seemacht

Konzeption

Dieser Abschnitt des Kapitels beleuchtet den Aufstieg Englands zur bedeutendsten Seemacht im Kampf gegen die niederländische Konkurrenz. Am Ende des 17. Jahrhunderts ist das British Empire entstanden. Die verschiedenen Einflussfaktoren auf diesen Prozess können auf einer einzigen Seite im Schülerbuch nur sehr kurz vorgestellt werden. Die Ausführungen des VT basieren auf den nachfolgend aufgeführten Gegebenheiten und Faktoren. Zur Ergänzung und weiteren Vertiefung der komplexen Entwicklung, die England im 17. Jahrhundert durchläuft – hier vor allem wirtschaftlich – sind die nachstehenden Hintergrundinformationen aufschlussreich.

In der Tradition der großen Seemächte der Neuzeit lösen England und die Niederlande im 16. und 17. Jahrhundert die vormals zur See dominierenden Nationen Spanien und Portugal ab; diese hatten im 14. und 15. Jahrhundert ihr überseeisches Kolonialreich aufgebaut. Das hier im Blickfeld stehende Ringen um die Vorherrschaft zur See spielt sich zeitlich zwischen dem englischen Sieg über die Spanische Armada (1588) und dem Beginn des Spanischen Erbfolgekrieges (1701) ab; es wird vor dem Hintergrund folgender wirtschaftsrelevanter Entwicklungen ausgetragen:

– Das 17. Jahrhundert ist gekennzeichnet vom Merkantilismus: der Staat versucht zunehmenden Einfluss auf die Wirtschaft zu gewinnen mit dem Ziel einer aktiven Handelsbilanz. Dafür sind die Manufakturen, Grenzzölle, die Förderung des Fertigwarenexports und der Rohstoffeinfuhr bei Verbot der Rohstoffausfuhr sowie der Ausbau der Verkehrswege zu Land und zur See wichtige Elemente. Während sich Frankreich unter Colbert zur führenden Wirtschaftsmacht auf dem Kontinent entwickelt, liegen England und die Niederlande um die Vorherrschaft auf den Meeren, bzw. in Übersee im Wettstreit.

– Selbst wenn die Anfänge von Englands außenwirtschaftlichem Aufschwung teilweise bis ins 16. Jahrhundert zurückreichen (die „merchant adventurers", die Kaufleute und Seefahrer Sir Walter Raleighs, gründeten 1584 unter Elisabeth I. die Kolonie Virginia), so setzt zunächst die Gründung der mächtigen Ostindienkompanie („British East India Company") im Jahr 1600 einen wichtigen Akzent im Kampf gegen die Niederländer; diese ziehen allerdings mit ihrer 1602 ins Leben gerufenen Niederländischen Ostindiengesellschaft sogleich nach. Auch die Bank of Amsterdam nimmt zu Beginn des 17. Jahrhunderts ihre Tätigkeit auf (die Bank of England wird 1694 gegründet). Dennoch kommt es in der ersten Jahrhunderthälfte zu keiner Entscheidung, bzw. Wende. Es gelingt den Engländern zunächst nicht, das Gewürzhandels-Monopol der Niederländer zu brechen.

– Erst unter Cromwell erlebt England in der Jahrhundertmitte einen nennenswerten wirtschaftlichen Aufschwung und schafft den Durchbruch zur führenden Handels- und Seemacht. Einen wesentlichen Anteil daran haben Londoner Kaufleute, unter deren Einfluss das Parlament 1651 die Navigationsakte („Act of Navigation") erlässt. Diesem Gesetz zufolge dürfen Überseeprodukte nur auf englischen Schiffen zwischen Mutterland und Kolonien transportiert werden; damit wird der holländische Zwischenhandel, der die Holländer reich gemacht hatte, empfindlich getroffen; ausgeschaltet sind die Niederländer jedoch noch nicht.

In der Folgezeit finden drei englisch-holländische Seekriege statt, nach deren Ende es England erst gelingt, die Niederländer schließlich aus ihrer Rolle als führende Schifffahrtsnation zu vertreiben.

1652–1654: Der 1. englisch-holländische Seekrieg; Ergebnis: Holland wird gezwungen, die Navigationsakte und die englische Vormacht zur See anzuerkennen.

1664–1667: Ein Jahrzehnt später kommt es zu erneuten Auseinandersetzungen. Der 2. englisch-holländische Seekrieg; Ergebnis: die Navigationsakte wird zugunsten der Generalstaaten modifiziert. Im Ringen um Stützpunkte behält England die den Holländern abgenommene Handelsstation New Amsterdam, die seither New York heißt (Friede von Breda am 31.7.1667).

1672–1674: Der 3. englisch-holländische Seekrieg endet mit einem Frieden, der die gewonnene Dominanz Englands bestätigt. Seither gilt das Motto: „England rules the seas!".

Mit dem System der Stützpunkte festigte England seine Beziehungen zu den Kolonien; neben Amerika und Indien sind noch Jamaika im Karibischen Meer (Rohrzuckerproduktion) und Niederlassungen an der westafrikanischen Küste (Sklavenhandel) erwähnenswert. Durch die Vergabe von Hoheitsrechten, Monopolen und Privilegien durch das Mutterland verbreiten sich auch englische Handelsgesetze und Rechtsvorstellungen in der Welt. Es ist gleichzeitig der Beginn des British Empire.

Bis etwa zur Jahrhundertmitte konzentriert sich der englische Außenhandel auf Europa, besonders auf das Nordseegebiet. Der bereits unter Elisabeth I. begonnene Handel im Mittelmeerbereich wurde ausgebaut bis zur Verdrängung der Venezianer. Im Ostseeraum dominieren die Niederländer.

Der Überseehandel beginnt erst nach der Jahrhundertmitte im größeren Stil. Damit einher gehen Investitionen in Handelsgesellschaften, Seeunternehmungen einschließlich Piraterie, Kredite an das Königshaus und Adlige und andere Finanzgeschäfte. Im Zuge dieser Entwicklung wird London nicht nur Sitz des Hofes und größter Gewerbestandort Englands, sondern auch dessen Finanzzentrum (Londoner Börse).

Der atlantische Handel löst schließlich den Mittelmeerhandel ab; die Route nach Indien bleibt für beide rivalisierenden Nationen wichtig und bedeutet die Ausweitung und Festigung ihres jeweiligen Seehandels- und Kolonialbereiches.

Einen maßgeblichen Beitrag zum Völkerrecht und damit auch zur Frage der Hoheit auf See liefert der holländische Völkerrechtsgelehrte Hugo Grotius (1583–1645) mit seinem 1609 erschienenen Werk „De mare libero": Darin postuliert er die Freiheit der Meere für alle Nationen. Grotius' Werk gilt seit fast 400 Jahren als Grundlage für alle Erörterungen über die Freiheit der Meere.

Die Antwort und Gegenschrift des im Auftrag des englischen Königs schreibenden schottischen Jurist John Selden lässt nicht lange auf sich warten: Die Gegenposition in „De mare clausum" (1636) geht davon aus, dass das Meer eben nicht Gemeineigentum aller Menschen sei, sondern genauso wie Landgebiete der Herrschaft eines einzelnen (bzw. einer einzelnen Nation) unterworfen sein oder zum Eigentum gemacht werden könne. Demzufolge sei der englische König Herr über alle die Inselwelt Großbritanniens umgebenden Meere als unveräußerbarer Reichsbestand. Der Anspruch der über diesen Bereich hinausreichenden Gewässer lässt sich sehr leicht ableiten, ist jedoch nur einseitig auf den aktuellen Konflikt bezogen.

Ein neu einsetzender Wirtschaftszweig, für den England berühmt werden sollte, war der im Norden des Landes, vornehmlich in der Gegend um Newcastle-upon-Tyne, einsetzende Kohleabbau. Nach dem Abholzen der Wälder wird somit eine neue Energiequelle aufgetan. Per Schiff gelangte die Kohle in die Hauptstadt London, die sich im Laufe des 17. Jahrhunderts zur größten Metropole Europas entwickelte; allein wegen der Kohleversorgung siedelte sich eine Vielzahl an Gewerben mit hohem Energiebedarf im Großraum London an. Die Beschäftigten wanderten nicht nur aus England nach London, sondern z. B. auch als Glaubensflüchtlinge aus den Niederlanden und anderen protestantischen Gebieten; sie bereicherten die Landwirtschaft und den Acker- und Gemüseanbau mit ihren Kenntnissen der Gartenkultur und Landgewinnung, bzw. Sumpftrockenlegung.

Der vor allem in den nebligen Wintermonaten über der Stadt und der Themse stehende Steinkohlerauch und Ruß wurden seit dem 17. bis weit ins 20. Jahrhundert hinein das eigentümliche Wahrzeichen Londons.

Dass so viel Holz nicht nur zum Schiffsbau, sondern auch zum Hausbau verwendet wurde, trägt 1666 im Großen Brand von London maßgeblich zum Ausmaß der Katastrophe bei; ein Großteil der City of London wird verwüstet – und das, nachdem ein Jahr zuvor die Pest in London ausgebrochen war. Bei den Aufbauarbeiten hat man viele Häuser, vor allem öffentliche Gebäude, in Stein wiedererrichtet. Ein besonders berühmtes Beispiel ist die St. Paul's Cathedral des Architekten Christopher Wren.

Hinsichtlich der wissenschaftlich-geistigen und insbesondere der technisch-nautischen Entwicklung Englands sind die neuen Methoden und Ergebnisse der naturwissenschaftlichen Forschungen wegweisend. Unter denen seit der Renaissance in ganz Europa eifrig und wegweisend tätigen Wissenschaftlern sind für England im 17. Jahrhundert besonders Sir Francis Bacon (1561–1626) und Sir Isaac Newton (1643–1727) zu nennen. Ersterer forderte genaue Naturbeobachtungen und auf Erfahrung statt Vorurteilen beruhenden Erkenntnissen (Empirismus). Bacon stellte in seinem 1620 erschienenen Werk „Novum organum scientiarum" (Neues Werkzeug der Wissenschaften) der Wissenschaft die Aufgabe, die Natur zu erforschen, zu beherrschen und für den menschlichen Fortschritt zu nutzen. Newton erfasste Naturgesetze mathematisch und trat vor allem durch seine Ausführungen zum Gravitationsgesetz (Schwerkraftgesetz) hervor. Überkommene Glaubensvorstellungen wurden von vernunftorientierten, mathematisch berechenbaren Einsichten, letztlich vom Rationalismus abgelöst.

Ergänzend seien folgende Erfindungen und Entdeckungen des 17. und 18. Jahrhunderts genannt: die Logarithmentafel von Napier (1614), die Entdeckung des Blutkreislaufs durch Harvey (1618), die analytische Geometrie von Descartes (1637), Robert Hookes Mikroskop mit Beleuchtung (1665), die Berechnung der Lichtgeschwindigkeit durch Römer (1675) u. a. An maschinellen Entwicklungen sind u. a. zu nennen: die Addiermaschine (1642), die Multipliziermaschine (1673), die Spinnmaschine (1738) und schließlich einer der Vorläufer der Dampfmaschine (1769), eine „Maschine zum Heben von Wasser mittels Feuer" des englischen Schmieds Thomas Newcomen; seine Maschine ersetzte die Arbeitsleistung von 50 Pferden beim Auspumpen von Bergwerken. Alle Erfindungen dienten der Beherrschung von Natur und Gesellschaft. Einen wesentlichen Akzent setzt das 1667 von König Karl II. gegründete Royal Observatory in Greenwich; hier wurde vor allem die für die Seefahrt bedeutsame Forschung betrieben, z. B. mit Quadranten, Teleskopen, Kompassen und Messgeräten.

Aspekte der Unterrichtsgestaltung

Die drei Seiten dieses Themenabschnitts lassen sich gut mit der Problematisierung der Überschrift sowie dem Spannungsbogen zwischen der ersten und zweiten Marginalie (S. 17) eröffnen:
– Wie hat England es geschafft, zur führenden Seemacht aufzusteigen?
– Welche zeitlichen Etappen und geografischen Schwerpunkte lassen sich ausmachen?
– Welche andere(n) Nation(en) waren Konkurrenten?
– Wie war die Seefahrt damals beschaffen?
– Lag der Schwerpunkt der Dominanz mehr auf militärischer oder kommerzieller Seefahrt?

Erste Antworten wie auch zusätzliche Aspekte treten durch die anschließende Bearbeitung der beiden Bilder auf den nachfolgenden Seiten zutage. Die kriegerischen Auseinandersetzungen mit den Holländern sind in Q2 und der dazu gehörenden Legende ablesbar. Der Hinweis auf den Austragungsort der „Seeschlacht" macht den Schülerinnen und Schülern bewusst, dass nicht nur auf offenen Meeren gefochten wurde, sondern dass die Holländer noch gegen Ende der 1660er Jahre bis fast ins politische und wirtschaftliche Herz Englands vorgedrungen waren. Umso erstaunlicher ist es, wie sie letztlich dennoch in ihrer Position zurückgedrängt werden und England schließlich die Oberhoheit gewinnen konnte. Viele schiffstechnische und militärische Einzelheiten lassen sich an diesem Gefechtsbild beschreiben und analysieren.

Die Vertiefung des Hintergrundwissens zur bereits in der Bildlegende zu Q2 genannten Navigationsakte und der Vorgehensweise der Engländer erfolgt in Textarbeit anhand von Q3 und Q4.

Es bietet sich an, mit dem Bild Q5 in ähnlicher Weise zu verfahren: Bildbeschreibung mit Einzelheiten, Problemfragen sammeln, kriegerische und friedliche Seefahrt als komplementär kennen lernen aber auch kontrastieren können, Ergebnisse sichern.

Als Vorkenntnisse dürften den Schülerinnen und Schülern die ähnliche Themen wie „die Hanse", „das Zeitalter der Entdeckungen" und „das Spanische Kolonialreich" (Inkas und Azteken), inklusive der Rivalität zu Portugal bekannt sein. Abschließend lassen sich im Vergleich (Transfer) der englischen Entwicklung Unterschiede und Gemeinsamkeiten zu den zu wiederholenden Themen aus früheren Jahrhunderten herausfinden und diskutieren.

Zusatzinformationen zum Verfassertext

Parallel zur im 1. Kapitel vorgestellten politischen Entwicklung mit dem Ergebnis der konstitutionellen Monarchie verlief der wirtschaftliche Aufstieg Englands zur größten See-, Kolonial- und Finanzmacht und die Zurückdrängung der konkurrierenden Niederländer.

Seit dem 14. bis Mitte des 17. Jahrhunderts war die englische Bevölkerung stetig gewachsen. Sie betrug um 1600 rund 4,1 Millionen Menschen, stieg auf 5,2 Millionen (1650) und bis auf 5,5 Millionen im Jahr 1700. London allein hatte um die Zeit der Jahrhundertmitte eine halbe Million Einwohner. In jener Zeit gab es keine nennenswerten Aus- und Einwanderungen. Auch die auf dem Kontinent auftretenden Missernten und Hungersnöte sind im England der 1. Hälfte des 17. Jahrhunderts weitgehend ausgeblieben. Trotz gewisser Fortschritte in Handwerk und Handel bildeten in jener Zeit Ackerbau und Viehzucht die Grundlage der englischen Wirtschaft. Ein Großteil der Bevölkerung in fast allen Schichten war direkt vom Ertrag der Landwirtschaft abhängig.

Eine speziell für Seefahrt und Handel einflussreiche Gruppe war die der Gentry (VT auf S. 17). Zum Verständnis dieser und anderer mittel und höher stehenden gesellschaftlichen Schichten sind folgende Zusammenhänge zwischen gesellschaftlichen Normen und Gewohnheiten auf der einen Seite und wirtschaftlichem Wohlergehen auf der anderen interessant:

– Erst ein wirtschaftliches Fundament im Privatleben macht Eheschließung, Familiengründung, Kindererziehung möglich; Ehen wurden erst dann geschlossen, wenn die wirtschaftliche Grundlage dafür, bzw. für die Erhaltung einer Familie abgesichert war. Das bedeutet, dass zwischen Geschlechtsreife und Heiratsalter eine lange Spanne liegt; das Durchschnittsalter bei der ersten Eheschließung in der ersten Jahrhunderthälfte liegt für Frauen bei 26 Jahren, bei Männern bei 28. Schon deshalb gab es in den meisten Familien nicht sehr viele Kinder, abgesehen davon, dass die damalige Säuglings- und Kindersterblichkeit recht hoch war. Die durchschnittliche Lebenserwartung der um 1600 geborenen Engländer lag bei 40 bis 45 Jahren.
– Viel Wert wurde auf gute Erziehung und (Aus-)Bildung gelegt. Gegen Ende des Jahrhunderts hat sich nicht nur das Gentleman-Ideal herausgebildet, sondern es sind auch erste Ansätze, die jungen Menschen als Kinder wahrzunehmen, erkennbar.
– Nicht mehr nur Adlige hatten Einfluss, sondern durch gute Geschäfte zu Geld gekommene Bürgerliche gewannen Einfluss. Nach 1650 gehörte es zu ihrem Stil, sich in den neuen Kaffeehäusern zu treffen und neben allgemeiner Konversation auch politische Debatten zu führen.

Zusatzinformationen zu den Materialien

Q2 Entdeckungsreisen und der Aufbau von Kolonien brachten dem Schiffsbau seit dem Ende des 16. Jahrhunderts ungewöhnlich starke Impulse. Spanien und Portugal, dann auch Holland, Frankreich und England entwickelten für die immer länger werdenden, durch die unterschiedlichsten Klimazonen führenden Reiserouten einen neuen Schiffstyp. Die „Fleute", ein kleines nur etwa 100 t tragendes Schiff war im 17. Jahrhundert der am meisten gebaute Typ, der durch sein Verhältnis von Länge zu Breite, 4:1, später 5:1, auffallend schlank und entsprechend wendig war.

Der Überseehandel war jedoch durch den Kampf der Seefahrtnationen um die Vorherrschaft auf dem Wasser zu einem gefährlichen Unterfangen geworden. Spätestens seit dem Sieg der Engländer über die Spanische Armada 1588 zeigte es sich, dass zum Schutz ihres Handels spezielle Kriegsschiffe benötigten wurden. Die für die Seeschlacht entwickelten Schiffe lieferten sich viele schwere Gefechte. Das Bild zeigt eine Schlacht im 2. englisch-holländischen Seekrieg; auf der rechten Seite des Gemäldes ist eines der neuen Kriegsschiffe abgebildet. Das Schiff ist von vornherein als Waffenträger konzipiert – wie leicht zu erkennen ist. Die staatlichen Werften in Holland, Frankreich und England bauten solche Schiffe, die bis zu drei durchgehende Batteriedecks hatten, auf denen bis zu 100 Geschützen untergebracht werden konnten. Damit die Last das Schiff nicht zum Kentern brachte, waren die Bordwände nach oben hin zurückgesetzt und das Schiffsinnere zusätzlich mit Steinballast voll gepackt. Um die Manövrierfähigkeit zu erhöhen, veränderte man die Takelung indem man mehrere Einzelsegel setzte, dadurch wurde die Segelfläche vergrößert und der Wind konnte besser und gezielter genutzt werden.

Das Baumaterial war Eichenholz, bis zu 4000 Stämme wurden benötigt, die bei der bestehenden Holzknappheit oft nur schwer zu beschaffen waren. Je größer das Schiff wurde, desto schwieriger war es, den fertigen Schiffskörper vom seichten Ufer der Flussmündung ins offene Wasser zu bringen. Hierfür hatten die Holländer die so genannten „Kamele" entwickelt, die als flutbare Kästen beidseitig an den Schiffsrumpf vertäut wurden. Wenn sie leergepumpt waren, hoben sie bei Flut als zusätzlicher Schwimmkörper das Schiff vom Grund und es konnte aufs Meer hinausgebracht werden.

Q5 Exemplarisch für die vielen Schiffe mit ihren Ladungen, die im Londoner Hafen an der Themse festmachten, steht die hier abgebildete Warenumschlag- und Zollszene am Kai der East India Company. Die unter Antwort 4 aufgeführten Produkte – überwiegend Nahrungsmittel und Produkte für den täglichen Bedarf – geben einen Einblick in die Vielfalt der Waren. Hier speziell werden so genannte Kolonialwaren gelöscht; es gibt natürlich auch den innerenglischen Handel. Essentiell dafür war das teilweise schon bestehende Kanal- und Wasserwegenetz in England, das gerade im 17. Jahrhundert aber noch beträchtlich weiter ausgebaut wurde. In Anbetracht des schlechten Zustands der Landverbindungen und der dort lauernden Gefahren bot der Transport zu Wasser die damals gängigste und beste Möglichkeit.

Zu den Fragen und Anregungen

1 Gründe für den Aufstieg:
– Zusammenschluss der englischen Kaufleute in der britischen Ostindienkompanie zur Sicherung und Abwicklung ihrer Handelsinteressen.

- Navigationsakte schützt die englischen Kaufleute vor der internationalen Konkurrenz.
- In den Seekriegen gelingt es England, die niederländische Konkurrenz auszuschalten und die Niederländer zurückzudrängen (siehe Hintergrundinformationen unter „Konzeption").
- Die geografische Nähe oder gar Identität ihrer Kolonialgebiete in Indien und dem späteren Amerika.
- Die staatliche Wirtschaftspolitik unterstützte das Wirtschaftswachstum.
- Die Religionsfreiheit lockte Einwanderer, die mit ihren Kenntnissen wirtschaftsfördernd wirkten.
- Die aufgrund ihrer calvinistisch-protestantischer Prägung entstandene Mentalität und der damit verbundene Unternehmergeist, Geschäftssinn und Wagemut.

2 Grundlegend war die calvinistisch-protestantische Ethik, die dem Tüchtigen Aufstieg, Erfolg und letztlich das Himmelreich versprach. Der auf Profit orientierte frühkapitalistische Unternehmergeist und Geschäftssinn setzte Energien und Aktivitäten frei; verschiedene Gesetze und politische Tätigkeiten auf kommunaler Ebene ermöglichten die zunehmende politische Einflussnahme der Kaufleute, Reeder, Gewerbetreibenden. Die wichtigste Kaufmannschaft war zweifellos die Londoner, die ihre Interessen im Sinne internationaler Handelsverbindungen und -geschäfte geltend zu machen verstand.

Im Zuge dieser wirtschaftlichen und gesellschaftlichen Veränderungen kam es zu einer Verlagerung derjenigen, die politische Mitspracherechte und Entscheidungsgewalt ausübten, weg von König und Adel, hin zum aufkommenden Bürgertum in seiner gewerblichen und unternehmerischen Vielfalt.

3 Ausgehend davon, dass den meisten Schülern das Wort „Gentleman" zumindest vom Hörensagen bekannt sein dürfte, könnte man charakteristische Wesenszüge sammeln, die ihrer Meinung nach einen Gentleman heute ausmachen. Das Wort selbst ist eine englische Lehnübersetzung des französischen „gentilhomme"; ursprünglich bezeichnete man damit einen zur englischen Gentry gehörenden Adligen. Heute steht es für einen Mann von Anstand, Takt, Lebensart und Charakter. Die genannten Merkmale dürften sich recht problemlos zu den beiden Hauptaspekten, nämlich gutes Benehmen/edle Charakterzüge und gute (Allgemein-)Bildung/großes Wissen, zusammenfassen lassen. Vager könnte die Diskussion über Sinn und Funktion, Einfluss und Erstrebenswertigkeit ausfallen.

Von der modernen Diskussion kann in die Quellenarbeit (Q6) und letztlich in den VT auf S. 17 übergeleitet werden, um für das 17. Jahrhundert die diffusen Vorstellungen zu präzisieren.

4 Handelsprodukte in verschiedenen Transportbehältern wie Fässer, Körbe, Kisten, Lederkoffern und Keramikgefäßen:
- verschiedene Fische, z. B. Kabeljau, Schellfisch (Leng), Hering, Sardinen,
- andere gesalzene/gepökelte Ware,
- Rum, Tabak, Zucker aus Mittelamerika,
- Kaffee, Tee,
- Gewürze,
- „in Europa erzeugte oder gewachsene Güter" (Q3),
- Wolle und andere Textilien.

Tafelbild

England wird die führende Seemacht

Ziel: Ausschaltung der niederländischen Konkurrenz

Mittel/Etappen:

1600:	East India Company
1651:	Navigationsakte: Zölle; Brechen des niederländischen Gewürzhandels-Monopols mit Indien
1652–1654:	1. Seekrieg
1664–1667:	2. Seekrieg; Engländer nehmen den Holländern New York ab
1672–1674:	3. Seekrieg: Engländer siegen

↓

„England rules the seas!"

3. Englands Kolonien in der Neuen Welt

Konzeption

In diesem Kapitel steht die Besiedelung der nordamerikanischen Gegenküste durch die Europäer, insbesondere durch die Engländer, seit dem 17. Jahrhundert im Mittelpunkt. Die Inbesitznahme des Landes erwuchs aus einem Prozess, in dem großmachtpolitische Expansionstendenzen, wirtschaftliches Gewinnstreben und die Interessen von Minderheiten, die den religiösen und anderen Diskriminierungen auf dem „Alten Kontinent" zu entkommen hofften, zusammen wirkten. Mit Blick auf die folgenden Kapitel, in denen es um den Weg der USA zur Unabhängigkeit, die Entstehung der Verfassung und die Expansion über den Kontinent geht, konzentriert sich der Verfassertext auf drei Schwerpunkte:

1.) Auf das Verhältnis der englischen Kolonien zu dem Mutterland, v. a. auf die Frage, welche Schranken die englische Oberhoheit den Kolonien setzte und welche Selbstbestimmungsrechte ihnen eingeräumt wurden;

2.) auf die Gründe, die viele Menschen dazu veranlassten, Europa gezwungenermaßen oder aus freiem Entschluss zu verlassen und auf der anderen Seite des Atlantiks ein neues Leben zu beginnen;

3.) auf die unterschiedlichen wirtschaftlichen Schwerpunkte, die sich aufgrund der unterschiedlichen klimatischen Gegebenheiten in der neuen Welt herausbildeten.

In den Kapiteln 3 bis 6 über die Entstehung und Entwicklung der USA wird bewusst auf eine ausführlichere Beschreibung der Lebensverhältnisse und der allmählichen Zurückdrängung der Indianer verzichtet. Die Beschränkung auf diese Perspektive ergibt sich aus der didaktischen Entscheidung, die Herausbildung der Demokratie in den Mittelpunkt zu stellen. Sollte Interesse und Zeit für eine ausführlichere Thematisierung der Geschichte der „Native Americans" bestehen, so eignen sich zur Vorbereitung be-

sonders die beiden Bücher von Peter R. Gerber und Georges Ammann:
Nordwestküstenindianer. Zur Kultur, Geschichte und Gegenwartssituation. Materialien und Vorschläge für den Unterricht, Zürich 1997;
Prärie- und Plainsindianer. Zur Kultur, Geschichte und Gegenwartssituation. Materialien und Vorschläge für den Unterricht, 2. Aufl., Zürich 1997.

Aspekte der Unterrichtsgestaltung

Es liegt nahe, den Übergang zu dem Thema „Entstehung und Aufstieg der USA" mit der Erinnerung an das zu verbinden, was bisher im Geschichtsunterricht über die Neue Welt gelernt wurde (Entdeckungen, Kolumbus etc.). Auch anderweitig erworbenes Vorwissen der Schüler (z. B. zu den Indianern) sollte in einem einführenden Unterrichtsgespräch angesprochen werden.

Es kann durchaus sinnvoll sein, von der Abfolge der Abschnitte im Schülerbuch abzuweichen und nach den wichtigsten Informationen zum Zeitpunkt und Umfang der Auswanderung mit der Frage zu beginnen, was die Menschen dazu veranlasst haben könnte, sich auf das Abenteuer der Überfahrt und einer ungewissen Zukunft einzulassen. Die Unterschiedlichkeit der Motive kann dann selbstständig anhand von Q2 und Q3 erarbeitet werden. Beide Quellen verdeutlichen darüberhinaus, dass Auswanderung und Ansiedelung im Rahmen vorgegebener politischer und wirtschaftlicher Bedingungen stattfanden. Der naiven Vorstellung, die Menschen hätten sich in ein Boot gesetzt, seien nach ein paar gefahrvollen Wochen Seefahrt an Land gegangen und hätten dort einfach ein Stück Land in Besitz und unter den Pflug genommen, sollte entgegen gewirkt werden (Tafelbild 1). Damit kann zu der Erarbeitung der politischen Strukturen, vor allem der Rechte und Pflichten der Siedler gegenüber dem Mutterland, übergeleitet werden. Zum Abschluss können die beiden Karten in D1 darauf hin betrachtet werden, in welcher Reihenfolge die Kolonien gegründet und welche Wirtschafts- und Handelsgüter hauptsächlich hergestellt wurden. Abschließend kann auf die Unterschiedlichkeit der Entwicklungen in den Kolonien eingegangen werden (Tafelbild 2).

Tafelbild 1

Gründe der Auswanderung aus Europa nach Amerika

Wirtschaft	Religion	Politik
– Armut – Beschränkung der Wirtschaft durch Zünfte und Grundherrschaft	– Verfolgung religiöser Minderheiten (Puritaner, Calvinisten, Katholiken, Anglikaner usw.)	– Absolutistische Herrschaft – Abschiebungen (Kriminelle, Bettler, Prostituierte u. a.)

Tafelbild 2

Unterschiedliche Entwicklung in den Kolonien

Faktoren und Dimensionen	Norden	Süden
Klima	kühl-gemäßigt	subtropisch
Wirtschaft	Kleinbauern, Handel und Gewerbe	Plantagen und Sklaveneinsatz
Gesellschaft	Farmer, Kaufleute, Handwerker	Pflanzeraristokratie
Religion	Calvinisten	Katholiken, Anglikaner

Zur Entwicklung der Einwohnerzahlen in den 13 Kolonien

	1625	1688	1715	Davon Schwarze	1794	1775
Massachusetts	180	44 000	96 000	2000	220 000	339 000
Connecticut	–	20 000	47 500	1500	100 000	198 000
Rhode Island	–	6 000	8 600	100	35 000	58 000
New Hampshire	–	6 000	9 650	150	30 000	80 000
New York	–	20 000	31 000	4000	100 000	193 000
New Jersey	–	10 000	22 000	1500	60 000	130 000
Delaware/Pennsylvania	–	12 000	45 800	2500	250 000	307 000
Maryland	–	25 000	49 500	9500	85 000	250 000
Virginia	1800	50 000	95 000	23 000	85 000	500 000
S./N. Carolina	–	8 000	27 950	14 200	75 000	420 000
Georgia	–	–	–	–	6 000	33 000
Zusammen	1980	210 000	433 500	59 450	1 046 000	2 508 000

(Nach: Ploetz, „Raum und Bevölkerung", Freiburg 1955, Bd. 2/II, S. 18. Für 1775 nach Willi Paul Adams u. a. (Hrsg.): Die Vereinigten Staaten von Amerika (= Fischer Weltgeschichte, Bd. 30), 18. Aufl., Frankfurt/M. 1999, S. 26f.)

Zusatzinformationen zum Verfassertext

Über die Parlamente *(assemblies)* der Kolonien nahmen die lizenzierten Handels- und Siedlungsgesellschaften und die Landbesitzer Einfluss auf die politischen Entscheidungen. Dabei beriefen sie sich darauf, über die gleichen Rechte zu verfügen wie die Bürger im englischen Mutterland. Die Macht der Parlamente basierte hauptsächlich auf ihrem Recht, Jahr für Jahr über das Budget des Gouverneurs und über die zu erhebenden Steuern abstimmen zu dürfen.

Zusatzinformationen zu den Materialien

D1 Die linke Karte zeigt die Ausdehnung der verschiedenen Kolonialgebiete in Nordamerika im Jahr 1763, am Ende des „French and Indian War". Eingetragen sind die (keineswegs dauerhaften) Siedlungsgebiete einiger bekannterer Indianerstämme, die Gründungsjahre größerer Städte und die Gründungsjahre der 13 englischen Kolonien. Obwohl es die älteste Kolonialmacht auf dem Kontinent war, verfügte Spanien mit Florida nur über eine relativ kleine Kolonie in Nordamerika. Das große französische Kolonialgebiet, das sich bis 1763 von den Großen Seen über die Gebiete am Mississippi bis an den Golf von Mexiko erstreckte, war insgesamt von den Franzosen nur gering erschlossen und kultiviert. Das englische Kolonialgebiet entstand zwischen der Ostküste und den Appalachen. Nach Virginia (1607) wurden zunächst weiter nördlich gelegene Küstenregionen besiedelt (1629 Massachusetts und New Hampshire, 1632 Maryland, 1662 Connecticut, 1663 Rhode Island, 1664 New Jersey und New York, 1681 Pennsylvania, 1682 Delaware). Die südlich gelegnen Gebiete wurden erst im ersten Drittel des 18. Jahrhunderts kolonisiert (1729 North Carolina, South Carolina, 1732 Georgia).

Die „Königliche Proklamationsgrenze" von 1763, die den weißen Siedlern das weitere Vordringen nach Westen untersagte, wurde nicht festgesetzt, um den Lebensraum der Indianer zu schützen, sondern um die von London nicht genehmigte Landnahme der europäischen Siedler zu verhindern. Das Verbot stieß auf Unverständnis, weil die Kolonien die westlich an sie angrenzenden Gebiete als ihr natürliches Hinterland betrachteten. Viele Siedler setzten sich als so genannte „Squatters" über das Verbot hinweg, zumal es von der englischen Kolonialmacht nur sehr schwer zu überwachen war.

Die rechte Karte zeigt, mit welchen Produkten die klimatisch sehr unterschiedlichen Gebiete zwischen Maine im Norden und Georgia im Süden auf den Markt traten. Als Vorbereitung auf das sechste Kapitel sollte sowohl auf den Zusammenhang von Plantagenwirtschaft (Reis, Mais, Tabak, Indigo; Baumwolle kam erst seit dem ausgehenden 18. Jahrhundert hinzu) und Sklaverei in den südlichen Staaten als auch auf die Ballung der größeren Städte und der verarbeitenden Gewerbe in den nördlichen Staaten hingewiesen werden. Um Missverständnissen der Karte vorzubeugen, sollte auf jeden Fall erläutert werden, dass für die Wirtschaft aller Kolonien die Landwirtschaft die bei Weitem größte Bedeutung hatte. Dabei dominierten sowohl im Süden als auch im Norden eher kleine Familienfarmen. Eine markt- und exportorientierte Landwirtschaft bildete sich wegen des günstigen Transports zu Schiff zuerst an der Atlantikküste heraus. Der entscheidende Unterschied der Süd- zu den Nordstaaten bestand darin, dass in ersteren eine schmale Schicht aristokratisch eingestellter Plantagenbesitzer, die einen Großteil des Exportüberschusses erwirtschaftete, politisch den Ton angab.

Q1 Das Spruchband im Bild: „Come over and help". Spruchband außen: „Sigillum GVB et Societ. de Mattachusets Bay in Nova Anglia". Anhand des Spruchbandes kann darauf hingewiesen werden, dass die Kolonien entweder von Gesellschaften oder von vermögenden Personen gegründet wurden. In beiden Fällen stellte die englische Krone „Freibriefe" aus, durch die Land zugewiesen und Handels- und Regierungsvollmachten geregelt wurden. Viele Eigentümer- und Gesellschaftskolonien wurden nach einer Weile in Kronkolonien umgewandelt.

Q2 P. Kalm (1716–1779) hebt die Freiheiten hervor, die seiner Ansicht nach derjenige genießt, der in den englischen Kolonien den dortigen Staat und die Gesetze anerkennt: Die Möglichkeit des leichten und für ein Familienauskommen ausreichenden Erwerbs von Land, die geringen Steuern, die Niederlassungs- und Gewerbefreiheit sowie die religiöse Toleranz. Nach Kalm sind die Freiheiten der Grund dafür, dass die Bevölkerung und mit ihr die Städte schneller und mit weniger Konflikten wachsen als in Europa und dass sich die Menschen auf ihrem eigenen Grund und Boden wie Fürsten oder Könige fühlen können. In Kalms enthusiastischer Schilderung, in der er die Abwesenheit feudalistischer Beschränkungen und Abhängigkeiten zum wesentlichen Merkmal der kolonialen Gesellschaft erhebt, kommen Sklaven, Vertragsknechte (vgl. Q3) und Indianer ebenso wenig vor wie die große Zahl derer, die sich den Landkauf nicht leisten konnten oder den Mühen der Urbarmachung des Landes nicht gewachsen waren. Auch die religiöse Intoleranz, die z. B. in vielen puritanischen Gemeinden Neuenglands herrschte, kommt nicht zur Sprache.

Titel der Erstausgabe: Des Herren Peter Kalms, Professors der Haushaltungskunst in Aobo, und Mitgliedes der königlichen schwedischen Akademie der Wissenschaften: Beschreibung der Reise, die er nach dem nördlichen Amerika auf den Befehl gedachter Akademie und öffentliche Kosten unternommen hat. Göttingen 1754–1764.

Q3 Gottlieb Mittelbergers Reisebeschreibung veranschaulicht das Schicksal von Auswanderern, die ohne oder mit nur sehr geringen eigenen Mitteln in der Neuen Welt eintrafen. Die gefährliche und ungesunde Seereise mussten sie mit der Verpflichtung bezahlen, mehrere Jahre für diejenigen zu arbeiten, die sie von Bord weg kauften. Auf diese Art kamen die Reeder, die nicht selten ihre Menschenfracht in europäischen Hafenstädten mit rücksichtslosen Methoden rekrutierten, auf ihre Kosten, und die Siedler erhielten billige Arbeitskräfte. Die Verhältnisse, unter denen solche Vertragsknechte (indentured servants) lebten und arbeiteten, unterschieden sich oft nur wenig von denen der Sklaven. Jedoch hatten sie immerhin die Perspektive, sich nach Ablauf der festgelegten Vertragsdauer als freie Bürger eventuell eine Existenz aufbauen zu können. Es gibt eine neuere Ausgabe von Mittelbergers Schrift: Gottlieb Mittelberger: Reise nach Pennsylvanien im Jahr 1750 und Rückreise nach Deutschland im Jahr 1754. Hrsg., eingeleitet und erl. von Jürgen Charnitzky, Sigmaringen 1997.

Zu den Fragen und Anregungen

1 Der Arbeitsauftrag fordert dazu auf, den Abschnitt „Das Verhältnis der englischen Kolonien zum Mutterland" zusammenzufassen. Dabei sollte vor allem heraus gestellt werden, dass das Mutterland England die Kolonien einrichtete, schützte und förderte, weil es bzw. die Gesellschaften sich davon finanzielle Vorteile (Steuern bzw. Gewinne) versprachen. Die Absicht kollidierte allerdings mit der Notwendigkeit, neuen Siedlern attraktive Konditionen bieten zu müssen, und mit dem Problem, fernab des Mutterlandes für ein riesiges Gebiet den staatlichen Hoheitsanspruch durchzusetzen.

2 Hier besteht das wesentliche Erkenntnisziel darin, die beiden Hauptphasen der Koloniengründung zu erfassen: 1609–1682 im Norden und 1729–1732 im Süden. Diese Phasenverschiebung wird im Allgemeinen damit begründet, dass die Besiedlung sich zunächst auf die Klimazonen konzentrierte, die den Siedlern aus ihren Herkunftsländern im nordwestlichen Europa vertraut waren.

3 Die Schülerinnen und Schüler sollen merken, dass – bezogen auf einen überregionalen Markt – der Norden hauptsächlich gewerbliche, der Süden aber landwirtschaftliche Produkte auf den Markt brachte und dass im Süden zur Bewirtschaftung der Plantagen eine große Zahl von Sklaven eingesetzt wurde. Um zu klären, warum es zu diesen Unterschieden kam, reicht allein der Verweis auf das Klima nicht aus. Darüber hinaus ist darauf hinzuweisen, dass der Süden zunächst einen wesentlich größeren Anteil am Export hatte als der Norden. Für die Erzeugung der gewinnträchtigen Handelsgüter fanden die Plantagenbesitzer unter den europäischen Auswanderern nicht genügend Arbeitskräfte. An dieser Stelle kann auch überlegt werden, inwiefern das Arbeitskräfteproblem daraus resultierte, dass sich für die weißen Einwanderer relativ schnell Möglichkeiten ergaben, sich in dem weiten Land eine eigene Existenz aufzubauen.

4 Der Begriff „Vertragsknecht" kann nur angemessen verstanden werden, wenn klar ist, dass ein solches Arbeitsverhältnis – bei dem der Lohn für mehrere Jahre faktisch vorgeschossen wurde, damit die Überfahrt bezahlt werden konnte – auf einer privatrechtlichen Grundlage basierte. Solche Arbeitsverhältnisse setzten voraus:
a) Menschen, die sich in einer nahezu ausweglosen Lage befanden und denen kaum eine andere Wahl blieb;
b) Siedler, die für das Roden und Bestellen des Landes dringend Arbeitskräfte benötigten, die sie zumindest mittelfristig an sich binden wollten;
c) Reeder, die in Europa die „Neue Welt" anpriesen, die Überfahrt organisierten und sich hierfür bezahlen ließen.

5 Die beiden Quellen schildern die Emigration in die englischen Kolonien und das dortige Leben in einem sehr unterschiedlichen Licht und erlauben damit ein mehrperspektivisches Verfahren. Pehr Kalm malt das ungetrübte Bild von der Neuen Welt als Land der unbegrenzten Möglichkeiten, in dem jeder redliche Bürger sein Glück machen kann. Gottlieb Mittelberger hingegen hebt eine der Schattenseiten hervor, das Schicksal derjenigen armen Einwanderer, die sich den Weg in die Neue Welt mit einer mehrjährigen Verdingung als Vertragssklave erkaufen mussten.
Es soll erkannt werden, dass die Migration nach Übersee von so genannten „Push-Faktoren" im Herkunftsland (materielle Not, politische Unfreiheit, religiöse Intoleranz etc.) und von „Pull-Faktoren" im Zielland (Reichtum, Freiheit, Toleranz) bewirkt wurde. Das Spektrum der Motive reichte somit von der unfreiwilligen, durch die politischen oder gesellschaftlichen Verhältnisse erzwungenen Emigration bis zu der Faszination, die von den wirklichen oder angeblichen Freiheiten und Reichtümern der Neuen Welt ausging.

4. Der Weg in die Unabhängigkeit

Konzeption

Das Kapitel skizziert zunächst die Ausgangssituation nach dem „French and Indian War", zeigt dann auf, wie die Gegensätze zwischen Kolonien und Mutterland verschärft wurden und schließlich zur Unabhängigkeitserklärung führten; es endet mit der Schilderung des Verlaufs und des Ergebnisses des Unabhängigkeitskrieges. Es wird also die klassische Reihenfolge von Ursachen, Anlass, Verlauf und Ergebnis eingehalten, die sich auch als Leitfaden für den Unterricht anbietet.

Das Kapitel soll den Schülerinnen und Schülern zeigen, dass der Kampf um die Unabhängigkeit kein „verzweifelter letzter Schritt der Entrechteten und Ausgebeuteten" (W. P. Adams: Die USA vor 1900 (= Oldenbourg Grundriss der Geschichte, Bd. 28), München 2000, S. 37) war und dass längst nicht alle Kolonisten sich illoyal zum Mutterland verhielten. Es wird insbesondere der revolutionäre Charakter der Unabhängigkeitserklärung und der Konstituierung einer Republik hervorgehoben, wie er schon von Ranke erkannt wurde:

„Dadurch, daß die Nordamerikaner, abfallend von dem in England gültigen constitutionellen Prinzip, eine neue Republik schufen, welche auf dem individuellen Rechte Jedes Einzelnen beruht, trat eine neue Macht in die Welt; denn die Ideen greifen alsdann am schnellsten um sich, wenn sie eine bestimmte, ihnen entsprechende Repräsentation gefunden haben. So kam in diese romanisch-germanische Welt die republikanische Tendenz. […] Die junge Republik nahm durch die eigene Propagationsfähigkeit jener Generation und durch den fortwährenden Zuzug aus Europa einen allgemein raschen Aufschwung, sodaß jetzt die Nordamerikaner eine der größten Nationen der Welt geworden sind, die unaufhörlich auf Europa einwirkt. Dies war eine größere Revolution, als früher je eine in der Welt gewesen war, es war eine völlige Umkehr des Prinzipes. Früher war es der König von Gottes Gnaden, um den sich alles gruppierte; jetzt tauchte die Idee auf, daß die Gewalt von unten aufsteigen müsse. […] Diese beiden Prinzipien stehen einander gegenüber wie zwei Welten, und die moderne Welt bewegt sich in nichts anderem, als in dem Konflikt zwischen diesen beiden." (Leopold von Ranke: Über die Epochen der Neueren Geschichte, Vorträge dem Könige Maximilian II. von Bayern im Herbst 1854 zu Berchtesgaden gehalten; 19. Vortrag vom 13.10.1854 abends, hrsg. von Alfred Dove, Leipzig 1899, S. 130f.)

Das Neue war nicht, dass ein neuer souveräner Staat entstand, sondern dass sich die separatistischen Kräfte auf das

Prinzip der Volkssouveränität berufen. Träger des Unabhängigkeitsstrebens waren in erster Linie große Teile der Mittel- und Oberschicht, also diejenigen Kreise, die es in den Kolonien zu Wohlstand, Ansehen und Einfluss gebracht hatten.

Aspekte der Unterrichtsgestaltung

Der Einstieg kann mit der Betrachtung von Q2 (Boston Tea Party) erfolgen. Es lässt sich anhand der Bildbetrachtung die Frage entwickeln, warum die Menschen an Land den (scheinbaren) Indianern zujubelten, als diese die Tee-Ladung von den Schiffen ins Wasser warfen. Was soll das? Und warum die Verkleidung? Anschließend kann der/die Lehrende das Ereignis in den historischen Kontext stellen und schildern, wie es zu dem „French and Indian War" kam, wie der Krieg ausging, welche finanzielle Folgen er für England hatte und mit welchen weiteren Maßnahmen die englische Regierung versuchte, auf ihre Kosten zu kommen. Es müsste sodann erarbeitet werden, dass sich die Menschen durch den Zwang, (verteuerte) englische Waren kaufen zu müssen, beschränkt fühlten und dass die „Boston Tea Party" als eine bewusste Provokation der Kolonialmacht geplant war. Mittels der Parole „No Taxation without Representation" und über einen Rückgriff auf die Rolle des Parlaments in England (u. a. „Glorious Revolution" und die „Bill of Rights") ist deutlich zu machen, dass die Steuerbewilligung das vielleicht wichtigste Recht des englischen Parlaments war, von dem aber nach dem Willen des Königs und der parlamentarischen Mehrheit die Kolonien ausgeschlossen waren und es weiterhin bleiben sollten. Ob es den aufständischen Kolonien allerdings wirklich, wie es manche Äußerungen nahe legen, darum ging, auch im weit entfernten Parlament in London vertreten zu sein, oder ob nicht schon sehr früh die Trennung vom Mutterland in den Blick genommen wurde, muss offen bleiben. Die weiteren Eskalationsstufen können mittels des Verfassertextes erarbeitet werden: Protest → Boykott → Provokationen → gewalttätige Zwischenfälle → Aufstellung einer Armee → Krieg.

Am Ende sollten die gegensätzlichen Argumentationen in Q3 und Q4 einander gegenüber gestellt werden. Hierzu kann die Klasse in zwei Gruppen geteilt werden, die jeweils in arbeitsgleichen Untergruppen oder in Partnerarbeit die Texte lesen und analysieren.

Zusatzinformationen zum Verfassertext

Die Loslösung der Kolonien von dem englischen Mutterland war eine Entwicklung, die 1763 nach dem Ende des Siebenjährigen Krieges allenfalls in Ansätzen abzusehen war. Der Prozess der amerikanischen Staatsgründung gewann seine Dynamik dann aber schnell aus wiederholten und zunehmenden Reibungspunkten, die zumeist die Frage betrafen, wer – die britische Krone oder die Kolonien – welche Vorteile davon haben sollte, dass nunmehr das riesige Land bis zum Mississippi den anderen konkurrierenden Kolonialmächten entzogen war. Mit der Festlegung der Grenzlinie der Kolonien entlang des Appalachenhauptkammes im Jahr 1763 beanspruchte die Krone die alleinige Entscheidung über den Fortgang der Binnenkolonisation. Hatte sie schon damit die Kolonisten verärgert, so brachte sie diese vollends mit der Steuergesetzgebung, durch die Englands enorme Staatsschuld verringert werden sollte, gegen sich auf (Zuckergesetz 1764, Stamp Act 1765, Townsend Zölle 1767). Die Kolonien setzten den neuen Gesetzen nicht nur die Forderung „No taxation without representation" und den Boykott englischer Waren entgegen. Sie gingen auch zu gezielten Provokationen über (z.B. Boston Tea Party 1773), durch die getestet werden sollte, mit welchen Maßnahmen die weit entfernte Londoner Regierung ihre Ziel durchzusetzen gewillt war. W. P. Adams resümiert die Ursachen der Unabhängigkeitsbewegung wie folgt: „Die Hauptursache der Revolution bestand vielmehr im Zusammentreffen zweier sich gegenseitig ausschließender Entwicklungen: der zunehmenden wirtschaftlichen und politischen Eigenständigkeit der Kolonialgesellschaften mit der nach 1763 einsetzenden imperialistischen Kolonialpolitik." (Willi Paul Adams u. a. (Hg.): Die Vereinigten Staaten von Amerika (Fischer Weltgeschichte, Bd. 30), 18. Aufl., Frankfurt/M. 1999, S. 31). Im Verfassertext wurde darauf verzichtet, die Verflechtung des „French and Indian War" mit dem Siebenjährigen Krieg und anderen Schauplätzen der weltumspannenden englisch-französischen Auseinandersetzung zu schildern. Das siegreiche England, das sich durch den Krieg als eindeutige Vormacht auf dem nordamerikanischen Kontinent etabliert hatte, sah sich mit einem wachsenden Widerstand der Kolonisten konfrontiert, der vor allem von Farmern, Handwerkern und Kaufleuten sowie von Teilen der vermögenden Oberschicht, die oftmals führende Positionen einnahmen, getragen wurde. Die Versuche Englands, von dem eigenen Sieg zu profitieren, stießen auf erbitterten Unmut und erwiesen sich als kaum durchsetzbar. Dies zeigte sich an der Grenzziehung zu dem Indianerland (1763), an den höheren Steuern und Zöllen (Zuckergesetz von 1764, Stamp Act von 1765 – im März 1766 vom englischen Parlament widerrufen) oder an anderen Maßnahmen, mittels derer London Kosten der Staatsführung auf die Kolonien abzuwälzen versuchte (Unterhalt für die Stationierung großer Teile der britischen Berufsarmee). Im Zuge der Auseinandersetzungen wurden auf der Seite der Kolonisten Gedanken entwickelt, die das erwachende Selbstbewusstsein einer Nation ausdrückten, die sich republikanisch definierte. Bekanntestes Beispiel hierfür dürfte Thomas Paines Schrift „Common Sense" (1776) sein.

Zusatzinformationen zu den Materialien

Q1 John Trumbull lebte von 1756–1843; das Bild malte er 1819, also 43 Jahre nach dem dargestellten Ereignis. Am Tisch sitzt George Washington, der von 1789–1796 als erster Präsident regierte. Vor ihm stehen (v. l. n. r.) John Adams (Präsident von 1796–1800), Roger Sherman, Robert R. Livingston, Thomas Jefferson (Präsident von 1800–1808) und Benjamin Franklin.

Q2 Es ist zu beachten, dass die Lithografie 73 Jahre nach dem Ereignis entstand – sie ist eine von vielen Variationen eines stereotypen nationalgeschichtlichen Motivs.

Q3 Als George III. (1738–1820), seit 1760 englischer König, am 10. Oktober 1775 zu den Vorgängen in den nordamerikanischen Kolonien Stellung nahm, war der Unabhängigkeitskrieg faktisch schon im Gang. Der zweite Kontinentalkongress, der von Mai bis Oktober 1775 in Philadelphia tagte, hatte als Konsequenz aus den blutigen Zusammenstößen, zu denen es seit April zwischen Bürgerwehren der Kolonisten und britischen Truppen gekommen war, eine eigene Armee unter der Führung von George Washington aufgestellt. Dieser Schritt schweißte die aufständischen Kolonisten noch enger zusammen – nicht nur gegen das Mutterland, sondern auch gegen dessen Anhänger in den Kolonien.

Q4 Thomas Jefferson war vom Kongress mit der Formulierung der Unabhängigkeitserklärung beauftragt worden, weil er schon 1774 mit der Flugschrift „A Summary of the Rights of British America" Aufmerksamkeit erregt hatte. In seiner Argumentation beruft sich das Komitee auf das englische Widerstandsrecht. Die Verfassungsväter rechtfertigten ihre Handlungsweise auch damit, dass die Regierungen ihre rechtmäßige Macht „von der Einwilligung der Regierten herleiten" (vgl. Z. 17), der wahre Souverän also das Volk sei. Es kann an dieser Stelle auf das Grundgesetz, Art. 20, 2 (Volkssouveränität) und Art. 20, 4 (Widerstandsrecht) hingewiesen werden. Vom Gleichheitspostulat der Unabhängigkeitserklärung waren die meisten Menschen (Frauen, Sklaven, Indianer) ausgeschlossen.

Zu den Fragen und Anregungen

1 In der Argumentation des englischen Königs werden zum einen die nach Unabhängigkeit strebenden Amerikaner als eine rebellierende, willkürlich agierende Minderheit dargestellt, die dem übrigen Volk ihren Willen aufzwingt. Andererseits wird deutlich, dass Großbritannien ein staatspolitisches Interesse an den Kolonien hatte, für das es in der Vergangenheit erhebliche Mittel aufgewendet hatte.

2 Jeffersons Argumentation ist durch naturrechtliche Überzeugungen der Aufklärung gekennzeichnet, die ein historisches Verständnis der politischen Situation qua definitionem ausschließen. Demnach gab es das amerikanische Volk schon immer und es war einstmals von sich aus eine Verbindung mit dem englischen Volk eingegangen. Weil sich England dann aber anmaßend und tyrannisch gezeigt habe, sei es das Recht und geradezu die Pflicht der Amerikaner, sich dagegen zur Wehr zu setzen. Nach dieser Darstellung nahmen die Kolonien lange Zeit lediglich eine passive, leidende Rolle ein, während sie von England willkürlich unterdrückt und ausgebeutet wurden. Die Argumentation entspricht dem Willen zu einer neuen staatlichen Souveränität, die darum eben nichts mehr mit den bisherigen Souveränen zu tun haben darf.

3 Der Zeichner hatte eine proamerikanische Einstellung, stellt er doch ausschließlich Menschen dar, die den Angriff auf englisches Eigentum jubelnd begrüßen. Von englischen Soldaten oder Beamten ist weit und breit nichts zu sehen. Als Alternative oder Ergänzung kann auch dazu aufgefordert werden, die Boston Tea Party jeweils aus der Perspektive eines englandfreundlichen und eines englandkritischen Beobachters zu beschreiben.

5 Auch bei dieser Aufgabe bietet es sich an, den Schülern vorzugeben, aus welcher Perspektive die Zeitungsseite verfasst sein soll (z. B. aus der Sicht des englischen Mutterlandes, der aufständischen Kolonien, eines Beobachters vom europäischen Festland etc.). Bevor die Schüler das Schreiben beginnen, sollte gemeinsam überlegt und in Stichworten festgehalten werden, welche Gefühle und Gedanken die jeweilige Gruppe mit der Unabhängigkeitserklärung verbunden haben könnte.

Tafelbild

Der Weg der USA in die Unabhängigkeit

Ursachen:
Zusammengehörigkeitsgefühl der Siedler fern vom „Mutterland".
Sieg im „French and Indian War".
Steuererhöhungen der englischen Regierung.

Anlass:
Boston Tea Party (1773)

Verlauf:
Unabhängigkeitserklärung (1776)
Siedler kämpfen gegen Söldner,
erhalten militärische und materielle Hilfe aus Europa,
zwingen die englische Armee 1781 zur Kapitulation.

Ergebnis:
Anerkennung der Unabhängigkeit (1783)

5. Verfassungen regeln die Herrschaft des Volkes

Konzeption

Die Konstituierung der USA als selbstständiger Staat ging einher mit harten Konflikten zwischen großen und kleinen Staaten, zwischen Nord- und Südstaaten, zwischen Stadt und Land usw. Die Verfassung, die unter diesen Bedingungen konzipiert wurde, versuchte dem mit ihren vielfältigen „checks and balances" gerecht zu werden. Trotz aller Konflikte erwies sich die Verfassung bis in die Gegenwart als erstaunlich tragbar und entwicklungsfähig. Ihre konkrete Gestalt erwuchs primär nicht aus staatsphilosophischen Traktaten und Symposien, sondern aus hart geführten Auseinandersetzungen zwischen den Einzelstaaten und Interessengruppen: Zwischen Föderalisten und Unionisten, zwischen Befürwortern des Freihandels und Befürwortern einer Schutzzollpolitik, zwischen den Farmern und Gewerbetreibenden der Nordstaaten und den Plantagenbesitzern der Südstaaten, zwischen den Gegnern und den Anhängern der Sklaverei.

Im Mittelpunkt des Kapitels steht die Erläuterung eines Schemas zur Verfassung der Vereinigten Staaten. Im Geschichts- und Gemeinschaftskundeunterricht werden die Schüler immer wieder auf solche Schemata stoßen, mit denen die grundsätzliche Eigenart und das Funktionieren von Staaten veranschaulicht werden soll. Die Schülerinnen und Schüler sollen deshalb auf der in dieses Kapitel integrierten „Gewusst-wie"-Methodenseiten ausführlich damit vertraut gemacht werden, wie Verfassungsschemata zustande kommen und wie sie zu „lesen" sind. Das Kapitel geht davon aus, dass für 13- bis 14-jährige ein Verfassungsschema nur dann annähernd verständlich ist, wenn sie einige der allgemeinen und der spezifischen Probleme und Kontroversen verstanden haben, um die im Zuge der Entstehung der Verfassung gerungen wurde. Bei allem didaktischen und methodischen Geschick sollte den Lehrenden stets bewusst sein, welche enorme Abstraktionsleistung sie den Jugendlichen mit dem Nachvollzug einer solchen schematischen Darstellung abverlangen. Aus diesem Grund wurde auch darauf verzichtet, auf die Wurzeln der Verfassungsdiskussion in der europäischen Staatsphilosophie des 18. Jahrhunderts einzugehen.

Die zentralen Ideen der Volkssouveränität, der Gewaltenteilung und des Föderalismus fallen und fielen nicht als reine Ideen vom Himmel, sondern erwuchsen auf dem Boden sozialer und wirtschaftlicher Ungleichheit. Im Mittelpunkt der Auseinandersetzungen standen Fragen folgender Art:

- Wer soll überhaupt das passive und das aktive Wahlrecht erhalten? Für die ersten Republikaner war es überhaupt keine Frage, dass Frauen, Sklaven, Tagelöhner, Arbeiter, Gesellen etc. auf die Staatsangelegenheiten keinen Einfluss haben sollten.
- Wie soll das Volk repräsentiert werden und welchen Einfluss sollen die verschiedenen Repräsentationsorgane haben? Die einfache und ausschließliche Repräsentation der Bevölkerung in einem einzigen Parlament wurde im Allgemeinen für nicht ausreichend erachtet. In den meisten Staaten wurden mehrere Kammern oder Häuser des Parlaments gebildet, um neben der proportionalen Repräsentanz der Bevölkerung auch Gesichtspunkte des Besitzes oder der Regionen Einfluss zu verschaffen.
- Welche Kompetenzen sollen das Parlament, Regierung und Justiz jeweils gegeneinander haben? Schon den ersten Verfassungsvätern war das Problem bewusst, dass eine Regierung erheblich geschwächt sein würde, wenn dem Parlament ihr gegenüber zu weitgehende Rechte eingeräumt werden würden. Es musste deshalb entschieden werden, ob die Regierung bzw. der Präsident vom Parlament oder direkt vom Volk gewählt werden sollte, ob und wie eine Möglichkeit der Absetzung der Regierung gestaltet werden sollte, in welchen Bereichen der Politik die Regierung an die Zustimmung des Parlaments gebunden war (im Mittelpunkt stand hier das Recht der Haushaltsbewilligung) etc.

Aspekte der Unterrichtsgestaltung

Zum Einstieg in das Thema kann die Frage aufgeworfen werden, ob es für die nach Unabhängigkeit strebenden Staaten einfach damit getan gewesen sein könnte, den fremden Gouverneur durch einen eigenen Politiker zu ersetzen. Die Schülerinnen und Schüler können so dafür sensibilisiert werden, dass der Aufbau eigener einzel- und bundesstaatlicher Strukturen notwendig war und dass diese Strukturen nicht einfach vom Mutterland übernommen werden konnten. Hatte doch die Gemeinsamkeit der Einzelstaaten bis dahin größtenteils in der Unterordnung unter das Mutterland und dann im Kampf gegen das Mutterland bestanden.

Das Kapitel macht zunächst deutlich, dass die Kolonien schon während des Unabhängigkeitskrieges vor der Frage standen, wie sie sich nach der Abschüttelung der englischen Herrschaft jeweils selbst organisieren wollten. Noch bevor die bundesstaatliche Verfassung diskutiert wurde, wurden wichtige Entscheidungen auf der Ebene der einzelstaatlichen Verfassungen getroffen, die dann in vielerlei Hinsicht eine Vorbildfunktion für den Bundesstaat hatten. Dies betraf insbesondere die Frage nach dem Verhältnis zwischen der Repräsentation der Bevölkerung und Repräsentation der Regionen.

Für den Übergang auf die Verfassung des Bundesstaats muss zunächst auf die äußerst schwache Position des Kontinentalkongresses gegenüber den Einzelstaaten aufmerksam gemacht werden. Im Unterrichtsgespräch (oder in Gruppenarbeit) können dann Vermutungen formuliert werden, welche Fragen im Zuge einer neuen Verfassungsdiskussion besonders umstritten gewesen sein dürften (Wer darf wählen? Welche Befugnisse soll das Staatsoberhaupt haben? Welche Befugnisse sollen bei den Staaten verbleiben? Wie sollen die Staaten auf den Bund einwirken können?).

Die unterschiedlichen Positionen von Anti-Föderalisten und Föderalisten können dann an Q4 und Q5 erarbeitet werden. Im Anschluss hieran sollte das Verfassungsschaubild aufgeschlüsselt und interpretiert werden. Die Methodenseiten „Verfassungsschaubild auswerten" wollen den Schülerinnen und Schülern am Beispiel der USA-Verfassung exemplarisch vorführen, auf welche Schwerpunkte bei der Analyse eines solchen Schaubildes geachtet werden sollte. Im Mittelpunkt stehen dabei die Fragen nach den Wahlberechtigten, nach dem Aufbau der Teilgewalten und ihren Beziehungen untereinander sowie nach denjenigen Aspekten, die durch das Schema nicht erfasst werden.

Anhand von Q7 kann die Frage erörtert werden, warum sich ausgerechnet die Südstaaten so stark für den Schutz der persönlichen Freiheiten einsetzten.

Als Gegenwartsbezug bietet es sich an, auf Probleme und Diskussionen im Verlauf des europäischen Einigungsprozess hinzuweisen, die immer wieder zeigen, wie wenig souveräne Staaten gewillt sind, auf essentielle Rechte und Befugnisse zu verzichten.

Angesichts des Alters der Schülerinnen und Schüler ist es sinnvoll, sich vor allem auf die elementaren Grundbegriffe und Grundelemente der Verfassung zu konzentrieren. Sollte Zeit und Interesse vorhanden sein, so kann darüber hinaus – mit Blick auf die noch heute fortdauernden Verhältnisse – auf die Besonderheiten der Präsidentenwahl (über Wahlmänner), auf die besondere Ausprägung der US-amerikanischen Parteien (zwischen denen kaum grundsätzliche Unterschiede bestehen) oder auf den Watergate-Skandal (als Beispiel für ein Absetzungsverfahren gegen einen Präsidenten) eingegangen werden.

Zusatzinformationen zum Verfassertext

Der Unterschied zwischen einem Staatenbund und einem Bundesstaat ist für das Verständnis der frühen politischen Geschichte der USA entscheidend. Nach der erfolgreichen Loslösung von England waren die Einzelstaaten zunächst nur in einem sehr begrenzten Rahmen bereit, sich einer

Zentralmacht unterzuordnen. Das einzige Organ auf Bundesebene, der Kontinentalkongress, konnte weder Steuern erheben, noch Wirtschaftsgesetze verabschieden, noch eine Armee aufstellen. Innerhalb weniger Jahre setzte sich jedoch die Einsicht durch, dass außen- und innenpolitische Gründe ein engeres Zusammengehen der Staaten und damit eine völlig neue Verfassung notwendig machten. Die von Mai bis September 1787 in Philadelphia tagende „Constitutional Convention" einigte sich auf den „großen Kompromiss": Ein Zweikammersystem aus Senat und Repräsentantenhaus sowie ein Präsidentenamt mit weit reichenden Befugnissen. Für das aktive und erst recht für das passive Wahlrecht wurden Bestimmungen der Einzelstaaten übernommen, die das Eigentum – zumeist festgemacht an der Veranlagung zur Steuer – zu einem maßgeblichen Kriterium machten. Insgesamt umfasste die Verfassung neun Einzelparagraphen, von denen die ausführlichsten der Einrichtung des Senats und des Kongresses (§ 1) und der Stellung des Präsidenten (§ 2) galten. Kritiker und Gegner der Verfassung, die „Anti-Föderalisten" (zutreffender wäre sicherlich „Antizentralisten"), stimmten dem Entwurf erst zu, nachdem ihnen versichert worden war, der Verfassung werde noch ein Grundrechtekatalog hinzugefügt werden, der die Macht der Zentralgewalt einschränke. Dieser Katalog, der sich wiederum an der „Virginia Bill of Rights" von 1776 orientierte, wurde 1791 als „Bill of Rights" verabschiedet und beinhaltete u. a. Garantien der Religionsfreiheit, des freien Waffenbesitzes und des Schutzes vor ungerechtfertigter Verfolgung durch Polizei und Gerichte.

Zusatzinformationen zu den Materialien

Q1 Obwohl für die Ratifizierung der neuen Verfassung die Stimmen von neun Staaten ausreichten, setzte man nach der Zustimmung von New Hampshire am 21. Juni 1788 das Inkrafttreten der Verfassung zunächst außer Kraft, weil sich mit New York und Virginia zwei wichtige und große Staaten noch nicht entschieden hatten und weil North Carolina und Rhode Island noch ganz abseits standen. Die dortigen Anti-Föderalisten willigten erst – mit jeweils knapper Stimmenmehrheit (Virginia sprach sich z. B. mit 87 zu 79, New York mit 30 zu 27 Stimmen für die Verfassung aus) – ein, nachdem ihnen ein ergänzender Grundrechtekatalog, die Bill of Rights, zugesichert worden war.
Q2 George Caleb Binghams (1811–1879) Gemälde aus dem Jahr 1854/55 idealisiert den demokratischen Wahlakt. Es zeigt das „Volk" – lauter weiße Männer aus verschiedenen Schichten, die auf die Verkündigung des Wahlergebnisses warten bzw. es zu diskutieren scheinen. Es herrscht offenbar eine gelassene Feiertagsstimmung, Spannungen oder Gegensätze sind nicht zu erkennen. Lediglich zwei Menschen arbeiten – die beiden Schwarzen vorne links im Vordergrund.
Q3 George Washington (1732–1799), Tabakplantagenbesitzer, Feldherr im „French and Indian War", Oberbefehlshaber der amerikanischen Truppen im Unabhängigkeitskrieg, erster Präsident der USA (1789–1797).
Q4 Der Anti-Föderalist George Mason (1725–1792) aus Virginia kritisiert vor allem die in seinen Augen zu große Machtfülle des Senats und der Judikative gegenüber den Einzelstaaten.

Q5 Der Föderalist James Wilson (1742–1798) tritt für eine starke Zentralmacht ein, die den neuen Staat gegen Angriffe von außen, v. a. aus Europa, zu verteidigen vermag und die Einzelstaaten auf einen friedlichen Umgang miteinander verpflichtet.
Q6 Das Relief versinnbildlicht die besondere weltpolitische Situation, in der die USA ihre Unabhängigkeit errangen. Während die beiden „erwachsenen" Weltmächte England und Frankreich sich bekriegen, erwehrt sich die heranwachsende Macht erfolgreich zweier Schlangen. Offensichtlich stehen die zwei Schlangen für die fremden Truppen auf dem amerikanischen Kontinent, gegen die sich die Kolonien zunächst im „French and Indian War" und dann im Unabhängigkeitskrieg zur Wehr setzten.
Q7 Die „Bill of Rights" wurde vom ersten Kongress im September 1791 beschlossen. Aus einer sehr großen Zahl von Vorschlägen zur Ergänzung und Konkretisierung der Verfassung wählte der Kongress zehn „Amendments" aus, die u. a. die Einführung einer Staatsreligion, die Einschränkung der Presse-, Meinungs- und Versammlungs- und Petitionsfreiheit verbieten sowie das Recht auf Waffenbesitz und den Schutz vor willkürlichen Polizei- und Justizmaßnahmen bekräftigen.
Q8 Das obere Spruchband trägt die Inschrift „E pluribus unum" (Einheit aus der Vielfalt). Darunter ist ein Tempel der „Freiheit" dargestellt, der wiederum auf der Verfassung und den Gesetzen fußt. Um diesen „Freiheitsberg" ziehen Menschen, die sich in der Mitte unter der amerikanischen Fahne treffen. Von rechts kommen offenbar Farmer (hierauf deuten die Getreidegarben hin), von links Handwerker (hierauf deuten der Hammer und die Schützen hin).

Zu den Fragen und Anregungen

1 Mit der Zeichnung wird für die Verfassung Partei ergriffen. Es soll der Eindruck entstehen, als könnten sich nun auch Virginia und New York, die sich bis dahin noch nicht für die Verfassung ausgesprochen hatten, letztendlich der Zustimmung nicht entziehen, als sei ein unumkehrbarer Prozess in Gang gesetzt worden.
2 Das Bild vermittelt eine heitere, fast ausgelassene Stimmung. Die demokratische Wahl wird eher als ein Volksfest, nicht aber als ein ernsthafter Kampf mit Gewinnern und Verlierern dargestellt. Im Gegensatz zu den beiden Schwarzen, die bezeichnenderweise von der Verfassung ausgeschlossen sind, feiern die weißen Männer (Frauen sind nicht anwesend), sie spielen oder unterhalten sich. Die Menschen warten gemeinsam auf den Wahlausgang – bei heutigen Wahlen ist es eher üblich, das Verkünden des Ergebnisses im Kreis der jeweiligen Parteien abzuwarten.
3 Nach Masons Ansicht wurde die politische und wirtschaftliche Stellung der Südstaaten durch die Verfassung bedroht. Er befürchtete eine Vorherrschaft der Nordstaaten im Senat und sprach sich deshalb dagegen aus, dem Senat zu viele Kompetenzen zu geben.
In Wilsons Argumentation für den Verfassungsentwurf und für eine starke Zentralgewalt spielen die außenpolitische Behauptung gegen die europäischen Mächte und die Vermeidung von Konflikten zwischen den Einzelstaaten eine zentrale Rolle.

Auf dem Weg zur Demokratie: England und die USA

Tafelbild

> **Grundbegriffe einer demokratischen Verfassung**
> – Volkssouveränität
> – Föderalismus
> – Grund- und Menschenrechte
> – allgemeines, gleiches und geheimes Wahlrecht
> – Zwei Kammer-System: Kongress und Repräsentantenhaus
> – Gewaltenteilung: Legislative – Exekutive – Judikative
> – „Checks and Balances".

4 Religions-, Rede-, Presse-, Meinungs-, Versammlungs- und Petitionsfreiheit; Recht auf Waffenbesitz; Schutz der Privatsphäre; Geschworenengerichte bei Kapitalverbrechen; rechtsstaatliche Gerichtsverfahren; weitere Gültigkeit älterer Rechte. Die Südstaaten begriffen die Garantie unantastbarer persönlicher Rechte der Bürger als ein Mittel, den zentralistischen Bestrebungen aus dem Norden entgegen zu wirken.

5 Immer wieder kommt es bei Schülern zu Begriffsunklarheiten. Die Schüler sollen mit Hilfe dieser Frage erkennen, dass es sich bei den beiden „Bill of rights" um unterschiedliche Dokumente mit gleichem Namen handelt. Darüber hinaus kann gezeigt werden, dass die Intention der beiden Dokumente unterschiedlich ist. So beziehen sich die englische Bill of Rights auf den Machtkampf zwischen Parlament und König (vgl. Kap. 1, Aufg. 5), die amerikanischen Grundrechte hingegen garantieren dem Einzelnen Rechte gegenüber dem Staat, es handelt sich also um Persönlichkeitsrechte. Interessant ist aber auch, dass die amerikanische Bill of Rights in der Traditionslinie der englischen steht, dies zeigt sich an den Gemeinsamkeiten: Religions- und Redefreiheit, Recht auf Waffenbesitz.

Zu den Fragen und Anregungen auf den „Gewusst-wie"-Seiten

1 Durch die Aufgabe sollen die Schülerinnen und Schüler veranlasst werden, sich mit den unterschiedlichen oder gar gegensätzlichen Zielen und Mitteln der vier Verfassungsorgane auseinander zu setzen. Der Abgeordnete im Repräsentantenhaus: Ist in erster Linie einer Partei verpflichtet, von der er für die Direktwahl nominiert wird.
Der Senator: Vertritt die Interessen der Regierung eines einzelnen Staates.
Der Präsident: Hat im Vergleich zu einer parlamentarischen Regierungsform ein mächtigeres Amt inne: wird deshalb auch direkt vom Volk gewählt, allerdings vermittelt über die Wahlmänner.
Der Oberste Bundesrichter: Kann als Mitglied des Obersten Gerichtshofes der Regierung und dem Kongress die Zustimmung zu Gesetzen und Verträgen verweigern, die nicht mit Bundesrecht vereinbar zu sein scheinen.

2 Bei dieser Aufgabe kommt es in erster Linie darauf an, den Unterschied zwischen dem präsidialen Regierungssystem der USA und dem parlamentarischen Regierungssystem in Deutschland (u. a. mit der Wahl des Regierungschefs durch das Parlament und der Ministerverantwortlichkeit) zu verstehen.

6. Die junge Demokratie zwischen Expansion und Bürgerkrieg

Konzeption

Das Ziel des Kapitels besteht zum einen darin, den Schülerinnen und Schülern die enorme politische und wirtschaftliche Dynamik begreifbar zu machen, mit der die USA im Verlauf des 19. Jahrhunderts den gesamten Kontinent zwischen Atlantik und Pazifik in ihren Besitz nahmen. Dabei soll zum anderen an die negativen und blutigen Begleiterscheinungen dieses Prozesses, v. a. an die Verdrängung der Indianer, an die Sklaverei in den Südstaaten und an den Bürgerkrieg erinnert werden. Das Kapitel hat damit weniger einen chronologisch-ereignisgeschichtlichen als vielmehr einen systematisch-überblicksartigen Charakter. Es schildert im ersten Teil die Ausgangsbedingungen, Verlaufsformen und Folgen der Expansion und geht im zweiten Teil auf den Gegensatz zwischen den Staaten mit und den Staaten ohne Sklaverei ein.

Aspekte der Unterrichtsgestaltung

Als Einstieg eignet sich die Betrachtung von D1. Mittels der Karte können die konkreten Etappen (wobei die Karte nichts über die Art der „Erwerbung" – Kauf, Eroberung, Erpressung – aussagt) und Wege (Trails, Eisenbahnlinien, Postrouten) der Erschließung und Durchdringung des Westens erarbeitet werden.
Zur Veranschaulichung kann dann Q1 eingesetzt werden. Die Schüler identifizieren die verschiedenen Gruppen, achten auf den Hintergrund (links die schneebedeckten Rocky Mountains, rechts eine Stadt an der Ostküste) und versuchen die Symbolik der Frauengestalt und die damit versinnbildlichte Interpretation der geschichtlichen Ereignisse (Fortschritt) zu erfassen. Unterstützung bietet die Lektüre der S. 32 des Schülerbandes. Zur Vertiefung können Q2 (ideologische Begründung der Expansion) und Q3 (Abfolge der Kultivierungsstufen) verwendet werden. Q6 kann dazu benutzt werden, auf das Schicksal der Indianer und die Veränderung ihrer Lebensverhältnisse aufmerksam zu machen. Die Überleitung zum Umgang mit der Sklaverei und zum Bürgerkrieg ergibt sich aus dem Verweis darauf, dass jeder neue Staat das labile Gleichgewicht zwischen Nord- und Südstaaten gefährdete. Q4 und Q5 verdeutlichen das Spektrum der Behandlung der Sklaven – von den brutalen Gesichtspunkten der Begutachtung und des Erwerbs bis zur (bedingten) Rücksichtnahme auf den Erhalt und die Mehrung des lebenden Eigentums. Im Unterrichtsgespräch oder durch einen Lehrervortrag müsste sodann verdeutlicht werden, dass sich die Ablehnung der Sklaverei in den Nordstaaten nicht nur aus einer humaneren und demokratischeren Gesinnung ergab, sondern dass die nord- und die südstaatlichen Wirtschaftsweisen sich miteinander nicht vertrugen. Mit Q7 und Q8 lässt sich problematisieren, inwiefern es im Bürgerkrieg hauptsächlich und in erster Linie um die „Befreiung" der Sklaven ging und welche Rolle andere Motive (Erhalt und Durchsetzung eines einheitlichen, mächtigen Staates gegen einzelstaatliche Partikularinteressen) dabei gespielt haben könnten.

Zusatzinformationen zum Verfassertext

Im 19. Jahrhundert wurden immer größere Teile des Kontinents der ökonomischen Nutzung durch die weißen bzw. europäischen Siedler zugänglich gemacht. Auf die Ureinwohner, die Indianer, wurde bei dieser Expansion keine Rücksicht genommen. Ihnen wurde die Lebensgrundlage weitgehend entzogen. Zusätzlich wurden sie durch bisher unbekannte Krankheiten und durch den Genuss von Alkohol dezimiert. Die wesentlichen Weichenstellungen und Rahmenbedingungen für die weitere Expansion der USA gen Westen lagen bereits zu Beginn des 19. Jahrhunderts vor. Als zentraler Streitpunkt vor dem konföderativen Zusammenschluss war schon 1781 entschieden worden, dass neue Territorien im Westen nicht zur Ausdehnung der 13 alten Staaten führen sollten, sondern dass sie als neue Staaten der Union beitreten sollten. Die „Claims" bis hin zum Mississippi, die einige Staaten für sich beansprucht hatten, waren damit hinfällig geworden. Das Beitrittsverfahren und die Mechanismen der Landverteilung an Siedler wurden zwischen 1784 und 1787 in den Nordwest Ordinances festgelegt. Entscheidende Schritte der territorialen Expansion waren dann der Kauf Louisianas (1803), der Beitritt von Texas (1845), der Anschluss von Kalifornien und New Mexico nach dem Krieg gegen Mexiko (1846–48) und der Erwerb von Oregon (1846) nach Aufkündigung der gemeinsamen Verwaltung mit England.

In nuce war von der Gründung der USA an der Grund für den (Bürger-)Krieg von 1861–65 gegeben. Jeder neu in die Union aufgenommene Staat drohte das labile Kräfteverhältnis zwischen den Sklavenhalterstaaten des Südens und den sklavenfreien Staaten des Nordens entscheidend zu verändern. Deshalb wurden bei der Neuaufnahme von Staaten in die Union immer wieder Kompromisse notwendig (z. B. Missouri-Kompromiss 1820; Kompromiss von 1850). Der „Kansas-Nebraska-Act" von 1854, der die Entscheidung über die Einführung der Sklaverei vom Kongress auf die „popular sovereignty" der Staatsbevölkerung übertrug, verschärfte die Auseinandersetzungen und ebnete schließlich den Weg zum Bürgerkrieg. In der 1854 gegründeten Republikanischen Partei sammelten sich die Gegner der Sklaverei. Als ihr Kandidat Abraham Lincoln 1860 das Präsidentenamt übernahm, veranlasste dies die Südstaaten zum Austritt aus der Union.

Zusatzinformationen zu den Materialien

D1 Aus der Karte geht nicht hervor, wie die verschiedenen Gebiete zum Eigentum der USA wurden. Die Gebiete zwischen Appalachen und Mississippi wurden den USA nach dem Unabhängigkeitskrieg im Pariser Frieden von 1783 zugesprochen. Louisiana (womit zunächst nicht der Staat, sondern das riesige Gebiet zwischen Mississippi und den Rocky Mountains gemeint war) wurde 1803 von Frankreich gekauft und in den Jahren 1803–1806 gleich von der legendären Lewis & Clark-Expedition erforscht. Texas, das ursprünglich zu Mexiko gehörte, in dem sich aber viele europäische Siedler niedergelassen hatten, wurde 1845 annektiert. Im Krieg von 1846–48 verlor Mexiko außerdem New Mexico und Kalifornien an die USA. Im Nordwesten gab Großbritannien 1846 seine Ansprüche auf Oregon (einschließlich der heutigen Bundesstaaten Idaho und Washington) auf.

Die Eisenbahnen spielten für die Erschließung des Westens nicht nur insofern eine besondere Rolle, als mit ihnen Menschen und Material schneller und bequemer dorthin transportiert werden konnten. Den Eisenbahngesellschaften gehörten zudem breite Landstreifen beiderseits der Bahntrassen, die sie an Siedler verkauften.

Q1 Die Expansion der USA über den gesamten nordamerikanischen Kontinent wird in dem Gemälde von John Gast als ein Werk dargestellt, das von der Göttin des Fortschritts geleitet und beschützt wird. Die Göttin trägt ein Schulbuch unter dem einen Arm und spannt mit dem anderen Arm einen Telegrafendraht über den Kontinent. Vor ihr fliehen die alten, wilden Bewohner des Kontinents: die Büffel, die Bären – und die Indianer; mit ihr ziehen die Kräfte des Fortschritts, der Kultur und der Zivilisation nach Westen: die Scouts, Pioniere, Planwagen, Eisenbahnen, Goldgräber, Postkutschen etc.

Q2 John Q. Adams Aussage dokumentiert das unbekümmert-anmaßende Selbstverständnis vieler US-Amerikaner, die sich als die natürlichen und von der Vorsehung ausgewählten Herren des Kontinents empfanden. Erst langsam sahen sie im Laufe des 19. Jahrhunderts ein, dass zumindest Kanada und Mexiko nicht annektiert werden konnten.

Q3 Die Reiseführer-Schilderung hebt idealtypisch auf drei Arten von Siedlern ab: Die Pioniere, die mit ihren Familien Teile des Landes erstmals rodeten und bebauten, daneben aber auch noch von der Jagd lebten; den Bauern und Handwerkern, die das Werk der Pioniere fortsetzten und das Land umfassend kultivierten; die Unternehmer, die im großen Maßstab Kapital investierten und deren Reichtum auch die Nachfrage nach Luxuswaren stimulierte. Die Darstellung ist sehr stark an der Landwirtschaft orientiert und lässt andere Berufsgruppen, welche die enormen natürlichen Reichtümer des Landes anderweitig ausbeuteten (z. B. Goldgräber, Holzfäller, Fischer etc.), außer Acht.

Q4 Die ausgewählte Textpassage verweist darauf, dass Sklaverei nicht allein in Unterdrückung und Gewalt aufging. Das Eigentumsrecht an einem anderen Menschen schloss auch den Gesichtspunkt ein, die für gutes Geld gekauften Arbeitskräfte so zu ernähren und unterzubringen, dass sie die verlangten Aufgaben erfüllen konnten. Die Kinder von Sklavinnen waren ebenfalls Eigentum des Sklavenbesitzers, bildeten also eine Art kostenlosen Nachschub an Arbeitskräften.

Q5 Bei den öffentlichen Versteigerungen wurde auf familiäre Bindungen kaum Rücksicht genommen. Die Käufer waren oftmals Farmer, denen kleinere Betriebe gehörten und die sich nur einen oder wenige Sklaven leisten konnten.

Q6 Die Büffeljagd war für die Indianer der Plains und der Prärien die wichtigste Lebensgrundlage. Das Fleisch wurde zur Ernährung, die Knochen und Felle zur Herstellung von Kleidern und Gerätschaften verwendet. Die Büffeljagd vom Pferd aus setzte sich bei den Indianern erst seit dem 18. Jahrhundert durch, nachdem sie von den Siedlern das Pferd übernommen hatten. Nach und nach wurden auch Pfeil und Bogen durch Gewehre ersetzt.

Q7 Abraham Lincoln begründet in seinem Schreiben, das er siebzehn Monate nach Kriegsbeginn verfasste, seinen

Entschluss zum Bürgerkrieg nicht mit humanistisch-philanthropischen Erwägungen zur Sklaverei, sondern mit dem Willen, die bundesstaatliche Einheit zu erhalten.
Q8 Der (freiwillige) Einsatz von Frauen zur Pflege von Verwundeten war ein historisches Novum. Vom Anblick leidender und sterbender Soldaten waren Frauen bis dahin weitgehend fern gehalten worden.
Q9 Es stellt sich die Frage, inwiefern die geschilderte Szene verallgemeinert werden kann, inwiefern die siegreichen Nordstaaten-Soldaten von den „befreiten" Sklaven wirklich so euphorisch begrüßt wurden.

Zu den Fragen und Anregungen

1 Der Perspektivenwechsel, der mit dieser Aufgabe verlangt wird, zielt darauf ab, den expansionistischen Anspruch von Adams zu problematisieren. Die Schüler sollen vor allem überlegen, inwiefern der Anspruch, es könne und dürfe auf dem nordamerikanischen Kontinent nur einen Staat geben, gerechtfertigt werden kann. Sie sollen erkennen, dass das Recht auf Selbstbestimmung sich auch in der Form der Zugehörigkeit zu einem europäischen Staat oder der selbstständigen staatlichen Existenz neben den USA realisieren kann.
2 Seit ca. 1845 setzte sich in den USA die Auffassung durch, die USA bzw. ihre Bürger seien dazu vorherbestimmt, den Kontinent in Besitz zu nehmen und für sich zu nutzen. Auf dem Gemälde weist die Göttin des Fortschritts den Siedlern den Weg nach Westen. Die Siedler sind zu Pferd, mit Planwagen, Postkutsche und Eisenbahn unterwegs. Vor ihnen fliehen Indianer und wilde Tiere. Im Hintergrund ist eine Stadt.
3 Es lassen sich im Großen und Ganzen vier Phasen erkennen, wobei nicht der Zeitpunkt des formalen Erwerbs, sondern der Zeitpunkt der Aufnahme als Bundesstaat zu Grunde gelegt wird: 1. Phase (bis zum Ende des „French and Indian War"): Ostküste bis zum Appalachenhauptkamm; 2. Phase (ab 1783 bis ca. 1820): Zwischen Appalachen und Mississippi; 3. Phase (ab 1820 bis zum Bürgerkrieg): Staaten zwischen Mississippi und Rocky Mountains, Kalifornien und Oregon, Florida; 4. Phase (vom Bürgerkrieg bis zum Ersten Weltkrieg): Nördliche und nordwestliche Staaten, Staaten im Great Bassin und im Südwesten.

4

Einfaches Blockhaus	Größere Holzhäuser mit Glasfenstern und Steinschornsteinen	Steinhäuser
Jagd und etwas Ackerbau	Anbau auf größeren Feldern; Einrichtung wichtiger Infrastrukturmaßnahmen	kommerzielle Landwirtschaft; Ausbau der Infrastruktur, Luxusgüter

5 Die Geschichte der Indianer kann in vielen Jugendsachbüchern nachgelesen werden. Soll im Internet recherchiert werden, so bietet sich die Homepage der Native American Assoziation of Germany e. V. (NAAoG) als Ausgangspunkt an, weil von ihr weitere Links zu in- und ausländischen Museen und Institutionen führen, die sich mit der Geschichte der nordamerikanischen Indianer befassen (http://www.naaog.de).

6 Q4 dürfte viele Schüler verwundern, weil sie sich die Behandlung von Sklaven meistens nur als eine Reihe von Gewalttätigkeiten, nicht aber als ökonomisches Kalkül vorstellen, das durchaus einige Rücksichtnahmen forderte – zumindest auf den natürlichen Nachwuchs, der „natürlich" auch Eigentum des Herren war.
7 Auch wenn sich Abraham Lincoln in Q7 in erster Linie als Wahrer der staatlichen Einheit präsentiert, so sollte doch nicht übersehen werden, dass der Grund für das Auseinanderdriften von Nord- und Südstaaten gerade in den Unterschieden in der Wirtschaftsverfassung lag. Der Süden sah seine wirtschaftlichen und politischen Interessen, die großenteils auf der mit Sklaven betriebenen Plantagenwirtschaft basierten, zunehmend durch die Nordstaaten bzw. durch die dort stark verankerte Republikanische Partei, die 1854 gegründet worden war, gefährdet. Die Südstaaten waren davon überzeugt, dass die Nordstaaten mit ihren Beschwörungen der staatlichen Einheit nur ihre eigenen partikularen bzw. regionalen Interessen kaschierten.
8 Der Vergleich soll abermals problematisieren, inwieweit die „Befreiung" von der Sklaverei wirklich das primäre Ziel der Nordstaaten und Lincolns war, bzw. in welchem Sinn diese „Befreiung" zu verstehen ist. An dieser Stelle kann auch auf das weitere Schicksal der Schwarzen in den USA hingewiesen werden, die nach dem Ende der Sklaverei eine diskriminierte Minderheit blieben und unter sehr viel schlechteren Lebensverhältnissen als die Mehrheit der Weißen litten – egal ob in den großstädtischen Slums des Nordens oder im ländlichen Süden.
9 Das kulturhistorisch Neue an der Betreuung verwundeter Soldaten durch (freiwillige) Krankenschwestern bestand nicht nur darin, dass bürgerliche Frauen auf diese Art professionell mit dem Kriegsgeschehen verbunden wurden, sondern dass zwischen einander fremden Frauen und Männern damit auch eine körperliche Nähe entstand, wie es sie zuvor nicht gegeben hatte. Sich als Frau an das Bett eines verwundeten fremden Mannes zu setzen und ihn zu pflegen, galt bis dahin – zumal für jüngere Frauen – als „unschicklich".

Literatur zum Weiterlesen für Lehrerinnen und Lehrer

Adams, Willi Paul (Hrsg.), Die Vereinigten Staaten von Amerika, Frankfurt a. M. 1994.
Adams, W./Adams, A. M. (Hrsg.), Die Amerikanische Revolution in Augenzeugenberichten, München 1976.
dies., Die Amerikanische Revolution und die Verfassung. 1754–1791, München 1987.
Dippel, Horst, Geschichte der USA, München 1996.
Heideking, Jürgen, Geschichte der USA, Tübingen 1992.
Helbich, Wolfgang u. a. (Hrsg.), Briefe aus Amerika, Deutsche Auswanderer schreiben aus der Neuen Welt 1830–1930, München 1998.
Läng, Hans, Kulturgeschichte der Indianer Nordamerikas, Bindlach 1994.
Lindig, Wolfgang/Münzel, Mark, Die Indianer. Kulturen und Geschichte der Indianer Nord-, Mittel- und Südamerikas, München 1978.
Moltmann, Günter, USA-Ploetz. Geschichte der Vereinigten Staaten zum Nachschlagen, Freiburg 1993.

Sautter, Udo, Lexikon der amerikanischen Geschichte, München 1997.
Schäfer, Peter, Alltag in den Vereinigten Staaten, Von der Kolonialzeit bis zur Gegenwart, Graz 1998.
Schambeck, Herbert u. a. (Hrsg.), Dokumente zur Geschichte der Vereinigten Staaten von Amerika, Berlin 1993.
Waechter, Mathias, Die Erfindung des Amerikanischen Westens, Die Geschichte der Frontier, Freiburg i. B. 1996.
Zinn, Howard, A People's History of the United States, 1492 to Present, 1995.

Literatur zum Weiterlesen für Schülerinnen und Schüler

Arnold, Elliot, Der gebrochene Pfeil, 2. Aufl., Stuttgart 1982.
Baumann, Hans, Vorstoß zum Pazifik, 5. Aufl., Ravensburg 1975.
Cummings, Betty Sue, Feuer über Virginia, München 1992.
Brown, Dee, Begrabt mein Herz an der Biegung des Flusses, München 1974.
Burger, Horst, Die Friedenspfeife ist zerbrochen, Reinbek 1983.
Cooper, James Fenimore, Der Spion, Bamberg o. J.
Es, Nora, Im Auftrag der Dakota, München 1982.

Filme, Medien

FWU 3210070: Dreieckshandel und Sklaverei in Amerika, 16 Min., sw. und f.
FWU 3202669: Zwischen Vergangenheit und Zukunft – Navajo, 19 Min., f.
FWU 3200834: Die USA auf dem Wege zur Weltmacht. 1. Besiedlung und Erschließung im 19. Jahrhundert, 23 Min., sw.
FWU 3210349/4210349: Die Geschichte der USA – Die Kolonien werden unabhängig, 16 Min., f.
Die Kolonien werden unabhängig, 16 Min., f/sw, Videokassette (VHS), D 1996 (In Hessen: 4210389)
Auf dem Weg zur Nation, 1800–1900, 16 Min., f/sw, Videokassette (VHS), D 1997 (In Hessen: 4210387)

Websites

Sofern im Geschichtsunterricht auch englischsprachige Darstellungen und Quellen in Frage kommen, ergeben sich über das Internet hervorragende Informations- und Recherchemöglichkeiten zur Geschichte der USA.
http://www.umdl.umich.edu/moa/
Making of America (Quellensammlung mit englischen Texten).
http://www.sunsite.utk.edu/civil-war/warweb.html
American Civil War Homepage.
http://www.law.ou.edu/ushist.html
A Chronology of US Historical Documents.
http://docsouth.unc.edu/
Documenting the American South.
http://usinfo.state.gov/usa/blackhis/
Gateway to African-American History.
http://memory.loc.gov/
American Memory. Historical Collections for the National Digital Library.

Die Französische Revolution – Aufbruch in die moderne Gesellschaft

Inhalte und Schwerpunkte

Innerhalb der Themeneinheit zur Französischen Revolution sind die drei Kapitel, die sich mit der Französischen Revolution direkt befassen (Kap. 2, 3 und 4), die umfangreichsten. Die Kapitel 5 bis 8, in denen die napoleonische Zeit im Mittelpunkt steht, sind – dem Thema und der Sache entsprechend – kürzer gehalten. Dasselbe gilt für Kapitel 1, das der Aufklärung gewidmet ist.

Es gibt kein eigenes Unterkapitel zur Rolle der Frauen in der Revolution, damit dieser Aspekt nicht als von der sonstigen Geschichte abgelöstes Additivum missverstanden werden kann; vielmehr wird die Rolle von Frauen und Männern im jeweiligen Kontext innerhalb der einzelnen Unterkapitel angesprochen, sodass geschlechtergeschichtliche Fragestellungen eine ständig präsente Kategorie sind.

Kapitel 1 behandelt die Aufklärung in ihrem europäischen Rahmen. Dabei wird deutlich, dass die politische Revolution ohne eine Revolution der „Denkungsart", ausgehend von den Naturwissenschaften, nicht vorstellbar ist. Anknüpfend an den Erfahrungshorizont der Schülerinnen und Schüler wird dem Aspekt Erziehung und Schule große Aufmerksamkeit gewidmet.

Kapitel 2 fragt in einem primär strukturgeschichtlichen Ansatz nach den Interessen, Bedürfnissen und Motiven der unterschiedlichen gesellschaftlichen Gruppen und nach den Auslösern und Ursachen der Revolution. Dabei wird der Aufstieg des Bürgertums und sein Streben nach Partizipation als zentrale Ursache jenseits konkreter Ereignisse sichtbar.

Kapitel 3 verbindet einen primär ereignisgeschichtlichen Überblick über die erste Phase der Revolution von 1789 bis 1792 mit der übergeordneten Fragestellung nach der revolutionären Qualität der Ereignisse. Das Kapitel präsentiert unterschiedliche Revolutionsdefinitionen; die „Werkstatt"-Seiten zur Geschichte der Menschenrechte sind in das Kapitel integriert.

Kapitel 4 behandelt die radikale Phase der Französischen Revolution, die durch politische Auseinandersetzungen innerhalb des Lagers der Revolutionäre und die Schreckensherrschaft des Wohlfahrtsausschusses unter Robespierre geprägt war. Die Überschrift mit dem Zitat Robespierres führt in das Zentrum des Problems, ob Freiheit und Gleichheit mit den Mitteln der Gewalt, der Diktatur und des Terrors durchzusetzen sind.

Die in das Kapitel eingebundenen „Gewusst-wie"-Seiten dokumentieren die kontroverse Beurteilung der Jakobinerherrschaft durch Textauszüge unterschiedlicher Autoren und vermitteln u. a. die Erkenntnis, dass die Deutung und Wertung von Geschichte von den Prämissen und Standpunkten der Deutenden selbst abhängig ist und dass Geschichte als Argument zur Unterstützung der eigenen Position in aktuellen Auseinandersetzungen genutzt werden kann. Damit wird in das Verfahren einer differenzierten historischen Urteilsbildung eingeführt und die Schülerinnen und Schüler lernen Elemente des perspektivisch-ideologiekritischen Verfahrens anzuwenden.

Kapitel 5 präsentiert einerseits die wichtigsten Fakten zum weiteren Verlauf der Revolution nach dem Sturz Robespierres und dem Aufstieg Napoleons, sie verknüpft aber diese Fakten andererseits mit der Fragestellung, inwieweit die Revolution weitergeführt, aufgenommen oder zunichte gemacht wird. Es wird deutlich gemacht, dass Napoleon zwar eine Alleinherrschaft etablierte und damit alle demokratischen Ansätze der Revolution außer Kraft setzte, dass er jedoch das Ancien Régime mit seiner Ständeordnung nicht mehr restaurierte. Hier hatte die Revolution endgültig die Basis für eine neue Gesellschaft gelegt. Im Kontext des Code Napoléon werden ferner die unterschiedlichen Rechte von Männern und Frauen angesprochen; in diesem Punkt war die Ungleichheit ein Erbe der Revolution.

Kapitel 6 und 8 stellen die expansive Außenpolitik Napoleons vor. In Kapitel 6 kommen auch die revolutionären und liberalen Bewegungen in Deutschland zur Sprache. Beide Kapitel zeigen die Veränderungen auf, die durch Napoleons Politik in Deutschland und Europa verursacht wurden. Dabei wird ein Schwerpunkt auf die Erkenntnis gelegt, dass einerseits Napoleons Intervention progressive Tendenzen aufwies, andererseits aber seine Fremdherrschaft Widerstand gerade auch des liberalen Bürgertums gegen ihn hervorrief, sodass nationaler Stolz Priorität vor dem Streben nach politischer Partizipation erhielt.

Kapitel 7 zeigt, wie sich Napoleons Herrschaft auf die Entstehung und Entwicklung der modernen Staaten Baden und Württemberg ausgewirkt hat. Am Beispiel ihrer näheren Umgebung erfahren die Schülerinnen und Schüler, wie ambivalent die Auswirkungen der französischen Herrschaft waren.

Die letzte Seite des Kapitels („Lernen lernen") stellt die graphische Form der „Fieberkurve" als verfeinerte, qualitativ gewichtende Variante einer Zeitleiste vor und regt – in Anlehnung an Furet – die Schülerinnen und Schüler dazu an, ihnen nunmehr bekannte Ereignisse der Revolution zu einer „Fieberkurve" zu verknüpfen.

Auftaktdoppelseite 38/39

Die Auftaktdoppelseite ist als Einstieg in eine problemorientierte Unterrichtsreihe geeignet: Sie enthält einen kurzen einführenden Text und verschiedene Bildelemente, anhand derer Fragen aufgeworfen werden können, die sich anhand der folgenden Unterkapiteln beantworten lassen, z.B.:

– Wie konnte es in Frankreich überhaupt zu einem so radikalen Umsturz kommen? Wer hat die Revolution „gemacht" und mit welchen Zielen?
– Was ist in den Jahren der Revolution geschehen, in der Politik, der Gesellschaft, mit der Wirtschaft, dem Alltag, mit den Denkweisen der Menschen? Was meint man mit dem Begriff „Revolution"?
– Wie war es möglich, dass so gute Ideen wie die von den Menschenrechten, von der Freiheit, Gleichheit und Brüderlichkeit mit so vielen Hinrichtungen, mit Terror und mit einer Schreckensherrschaft einhergingen?

Die Französische Revolution – Aufbruch in die moderne Gesellschaft

– Warum feiern die Franzosen die Revolution noch heute? Und was hat all das mit uns zu tun?
– Wie ging die Revolution schließlich zu Ende? Was kam danach? Inwiefern wurde das übrige Europa tangiert?

Auf der Basis dieser und eventuell weiterer Fragen und Probleme kann der Unterrichtende gemeinsam mit den Schülerinnen und Schülern eine Unterrichtsreihe zur Französischen Revolution planen und durchführen. So können Schülerinnen und Schüler ein differenziertes Bild von der Revolution entwickeln und am Ende der Unterrichtseinheit erkennen, worin die weltgeschichtliche Bedeutung der Französischen Revolution liegt, die in der Kapitelüberschrift „Aufbruch in die moderne Gesellschaft" angesprochen wird.

1. Aufklärung: Die Welt wird neu erklärt

Konzeption

Bewusst ist das erste Kapitel zur Französischen Revolution der Aufklärung und ihrem Gedankengut gewidmet. Damit soll der enge Zusammenhang zwischen der politischen Revolution und ihren geistigen Grundlagen und Voraussetzungen deutlich gemacht werden.

Im ersten Abschnitt „Aufklärung – der neue Glaube an die Vernunft" wird auf eben diesen Zusammenhang hingewiesen: Kants formelhaftes Diktum („Habe den Mut, dich deines eigenen Verstandes zu bedienen!") richtet sich zwar an den Einzelnen, doch im Kontext des Absolutismus erhält es eine eminent politische Bedeutung.

Der zweite Abschnitt „Beweisen statt glauben" befasst sich mit den Wurzeln des neuen Denkens, die in einer veränderten Betrachtungsweise der Welt durch die Naturwissenschaften liegen, spricht aber auch andere Kontexte an, in denen sich vernünftiges, aufgeklärtes Denken zu etablieren begann (z. B. Erziehung und Philosophie).

Der dritte Abschnitt („Grundlagen des aufgeklärten Staates") schließlich handelt von den Auswirkungen der Aufklärungsphilosophie auf Politik und Staat. Fundamentale Prinzipien des modernen demokratischen Staates haben ihren Ursprung im Denken der Aufklärung. In der Kritik der Aufklärer an der überkommenen Ordnung, die dem neuen Maßstab der Rationalität nicht standhalten konnte, erweist sich ihre revolutionäre Sprengkraft.

Aspekte der Unterrichtsgestaltung

Es bietet sich an, mit Chodowieckis Kupferstich „Aufklärung" (Q1) einzusteigen. Vermutlich erweckt das Bild spontan verwertbare Assoziationen, andernfalls lassen sich im fragend-entwickelnden Verfahren wichtige Momente der Darstellung erarbeiten und deuten. Der dem Bild zu entnehmende Optimismus kann Ausgangspunkt für den weiteren Unterrichtsgang bestimmende Leitfragen sein, z. B.: Worauf stützte sich der Optimismus der Aufklärer? In welchen Bereichen wollten die Aufklärer das Prinzip der Vernunft zur Geltung bringen? – Auf diese Weise kann zur (arbeitsteiligen) Erarbeitung der Quellentexte übergegangen werden.

Auf anspruchsvolle Weise lässt sich das Thema abschließen, indem nach der Relevanz der Aufklärung für die politische Ordnung der Gegenwart gefragt wird. Vorstellbar ist aber auch, den Fortschrittsglauben allgemein kritisch zu beleuchten. Mit Voltaire ließe sich zum Beispiel fragen, ob sich aufklärerisches Denken angesichts der geistigen Trägheit vieler Menschen überhaupt durchsetzen lässt, und auch die Skepsis Rousseaus gibt zu denken: „Unsere Nachfahren werden in der Bitterkeit ihrer Herzen zu Gott beten: Allmächtiger, erlöse uns von den Kenntnissen und verderblichen Künsten unserer Väter, und gib uns die Unwissenheit, Unschuld und Armut zurück, die einzigen Güter, die unser Glück bewirken können und Wert haben vor dir!"

Zusatzinformationen zu den Materialien

Q1 Chodowiecki wählte für seinen Kupferstich „Aufklärung" das damals verbreitete Bild der aufgehenden Sonne für die aufgeklärte Zukunft, die eine idyllische Landschaft und ein Dorf mit Kirche zu bestrahlen beginnt. Ein Reiter und ein Fuhrwerk (Symbole für den Landbewohner) fahren der aufgehenden Sonne entgegen.

Q2 In dem Bild „Die Schulstunde" (um 1770) von Georg Melchior Kraus (1737–1806) wird etwas von einer neuen Einstellung zum Kind sichtbar, die sich auch auf das Verhältnis zwischen Lehrer und Schülern auswirkt: Unter dem Einfluss der Aufklärung sind nicht mehr strenge Zucht oder gar gewaltsames „Zurechtbiegen", sondern behutsames Führen in einer kindgemäßen Atmosphäre die bestimmenden Faktoren. Die private Unterrichtung durch einen Hauslehrer, wie sie hier dargestellt ist, war freilich ein Privileg begüterter Kreise.

Q3 Das Gemälde, das Albert Anker 1896 von einer Dorfschule im Jahre 1848 angefertigt hat, ist nur im Ausschnitt wiedergegeben. Es lässt den Betrachter in einen kärglichen Raum wie auf eine Theaterbühne blicken. Der Schulmeister versucht, nach herkömmlichen Methoden Ordnung zu schaffen: Die Schüler sitzen ihm auf Bänken gegenüber, er selbst hält einen Stock in der Rechten, der sicher nicht nur zum Zeigen, sondern auch zum Züchtigen verwendet wurde. Im Übrigen deuten die oben links im Bild zu erkennenden Gerätschaften darauf hin, dass sich der Schulmeister wohl neben seiner Lehrertätigkeit als Handwerker verdingen musste.

Q4 Aus Montesquieus Schrift sind einige Kernsätze zum Gedanken der Gewaltenteilung zitiert. Das 1748 erschienene Werk „L'Esprit de lois" (frz.: Vom Geist der Gesetze) gilt als eines der großen Werke der Staatswissenschaften. In ihm unterzieht Montesquieu verschiedene Staatsformen (Republik, Monarchie, Despotie) einer Untersuchung und entwickelt die bereits von Locke propagierte Gewaltenteilung weiter, um mit ihr ein innerstaatliches Gleichgewicht der Gewalten zum Schutz der Bürger vor Willkürakten zu realisieren.

Das Prinzip der Gewaltenteilung kennzeichnet alle modernen demokratischen Verfassungen, so auch das Grundgesetz der Bundesrepublik Deutschland.

Q5 Rousseau fordert in diesem Auszug aus seinem Erziehungsroman „Emile oder Über die Erziehung" ein Lernen frei von Zwang, ein Lernen, das ganz auf den natürlichen Wissensdrang des Kindes abgestellt ist.

Diesem Grundgedanken einer „natürlichen" Erziehung sind alle fünf Bücher des „Emile" verpflichtet. Alle Anweisungen in der Erziehung sollen aus der allgemeinen Natur des Menschen hergeleitet werden, d. h. Rousseau entnimmt nicht nur den Weg, sondern auch das Erziehungsziel der Idee des allgemeinen Wesens des Menschen und stellt dieses der traditionellen Standes- und Berufserziehung seiner Zeit entgegen: „Wenn er (der Schüler) aus meinen Händen hervorgeht, wird er freilich weder Richter noch Soldat noch Priester sein, er wird zuerst Mensch sein." Diese Forderung war insofern revolutionär, als sie sich nicht nur gegen die Ständeordnung des absolutistischen Staates richtete, sondern auch über die Aufklärung und ihr pragmatisches, auf bürgerliche Nützlichkeit abzielendes Denken hinauswies. Darüber hinaus entdeckte Rousseau das Kind als Kind; es ist bei ihm kein kleiner Erwachsener mehr wie noch in der ständischen Erziehung: „Jedes Alter, jeder Zustand des Lebens hat eine Vollkommenheit, die nur ihm entspricht, eine Art Reife, die nur ihm eigentümlich ist." Die natürliche Erziehung ist eine Art permissiver Erziehung; sie lässt die Anlagen des Kindes wachsen und beschränkt sich darauf, Entwicklungshemmungen zu verhüten.

Entscheidend für das Kind ist, eigene Erfahrungen zu sammeln („Natur als Lehrmeisterin"). Daraus bestimmt sich die Erzieherrolle: sie soll Erfahrungen des Kindes ermöglichen.

Zu den Fragen und Anregungen

1 Ausgangspunkt der Renaissance waren die wohlhabenden und selbstbewussten Stadtrepubliken Oberitaliens. An die restriktive Ordnung des Mittelalters, insbesondere der Kirche, wollten sich die stolzen Familien dieser Städte nicht mehr binden lassen. Von grundlegender Bedeutung ist die neue Sicht auf den Menschen als ein vernunftbegabtes, freies und selbstbewusstes Wesen. Mithilfe seines Verstandes zeigte er sich in der Lage, die Welt zu entdecken und technische Erfindungen zu machen. Als Beispiel könnten die Schülerinnen und Schüler nennen: Die Entdeckung Kopernikus', dass die Erde nicht fester Mittelpunkt der Welt ist, sondern zusammen mit anderen Planeten um die Sonne kreist (heliozentrisches Weltbild), die Entdeckung der Zentralperspektive als räumliches Darstellungsmittel, die Erfindung des Buchdrucks durch Gutenberg, aber auch die Entdeckung der „Neuen Welt".

2 Die Lichtmetaphorik ist in zahlreichen bildlichen und schriftlichen Darstellungen der Aufklärung zu finden: Licht steht dabei nicht nur für die Klarheit der Vernunft, sondern auch für den Optimismus und die Zukunftsorientierung vieler Aufklärer. Im Kontrast dazu werden die überkommenen Verhältnisse der „alten Zeit" oft mit Dunkelheit und Finsternis in Verbindung gebracht. Diese Affinität von Aufklärung und Licht wird in der französischen bzw. englischen Bezeichnung deutlicher als in der deutschen.

3 Hier ist den Schülerinnen und Schülern kreativer Freiraum gewährt. Es ist zu erwarten, dass sie eigene Erfahrungen (mit freien und weniger freien Unterrichtsformen) in ihr aus Rousseaus Sicht verfasstes Schulgutachten einfließen lassen. Bei aller Offenheit der Aufgabenstellung ist es von zentraler Bedeutung, dass die Grundgedanken des aufgeklärten Erziehungsprinzips zum Ausdruck gebracht werden.

4 Montesquieu thematisiert im vorliegenden Text die „politische Freiheit" (Z. 1), die nur anzutreffen sei, wenn die Regierung maßvoll sei und die Macht nicht missbraucht werde (Z. 1–4). Indem er anschließend ausführt, dass Macht besitzende Menschen dazu neigen, diese zu missbrauchen (Z. 4–7), bezieht er sich auf die Erfahrung mit absolutistischen Herrschern. Montesquieu sieht daher auf staatlicher Ebene die Notwendigkeit zur Aufhebung der für den Absolutismus charakteristischen Vereinigung der Gewalten (Z. 8–12).

Literatur für Schülerinnen und Schüler oder Lehrerinnen und Lehrer

Barudio, Günter, Das Zeitalter des Absolutismus und der Aufklärung: 1648–1779, Frankfurt 1985.
Campagna, Norbert, Montesquieu: eine Einführung, Düsseldorf 2001.
Merten, Detlef, Gewaltentrennung im Rechtsstaat: zum 300. Geburtstag von Charles de Montesquieu, Berlin 1997.
Schäfer, Alfred, Jean-Jacques Rousseau: ein pädagogisches Porträt, Basel 2002.
Vovelle, Michel, Der Mensch der Aufklärung, Essen 2004.

2. Frankreich in der Krise

Konzeption

Das zweite Kapitel bietet Antworten auf die Frage nach den Ursachen der Französischen Revolution an; es informiert über die Vorgeschichte und die krisenhafte Lage vor 1789. Thematischer Mittelpunkt ist die Ständegesellschaft, wobei besonders der Dritte Stand und seine Interessen betont werden. Es bietet sich an, dass an das Absolutismus-Kapitel (Band 2) angeknüpft wird; besonders die „Zwiebel-Grafik" der französischen Ständegesellschaft (Bd. 2, S. 249, D2) sollte den Schülern und Schülerinnen ins Gedächtnis gerufen werden. Aufgezeigt wird die zunehmende Brisanz der traditionellen Ständeordnung in einer Zeit, in der das Bürgertum an wirtschaftlichem und kulturellem Gewicht gewinnt.

Das Kapitel ist einerseits problemorientiert angelegt, andererseits verfolgt es einen strukturgeschichtlichen Ansatz: Die verschiedenen Gruppen der Gesellschaft werden mit ihren Problemen und Interessen vorgestellt; dabei wird deutlich, dass die Stände keineswegs homogene Gruppen waren. Die Lage der Frauen als „Dritter Stand des Dritten Standes" – so ein zeitgenössisches Bonmot – wird in einem eigenen Absatz angesprochen. Als historischer Grundbegriff wird der Begriff „Privileg" definiert; er beschreibt die zentrale Grundlage der Ständegesellschaft und zeigt ihre Ungerechtigkeit. Die Datenleiste ist, dem strukturgeschichtlichen Ansatz entsprechend, knapp gehalten.

Das Kapitel endet mit der Einberufung der Generalstände. Die vorherige Volksbefragung mithilfe der Beschwerdehefte erhält dabei in diesem Kapitel einen großen Stellenwert. Die Cahiers de doléances sollen den Schülern und Schülerinnen als eine überaus interessante Geschichtsquelle bewusst werden: Hier formuliert ein „ganzes Volk" seine Wünsche und Bedürfnisse, hier erfahren wir – weitgehend authentisch – etwas vom Leben und Denken auch der unteren Schichten des Dritten Standes. Daher wurden als Textquellen drei Ausschnitte aus Beschwerdeheften gewählt, auf weitere Textquellen wurde verzichtet.

Das Kapitel soll die Schüler und Schülerinnen zu der Frage führen, welche Lösungsmöglichkeiten es für die prekäre Lage in Frankreich gibt.

Aspekte der Unterrichtsgestaltung

Einen Einstieg in die Thematik des Kapitels kann die Karikatur Q2 bieten. Sie zeigt als Vertreter des Dritten Standes einen Bauern, der mühsam einen Geistlichen und einen Adligen trägt. Unschwer werden die Schüler die gesellschaftskritische Kernaussage der Karikatur erkennen; zur gründlicheren Interpretation kann wiederum auf Kenntnisse des Absolutismus-Kapitels zurückgegriffen werden (Band 2, S. 249, D2). Anhand der Karikatur können nun Leitfragen formuliert werden, welche die Arbeit mit dem Kapitel strukturieren, etwa: Wer kritisiert hier die Gesellschaft? Für wen ist die als Flugblatt verteilte Zeichnung gedacht? Wodurch hat sich die Lage Frankreichs so zugespitzt, dass nun derart scharfe Kritik geübt wird? Wie sehen die anderen zwei Stände den Zustand? Diese Fragen können weitgehend mithilfe des Verfassertextes beantwortet werden.

Herausgestellt werden sollte auch der starke Kontrast zwischen der Sicht des Karikaturisten und der prunkvollen Selbstdarstellung des Königtums in Q1: Der König scheint den sozialen Problemen der Bevölkerung in seinem Lande weit entrückt gewesen zu sein.

Tafelbild

Faktoren, die zur Revolution beitragen

Gruppen	Probleme/Verhalten
König	unfähig, Reformen durchzusetzen
Geistlichkeit	blockiert Reformen, provoziert soziale Spannungen
Adel	blockiert Reformen, bekämpft Absolutismus
gebildete Schicht	kritisiert Absolutismus, will Aufklärung, Vernunft, Menschenrechte
Großbürger	haben wirtschaftliche Macht und Selbstbewusstsein, wollen politische Macht
Handwerker	haben Angst vor der Konkurrenz der Manufakturen
Lohnarbeiter	verfügen über geringen Lohn, Teuerungen bedrohen ihren Lebensstandard (Brotpreis)
Bauern	leiden unter Feudallasten, tragen Steuerlast

Die Bearbeitung der Beschwerdebriefe, denen als Quelle eine besondere Bedeutung zugemessen wird, könnte in Gruppenarbeit erfolgen. Aufgabe könnte es sein, die Forderungen unter übergreifenden Aspekten zusammenzufassen (z. B. Steuerfragen, Feudallasten, Recht, Kirche …). An die Besprechung der Cahiers sollte sich eine Diskussion über die Entscheidungsspielräume der handelnden Personen anschließen: Standen zum Zeitpunkt der Eröffnung der Generalstände noch alle Möglichkeiten offen? Hätte der König eine Reform durchsetzen können, eventuell in Zusammenarbeit mit dem Dritten Stand? Legt der Ton der Beschwerdebriefe diese Möglichkeit nahe? Sicherlich muss bei Diskussionen dieser Art reines Spekulieren vermieden werden; gleichwohl ist es wichtig, dass sich Schüler und Schülerinnen Gedanken über die Handlungsmöglichkeiten geschichtlicher Figuren machen. Gerade bei diesem Kapitel, das die Ursachen für die Revolution vorstellt, sollte der Eindruck einer historischen Zwangsläufigkeit vermieden werden.

Zusatzinformationen zum Verfassertext

Die Ursachen für die Französische Revolution sind vielschichtig; wirtschaftliche, gesellschaftliche und politische Faktoren spielen zusammen. Der Verfassertext versucht die wichtigsten dieser Faktoren angemessen darzustellen, bleibt dabei aber notwendig zu knapp. Während die Probleme und die Interessen des Dritten Standes – aus guten Gründen – recht ausführlich dargestellt werden, kommen die Gründe für die hohe Staatsverschuldung, das sinkende Ansehen der Monarchie und die Unzufriedenheit der ersten beiden Stände eher zu kurz. Hier könnte der Lehrer bzw. die Lehrerin Zusatzinformationen geben.

Ein wichtiger Grund für die Staatsverschuldung waren die Ausgaben für das Heer. Ludwig XIV. und seine Nachfolger unterhielten ein großes, stehendes Heer – kein Heer, das (wie vorher üblich) bei Bedarf aufgerufen und nach dem Einsatz wieder aufgelöst wurde. Diese Armee war teuer und aufwändig; dafür machte sie die absolutistischen Herrscher unabhängig vom Adel und konnte auch als Druckmittel gegen den Adel eingesetzt werden. Zwar waren höhere Offiziersstellen für die Adligen reserviert; die Ernennung erfolgte aber durch den König.

Trotz des teuren Heeres zeigten die absolutistischen Könige bei der Außenpolitik und bei der Kriegsführung keine glückliche Hand: Sie waren in zahlreiche langwierige und kostspielige Auseinandersetzungen verwickelt; selbst die militärischen Erfolge konnten sie oft nicht positiv nutzen. So unterstützte Frankreich die aufständischen amerikanischen Kolonien gegen England – konnte aber vom Sieg der Amerikaner nicht profitieren. Insgesamt verlor Frankreich die Vormachtstellung an England, ein Prestigeverlust, der auch das Ansehen der Monarchie sinken ließ.

Die Entmachtung des Adels bei gleichzeitiger wirtschaftlicher Privilegierung sorgte einerseits für ständige Unzufriedenheit innerhalb des Adels und des höheren Klerus, andererseits verlor die Privilegierung durch die Funktionslosigkeit des Adels auch jegliche Legitimation. Kümmerten sich die Adligen in der vor-absolutistischen Zeit um Verwaltung, Gerichtsbarkeit und Kriegsdienst, waren diese Rechte und Pflichten jetzt weitgehend eingeschränkt. Ihren Privilegien entsprach keine Leistung mehr.

Eingeführt wird der wichtige Grundbegriff „Privilegien". Die älteste und zugleich Namen gebende Erwähnung eines „privilegium" gibt es übrigens im römischen Zwölftafelgesetz von 450 v. Chr. Hier bedeutet Privileg noch das Sonderrecht für eine Einzelperson, später bezeichnet es im Römischen Recht Sonderrechte für bestimmte Personengruppen.

Zusatzinformationen zu den Materialien

Q1 Der Künstler Antoine-Francois Callet lebte von 1741 bis 1823, war also ein Zeitgenosse der Französischen Revolution. Er malte zahlreiche Bilder allegorischen und mythologischen Inhalts, außerdem einige Darstellungen der Geschichte seiner Zeit im Stil der damaligen französischen Schule. Das Gemälde von Ludwig XVI. gehört zu seinen bekanntesten Werken.

Von Ludwig XVI. sind einige Geschichten überliefert, die seine Schlichtheit bzw. seine Popularität zum Ausdruck bringen. Dass dieser Monarch beim Volk beliebt war, zeigt sich in Vorfällen wie diesen: 1784 unternimmt Ludwig XVI. eine Reise in die Normandie. Sie wird zu einem einzigen Triumphzug. In einem kleinen Dorf umklammert eine Frau seine Knie und bricht in Tränen aus, während sie ausruft: „Ich sehe einen guten König, jetzt wünsche ich mir nichts mehr auf dieser Erde." Der König zeigt sich gerührt von den Sympathiekundgebungen tausender Menschen. Später, als er von einer wartenden Menge mit Beifallsstürmen empfangen wird, ruft er dieser mit Tränen in den Augen zu: „Es lebe mein Volk. Es lebe mein gutes Volk!" – Acht Jahre später wird der „gute König" als letzter Monarch der alten Ordnung vor einer großen Menschenmenge in Paris hingerichtet.

Q2 Der Dritte Stand, dargestellt durch einen älteren Bauern, trägt den Ersten Stand (Rock und Beffchen) und den Zweiten (Federhut, farbenfrohe Kleidung); er geht gebeugt, er trägt schwer an ihnen. Der Bauer hat einen zerrissenen Strumpf, seine Kleidung ist farblos, er trägt Holzschuhe, seine Stirn ist zerfurcht: Er ist alt und arm. Der Geistliche und der Adlige zeigen einen entspannten Gesichtsausdruck. Die Tiere (Kaninchen oder Hasen, Tauben, Rebhühner oder Wachteln) dürfen ungehindert die Ernte des Bauern auffressen: Er darf sie nicht jagen, weil die Jagd zu den Privilegien der ersten beiden Stände gehört.

Q3 Die Form der Beschwerdeschriften ist unterschiedlich, zumeist aber sind sie sehr sorgfältig gestaltet und beginnen mit hochformellen Anreden und Ergebenheitsadressen an den König. Schon daraus geht hervor, dass die Briefschreiber der Bildungsschicht entstammten. In gewissem Kontrast dazu stehen allerdings die durchaus konkreten und wenig verschnörkelten Formulierungen der Forderungen (Q5). Diese wurden den Schreibern wohl diktiert.

Q4 Folgende Gruppen lassen sich erkennen:
Hinten im Bild, aber hoch über der Versammlung thronen König und Königin, umgeben von ihrem Hofstaat. Am Tisch vor ihnen sitzen die Minister. Die drei Stände sitzen getrennt, durch Kleidung gut unterscheidbar. Links im Bild bzw. vorn im Saal sitzen die Vertreter des Ersten Standes (Bischöfe und Kardinäle, violette und rote Gewänder, Käppchen). Die Vertreter des Zweiten Standes sind an ihren Hüten mit Straußenfedern zu erkennen, die sie abgesetzt auf den Knien tragen, ihre Kleidung ist farbenprächtig (rechts im Hintergrund).
Die Vertreter des Dritten Standes sind dunkel und schlicht gekleidet (vorn im Bild). Man erkennt in ihren Reihen einen Geistlichen mit schwarzem Käppchen (Pileolus) und, in der vierten Reihe, nachdenklich blickend, Robespierre.
Auf der Galerie (rechts über dem Zweiten Stand) sind Zuschauer zu sehen, Frauen und Männer. Die Kleidung verrät, dass es sich hier nicht um „das Volk" handelt, sondern um Mitglieder des Hofes bzw. des Zweiten Standes.
Die Sympathien des Malers gehören dem Dritten Stand: Couder hat die Perspektive so gewählt, dass der Dritte Stand nah herangerückt wird, er steht – anders als im Saal – im Vordergrund. Hier können wir Gesichter erkennen, Robespierre ist porträtiert, der König dagegen ist kaum identifizierbar.

Q5 Beschwerdehefte sind in großer Zahl erhalten und stellen eine wichtige Quelle für die Beschreibung der gesellschaftlichen Situation am Ende des Ancien Régime dar.

Q6 Die Beschwerdeschrift der Frauen des Dritten Standes ist mit einer längeren Anmoderation versehen, die Informationen über die Lage der Frauen zur Zeit der Revolution liefert. In Q6 bringen die Frauen zwei Forderungen bzw. Bitten vor: Sie wünschen Bildung und Ausbildung und sie fordern politisches Mitbestimmungs- bzw. Wahlrecht. Fragen der Steuergerechtigkeit, der Feudallasten und der sozialen Lage spielen hier keine Rolle, obwohl Haushaltsfinanzen und Lebensmittelversorgung „klassische" Frauenthemen sind. So lässt sich aus diesem Ausschnitt schließen, welcher Schicht die Verfasserinnen entstammten: Vermutlich waren es gebildete Frauen, die zumindest der mittleren Bourgeoisie angehörten.

Q7 Der Kupferstich stellt das Pendant zu der weit bekannteren Karikatur Q2 dar: Hier trägt eine Bäuerin eine Äbtissin und eine Adlige. Die Standeszugehörigkeit der drei Frauen wird durch ihre Kleidung plakativ deutlich gemacht; die Kernaussage entsprich der von Q2: Der Dritte Stand trägt schwer an der Last des Ersten und Zweiten Standes. Die Karikatur steht in gewisser Spannung zu dem zeitgenössischen Bonmot, die Frauen seien der „Dritte Stand des Dritten Standes". Verweist der Spruch auf das Merkmal Geschlecht, betont die Karikatur die Standeszugehörigkeit.

D1/D2 Hier wird statistisches Material bereitgestellt, das auch in andere Darstellungsformen umgesetzt werden kann.

Zu den Fragen und Anregungen

1 Trotz ikonographischer Ähnlichkeiten mit dem berühmten Porträt Ludwigs XIV. ist Ludwig XVI. weniger stilisiert dargestellt, auch lässt ihn seine erkennbare körperliche Fülle „menschlicher", nahbarer erscheinen. Freilich ist auch dieses Gemälde vollendeter Ausdruck des Ancien Régime, das erst durch die Französische Revolution überwunden wurde.

2 Die Karikatur zeigt die Ungerechtigkeit dieser Gesellschaftsform, sie geißelt die ersten beiden Stände als untätige Schmarotzer. Noch aber begehrt der Bauer (der Dritte Stand) nicht auf. Der Veränderungswille kommt lediglich in der Überschrift (Man muss hoffen, dass dies Spiel bald ein Ende hat) zum Ausdruck. (Siehe auch Zusatzinformation zu den Materialien.)

3 Siehe Zusatzinformation zu Q4.

4 Ein Abgeordneter des Ersten Standes vertrat 447 Angehörige seines Standes, einer des Zweiten Standes 1296 und der Abgeordnete des Dritten Standes 42 387.

5 Zwei Möglichkeiten wurden kontrovers diskutiert, die Abstimmung nach Ständen oder die Abstimmung „nach Köpfen". Bei der Abstimmung nach Ständen wäre der Dritte Stand den beiden ersten Ständen immer unterlegen gewesen; die Stimmen von Abgeordneten aus den ersten beiden Ständen, die mit dem Dritten Stand sympathisierten, hätten nicht gezählt. Das Zugeständnis, 578 Vertreter wählen zu dürfen und damit fast doppelt so viel wie jeder der beiden anderen Stände, hätte den Abgeordneten bei einer Abstimmung nach Ständen letztlich gar nichts genützt. Bei einer Abstimmung „nach Köpfen" zählt dagegen jede Abgeordnetenstimme. Damit hätte der Dritte Stand die Versammlung dominieren können, zumal er auf Stimmen aus dem Ersten und Zweiten Stand rechnen konnte.

6 Ein ungelernter Arbeiter gibt mehr als ¾ seines Tagesverdienstes für Brot aus, d. h. für die billigste Möglichkeit seinen Hunger (und den seiner Familie) zu stillen. Nach Bezahlung der Miete bleibt ihm kaum Geld; Gemüse, Wein oder gar Fleisch kann er sich nur selten leisten. Sobald der Brotpreis steigt, muss er hungern. Sein Verdienst erlaubt ihm keine höheren Ausgaben für Brot.
Etwas besser sind die gelernten Arbeiter gestellt, aber auch sie geben knapp die Hälfte ihres Verdienstes für Brot aus. Ihr Verdienst erlaubt ihnen aber den regelmäßigen Genuss von Gemüse, Fleisch und Wein. Auch ihr Lebensstandard wird aber empfindlich eingeschränkt, sobald das Brot teurer wird.

7 Bereits 1774, im Krönungsjahr Ludwigs, hatte Frankreich keinen ausgeglichenen Haushalt und war deshalb auf die Aufnahme neuer Schulden angewiesen. Bis 1788 war das Defizit von 5 % auf rund 20 % angewachsen, d. h. Frankreich lebte auf Kredit. Seit Jahren nahm man hochprozentige Anleihen auf, um den Staatsbankrott abzuwenden. Die finanzielle Lage erlaubte 1788 keine Spielräume für politisches Handeln mehr: Die Hälfte des Etats war durch Zinsen gebunden, ein weiteres Viertel durch das Heer. Es gab die Möglichkeit die Ausgaben zu drosseln, z. B. durch Verkleinerung des Heeres oder Einschränkungen bei Hof; die Alternative dazu war eine Erhöhung der Einnahmen, z. B. durch Besteuerung des Ersten und Zweiten Standes.

8 Die Karikatur illustriert die in D2 mit Zahlen belegte Situation des französischen Staates: Der König und sein Finanzminister stehen vor leeren Kassen. Adel und Geistlichkeit haben die letzten Schätze geplündert und schleppen ihre gefüllten Säcke davon.

9 In Q5 werden gefordert im Bereich
- Steuern: gerechte, von allen Ständen zu zahlende Steuern
- Privilegien: Abschaffung des Jagdprivilegs
- Feudallasten: Abschaffung von Frondienst, „Zehnten", Mühlenzwang
- Recht: Recht auf Eigentum, gleiches Recht, keine Parteilichkeit
- Kirche: Kostenfreiheit kirchlicher Dienstleistungen, Beschränkung des Kirchenpersonals
- Technischer Fortschritt: Abschaffung von Maschinen

In Q6 werden von den Frauen gefordert
- Qualifikation: Schule für Mädchen, Bildung, Ausbildung, Erlernen eines Berufs
- Partizipation: Wahl- und Mitspracherecht in politischen Dingen
- Repräsentation: passives Wahlrecht für Frauen

Die Forderungen deuten sowohl vom Inhalt als auch vom Ton her nicht auf revolutionäre, d. h. hier umstürzlerische Ideen hin. Sie legen eine konstitutionelle Monarchie nahe, was freilich vor dem Hintergrund des Absolutismus revolutionäre Züge hat. Ziel der Beschwerdeführer ist aber zunächst die Abschaffung offenkundiger Missstände, Härten und Ungerechtigkeiten. Sieht man von der problematischen Forderung nach Zerstörung der Maschinen ab, erscheint keine der Forderungen unbillig oder maßlos.

3. „Freiheit, Gleichheit, Brüderlichkeit" – Das alte Regime wird gestürzt

Konzeption

Dieses Kapitel thematisiert schwerpunktmäßig die Ereignisgeschichte der ersten Phase der Revolution, d. h. von Juni 1789 bis Januar 1793. Die vorangestellte Datenleiste beschränkt sich auf wenige zentrale Ereignisse; denn einerseits können die Schülerinnen und Schüler die Französische Revolution nur dann verstehen und problemorientiert diskutieren, wenn sie Kenntnisse über die konkreten Geschehnisse haben, andererseits jedoch sollen sie nicht in einer unüberschaubaren Vielzahl an Informationen die Orientierung verlieren. Der Verfassertext ergänzt und kommentiert diese Ereignisse, verzichtet aber auf eine detaillierte Interpretation der Dokumente, die dem Kapitel als Text- und Bildquellen zugeordnet sind.

Trotz der Akzentuierung der Ereignisgeschichte ist auch dieses Unterkapitel in eine problemorientierte Struktur eingebettet: Die Frage nach der revolutionären Qualität der Geschehnisse wird bereits im ersten Absatz des Verfassertextes aufgeworfen und kann sowohl an jede der Quellen individuell wie auch an die Gesamtheit der Entwicklung von 1789 bis 1793 herangetragen werden. Dabei ist auch eine Thematisierung des Revolutionsbegriffs möglich. Die in den zitierten Definitionen genannten Elemente der Beteiligung breiter Volksmassen und der Gewalt können z. B. in der Abbildung des Bastillesturms wieder gefunden werden, der Aspekt der grundlegenden Umgestaltung der Gesellschaft findet sich z. B. in der Erklärung der Menschen- und Bürgerrechte. Doch auch die Grenzen der Revolution werden bereits sichtbar, wie die Analyse des Textes von Olympe de Gouges und der Verfassung von 1791 zeigen können: Sowohl die Frauen in ihrer Gesamtheit wie auch die Männer der Unterschichten blieben noch von jeder politischen Partizipation ausgeschlossen. Diese Erkenntnis kann die Lernenden zu einem ersten Verständnis der Tatsache führen, dass die Revolution mit der Verfassung nicht beendet war, sondern in eine zweite Phase mit radikalerem Anspruch überging.

Aspekte der Unterrichtsgestaltung

Ausgehend von den anhand der Auftaktdoppelseite entwickelten Fragen und Problemstellungen kann mit Hilfe der Materialien und des Verfassertextes vor allem die Frage

nach der revolutionären Qualität bestimmter Ereignisse untersucht werden.
Eine mögliche Vorgehensweise wäre, zunächst die in der Zeitleiste aufgelisteten Ereignisse zu betrachten und Hypothesen zu deren revolutionärer Qualität zu entwickeln. Anschließend könnte man – als Modell für die Schülerinnen und Schüler – das erste Ereignis, die Erklärung des Dritten Standes zur Nationalversammlung, mit Hilfe des Verfassertextes S. 49, von Q2 und der in Anregung 1 vorgeschlagenen Internetrecherche analysieren und den revolutionären Charakter des Vorgangs klären.
Danach könnten die Schülerinnen und Schüler selbstständig – entweder in arbeitsteiliger oder arbeitsgleicher Gruppen- oder Partnerarbeit – die anderen Ereignisse untersuchen und ihre Ergebnisse einander vorstellen. Hier sind sowohl das Verfahren des „Gruppenpuzzles" als auch Gruppenberichte mit Hilfe der Tafel, von Folien oder eines Beamers denkbar (vgl. dazu auch Tafelbild).
An dieser Stelle können die Revolutionsdefinitionen (D2) einbezogen werden.
Die Analyse der Verfassung von 1791 und des Scheiterns der konstitutionellen Monarchie kann zu der Frage überleiten, welche Kräfte und Konzeptionen nun in einer neuen Phase der Revolution auftreten und sich durchsetzen.
Im Rahmen der Arbeit mit dem Kapitel sind Unterrichtseinheiten zur Rolle der Frauen in der Revolution (vgl. Tafelbild zu Kapitel 4) und zu den Menschenrechten in Geschichte und Gegenwart möglich (vgl. „Werkstatt"-Seiten).

Zusatzinformationen zum Verfassertext

Der Verfassertext schildert auf der Ereignisebene den Ablauf der ersten Phase der Revolution von Juni 1789 bis zur Hinrichtung Ludwigs XVI. Er ermöglicht allerdings zugleich eine problemorientierte Analyse, vor allem wenn er gemeinsam mit den Text- und Bildmaterialien eingesetzt wird. Der Verfassertext ist mit diesen Quellen verzahnt: Die wichtigsten genannten Ereignisse werden in Bild und Text dokumentiert, und genau an diesen Stellen hält sich der Verfassertext mit Deutungen und Wertungen weitgehend zurück, um nicht der Quelleninterpretation vorzugreifen. Als Beispiel sei die Verfassung von 1791 genannt: Der Verfassertext erwähnt knapp, dass viele mit der Verfassung nicht zufrieden waren, geht dabei jedoch nicht ins Detail.

Zusatzinformationen zu den Materialien

Q1 Die Illustration bezieht sich auf den Verfassertext S. 49 unten.
Q2 In der Bildmitte auf dem Podium steht Bailly, der Präsident der Versammlung; dargestellt ist der Moment, in dem die Abgeordneten beschließen, „lieber zu sterben als auseinander zu gehen, bevor Frankreich frei sei."
Q3 Eine andere Darstellung des Sturms auf die Bastille findet sich auf der ADS. Weitere Informationen s. u.: „Zu den Fragen und Anregungen".
Q4 Die Abbildung kann auch zur Erklärung des Wortes „sansculottes" verwendet werden.
Q6 Der Kupferstich enthält den französischen Text der Erklärung der Menschen- und Bürgerrechte. Folgende Elemente können gefunden werden: Das Dreieck als Auge Gottes, die Sonne als Symbol der Aufklärung („Sonnenaufgang der Vernunft"), die Gesetzestafeln in einer Darstellung, die den Tafeln mit den Zehn Geboten ähneln, der Engel mit Zepter als Verkörperung des Gesetzes oder Verkünder einer neuen frohen Botschaft, die in den Farben der Trikolore gekleidete Frauengestalt als Verkörperung der französischen Nation, die ihre Ketten zerbricht, die Pike der Sansculotten und die Jakobinermütze, die einen Kreis bildende Schlange als Symbol der Ewigkeit. Eine detaillierte Interpretation findet sich in: Praxis Geschichte 1(1989), S. 26 f.
Q8 Der Text ist als Parallele zu Q7 konstruiert worden, er kann aber auch mit dem Frauenbild im folgenden Kapitel (Q10, S. 63) verglichen werden.

Tafelbild

Revolutionäre Ereignisse in Frankreich 1789 bis 1793

Datum	Bezeichnung	Was ist geschehen?	Was war revolutionär?
17. und 20.6.1789	Nationalversammlung und Ballhausschwur	Der dritte Stand erklärt sich zur Nationalversammlung. Die Abgeordneten schwören, Frankreich eine Verfassung zu geben.	Ausschluss von Adel und Klerus, Revolte gegen die Ständegesellschaft; Ablehnung des Absolutismus
14.7.1789	Sturm auf die Bastille	Bürger von Paris bewaffnen sich und erstürmen die Bastille, ein Gefängnis und Pulverlager.	Bewaffnung des Volkes; Zerstörung eines Symbols despotischer Herrschaft
26.8.1789	Erklärung der Menschen- und Bürgerrechte	Die Nationalversammlung beschließt die Menschen- und Bürgerrechtserklärung.	Von Natur gegebene Menschenrechte und Volkssouveränität = Bruch mit Ständegesellschaft, Absolutismus und Gottesgnadentum
3.9.1791	Verfassung	Einführung der konstitutionellen Monarchie mit Zensuswahlrecht.	Auch der König untersteht einer Verfassung; Einführung der Gewaltenteilung
21.9.1792	Absetzung des Königs	Frankreich wird Republik.	Sturz der Monarchie, Einführung einer neuen Staatsform
17. und 21.1.1793	Verurteilung und Hinrichtung des Königs	Ludwig XVI. wird vom Konvent zum Tode verurteilt und hingerichtet.	Tötung des Herrschers, demonstrative Verletzung des bisher als heilig geltenden Monarchen

Q9 Interessant ist die ambivalente Haltung zum König: Man kann ihn zwingen, nach Paris zu kommen, erhofft sich aber von ihm wunderähnliche Wohltaten.

Zu den Fragen und Anregungen

1 Eine Suche z. B. mit der Suchmaschine „google" ergibt bei Eingabe des Begriffs „Ballhausschwur" über 300 Treffer, zu viele, um alle Links zu verfolgen. Bei zusätzlicher Eingabe der Begriffe „Bild" oder „Interpretation" findet man schnell eine Interpretation des Gemäldes. In dem Katalog „lycos" geht man von Überbegriffen zu Unterrubriken: von „Wissen und Lernen" über „Wissenschaft & Forschung", „Geisteswissenschaften", „Geschichte", „Frühe Neuzeit/Neuzeit" zu „Französische Revolution".
Einen Vorschlag zur Bildanalyse von Wolfgang Bickel findet man auch in Praxis Geschichte 1 (1989), S. 56 ff.
2 Die Schülerinnen und Schüler können die Bastille als gewaltiges, übermächtiges und scheinbar uneinnehmbares Bauwerk beschreiben und Einzelheiten über die Menschen, ihre Kleidung, ihre Bewaffnung, die Dynamik ihrer Bewegungen benennen. Als Gesamteindruck wird der Sieg der von Menschen getragenen revolutionären Dynamik über ein steinernes, gewaltiges, düsteres Gefängnis zu formulieren sein.
Obwohl die Bastille längst keine zentrale Rolle mehr spielte und nur wenige Gefangene beherbergte, war sie in aufklärerischen Schriften mehrfach zum Symbol despotischer Herrschaft stilisiert worden. Hinzu kam, dass dort Pulver gelagert wurde, das die Revolutionäre für ihre bereits erbeuteten Gewehre brauchten.
Hilfreich ist der Aufsatz von Hilke Günther-Arndt: Der Sturm auf die Bastille – Ereignis und Symbol; in: Geschichte lernen 60 (1997) S. 23 ff.
Zentrales Anliegen des zweiten Teils der Aufgabenstellung ist, dass die Schülerinnen und Schüler über die Kraft und Bedeutung bildhafter Symbole für politische und historische Identität nachdenken. Sie können die Erkenntnis erarbeiten, dass z. B. die Abschaffung der Privilegien vielleicht das de facto bedeutendere Ereignis war, dass es jedoch aufgrund seiner abstrakteren Natur nicht so sehr als Symbol gebendes Ereignis geeignet war. Man kann mit der Klasse zusätzlich vereinbaren, am nächsten 14. Juli Berichte über die Feier des französischen Nationalfeiertages zu sammeln und danach in einem Rückblick noch einmal auf dieses Thema zurückzukommen.
3 Die Erklärung stellt einen revolutionären Bruch mit der Ständegesellschaft des Mittelalters und des Ancien Régime, mit Absolutismus und Gottesgnadentum dar. Sie formulierte dem Menschen von Natur aus angeborene Menschenrechte und das Prinzip der Volkssouveränität. Diese Grundsätze prägen heute das Selbstverständnis der demokratischen Staaten und der Vereinten Nationen. Zugleich gibt es nach wie vor Länder, die die Menschenrechte nicht respektieren und bewusst und systematisch verletzen.
4 Siehe Zusatzinformation zu Q6.
5 Die Verfassung teilt die Gewalten in Exekutive, Legislative und Judikative und bricht insofern radikal mit dem Absolutismus. Sie überlässt aber dem König noch die Leitung der Exekutive mit dem Oberbefehl über die Armee und einem suspensiven Veto. Es handelt sich somit um eine konstitutionelle Monarchie. Das Wahlrecht ist ein demokratisches Prinzip, doch handelt es sich hier um ein mehrfach gestuftes Zensuswahlrecht, das die Frauen, ca. 2 Millionen nicht wohlhabende Männer und alle unter 25-Jährigen als Passivbürger völlig ausschließt. Die Zahl der Aktivbürger betrug ca. 4 Millionen, die der Wahlmänner ca. 50 000, und nur wenige Tausend Bürger besaßen das passive Wahlrecht für die Nationalversammlung. Die wohlhabenden Besitzbürger konnten zweifellos zufrieden sein, nicht jedoch die ärmeren Gruppen wie die Sansculotten oder die Frauen. Daraus lässt sich die Erkenntnis entwickeln, dass die Revolution mit dieser Verfassung nicht abgeschlossen war, weil sie große Gruppen der revolutionären Bevölkerung von der Partizipation ausschloss. Es wird auch verständlich, dass in der nun folgenden zweiten Phase der Revolution politische Kämpfe innerhalb des Dritten Standes den Kampf gegen die privilegierten ersten zwei Stände verdrängten.
6 Während die Menschen- und Bürgerrechte für alle Menschen Gültigkeit beanspruchten, werden hier politische Rechte vom Besitz und vom Geschlecht abhängig gemacht. Artikel 1 der Menschenrechtserklärung verkündet die Rechtsgleichheit, lässt aber gesellschaftliche Unterschiede zu, wenn sie „auf dem allgemeinen Nutzen begründet werden". Die Verfassung dagegen verknüpft gesellschaftliche Unterschiede mit politischen Rechts-Ungleichheiten.
7 Die Schülerinnen und Schüler erfahren, dass die Guillotine als Fallbeil „das" Hinrichtungsinstrument in der Zeit der Schreckensherrschaft war. Sie können darauf hingewiesen werden, dass die Guillotine aufgrund ihrer Präzision eine schmerzlosere und schnellere Exekution ermöglichte als die vorher praktizierten Enthauptungsmethoden. Sie können jedoch auch erkennen, dass jede Art der Todesstrafe letztlich als unmenschlich gewertet werden kann und deshalb heute in Europa verboten ist.
Der König war keine Privatperson, sondern Verkörperung des alten Systems und des Absolutismus. Seine Hinrichtung wurde als öffentlicher Akt inszeniert, und sein Kopf wurde dem Volk gezeigt, um allen zu demonstrieren, dass die Macht der Revolution tatsächlich den einst als heilig und allmächtig geltenden Monarchen besiegt hatte.
8 Bei den Frauen, die nach Versailles ziehen, handelt es sich um Angehörige der Unter- und unteren Mittelschicht, die sich bewaffnet haben, u. a. mit der für die Revolution typischen „Pike"; sie wirken zugleich erbost und entschlossen. Die Frauen sind über den Unterschied zwischen dem hungernden Paris und dem reichen Versailles empört. Das impliziert zwar schon eine Kritik am König, doch erwarten sie von ihm andererseits Taten zugunsten des Volkes. Der berühmte Spruch „Wir holen den Bäcker, die Bäckerin und den Bäckerjungen nach Paris" zeigt eine etwas naive Gläubigkeit an das Wohlwollen und die unbegrenzte Macht des Königs. Zugleich sieht man aber, wie sehr der Absolutismus bereits zerstört ist, wenn Marktfrauen über den Aufenthaltsort der Königsfamilie bestimmen können.
Zahlenmäßig weitaus schwächer ist die Gruppe derjenigen Frauen, die sich in der Öffentlichkeit intellektuell mit der Revolution auseinandersetzen. Olympe des Gouges ist die bekannteste Vertreterin dieser Gruppe; ihr Bekanntheitsgrad darf nicht darüber hinwegtäuschen, dass diese mutige Frau eine große Ausnahmeerscheinung war.

9 Die Erklärung der Rechte der Frau und Bürgerin ist in Struktur und Sprache der Erklärung der Menschen- und Bürgerrechte weitgehend parallel konstruiert. Das verweist auf die Intention der Verfasserin, sich einerseits auf die Prinzipien der Menschenrechte zu berufen, es andererseits als deren Defizit und innere Widersprüchlichkeit aufzuzeigen, dass Menschenrechte nur als Männerrechte verstanden wurden.

Bei einem „Besuch" Olympe de Gouges' in unserer heutigen Gesellschaft würde sie wahrscheinlich außer großen Fortschritten in der Gleichberechtigung und Gleichstellung der Geschlechter feststellen, dass nach wie vor zwischen rechtlicher und faktisch-gesellschaftlicher Gleichberechtigung unterschieden werden muss.

10 Die Absicht besteht darin, die Bevölkerung Frankreichs und vor allem die von Paris einzuschüchtern und so den König, seine Familie und die Monarchie zu schützen und zu stärken.

Die Mittel sind einerseits Appelle an das „gute" Volk, das als von den Revolutionären unterdrückt angesehen wird, und andererseits massive Drohungen mit Gewalt, Rache, Hinrichtungen.

Der Sturm auf die Tuilerien im August 1792 sowie der Prozess gegen Ludwig XVI. und die Hinrichtung des Königs und der Königin zeigen, dass der Aufruf seine Absicht völlig verfehlte und, wenn er denn wirkte, eher das Gegenteil erreichte.

Hier sind Hypothesen zu einem generellen Problem menschlichen Handelns möglich. Wirkungen sind oft nicht exakt vorauszuberechnen und hängen von der Reaktion anderer Beteiligter ab. In diesem Fall wurden die Pariser falsch eingeschätzt; die unverblümten Drohungen führten eher zu Empörung und Ablehnung – aus psychologischer Sicht durchaus absehbare Reaktionen.

11 Gemeinsam ist allen Definitionen der Hinweis auf grundlegende, strukturelle Umgestaltungen; Unterschiede betreffen die Rolle der Gewalt und die Beteiligung breiter Volksschichten.

Zu den Fragen und Anregungen der „Werkstatt"-Seiten

1–3 Es ist zu empfehlen, eine Übersichtstabelle anzulegen, welche die Entstehungszeit der Quellen und die wesentlichen Inhalte enthält. So werden Ähnlichkeiten und Unterschiede schnell deutlich. Die Dokumente unterscheiden sich zwar in vielen Details und auch im Stil, doch sind Übereinstimmungen unübersehbar; dadurch wird auch der Vorbildcharakter der französischen Erklärung von 1789 für die UNO-Erklärung und das Grundgesetz offensichtlich. Ferner kann erkannt werden, dass die Französische Menschenrechtserklärung als erste mit ganz universellem Anspruch ohne Bezug auf die konkrete historische Problemlage auftritt. Es ist allerdings herauszuarbeiten, dass die UNO-Erklärung in den Artikeln 22 bis 28 (hier abgedruckt: 23 bis 26) auch soziale Grundrechte formuliert, welche die anderen Texte nicht enthalten.

Die Ergebnisse sollten zwei zentrale methodologische Erkenntnisse hervorbringen: erstens die Unterscheidung zwischen normativen Texten und gesellschaftlicher Realität, und zweitens die notwendige Differenzierung nicht nur nach historischer Epoche, sondern auch nach Ländern und Regionen.

4 Die Gefangenenhilfsorganisation Amnesty International prangert Menschenrechtsverletzungen in der ganzen Welt an. Sie ist für viele Menschen, die aus politischen Gründen inhaftiert sind, eine große Hoffnung. Auch wenn die Taube nicht in der Lage ist, den Gefangenen zu befreien, zeigt sie ihm doch, dass er und sein Schicksal „draußen" nicht vergessen sind.

4. Der „Despotismus der Freiheit": Die Schreckensherrschaft

Konzeption

In diesem Kapitel geht es um die zweite, radikalste Phase der Französischen Revolution, der Zeit der Jakobinerdiktatur und der Schreckensherrschaft. Der Verfassertext stellt in diesem Zusammenhang kurz die wichtigsten politischen Gruppierungen vor, informiert über den Krieg zwischen dem revolutionären Frankreich und der Koalition europäischer Monarchien und berichtet über die Versuche, auch das Alltagsleben zu revolutionieren. Dabei wird der Blick der Schülerinnen und Schüler von Anfang an auf das Problem gelenkt, dass zentrale positive Ziele der Revolution wie Freiheit mit den Mitteln der Gewalt, des Terrors und der Diktatur durchgesetzt werden sollten. Insofern betrifft dieses Kapitel zentrale grundsätzliche Probleme nicht nur der Französischen Revolution, sondern der Geschichte, vor allem der neueren Geschichte überhaupt.

Diesem Kapitel zugeordnet sind auch die „Gewusst-wie"-Seiten über den Umgang mit Kontroversen in der Fachliteratur am Beispiel einer Kontroverse zur Jakobinerherrschaft. Nach einer knappen Einführung werden Fragen an einen ausgewählten Text gestellt und beantwortet; diese Fragen und Antworten können den Schülerinnen und Schülern als Modell ihrer eigenen Analyse dreier weiterer Texte dienen, die deutlich unterschiedliche Wertungen vornehmen. Da die Texte sich ursprünglich nicht an Lernende richten, sind sie nicht leicht zu lesen; sie sind gekürzt und mit Erläuterungen versehen, sprachlich jedoch nicht vereinfacht.

Aspekte der Unterrichtsgestaltung

Der Unterricht kann von der Überschrift dieses Unterkapitels ausgehen: „Despotismus" und „Freiheit" stehen, nachdem der vermutlich erklärungsbedürftige erste Begriff erläutert ist, offenkundig im Widerspruch; das wirft die Frage auf, wie die als Zitat gekennzeichnete Formulierung zu verstehen ist. „Despotismus" und „Schreckensherrschaft" sind – scheinbar eindeutig – negativ zu bewertende Phänomene; so entwickelt sich die Frage nach Ursachen und Begründungen.

Es ist denkbar, zunächst „Schreckensherrschaft" mit anschaulichen Inhalten zu verbinden. Dafür bieten sich das Bild von der Hinrichtung des Königs (Kapitel 3, Q5, S. 51), das Gesetz über die Verdächtigen (Q7, S. 62), die Statistik über die Opfer des Terrors (D2, S. 65) oder der Verfassertext an.

Anschließend kann man die Fragen untersuchen, wer Träger und Propagandisten bzw. wer Opfer der Schreckensherrschaft war, wie man den Terror rechtfertigte bzw. kritisierte und welche Ergebnisse er hatte. Eine politische und moralische Beurteilung soll keineswegs vermieden werden, doch sollte sie erst nach Klärung des historischen Sachverhaltes erfolgen. Sie kann mit der Behandlung der „Gewusst-wie"-Methodendoppelseite 66/67 zu Kontroversen in der Fachliteratur verbunden werden.

Methodisch bietet das Kapitel vielfältige Möglichkeiten: Interpretation von Gemälden (Q6), von Karikaturen (Q8), Erstellung von Graphiken (D2) oder Analyse von Sekundärliteratur (S. 66/67). Es ist auch möglich, an dieser Stelle die Rolle der Frauen in der Französischen Revolution zu thematisieren.

Fazit: Vielfältige Tätigkeiten von Frauen in der Revolution, aber letztlich keine Unterstützung durch die Revolutionäre; Verbot politischer Tätigkeit unter Hinweis auf die angebliche „Natur der Frau".

Zusatzinformationen zum Verfassertext

Verfassertext und Materialien ergänzen sich und sind „auf Lücke" gearbeitet: So verzichtet der Verfassertext z. B. auf eine Interpretation der Karikatur Gillrays (Q8) und enthält nur die notwendigsten Informationen zu Marat (Q6), um nicht die selbstständige Erarbeitung der Materialien durch die Lerngruppe zu ersetzen.

Es wird empfohlen, die politischen Gruppierungen konsequent voneinander abzugrenzen und nicht z.B. Sansculotten und Jakobiner synonym zu gebrauchen. Der Verfassertext, die Materialien D1, Q4, Q5 und das Arbeitsblatt (Lehrerband, S. 162) geben Hinweise zur Abgrenzung von Sansculotten, Girondisten und Montagnards.

Zusatzinformationen zu den Materialien

Q1 Der Kupferstich zeigt eine bewegte Szene. In der Mitte gibt es einen großen Konferenztisch, auf dem Schriftstücke liegen; das Mobiliar ist sonst spärlich – viele Personen stehen. Von oben hängt eine Fahne herab, an der Tür ist eine Bekanntmachung angeschlagen. Neben dem Fenster befinden sich Büsten von verehrten Helden oder Vorbildern. Im Raum befinden sich Waffen und Getränke. Die Atmosphäre ist nicht die eines bürgerlichen Büros, in dem gearbeitet wird: Es gibt hektische Bewegungen, es wird geraucht und getrunken, ein Hund läuft herum.

Die Mehrheit der Personen sind Sansculotten, entweder bewaffnete Mitglieder der Garden oder heftig diskutierende und gestikulierende Unbewaffnete. Sie sind die Hausherren: Entweder sitzen oder stehen sie ganz entspannt herum, oder sie dominieren durch entschlossene und heftige Gebärden. Die Eintretenden sind reiche Bürger. Sie sind vornehm gekleidet, wirken aber schüchtern oder demütig. Sie überreichen ein Papier; vermutlich müssen sie ihre Ausweispapiere kontrollieren lassen, oder sie zeigen eine Vorladung vor. Als reiche Bürger sind sie potenzielle Opfer der Sansculotten.

Q6 David selbst war Anhänger der Jakobiner und Abgeordneter im Konvent. Doch auch ohne biographische Informationen ist aus dem Bild gut zu erkennen, dass David Marat zu einem Märtyrer, d. h. Quasi-Heiligen, stilisiert; tatsächlich verbreitete man das Bild durch Kupferstichreproduktionen weit; es wurde damit Bestandteil eines religionsähnlichen Marat-Kultes. Die im Bild enthaltene auffällige Widmung Davids auf dem Sockel („A MARAT") ist ein weiterer Beleg für die Einstellung Davids.

Q7 Die Quelle ermöglicht die Kontrastierung mit Prinzipien des modernen Rechtsstaates.

Q8 Von Klaus Fieberg gibt es in Praxis Geschichte 5 (2001), S. 28–31 ein Modell zur „hypertextuellen Erschließung" dieser Karikatur.

Q11 Das Bild erinnert an die Sitzordnung von Parlamenten, mit Präsidentin, Rednerin, Mitgliedern und vielleicht oben links Besucherinnen. Es ist allerdings zu bedenken, dass die Abbildung von 1847 stammt und nicht zeitgenössisch ist.

Zu erkennen sind der erhöhte Sitz der Präsidentin und ihre Glocke, mit der sie Ruhe herstellen kann, das Rednerpult mit Manuskript der Rednerin und Wasserglas zur Pflege der strapazierten Stimme, mit der man ohne Mikrofon den Raum füllen musste. Sowohl die Rednerin als auch die Präsidentin tragen die – eigentlich rote – Jakobinermütze.

Q13 Die Quelle darf nicht als „objektiver" Augenzeugenbericht missverstanden werden; vielmehr muss die Parteinahme des Verfassers herausgearbeitet werden.

Zu den Fragen und Anregungen

1 Siehe Zusatzinformation zu Q1.

2 Rechts eingeordnet sind 1789 die Monarchisten und Aristokraten, 1791 die Unabhängigen und Konstitutionellen, 1792 die „Ebene" und die Girondisten, d. h. der gemäßigte Flügel der Jakobiner; als links gelten 1798 und 1791 die Demokraten, die 1791 mit den Jakobinern gleichgesetzt werden, und 1792 die Montagnards, also der radikale Flügel der Jakobiner.

Deutlich erkennbar ist ein Trend nach links, zur Radikalisierung, wobei rechte Gruppen ganz verschwinden, sodass ehemals mittlere oder sogar linke Gruppierungen jetzt als rechts gelten. Die zunächst als links bezeichnete Gruppe spaltet sich auf, besetzt schließlich das gesamte Spektrum, sodass die ehemaligen Flügel des Jakobinerclubs mit den Montagnards die Linke und mit den Girondisten die Rechte stellen. Wichtig ist jedoch auch festzuhalten, dass eine sehr hohe Zahl der Volksvertreter sich nicht den jeweils verfeindeten Flügeln zuordnen lassen. Insgesamt ist das Spektrum außerordentlich labil und kurzlebig; fest gefügte Parteien im Sinne des 20. und 21. Jahrhunderts existierten noch nicht.

3 Die soziale Zugehörigkeit der Sansculotten wird vor allem dadurch deutlich, dass sie sich von anderen sozialen Gruppen abgrenzen: von den Reichen, den Spekulanten, den Hamsterern, den Monopolisten, den „Egoisten", denen, die Schlösser, Diener, Wagen und „Millionen" besitzen. Sie selbst sehen sich dagegen als einfache Bauern oder Handwerker, als „arbeitsame Klasse der Gesellschaft".

Die Sansculotten verlangen die Bestrafung der Spekulanten und Hamsterer sowie – unter Berufung auf die Gleichheit – eine Begrenzung der Lebensmittelpreise.

Als Gegner sehen die Sansculotten – dabei wenig differenzierend – alle reichen Bevölkerungsschichten; das richtet sich nicht nur gegen den Adel, sondern auch gegen das Bürgertum der Revolutionszeit, wie die Angriffe gegen die „Clique der Politikaster" und die unaufrichtigen Teilnehmer der Sektionssitzungen belegen. Als mögliche Bündnispartner sehen sie die „Bürgervertreter", die Abgeordneten an, von denen sie Aktionen gegen die Reichen erwarten. Auf dem Hintergrund der mittlerweile erarbeiteten Kenntnisse kann vermutet werden, dass sich die Sansculotten um ein Bündnis mit den Jakobinern bzw. den Montagnards bemühen.

4 Marat, 1743 geboren, Arzt, radikaler republikanischer Schriftsteller und Redner, gab seit 1789 die Zeitung „Ami du peuple" heraus. Er war Mitglied des Nationalkonvents und stand auf der Seite der Bergpartei. Er forderte die Massenhinrichtung von Gegnern der Revolution. Im Volk war er sehr populär. Am 13. Juli 1793 wurde er, in einem Zuber in seinem Badezimmer sitzend, von Charlotte Corday, einer 25-jährigen Adligen, erstochen. Corday trat zwar selbst für die Republik ein, lehnte aber die radikaljakobinische Linie Marats ab und unterhielt Kontakte mit den Girondisten. Am 17. Juli 1793 wurde sie hingerichtet. Diese Informationen können die Schülerinnen und Schüler unschwer durch Recherche in Nachschlagewerken oder im Internet beschaffen.

5 David stilisiert Marat zum Märtyrer. Schmerz oder Todeskampf wird nicht dargestellt. In den unten zitierten Aufsätzen finden sich zahlreiche Anregungen zur Analyse von Bilddetails und anderen Kompositionselementen; u. a. werden Parallelen zu Bildern der Grablegung Christi gezogen, z. B. zu dem Gemälde Raffaels von 1507 oder dem Caravaggios von 1602/1604. (Siehe auch Zusatzinformation zu Q6.)

6 Verdächtig wurde man u. a. durch sein Verhalten, seine Beziehungen, seine Reden, seine Schriften, durch Emigration oder seine ehemalige Zugehörigkeit oder Verwandtschaft mit dem Adel. Inhaltlich bleibt die Beschreibung des verbotenen Verhaltens vage: Diejenigen sind verdächtig, die sich „als Feinde der Freiheit zu erkennen gegeben haben" oder die „nicht beständig ihre Verbundenheit mit der Revolution bekundet haben".

Das Gesetz unterscheidet nicht zwischen Verdächtigen und Schuldigen und widerspricht somit den Grundlagen jeder Rechtsstaatlichkeit. Ein Verdacht genügt, um verhaftet und eingesperrt zu werden, später sogar zur Hinrichtung. Es gibt keine Hinweise darauf, dass der Verdacht vor einem unparteiischen Gericht überprüft werden soll. Ein Verdächtiger hat daher kaum eine Möglichkeit, sich zu verteidigen.

Zu den positiven Begriffen gehören: gemeinnützig, hochherzig, Ruhm, Vaterland, Gleichheit, Tugend, Republik, Demokratie, Freiheit, Gerechtigkeit; negativ dagegen sind: niedrig, grausam, Tyrannei. Es ist auffällig, dass manche dieser Begriffe eher moralische als genuin politische sind: hochherzig bzw. niedrig und vor allem „Tugend". Das wirft die Frage auf, inwiefern man Politik und Moral verbinden oder trennen sollte.

Die Rechtfertigung für den Despotismus besteht in dem Hinweis auf die revolutionäre, stürmische, gefährliche Zeit, in der die „Tugend" ohnmächtig sei und daher den „Schrecken", den „Despotismus" benötige. Konkreter Hintergrund sind Aufstände im Innern und der Krieg gegen die Koalition europäischer Monarchien, die tatsächlich das revolutionäre Frankreich gefährdeten. Insofern ist Robespierres Argumentation durchaus nachvollziehbar. Es bleibt jedoch ein ungeklärter Widerspruch innerhalb des Begriffes vom „Despotismus der Freiheit": Selbst ein Despotismus im Dienst von Freiheit oder „Tugend" ist ein Despotismus, der Freiheit und Demokratie entgegensteht. Man kann die grundsätzliche Frage aufwerfen, ob es überhaupt Aufgabe der Politik sein darf, „Tugend" durchzusetzen, und auf die Pluralität von Wertvorstellungen und Lebensentwürfen hinweisen, die durch Despotismus jeder Art gefährdet wird.

8 Gillrays Karikatur zeigt u. a. die Hinrichtung des Königs mit der Guillotine, gelynchte Geistliche an den Laternen, das schaulustige Volk, die Sansculotten, die Trikolore und die Jakobinermütze. Die Auswahl der Geschehnisse und die Darstellungsweise – vor allem die negative Präsentation des Sansculotten im Zentrum – implizieren eine scharfe Kritik der Revolution, die durch den Kontrast zu dem Titel „Der Zenit des französischen Ruhmes" sarkastisch zugespitzt wird. Der unmittelbare Anlass für die Karikatur war die Hinrichtung Ludwigs XVI. am 21. Januar 1793.

9 Siehe Zusatzinformationen zu Q11. – Während Befürworter der politischen Betätigung von Frauen auf die offenbar gute Organisation, auf den geregelten Ablauf der Veranstaltung und auf das disziplinierte und aufmerksame Verhalten der Zuhörerinnen hinweisen können, würden wohl die Gegner der Frauenclubs ihre Auffassungen bestätigt finden: Ihrem Rollenmuster würde es eben zuwiderlaufen, dass Frauen – wie Männer – politische Versammlungen abhalten, Reden halten, einen Club leiten anstatt sich um Heim und Kinder zu kümmern. Die energischen Mienen, Gesten und Körperhaltungen einiger Frauen würden als unweiblich angesehen und damit als naturwidrig verdammt werden.

10 Frauen hätten nicht die „moralische und physische Kraft", welche die politische Tätigkeit erfordert. Das sei weltweiter Konsens. Die Aufgaben der Frau seien andere, die ihr „die Sitten und die Natur" vorgegeben hätten: Erziehung der Kinder, Haushalt, Familie.

Der Text spiegelt das klassische Bild der dichotomen Geschlechtscharaktere: dem aktiven, starken, robusten und intelligenten Mann, der für alle Aufgaben außerhalb des Hauses geeignet ist, steht die gemütvolle, gemäßigte, stille und zurückgezogene Frau gegenüber, deren Aufgaben im häuslichen Bereich liegen.

Die Schülerinnen und Schüler sollen erkennen, dass es heute zwar völlig andere Konzepte gibt, aber zugleich auch noch, vielleicht in ihrem eigenen Denken oder auch in dem anderer, Vorstellungen existieren, die nicht weit von denen des 18. Jahrhunderts entfernt sind. Es kann thematisiert werden, dass offenbar Stereotypen wie die dem Text zugrunde liegenden äußerst langlebig sind.

Die Schülerinnen und Schüler sind aufgefordert, ihre eigenen Vorstellungen zu artikulieren. Damit soll ein Beitrag dazu geleistet werden, dass sie nicht nur bei fremden Autoren, sondern auch bei sich selbst über Standpunkte, Prämissen und Interessen reflektieren, die in ihr Urteil eingehen.

11 Am 9. Thermidor (27.7.1794) werden Robespierre und seine Anhänger im Konvent in einer tumulthaften Szene verhaftet; am folgenden Tag wird der verletzte Robespierre mit einem Karren zur Hinrichtung gefahren und öffentlich guillotiniert.

Der anonyme Augenzeuge von Q13 nimmt deutlich und sehr emotional Partei gegen Robespierre: Er nennt ihn „Verbrecher", „Kannibalen" und „Tyrannen" und berichtet nur von Zuschauern, die Robespierre hassen und seine Hinrichtung bejubeln. Eine Reflexion des Quellenwertes muss zu der Erkenntnis kommen, dass solch einseitige Augenzeugenberichte zwar wertvolle Hinweise über konkrete Ereignisse und die herrschende Atmosphäre geben können, dass sie aber perspektivisch schildern und einseitig bewerten und des Vergleiches mit anderen Schilderungen bedürfen.

Die Quelle bietet die Möglichkeit, direkt im Anschluss die „Gewusst-wie"-Seiten zu Kontroversen in der Fachliteratur S. 66/67 zu behandeln.

12 Es ist auffällig, dass die Mehrzahl der Opfer dem Dritten Stand angehörte. Dieser Befund wird z. T. relativiert durch die Tatsache, dass auch insgesamt die große Mehrheit der Bevölkerung dem Dritten Stand angehörte; d.h. die Angehörigen der ersten zwei Stände waren unter der Opfern überrepräsentiert, doch kann keineswegs die Rede davon sein, dass sich der Terror nur oder überwiegend gegen Aristokratie und Klerus richtete.

Die Zahlen können als Argument gegen die These benutzt werden, es handele sich ausschließlich um soziale Gegensätze. Vielmehr wird deutlich, dass auch unter den Opfern des Dritten Standes verschiedene soziale Gruppen vertreten waren. Es bietet sich daher die Deutung an, dass in der Zeit der Schreckensherrschaft die Konflikte primär politischer Natur waren.

Literatur für Lehrerinnen und Lehrer

Schattner, Thomas, Der Tod des Jean Paul Marat. Zum Verhältnis von Kunst und Politik in der Französischen Revolution; in: Geschichte lernen 60 (1997), S. 52–56.

Rieger, Wolfgang, Das Attentat. Die Französische Revolution und ihr Märtyrerkult; in: Praxis Geschichte 6 (1991), S. 42–46.

Zu den Fragen und Anregungen der „Gewusst-wie"-Seiten

1 Mathiez war ein marxistischer Historiker und Verteidiger Robespierres, den er als Vorkämpfer für die Beseitigung sozialer Ungerechtigkeiten und der Klassenunterschiede betrachtete. Er lobt ihn wegen seiner positiven Charaktereigenschaften und wegen seiner Ziele; er äußert sich – zumindest in diesem Auszug – nicht über Robespierres Verantwortung für die Schreckensherrschaft und zahlreiche Todesurteile. Die Sprache ist pathetisch und emotional; ein Begriff wie „lieben" lässt jede kritische Distanz vermissen.

Sieburg schreibt von einem konservativ-humanistischen Standpunkt aus; Robespierre wird eindeutig verurteilt. Im Zentrum der Argumentation steht die philosophische Überlegung, dass Robespierre einen spezifisch jakobinischen sittlichen Maßstab an Stelle eines allgemeinen gesetzt habe und so einer antihumanistischen und inhumanen Politik die Basis geschaffen habe. Der letzte Satz des Textauszuges kann, zumal er zehn Jahre nach Ende der NS-Diktatur geschrieben wurde, so nicht aufrechterhalten werden.

Soboul, Sorbonne-Professor und – unorthodoxer – Neomarxist, verweist auf die Erfolge der Terrorherrschaft bei der Bewältigung der innen- und außenpolitischen Krise. Er argumentiert sachlich und beschränkt sich dabei auf das Kriterium des unmittelbaren Erfolgs im politischen Tagesgeschäft, ohne grundsätzliche moralische oder philosophische Aspekte zu diskutieren.

2 Die Bewertungen sind ganz offensichtlich unterschiedlich; das ist bei Mathiez und Sieburg in erster Linie ein Resultat entgegengesetzter eigener Standpunkte und Wertmaßstäbe, während Sobouls Wertung primär aus einer Betrachtung des Erfolgskriteriums abgeleitet ist. Zu Soboul wäre zu ergänzen, dass der Terror noch fortgesetzt und sogar verschärft wurde, nachdem die Krise weitgehend überwunden war; tatsächlich schwand von da an jegliche Legitimation der Schreckenherrschaft, und zunehmend gingen auch Jakobiner in Opposition zu Robespierre.

5. Napoleon beendet die Revolution

Konzeption

Ausgehend von der Frage, wie die Revolution weitergeht bzw. beendet wird, wird zunächst über den alten, wieder aufgelebten Konflikt zwischen Rechten und Linken informiert. Die Direktoriumszeit als Sieg der gemäßigten Rechten wird nur kurz angesprochen. Q3 zeigt einen Schläger der „Jeunesse Dorée" und beleuchtet damit den fortdauernden Kampf gegen ehemalige Jakobiner: Das Direktorium hat keinen innenpolitischen Frieden gebracht. Thematischer Mittelpunkt des Kapitels aber ist Napoleon Bonaparte. Damit soll keine Geschichte der „großen Männer" geschrieben werden; vielmehr soll zu klären versucht werden, warum nach der Revolution mit ihren Freiheits- und Mitspracheforderungen ein neuer Diktator an die Macht kommen konnte – und zwar mit Zustimmung des Volkes.

Napoleon soll als eine schillernde, widersprüchliche Figur deutlich werden: Er vertritt fortschrittliche Ideen, so z.B. im Bereich der Justiz, und versteht sich als Vollender der Revolution – andererseits baut er seine Alleinherrschaft systematisch aus und unterdrückt jede Opposition. Diese beiden Seiten Napoleons werden in den Textquellen Q5 und Q7 deutlich: Ein Gespräch, in dem Napoleon verächtlich über die Demokratie spricht – und eine Lobeshymne auf die Leistungen Bonapartes.

Der Veränderung der Politik von der Jakobinerherrschaft bis hin zum Kaisertum entsprach auf kulturellem Gebiet eine Wende zum Stil der Adligen und Großbürgerlichen, zum Eleganten und Pompösen. Q2 zeigt das anhand einer Modezeitschrift des Empire. Napoleon bediente das Bedürfnis nach Repräsentativität und „Größe" mit perfekt inszenierten Zeremonien und Prachtbauten. Das belegt Q1 (Krönungszeremonie Napoleons).

Scharfe Kritik an Napoleon übt die Karikatur des Briten Gillray (Q4). Insgesamt liefern die Materialien zum Kapi-

Die Französische Revolution – Aufbruch in die moderne Gesellschaft

Tafelbild

Napoleons Erfolge beim Aufstieg zur Alleinherrschaft

Persönlichkeit	Innenpolitik	Wirtschaft/Finanzen	Außenpolitik/Militär
– Herkunft Aufstiegsmodell, Identifikationsfigur, Vorbild – Militärkarriere, Erfolge – Fleiß, Mut, Selbstbewusstsein – Visionen, Größenwahn – Charisma	– Einheitliches Recht: Code Civil – Ende des Bürgerkriegs – Ordnung der Verwaltung, Zentralisierung – Aussöhnung mit der Kirche – Integration der Adligen	– Ordnung der Staatsfinanzen, neue Währung – Neues Steuersystem – Beschäftigungsprogramm: Straßenbau u.a. – Aufstiegsmöglichkeiten in Armee und Verwaltung – Wirtschaftswachstum	– Militärische Erfolge – Heer steht „hinter ihm" – „Volksheer" (weitere Erfolge erschließen sich erst nach Behandlung der folgenden Kapitel)

tel 4 ein Mosaik aus Napoleon-freundlichen sowie -kritischen Sichtweisen, sodass sich die Schüler und Schülerinnen selbst eine Meinung bilden können.

Dass der Code Napoléon, das damals fortschrittlichste Gesetzbuch, keine Besserung in der rechtlichen Situation der Frau mit sich brachte, geschweige denn eine Gleichstellung, demonstriert Textquelle Q6 (Auszug aus dem Code Civil).

Aspekte der Unterrichtsgestaltung

Es bieten sich zwei Möglichkeiten des Einstiegs in das Kapitel an: Man könnte von der Frage ausgehen, ob nun, nach Robespierres Tod, die Revolution beendet ist – und mit welchem Ergebnis. In der Diskussion wird man vielleicht zu dem Ergebnis kommen, dass mit Robespierres Tod wohl die Schreckensherrschaft ein Ende hat, dass aber keine befriedete Situation entstanden ist und insofern die Revolution noch nicht zu einem Ende gefunden hat.

Eine andere Möglichkeit ist der Einstieg mit dem Krönungsbild von David (Q1). Wie kann nur wenige Jahre nach Beginn der Revolution und nach Ablehnung und Abschaffung von Absolutismus und Ständegesellschaft eine derart pompöse Kaiserkrönung in Frankreich stattfinden? Es ist wichtig für die Schülerinnen und Schüler zu wissen, dass Napoleon eben auch und trotz seiner diktatorischen Herrschaft und seiner monarchistischen Neigungen wichtige Errungenschaften der Revolution fortführte bzw. erst in die Tat umsetzte.

Die weitere Behandlung des Kapitels sollte dann von der Frage begleitet und eventuell strukturiert werden, welche der Handlungen und Beschlüsse Napoleons auf Ideen und Maximen der Revolution beruhen und welche diesen widersprechen.

Eng mit dieser Fragestellung verbunden ist die zweite Leitfrage, die sich anbietet: Warum konnte Napoleon so ungehindert aufsteigen? Diese Frage könnte in Gruppenarbeit behandelt werden, eventuell auch in arbeitsteiliger Gruppenarbeit (Themen: Persönlichkeit Napoleons, Innenpolitik, Wirtschaft, Außenpolitik). Ergebnis der Sammlung könnte das angegebene Tafelbild sein.

Die Textquellen (Q5, Q6, Q7) bieten mehrere Möglichkeiten, die Schüler „Gegentexte" verfassen zu lassen. Die drei Quellen sind sehr provokativ und eignen sich insofern gut zur pointierten Antwort oder Gegenrede. Hier könnten mehrere eigene Reden (Hausarbeit, im Unterricht Partnerarbeit) vorgelesen, verglichen und durch die Klasse beurteilt werden.

Zusatzinformationen zum Verfassertext

Die Zeit des Direktoriums (1795–1799) wird im Schülerband recht knapp dargestellt. Wichtig ist, dass deutlich wird, welche gesellschaftspolitische Gruppe sich nach dem Tod Robespierres durchsetzen konnte. Das Direktorium wurde getragen vom Besitzbürgertum, dessen Interessen es einseitig durchsetzte: Zensuswahlrecht und weitestgehender Wirtschaftsliberalismus (Aufhebung der Reglementierungen der letzten Jahre). Erbitterte Opposition kam von linken und rechten Gruppen: Die Linken, z. T. ehemalige Jakobiner, die für ein allgemeines (männliches) Wahlrecht eintraten, wurden unterstützt vom Kleinbürgertum und den Arbeitern. Die Rechten, Royalisten, welche die Bourbonen-Herrschaft wiederherstellen wollten, fanden vor allem auf dem Lande Unterstützung („weißer" Terror besonders in Südfrankreich). Das Direktorium, dem in der Verfassung nur beschränkte Handlungsmöglichkeiten zugebilligt wurden, war zu schwach, um Umsturzversuche, Aufstände und bürgerkriegsartige Zustände zu unterbinden; verschiedene Versuche zur Lösung der Wirtschafts- und Finanzkrise scheiterten, Frankreich stand vor dem Staatsbankrott.

Die Lebensgeschichte Napoleons soll nicht in den Mittelpunkt des Unterrichtes gerückt werden, wohl aber sein Aufstieg, den er den Veränderungen und Errungenschaften der Revolution verdankt. Napoleon kämpfte als aus dem Bürgertum stammender Artillerieoffizier im Revolutionsheer und wurde 1793 der jüngste „Revolutionsgeneral". Nach dem Sturz Robespierres wurde er als Jakobiner verhaftet, konnte aber kurze Zeit später seine Dienste dem Direktorium anbieten. Er wurde vom Direktorium protegiert und konnte glänzende, öffentlichkeitswirksame militärische Erfolge vor allem in Italien erzielen. Schließlich geriet das Direktorium zunehmend in Abhängigkeit von Napoleon. 1799 löste er das Direktorium mithilfe des Militärs und mit Unterstützung seines Bruders Lucien auf, sprengte den „Rat der 500" (Legislative) und setzte mit der Konsularverfassung eine demokratisch verbrämte Militärdiktatur durch. Die Verfassung schrieb der ehemalige Priester Sieyès, der „Veteran aus den Kämpfen der Revolutionszeit. Der Mann, der die Revolution eröffnet hat, wird sie auch beschließen: Sieyès." (Francois Furet/Denis Richet: Die Französische Revolution, Frankfurt 1987, S. 603)

Zusatzinformationen zu den Materialien:

Q1 Napoleon krönt seine kniende Frau Josephine. Der Papst sitzt an einem Ehrenplatz rechts, ist aber an der

Handlung nicht beteiligt (er hat Napoleon vorher gesalbt; gekrönt hat Napoleon sich selbst). Napoleon trägt einen Lorbeerkranz (Anklang an Rom!). Zu erkennen sind:
1) die kaiserliche Familie (die Frauen mit Diadem, die Brüder links außen)
2) Adlige und hohe Würdenträger (z. B. die Männer mit Federhüten) – auch hohe Militärs
3) Klerus, um den Papst geschart
4) ausländische Gesandte (Personen oberhalb des Papstes)
Abgeordnete der Volksversammlung fehlen!
Der Prunk unterstreicht den Machtanspruch Napoleons und erfüllt offensichtlich Bedürfnisse des Volkes. Die Anlehnung an die Antike war bereits bei den Revolutionären beliebt; sie liefert für Napoleon die imperialen Symbole und Insignien und stellt die Alternative zum französischen Königtum, das er nicht fortsetzen kann. Napoleon versucht sich symbolisch eine Legitimität zu verschaffen. Antikisierend sind: Lorbeerkranz, Kaisermantel im Toga-Stil, Haartracht und Kleidung der Frauen. An dieser Stelle kann auch darauf hingewiesen werden, dass die Begriffe „Konsul" und „Kaiser" ebenfalls der römischen Antike entlehnt sind. Interessant ist auch die Parallele zu Kaiser Augustus, der ebenfalls bei der Errichtung seiner Alleinherrschaft bewusst den Titel „Kaiser" – und nicht „König" – wählte.
Im Schülerbuch finden sich weitere Gemälde von David: Der „Ballhausschwur" (S. 48, Q2), „Der Tod des Marat" (S. 61, Q6), ebenso Napoleon zu Pferde („Napoleon überschreitet die Alpen", 1799) auf der ADS. David ist der bekannteste Maler der Revolutionszeit; er ist eine interessante, ambivalente Figur:
Jacques-Louis David (174(–1825), 1792 Abgeordneter, 1793 Vorsitzender des Konvent. Zeremonienmeister des „Festes des höchsten Wesens" 1794. Anhänger Robespierres, nach dessen Tod inhaftiert. 1795 Begegnung mit Napoleon, 1805 zum Hofmaler ernannt. Nach Napoleons Sturz Exil in Brüssel.
Davids Lebenslauf ist diskussionswürdig: Wie beurteilen die Schüler und Schülerinnen die Karriere des Malers vom Revolutionsmaler zum Hofmaler und Zeremonienmeister? Ist David der Prototyp des opportunistischen Künstlers, der seine Talente und Fähigkeiten dem jeweils Herrschenden andient? Wäre das verständlich oder verwerflich? Der „Fall David" lässt sich auch sinnvoll als Referat vergeben.
Q2 Der Empire-Stil ist feierlich, propagiert aber vor allem für die Frauen eine „vernünftige Natürlichkeit" mit frei fallenden Kleidern aus leichten Stoffen. Die schweren Samtgewänder des Ancien Régime sind verdrängt, die Taille rückt nach antikem Vorbild hoch. Der Mann trägt wieder die Culotte. Luxus ist wieder gefragt, der schlichte, Gleichheit betonende Stil der Revolutionsjahre ist vorbei.
Q3 Der Muscadin hat lange Koteletten, einen langen Gehrock, hochgeschlagenen Kragen, Hut. Die Haltung ist höchst selbstbewusst, er ist „stutzerhaft", d. h. überaus sorgfältig gestylt. Den Schlagstock hält er provokativ-spielerisch in der Hand. Bei seinem Aussehen und Verhalten handelt es sich um uniforme Merkmale einer Gruppe.
Q4 Die Karikatur zeigt einen ungeduldig zappelnden, kleinen Napoleon, der auf dem Arm einer hexenhaft-abstoßenden, verlotterten Frau sitzt. Sie trägt die Jakobinermütze mit Kokarde und stellt das revolutionäre Frankreich dar. Ihr Arm ist blutbefleckt. Gekleidet ist nach der neuen Empire-Mode, an ihr wirkt sie obszön. Sie singt ihrem „Kind" ein Wiegenlied, eine Zitatmontage unter anderem mit Versen aus Shakespeares King Lear. Das Kind will die Rassel mit der Krone greifen. Die Stuhllehne zeigt eine Guillotine, am Sitz hängen abgeschlagene Köpfe. Hinter dem Stuhl der blutige Kopf Ludwigs XVI., darunter eine umgedrehte Krone; an der Wand ein blutiger Speer. Aus der Wiege der Revolution links hat Frankreich den neuen „Liebling" genommen.
Q5–Q7 Siehe „Zu den Fragen und Anregungen"

Zu den Fragen und Anregungen

1 Siehe Zusatzinformation zu Q3. – Es gab zahlreiche Gründe sich den Muscadins anzuschließen, von denen hier nur einige genannt werden sollen: Straffreies Prügeln von politischen Gegnern. Rache für Demütigungen während der Revolutionszeit. Zugehörigkeit zu einer Gruppe, Identifikation mit der wohlhabenden Klasse/Schicht. Erziehung zum Hass auf Jakobiner. Abenteurertum. Wohlwollende Anerkennung in Familie und eigener Gesellschaftsschicht.
2 Vgl. Zusatzinformation zu Q1.
3 Siehe Zusatzinformation zu Q4. – Gillray verachtet Napoleon und Frankreich. Er macht ihn lächerlich, zu einer albernen Figur. Er will mit der Krone spielen, er ist kein legitimer Herrscher. Der gefährliche Feind wird zu einer kleinen, scheußlichen Witzfigur – hier wird auch auf Napoleons kleine Statur angespielt. Napoleon soll entzaubert, die englische Moral gestärkt werden.
4 Bilder, auf denen Kleidung der Revolutionszeit zu sehen ist, befinden sich auf S. 50, 59 und 63. Kleidung der absolutistischen Zeit findet sich in Band 2, z. B. auf S. 247 (siehe auch Zusatzinformation zu Q2).
5 Napoleon verachtet die Freiheitsideen der Revolution, er hält sie für „Wahn". Er verachtet auch das französische Volk, hält es für unreif, leicht zu begeistern, leicht zufrieden zu stellen. Er scheut nicht davor zurück, das Volk bewusst zu täuschen. Das Volk ist für ihn nicht Souverän, sondern manipulierbare Masse – eine zynische Auffassung von Politik.
6 Die Scheinverfassung, die Napoleon letztlich alle Entscheidungsgewalt lässt, ist ein Mittel, um kritische Stimmen aus dem Volk zu beruhigen, ein Deckmantel für seine Diktatur. Sie täuscht Partizipation und Legitimität vor. Viele Diktaturen haben eine schein-demokratische Verfassung.
Die Gegenrede eines Revolutionärs könnte folgende Elemente enthalten: Volk ist Souverän, nicht Spielball der Politik. Legitimer Ausdruck dessen ist eine „wahre" Republik mit Freiheit und Gleichheit. Führer müssen gewählt und so legitimiert werden.
7 Der Bürger Jaubert war 1789 ein begeisterter Anhänger der Revolution. Am 2.5.1804 hielt er dann als Abgeordneter des durch Napoleon entmachteten Parlaments die in Q7 abgedruckte Rede. Als Gründe für die Bewunderung, die Napoleon überall entgegenschlage, nennt er folgende Erfolge (vgl. auch Tafelbild zu Kapitel 6).
Erfolge:
– Verwaltung und Finanzen: grundlegende Ordnung geschaffen, einheitliches Zivilgesetzbuch
– Militär: Armee organisiert, Europa den Frieden gebracht

Die Französische Revolution – Aufbruch in die moderne Gesellschaft

- Wirtschaft: Handel und „Fabriken" belebt, öffentliche Arbeiten angeregt
- Nation: Friede mit Kirchen, nationale Einigung (Parteigeist ausgelöscht), ehemalige Opfer integriert
- Wissenschaft und Schule: Schulwesen geordnet, Wissenschaft belebt.

Insgesamt verbinden sich mit Napoleon – in Jauberts Rede – die Gedanken an Ordnung, Fortschritt und Wohlstand.

8 Die Rede könnte den letzten Satz aufgreifen: Welch ein Unsinn, nun ausgerechnet mit den Prinzipien der Revolution eine neue Alleinherrschaft begründen zu wollen! Prinzipien der Revolution waren...

9 Folgende Rechte werden den Frauen abgesprochen: Recht auf Selbstbestimmung; Recht, sich selbst vor Gericht vertreten zu können (Mündigkeit); Recht, sich beschweren und andere anklagen zu können; Besitzrecht – dadurch auch das Recht auf freie Berufswahl; das gleiche Recht auf „Ehebruch" und das Recht die Scheidung zu verlangen.

Insgesamt werden der Frau die „bürgerlichen Rechte" (Art. 8) nicht zuerkannt.

Die „klassischen" Begründungen dafür sind: Frauen sind „von Natur aus" anders als Männer, dazu weniger gebildet, weniger durchsetzungsfähig. Sie sollen sich an ihre Berufung zur Frau und Mutter halten. Außereheliche Sexualität ist bei Frauen schlimmer als bei Männern – der weiblichen bzw. männlichen Natur wegen.

Die Quelle kann mit der Begründung für das Verbot der Frauenklubs in der Revolutionszeit verglichen werden (S. 63, Q10).

6. Deutschland unter Napoleon: Besatzung oder Befreiung?

Konzeption

Dieses Kapitel, das sich mit den Auswirkungen der französischen Expansion auf Deutschland befasst, ist problemorientiert angelegt. Die zugrunde liegende Frage, die bereits in der Überschrift aufgegriffen wird (Besatzung oder Befreiung?), fordert von den Schülern ein sorgfältiges Abwägen mit dem Ziel einer fundierten, wenn auch nicht unbedingt eindeutigen Stellungnahme. Informationen zur Einschätzung der „Franzosenzeit" finden die Schüler im Verfassertext und in den Materialien, die auf die Leitfrage hin ausgerichtet sind.

Im Mittelpunkt des Kapitels stehen – dem Unterrichtsziel einer Einschätzung der Besatzungszeit entsprechend – die politischen, sozialen und gesellschaftlichen Veränderungen in Deutschland. Deshalb wird kaum auf kriegerische Auseinandersetzungen und Schlachten eingegangen. Die preußischen Reformen werden im Verfassertext sehr kompakt abgehandelt; als Ergänzung dazu ist Q7 zu betrachten, ein bekanntes Soldatenlied. Mit dem Lied wird ein Aspekt der preußischen Reformen herausgegriffen: die Heeresreform. Der Text zeigt deutlich Notwendigkeit und Überfälligkeit einer grundlegenden Neuorientierung.

Die Besatzungspolitik Napoleons wird durch drei etwas längere Textquellen beleuchtet: Zwei (Q3/Q4) handeln von den großen Plänen, die Napoleon mit dem neu gegründeten Königreich Westfalen hatte – sie zeigen ihn als einen visionären Politiker. Die dritte Quelle (Q2) über die Hinrichtung eines Kritikers seiner Politik zeigt Napoleon als skrupellosen Machtmenschen. Die Karten (D1) lassen die Ergebnisse der napoleonischen Flurbereinigung in Deutschland deutlich werden.

Aspekte der Unterrichtsgestaltung

Da das Kapitel auf die Beurteilung einer Geschichtsepoche hin angelegt ist, bietet es sich an, mit der Frage nach Besatzung oder Befreiung zu beginnen – und in einer abschließenden Diskussion oder Podiumsdiskussion auch mit ihr zu enden. Die Kapitelüberschrift wird die Schüler und Schülerinnen vielleicht zunächst irritieren oder provozieren: Wie kann man eine Fremdherrschaft als Befreiung empfinden? Hier bieten sich aktuelle Bezüge an: Nicht nur die Besatzung Deutschlands nach dem Zweiten Weltkrieg, sondern auch die aktuelle Rolle der USA in Afghanistan oder im Irak sind Beispiele für Besatzungen, die innerhalb und außerhalb des besetzten Landes kontrovers beurteilt werden. In einer einleitenden Diskussion sollten Kriterien entwickelt werden, unter welchen Umständen bei Besatzungen von „Befreiung" gesprochen werden kann, etwa: Ablösung eines brutalen Regimes; nicht nur Unterdrückung, auch Mitbestimmung des besiegten Volkes, humanitäre Maßnahmen; Fortschritt; Sorge um Wohlergehen der Bevölkerung. Strukturiert durch diese Fragestellung und mit Hilfe des Kriterienkatalogs können Verfassertext und Materialien bearbeitet werden; Ergebnis dieser Phase könnte das vorgeschlagene Tafelbild sein.

Den Abschluss der Beschäftigung mit dem Kapitel könnte das Vorlesen der von den Schülern und Schülerinnen verfassten Flugblätter (Aufruf zum Widerstand oder auch Aufruf zur Unterstützung Napoleons) bilden. Eine resümierende Diskussion könnte eingeleitet werden von zwei (oder mehr) Schülern und Schülerinnen, deren Aufgabe es ist, eine dezidierte, pointierte Meinung zur zentralen Frage: Besatzung oder Befreiung? zu präsentieren.

Tafelbild

Napoleon in Deutschland

Elemente der Befreiung	Elemente der Besatzung
– Gebietsneuordnung, Ende der Kleinstaaterei	– Annexion großer Gebiete
– Säkularisation (?)	– Krieg, militärische Gewalt
– Code Napoléon (fortschrittliches Recht), d.h. Ende von Adelsprivilegien, Zunftzwang, Erbuntertänigkeit der Bauern	– Eigenmächtiges Einsetzen von Königen und Fürsten (Westfalen)
– Fortschritt, Modernität gegen vorherige Erstarrung	
– Anlass für preußische Reformen, die aus Preußen einen modernen Staat machen	
– Entstehung eines Nationalbewusstseins (?)	– Entstehung von Nationalismus (?)
– Versuch eines Musterstaates in Westfalen	– Brutale Reaktion auf Kritik (Palm)

Zusatzinformationen zum Verfassertext

Es werden etliche Aspekte angesprochen, die für die weitere Entwicklung Deutschlands wichtig sind, so z.B. die preußischen Reformen und die Entstehung eines Nationalbewusstseins.

– Für den weiteren Geschichtsverlauf ist es von entscheidender Bedeutung, dass die Reformen nicht von einer von unten gewachsenen Demokratisierung getragen wurden, sondern eine obrigkeitliche Maßnahme darstellten, um den bestehenden Staat überlebensfähig zu machen. Später verfielen die Reformideen, die Verfassungsentwicklung stagnierte, d. h. Selbstverwaltung und Mitbestimmung blieben auf die Städte beschränkt.

– Auch die Bauernbefreiung hat problematische Züge: Zwar erhielten die Bauern Freiheit und Freizügigkeit, allerdings waren auch viele Bauern mit den zu leistenden Ablösungszahlungen oder Landabtretungen überfordert. Sie verloren ihre Existenzgrundlage und wanderten in die wachsenden Industriegebiete ab.

– In den Befreiungskriegen wuchs das Nationalbewusstsein. Ziel war die Befreiung Deutschlands von der französischen Besatzung und die Wiedererrichtung des Reiches. Das „Vaterland" wurde zum höchsten Wert, ein übersteigerter Patriotismus entstand, für den nicht zuletzt die akademische Jugend höchst anfällig war. Um zögerliche Bürger für die Befreiungskriege zu gewinnen, versprachen die deutschen Monarchen Freiheiten, Wahlen, Volksvertretungen für die Zeit nach dem Sieg über Napoleon. Diese Versprechungen wurden jedoch nicht gehalten.

Zusatzinformationen zu den Materialien

D1 Die großen Gewinner sind Baden, Bayern, Württemberg, das bei der Neuordnung z. B. 78 geistliche und weltliche Herrschaften und Reichsstädte hinzubekam. Preußen verlor im Frieden von Tilsit 1807 etwa die Hälfte seines Territoriums. Das ist allerdings auf dem im Schülerbuch zu sehenden Kartenausschnitt nicht zu erkennen (Brandenburg ist das Kernland Preußens, das westlich davor gelegene Magdeburg gehörte 1790 zu Preußen, das sich im Osten bis zur Memel erstreckte). Bereits 1801 hat Frankreich als „größter Sieger" die linksrheinischen Gebiete für sich bestimmt. Neu entstanden ist vor allem das Königreich Westfalen, das von einem Napoleon-Bruder regiert wurde. Es sollte darauf hingewiesen werden, dass dies Königreich Westfalen nicht dem heutigen Gebiet Westfalens entspricht. In der Diskussion sollte herausgestellt werden, dass die Auflösung der deutschen Kleinstterritorien ein Schritt hin zum modernen Staat war; dieser Schritt wurde nicht rückgängig gemacht, wenn auch mehrfach modifiziert.

Q1 Nach der vernichtenden Niederlage Preußens in den Schlachten von Jena und Auerstedt waren König und Hof, Beamte und vermögende Familien vor Napoleon aus Berlin geflohen. Dieser ließ es sich nicht nehmen, seinen Sieg mit einem Triumphzug durchs Brandenburger Tor am 27. Oktober 1806 zu feiern. Der Ritt Napoleons durchs Brandenburger Tor und die Demontage der Quadriga sind sinnfälliger Ausdruck dafür, wie das damals aufkeimende deutsche Nationalgefühl durch die napoleonische Herrschaft gekränkt wurde. Während Napoleon hoch zu Pferde sitzt, nähern sich ihm die Berliner Abgesandten zu Fuß.

Q2 Napoleon reagierte sehr gereizt auf den Fall Palm. Palm bekam kein faires Gerichtsverfahren und keinen Verteidiger – (eine französische Errungenschaft, die Napoleon ein Jahr später pries), sondern wurde vor ein Kriegsgericht gestellt. Das Urteil stand bereits im Voraus als Order Napoleons fest. Von den „Wohltaten des Code Napoléon", von Rechtsstaatlichkeit, Freiheit und Gleichheit konnte keine Rede sein. Es war Napoleon wichtig, ein Exempel zu statuieren; er wollte, dass das Todesurteil in ganz Deutschland bekannt wurde.

Q5 Auf dem Bild ist ein herrschaftlicher Raum zu sehen, vermutlich ein Rathauszimmer. Im Zentrum steht Graf York, militärisch gekleidet (Degen und Mütze), die Hand in den Himmel gereckt. Hinter ihm bündelt sich das Licht fast wie zu einem Heiligenschein. Die Zuhörer, eine große Menge gut gekleideter Männer, sind ihm zugewandt und hängen an seinen Lippen. Bewegung, Gestik und Mimik machen ihre Betroffenheit und ihre Zustimmung zur Rede deutlich. Auffällig sind die pathetischen Gesten des Redners und die überbordende Begeisterung der Zuhörer. Die Stimmung lässt erahnen, dass das neue Nationalgefühl bald in Nationalismus und Chauvinismus übergehen wird, in übersteigerte Vaterlandsgesinnung und einen fast sakral überhöhten Vaterlandsbegriff.

Q6 Die Niederlage in der Schlacht bei Jena und Auerstedt brachte Preußen an den Rand des Zusammenbruchs. – Der Aufruf von Schulenburgs zeigt 1806 allerdings noch ein absolutistisches Staatsverständnis: Die verlorene Schlacht betrifft nur den König, der Bürger hat sich aus der Politik herauszuhalten, Ruhe zu bewahren und Gehorsam zu beweisen. Von Schulenburgs Aufruf wurde plakatiert, kurz bevor Napoleon nach den Siegen bei Jena und Auerstedt in Berlin einzog; er ist ein Beispiel dafür, dass Preußen in seiner nationalen Entwicklung noch weit weniger entwickelt war als Frankreich.

Q7 Die Soldaten Preußens waren schlecht bezahlte und schlecht behandelte Söldner mit geringer Loyalität zu ihrem Befehlshaber und geringer Motivation zu kämpfen. Die preußischen Reformer erkannten aus der Niederlage gegen Napoleon u.a. die Notwendigkeit einer Heeresreform mit Wehrpflicht und der schrittweisen Abschaffung unmenschlicher Strafen. Insofern ist dieses Lied auch eine Quelle, die zum Verständnis der Niederlage Preußens gegen Napoleon und der preußischen Reformen beiträgt.

Q8 Der preußische König Friedrich Wilhelm III. stiftete den Orden des Eisernen Kreuzes für die Dauer der Befreiungskriege. Der klassizistische Architekt Karl Friedrich Schinkel hat das Kreuz (in Silber gefasstes schwarzes Gusseisen) nach Entwürfen des Königs gestaltet; das Material sollte an die schwere Zeit erinnern. In den Kriegsjahren 1870, 1914 und 1939 wurde das Eiserne Kreuz als Tapferkeitsauszeichnung jeweils neu aufgelegt.

Zu den Fragen und Anregungen

1 Siehe Zusatzinformation zu D1.
2 Folgende Veränderungen brachte die französische Besatzungszeit (nicht für alle Landesteile!):
Neuer Monarch/Fürst/Herrscher, neue Landeszugehörigkeit; Enteignung von Kirchengütern und Klöstern; neue Verwal-

tung und moderne Rechtssprechung (Code Napoléon); Ende von Adelsprivilegien, Zunftzwang, feudalen Verhältnissen. Gleichzeitig wuchs mit der Besatzungszeit und im Widerstand gegen die Besatzer das Nationalgefühl (Identifikation mit der „deutschen Sache").

3 Napoleon wollte einen Musterstaat in Deutschland schaffen, er war auf die Wirkung aus, die dieser Staat in Deutschland, ja in ganz Europa haben wird. Die Segnungen der Verfassung nach französischem Vorbild – besonders die Wohltaten einer modernen Justiz – sollten demonstriert werden. Außerdem besetzte Napoleon einen recht großen Staat innerhalb Deutschlands mit einem Verwandten, der an seine Weisungen gebunden war.

Die Bevölkerung Westfalens profitierte in vielen Bereichen von dieser Vorbildfunktion:

Aufhebung der Leibeigenschaft; Gleichheit vor dem Gesetz; freie Religionsausübung; öffentliche Gerichtsverfahren, Geschworenengerichte; Aufstiegsmöglichkeiten für Nicht-Adlige; versprochen wurden außerdem Freiheit, Gleichheit und Wohlstand.

4 Informationen über die Reformen und über die Reformer können die Schüler und Schülerinnen unschwer aus Lexika oder dem Internet bekommen. Eine arbeitsteilige Hausaufgabe bietet sich hier an. Hier einige Stichworte zu den im Schülerband genannten Reformen:

Bauernbefreiung: Die Bauernbefreiung, im 19. Jh. „Regulierung" oder „Ablösung" genannt, ist mehr als eine Agrarreform. Sie verändert grundlegend die Sozialordnung. Die Auflösung der Gutsuntertänigkeit und der damit verbundenen Dienstpflicht hebt die ständischen Bindungen auf und bedeutet freien Güterverkehr, freie Wahl des Gewerbes (zuvor war es Bauern nicht gestattet, bürgerliche Gewerbe zu betreiben), freien Kauf und Verkauf von Land, Freizügigkeit.

Städteordnung: 1808 bringt die neue Städteordnung, die auf Ideen des Freiherrn vom Stein zurückgeht, den Städten mehr Selbstbestimmung und den Bürgern mehr Mitbestimmung (Wahl der Stadtverordneten und des Bürgermeisters).

Judenemanzipation: Das „Judenedikt" des preußischen Staates von 1812 macht die Juden formal zu gleichberechtigten Staatsbürgern, unter der Voraussetzung, dass sie ihren staatsbürgerlichen Pflichten nachkommen (z. B. Militärdienst). In der Praxis wurde allerdings oft versucht, die Gleichberechtigung vom Übertritt zum Christentum abhängig zu machen.

Bildungsreform: Die allgemeine Schulpflicht wurde eingeführt; zahlreiche Volksschulen wurden eröffnet und die Lehrerausbildung verbessert. An den Gymnasien führte man das Abitur als Voraussetzung für den Besuch der Universität ein. Universitäten sollten frei von staatlichen Eingriffen sein.

Heeresreform: Außer der allgemeinen Wehrpflicht und der Abschaffung der Prügelstrafe sah die Heeresreform vor, dass – nach französischem Vorbild – auch Bürgerliche Offiziere werden konnten (Aufstieg nach Leistung).

5 Siehe Zusatzinformation zu Q1.

6 Napoleon ließ 1806 nach seinem Sieg über Preußen die Quadriga als symbolträchtige Trophäe demontieren und zerlegen, um sie in zwölf Kisten über Rotterdam und Hamburg nach Paris zu schaffen. Nach dem Sieg über Napoleon in der Völkerschlacht bei Leipzig im Jahre 1813 waren die Voraussetzungen gegeben, um die „gute Frau", wie Heinrich Heine sie nannte, samt ihrem Gespann wieder an den ursprünglichen Platz zurückzubringen. Nachdem preußische Soldaten die Quadriga im Hof des Louvre entdeckt hatten, brachten sie sechs Frachtwagen, von 52 Pferden gezogen, in einem triumphalen Zug nach Berlin zurück. Hofschmied Jury, der sieben Jahre zuvor gezwungen worden war, die Quadriga abzubauen und zu zerlegen, konnte sie nun vor den Blicken tausender Menschen im Jagdschloss Grunewald wieder zusammenbauen. Am 7. August 1814, beim Einzug des preußischen Heeres, wurde die Quadriga unter Jubel enthüllt – aus der Friedensgöttin war nun eine Siegesgöttin geworden.

7 Es gab zahlreiche Gründe für Widerstand gegen die Franzosen: Freiheitsliebe, Auflehnung gegen die Fremdbestimmung; Gefühl der Schmach; gekränktes nationales Ehrgefühl; eingewurzelter Hass gegen Frankreich; persönliche Demütigungen; Chauvinismus; Rache/Revanche für verlorene Schlachten; der Wille, ein einiges Deutsches Reich zu gründen.

8 Die von Palm herausgegebene – nicht unbedingt auch verfasste – Schrift enthält folgende Gedanken: Frankreich ist seit Jahrhunderten Deutschlands Feind. Es ist beschämend, unter französischer Herrschaft zu stehen. Deutschland braucht seine Freiheit wieder. Fremde Heere stehen in Deutschland. Es ist peinlich, ja unerträglich, dass die deutschen Fürsten dem Treiben tatenlos zusehen. Deutschland ist stark genug, um diese Schande abzuschütteln.

Die Schüler und Schülerinnen sollen die Diskrepanz zwischen den Verfassungstexten und der versprochenen Gleichheit auf der einen Seite und dem brutalen, rachsüchtigen Vorgehen auf der anderen Seite erkennen. Das Urteil rief Empörung hervor, und Palm wurde zum ersten Märtyrer des Widerstandes gegen Napoleon. (Siehe auch Zusatzinformation zu Q2.)

9 Da hier Kreativität und Urteil der Schüler und Schülerinnen gefordert ist, kann keine Antwort bzw. Lösung angegeben werden. Aus dem Flugblatt muss aber deutlich hervorgehen, ob Palms und Campes unversöhnliche Haltung („Krieg ist die einzige Rettung!") geteilt wird.

10 Geklagt wird über das harte Exerzieren, die langen Dienstzeiten, die schlechte Verpflegung, harte und unmenschliche Strafen (Prügelstrafen, Gassenlaufen) und die fehlende Alterssicherung.

7. Zwei moderne Staaten entstehen: Baden und Württemberg

Konzeption

Der Verfassertext behandelt in großer Verdichtung die wesentlichen Aspekte der Säkularisation und Mediatisierung. Nach einer Skizzierung der bereits im vorigen Kapitel angesprochenen territorialen Eingriffe, die Napoleon in Deutschland vornahm, wird geschildert, wie sich Baden und Württemberg unter napoleonischem Einfluss einem mehr oder minder von Überzeugung getragenem Modernisierungsprozess unterzogen. Sowohl der Verfassertext als auch die Quellentexte machen deutlich, dass „Modernisierung" für die unmittelbar Betroffenen eine ambivalente, zum Teil auch widersprüchliche Angelegenheit war.

Das Kapitel soll aber auch zeigen, dass es bei aller Parallelität in der Entwicklung der beiden südwestdeutschen Staaten Baden und Württemberg Unterschiede gab, an denen sich unterschiedliche Mentalitäten ablesen lassen.

Aspekte der Unterrichtsgestaltung

Als Themeneinstieg kommt in Frage, die in Kapitel 6 („Deutschland unter Napoleon: Besatzung oder Befreiung?") genannten Fakten, sofern sie für Baden und Württemberg relevant sind, zusammenzustellen. Das Kartenmaterial D1 auf S. 73 zeigt die Auswirkungen der napoleonischen Flurbereinigung für Deutschland im Überblick, Karte D1 auf S. 78 bietet eine Ausschnittaufnahme für den deutschen Südwesten. Es dürfte für Schülerinnen und Schüler von besonderem Reiz sein herauszufinden, inwiefern der eigene Wohn- oder Geburtsort von den territorialen Umgestaltungen betroffen war.

Die Quellentexte lassen sich insgesamt unter der „Kosten-Nutzen-Frage" behandeln – damit wird man der Ambivalenz des napoleonischen Einflusses am ehesten gerecht.

Die unterschiedliche Vorgehensweise der beiden südwestdeutschen Staaten kann vergleichend gegenübergestellt werden. Dabei können auch fächerübergreifende Ansätze Verwirklichung finden (z. B. Betrachtung der konfessionsgeschichtlichen Verhältnisse oder naturräumlicher und infrastruktureller Gegebenheiten).

Zusatzinformationen zum Verfassertext

Der Verfassertext behandelt einen wichtigen Schritt in der Entstehung der beiden modernen Staaten, aus denen 1952 das heutige Baden-Württemberg entstand. Von zentraler Bedeutung ist die „Doppelgesichtigkeit" des napoleonischen Einflusses, zunächst aus Sicht der deutschen Fürsten: Auf der einen Seite handelte es sich um eine Fremdherrschaft, die als demütigend empfunden wurde. Auf der anderen Seite spielten die Gebietsveränderungen von 1803 und in den folgenden Jahren für Baden und Württemberg eine entscheidende Rolle, denn der Verlust der verstreuten linksrheinischen Gebiete und die reichliche Verdopplung des Territoriums rechts des Rheins, die mit einer Rangerhöhung zum Großherzogtum bzw. Königreich einherging, beschleunigte den in Baden und Württemberg wie auch in anderen Staaten bereits vor 1789 begonnenen Prozess der „Modernisierung". In diesem Spannungsfeld widersprüchlicher Empfindungen entwickelten sich politische und gesellschaftliche Strukturen, wie sie für uns heute selbstverständlich sind. Die Fürsten sahen sich vor die Aufgabe gestellt, aus einer Vielzahl unterschiedlicher weltlicher und geistlicher Territorien und freier Städte ein einheitlich verwaltetes Staatswesen zu schaffen. Als Modell diente Napoleons absolute Monarchie neuen Stils. In vieler Hinsicht gingen auch hier erst in diesen Jahren mittelalterliche Verhältnisse zu Ende.

Zusatzinformationen zu den Materialien

Q1 Die Überschriften in der Karikatur von James Gillray aus dem Jahre 1806 lauten: (Über dem Ofenloch:) „Neuer französischer Backofen für kaiserliche Pfefferkuchen"; (rechts oben:) „Kleine, für die nächste Ladung vorgesehene Vizekönige aus Teig"; (auf den Schubladen:) „Könige und Königinnen, Kronen und Zepter, Sonnen und Monde"; (unter dem Backofen:) „Aschenloch für zerbrochene Pfefferkuchen: Italien, Österreich, Holland"; (links:) „Echte korsische Königlein zum Hausgebrauch und für den Export"; (daneben auf dem Schild:) „Heiße gewürzte Pfefferkuchen, alle ... (?)"

Q2 Für den badischen Großherzog Karl Friedrich schien der Erwerb neuer Territorien zunächst einfacher zu sein als deren Einschmelzen in einen neuen Staat. Mit dem Großherzogtum Baden war nämlich ein „Kunstprodukt" entstanden, das es nicht nur nach französischem Vorbild neu zu strukturieren und zu modernisieren galt, sondern das auch von der Bevölkerung, insbesondere den „Neubadenern", innerlich und äußerlich angenommen werden musste. Die öffentliche Huldigung sollte diese Verbundenheit mit dem neuen Herrscher und dem neuen Staat nach außen sinnfällig demonstrieren.

D2 Die Abtei Zwiefalten war geistliches Territorium (vgl. D1) und liegt am Südrand der Schwäbischen Alb.

Q3 Fabriken (Z. 7) stellten sich in damaliger Zeit gewöhnlich als sehr kleine Produktionsstätten dar. Dementsprechend ist das Wort „Industrie" (Z. 8) nicht mit heutigen Vorstellungen zu assoziieren. In Z. 14 steckt in dem Begriff „Industrie" auch noch die alte lateinische Bedeutung von Gewerbefleiß – gemeint sind damit die Einstellungen der Menschen, nicht die Produktionsanlagen.

D3 Im Zisterzienserinnen-Kloster Heiligkreuztal bei Riedlingen, gegründet 1227, lebten zur Zeit der Übernahme durch Württemberg (1804) 35 Nonnen. Die letzten vier Frauen verließen das Kloster 1843.

Q4 Weißenau liegt zwischen Ravensburg und Ludwigshafen/Bodensee. Das Prämonstratenserkloster St. Peter und Paul wurde 1145 gegründet.

Zu den Fragen und Anregungen

2 Die Schülerinnen und Schüler haben hier gestalterischen Freiraum, doch sollten außer den wichtigsten Ereignissen des zurückliegenden Tages insbesondere die emotionalen Reaktionen der beiden Männer zum Ausdruck gebracht werden.

4 Hinweise finden sich bei den Zusatzinformationen zu den Materialien (Q2).

5 Tabellarische Darstellung der Säkularisationsfolgen:

Negative Aspekte	Positive Aspekte
– Rücksichtslose Plünderung und Beraubung der Kirche. – Teilweise Zerstörungsaktionen in Kirchen und Klöstern (Verlust von Kunst- und Kulturschätzen). – Gewaltige wirtschaftliche Schwächung der Kirche. – Zunächst ersatzloser Wegfall von Verwaltungsaufgaben im Bereich der sozialen Fürsorge, die bisher von geistlichen Einrichtungen ausgeübt wurden.	– Kirche kann sich mehr auf seelsorgerische Aufgaben konzentrieren. – Säkularisation und mit ihr einhergehende „Flurbereinigung" sind Voraussetzung für die Errichtung moderner Verwaltungsstrukturen. – Gewährung von Religionsfreiheit.

Die Säkularisation und ihre Auswirkungen wurden und werden – ähnlich wie die Französische Revolution – durchaus kontrovers beurteilt. Es kann also auch im Unterricht nicht um „abschließende Wertungen" gehen; vielmehr soll das Geschehen in seiner Komplexität, seiner Widersprüchlichkeit und seiner Relevanz bis in die Gegenwart verdeutlicht werden.

Trotz der unterschiedlichen Bewertungsmöglichkeiten der Säkularisation ist der Modernisierungseffekt nicht zu bestreiten, der durch die Säkularisation und die Mediatisierung in Gang gesetzt wurde. Die territoriale und staatlich-gesellschaftliche Neugestaltung Süddeutschlands war eine wichtige Voraussetzung für die Entstehung moderner Staatlichkeit in ganz Deutschland.

8. Wird Europa französisch?

Konzeption

Abschließend geht es um die Außenpolitik Napoleons, d. h. die französische Kriegs- und Besatzungspolitik; ausgenommen ist dabei Deutschland, das im vorhergehenden Kapitel behandelt wurde. Die Kriegsgeschichte wird bewusst kurz gehalten, es gibt keine Liste der wichtigsten Schlachten o. ä. Betont werden vielmehr Machtausdehnung und Machtanspruch, der Versuch, ein unter französischer Vorherrschaft geeintes Europa zu schaffen. Dieses Expansionsstreben wird augenfällig demonstriert durch D1, eine Landkarte Europas unter französischer Herrschaft. Sie führt zurück zu der Frage, mit der das Kapitel überschrieben ist: Wird Europa französisch?

Der Verfassertext fasst die Eroberungspolitik Napoleons zwischen seinem Machtantritt und seinem Sturz kurz zusammen; so wird z. B. die kurzfristige Rückkehr Napoleons aus der Verbannung nach Elba nur mit einem Satz erwähnt. Die Materialien zeigen verschiedene Aspekte dieser Politik: Die Bildquellen Q1 und Q2 zeigen die Schrecken des Kriegs: Q1 ist eine anonyme Radierung über den Russlandfeldzug. Es gibt zahlreiche Bilder, die das Elend der Großen Armee auf dem Rückzug zeigen; das hier ausgewählte zeichnet sich durch eine drastische Detailgenauigkeit aus. Q2 (Goya) hat den Guerillakrieg in Spanien und das gnadenlose Vorgehen der Franzosen gegenüber Aufständischen zum Thema. Zu diesem Themenkomplex (Schrecken des Krieges) gehört auch die Textquelle Q3, ein zeitgenössischer Bericht über die Leiden der Soldaten.

Als letztes von vier Kapiteln, die sich mit der napoleonischen Zeit beschäftigen, hat Kapitel 8 die Aufgabe den Schülern und Schülerinnen eine abschließende Einschätzung und Bewertung Napoleons zu erleichtern. Dazu dienen – neben dem Verfassertext – das Gespräch mit Metternich (Q6); auch die Karikatur „Napoleons Lebenslauf" (Q5) kann dazu herangezogen werden.

Aspekte der Unterrichtsgestaltung

Die Behandlung des Kapitels kann in drei Schritte aufgeteilt werden:

1. Die französische Expansion und das Scheitern der napoleonischen Pläne (s. Kapitelüberschrift). Der Einstieg hierzu kann eine sorgfältige Betrachtung der Karte D1 sein (Arbeitsauftrag für Einzel- oder Partnerarbeit: Welche wichtigen Informationen liefert die Karte, welche dieser Informationen sind unmittelbar verständlich, welche bedürfen zusätzlicher Erklärung?). Dann kann man überprüfen, welche dieser benötigten Zusatzinformationen der Verfassertext liefert und ob es sinnvoll und notwendig ist, weitere Fakten zu recherchieren.
2. Der „Preis", die „Kosten" für die napoleonischen Kriege: Die Schülerinnen und Schüler sollten sich mit der Lage der Betroffenen, der Opfer, vertraut machen. Napoleons provozierende Äußerung „… ein Mann wie ich schert sich wenig um des Leben von einer Million Menschen" (Q6) ist zwar extrem zynisch und offensichtlich in Erregung gesprochen, spiegelt aber letztlich nur das Faktum wieder, dass im Kriegsfall Verluste einkalkuliert werden. Wie unmenschlich diese Kalkulationen sind, wird aber erst deutlich, wenn man das konkrete Leid einzelner Menschen daneben stellt (Q1, Q2, Q3).
3. Eine abschließende Beurteilung Napoleons. Hierbei sollte nicht zu stark personalisiert und schon gar nicht dämonisiert werden – es muss klar werden bzw. im Unterrichtsgang klar geworden sein, dass Napoleons Aufstieg und seine Kriegserfolge auf zahlreiche Faktoren zurückzuführen ist. Zu ihnen gehören sicherlich die Persönlichkeit Napoleons, aber auch die politischen Konstellationen und gesellschaftlichen und wirtschaftlichen Bedingungen in Frankreich und Europa. Für eine abschließende Bewertungsrunde könnten die Schüler und Schülerinnen, eventuell in arbeitsteiligen Gruppen, Material aus den Kapiteln 5, 6, 7 und 8 zusammentragen – eine Wiederholung zum Ende der Beschäftigung mit der napoleonischen Zeit.

Tafelbild

Europa wird nicht französisch

Frankreichs Expansion	Europas „Gegenmaßnahmen"
Eroberung der linksrheinischen Gebiete	
Sieg über Preußen	
	Großbritannien als stärkster Gegner
Kontinentalsperre	Seesieg Großbritanniens
Sieg über spanische Armee	Widerstand: Guerillataktik in Spanien
Sieg über Österreich	Aufstände in Österreich und Tirol
	Russland boykottiert Kontinentalsperre
Russlandfeldzug	Vertreibung des französischen Heeres aus Russland
	Befreiungskriege, Sieg in der „Völkerschlacht", Verbannung Napoleons
Rückkehr aus Elba	Sieg bei Waterloo, Verbannung Napoleons

Die Französische Revolution – Aufbruch in die moderne Gesellschaft

Zusatzinformationen zum Verfassertext

Bereits die französischen Revolutionstruppen drängten, wie später Napoleon, über die Grenze von 1792 heraus und verletzten damit das prekäre Gleichgewicht der europäischen Mächte. Mit jeder neuen Eroberung Napoleons geriet diese „balance of power" mehr aus den Fugen. Gegen diese Störung wehrten sich die europäischen Länder; eine zentrale Rolle spielte dabei Großbritannien, im späteren Verlauf wurde Russland zunehmend wichtig. So zeigten sich die Mächte an der Erhaltung des Gleichgewichts überaus interessiert – keineswegs wollte Europa „französisch" werden.

Einige zusätzliche Zahlen zu den Kriegsopfern und -teilnehmern: Die Verluste Napoleons in sämtlichen Kriegen schätzt man auf etwa 1 Million, die Verluste aller Kriegführenden zwischen 1792 und 1815 auf etwa 3 Millionen.

Am Russlandfeldzug nahmen insgesamt rund 600 000 Soldaten auf Seiten Frankreichs teil, davon waren 240 000 Franzosen. Österreich stellte 34 000, Preußen 20 000 Mann, die übrigen deutschen Länder 129 000 Mann. Ein weiteres großes Kontingent von 70 000 Soldaten kam aus Polen.

Zusatzinformationen zu den Materialien

D1 Ziel der Karte ist es, die Machtausdehnung, die „Einigung Europas" unter Napoleon, zu zeigen. Die Karte zeigt den napoleonischen Machtbereich: Nur noch Großbritannien mit Portugal, Schweden, Dänemark, dazu Russland und das Osmanische Reich sind freie Staaten. Aber auch sie mussten sich (Ausnahme Großbritannien und Portugal) der Kontinentalsperre anschließen. In Portugal wurde unter britischer Führung ein Guerillakrieg gegen Napoleon geführt. Österreich und Preußen, die nicht zum Rheinbund gehören, sind von Napoleon besiegt. Zudem hat Napoleon die Tochter des österreichischen Kaisers geheiratet. So scheint Europa in großen Teilen tatsächlich unter französischer Vorherrschaft geeint zu sein. Dabei vergab Napoleon die Herrschaft mehrfach an Familienmitglieder: In Spanien an seinen Bruder Joseph, in Italien an sich selbst (Vizekönig Stiefsohn Eugen), im Königreich Neapel an seinen Schwager Murat, im Königreich Holland an seinen Bruder Ludwig (bis 1810 Holland, Oldenburg, Ostfriesland und die Hansestädte zu Frankreich geschlagen wurden) und im Königreich Westfalen an seinen Bruder Jérôme.

Q4 Die Karikatur zeigt Napoleon als Monstrum. Es ist unklar, ob sie vor oder nach der für ihn katastrophalen Völkerschlacht bei Leipzig gezeichnet worden. Napoleons Kopf setzt sich aus Leichen zusammen, die Epaulette auf seiner Uniform ist eine krallende Hand. Die Uniform selbst zeigt eine Europa-Karte, als Orden sitzt eine fette Spinne auf ihr: Wie eine Spinne verleibt sich Napoleon Europa ein.

Q5 Karikaturen, die den Aufstieg und Niedergang Napoleons in Form einer Stufenleiter zeigen, waren um 1814 außerordentlich populär und sind in vielen verschiedenen Ausführungen erhalten. Manche Karikatur-Versionen zeigen unter der Treppe statt der Hölle Napoleon auf Elba; der Galgen rechts fehlt oft. Die abgebildete Karikatur ist vor der Rückkehr Napoleons aus Elba entstanden; daher fehlen Waterloo und St. Helena.

Zu den Fragen und Anregungen

1 Le Goffs für Jugendliche erzählte Geschichte Europas (Jacques Le Goff erzählt die Geschichte Europas, Frankfurt am Main 1997) spricht von der – in diesem Fall schrecklichen – Vision eines unter Napoleon zwangsvereinigten Europas. „Im 20. Jahrhundert scheiterte Hitlers noch schrecklichere Vision von Europa. Europa kann sich nur durch den willentlichen Zusammenschluss der Nationen und Völker vereinigen" (S. 67). Diese Idee einer friedlichen, freiwilligen Einigung Europas – z. B. in Form einer Union – lag Napoleon allerdings völlig fern. Seine Vorstellungen von einem geeinten Europa sind zutiefst mit persönlichen Machtansprüchen verbunden: Er wollte nicht nur, dass Europa französisch wird, sondern napoleonisch. Im Zusammenhang mit dem von Le Goff vorgebrachten Vergleich („Hitlers noch schrecklichere Vision") ist darauf zu achten, dass keine undifferenzierten und voreiligen Gleichsetzungen Napoleon/Hitler vorgenommen werden.

2 Es ist Winter und sehr kalt. Die Soldaten sind unzureichend gekleidet. Zu sehen ist außerdem: Verlust an Pferden, Tote, denen man die Kleider geraubt hat, erfrorene und an Feuergasen erstickte Menschen. Hinten stechen Kosaken französische Soldaten nieder. Im Vordergrund befinden sich, um eine Feuerstelle versammelt und gegen die Kälte vermummt, mehrere unterschiedlich gekleidete Männer und – nicht sicher zu erkennen – eine Frau. Gebraten werden eine Katze, eine Ratte, ein Pferdebein und eine Kröte, Schnee wird geschmolzen; rechts schneidet jemand Fleisch aus einem verendeten Pferd. Es handelt sich um eine drastisch-realistische Darstellung des Elends.

Die Überschrift ist ironisch: „Freiwillig" ist der Biwak zu diesem Zeitpunkt und unter diesen Umständen sicherlich nicht, und von der „Größe" der französischen Armee ist auch nichts mehr zu spüren.

3

– Eine Gruppe Soldaten in Uniform (Franzosen bzw. für Frankreich Kämpfende) erschießt eine Gruppe ärmlich gekleideter Zivilisten; einige sind bereits tot, den anderen ist das Entsetzen ins Gesicht geschrieben. Die zentrale Figur, ein junger Spanier, hat die Hände erhoben. Im Hintergrund ist die Stadt Madrid zu sehen. Es handelt sich um den Beginn des Aufstandes: Am Tag zuvor (2.5.1808) war eine Revolte gegen die Franzosen in Madrid blutig niedergeschlagen worden, am 3. Mai wurden die Überlebenden hingerichtet.

– Der Maler steht auf Seiten der Aufständischen. Sie sind als leidende, wehrlose Menschen gemalt, die unser Mitleid haben. Die Soldaten sind gesichtslos, eine Masse, bewaffnet und auf Befehl im Gleichschritt handelnd. Das Licht fällt auf den Spanier, der mit erhobenen Händen – wie Jesus am Kreuz – auf den Tod wartet.

4 Der Augenzeuge beschreibt das Leid von Menschen, um deren Leben Napoleon sich „nicht schert". Er berichtet mit spürbarem Entsetzen von ihrem desolaten Zustand: Sie sind zerlumpt und von Hunger und Krankheiten so geschwächt, dass sie kaum zu gehen vermögen. Die Erfahrungen auf dem Rückzug haben sie an den Rand des Wahnsinns gebracht: „schrecklich", „geisterhaft", „starr", „gespenstisch" sind ihre Gesichter. Als Antwort auf seine Fragen erhält der Zeuge „blödes Lachen" oder eine „halb irre" Auskunft.

Probleme des Rückzugs sind nach dieser Quelle: Witterungsverhältnisse (Winter), feindliche Angriffe, Hunger, unzureichende Versorgung mit Kleidung, schlechte Hygiene, Erschöpfung, Krankheiten und Ungeziefer, Chaos, Tod zahlreicher Soldaten.

Von all dem spricht Napoleon nicht, er redet nur von sich: von Pferden, die er verloren hat, davon, dass er alles außer der Ehre verloren habe. Die Perspektive der Soldaten, die hier zum Ausdruck kommt, ist ihm gänzlich fremd. Soldaten gelten ihm als Material. Der Brief kritisiert diese Haltung („Ist es möglich...?").

5 Siehe Zusatzinformation zu Q4. – Die Karikatur geißelt die Skrupellosigkeit und Raffgier Napoleons.

6
Korsischer Knabe: 1769 geboren
Militärschüler: 1779–1785
Glücksritter zu Paris: 1785–1793 (Mitglied der Bergpartei)
General: seit 1794
Herrscher: seit 1799 (Konsul)
Großherrscher: 1804 Kaiser
Abschied von Spanien: 1812/13
Schlittenfahrt aus Moskau: 1812/13
Lebewohl aus Deutschland: 1813

7
– Metternich wirbt für den Frieden, er will Napoleon zur Annahme der Bedingungen (d. h. Rückzug in die alten französischen Grenzen, Verlust der Eroberungen) bewegen, er stellt ihm seine – nach den immensen Verlusten des Russlandfeldzugs – schwache, unausgebildete Armee vor Augen. Wahrscheinlich ist Metternich aber ein scheinheiliger Redner: Österreich wollte wohl den Krieg und die endgültige Beendigung der Ära Napoleon. Napoleon argumentiert mit seiner Stellung, seiner Ehre, seinem Ruhm. Politische Erwägungen spielen kaum eine Rolle; für den Erhalt seiner Stellung ist er bereit grenzenlos Menschenleben aufs Spiel zu setzen.
– In dem Gespräch befindet sich Napoleon in der Defensive, er ist in die Enge getrieben. Er hat den Russlandfeldzug verloren, seine Armee ist zerschlagen. Aus seinen Äußerungen spricht Verzweiflung, aber auch starrsinniges Festhalten an Ideen von Größe, Ruhm und Ehre. Er spricht sehr offen, kaschiert seine Egomanie nicht (Ich-Wiederholungen).

Industrialisierung und soziale Frage

Einleitung

Mit der Industrialisierung werden die Schülerinnen und Schüler an ein Thema herangeführt, das für das Verständnis ihrer heutigen Lebenswelt und vieler Probleme, mit denen sie konfrontiert sind, von größter Bedeutung ist. Hieran ändert auch die Tatsache wenig, dass im Zuge so mancher Deindustrialisierungsprozesse traditionelle Formen der Schwerindustrie (Kohle, Stahl und Eisen) vielerorts aus den Landschafts- bzw. Stadtbildern und aus dem Bewusstsein verschwunden sind und die Erinnerung an sie zunehmend nur noch in Industriemuseen fortlebt.

Vordergründig ist die Geschichte der Industrialisierung eine Geschichte der Erfindungen und der allseitigen Produktivitätssteigerungen. Dass diese Innovationen allerdings überhaupt wirtschaftlich wirksam werden konnten, verweist auf gravierende Veränderungen der politischen und sozialen Rahmenbedingungen, unter denen die gewerbliche Produktion stattfand. Beginnend in England trat seit ungefähr der Mitte des 18. Jahrhunderts die freie Marktwirtschaft ihren Siegeszug an. Die Befreiung der Produktion von feudalen und zünftigen Beschränkungen und Abhängigkeiten machte erst den Weg frei für die Anwendung wissenschaftlicher Erkenntnisse und Methoden auf die Produktion. Die Chance, durch eine Senkung der Produktionskosten Waren billiger als die Konkurrenz verkaufen zu können und trotzdem einen höheren Gewinn zu machen, rief zunächst technisch versierte Handwerker, dann Ingenieure, Wissenschaftler und Forschungsabteilungen auf den Plan. Seitdem gehört die ständige Innovation untrennbar zu der wirtschaftlichen Entwicklung. So wie die Entwicklung zunächst von Baumwollspinnereien und -webereien, dann von Eisenbahnen, Chemie- und Elektrofabriken und schließlich von den Automobilfirmen stimuliert wurde, sind es heutzutage primär Computer, Internet und Biotechnologien, die das Wirtschaftsleben umwälzen. Die permanenten Innovationen sind Ausdruck einer äußerst dynamischen Wirtschaftsweise, die von sich aus offenbar keine Grenzen kennt, der der Zwang zum Wachstum tief eingeschrieben ist.

Mit der Industrialisierung ging nicht nur eine nie für möglich gehaltene Steigerung der Produktion einher. Sie veränderte auch das Arbeits- und das Privatleben der Menschen, schuf neue Lebensformen und Tätigkeitsbereiche. Sie unterwarf das Arbeitsleben von Millionen dem Kommando der Maschine bzw. den nach Gewinnkalkulationen durchorganisierten Betrieben. Sie trennte den Wohn- vom Arbeitsplatz und brachte mit der Mietskaserne und den Arbeiterreihenhäusern neue, ihr angepasste Wohnformen hervor. Sie ließ Großstädte und Metropolen entstehen, in denen das Zusammenleben auf engem Raum ganz neue Dimensionen und Qualitäten annahm. Sie transformierte traditionelle Familienformen und Geschlechterverhältnisse, machte die Kleinfamilie zur vorherrschenden Form des Zusammenlebens.

Neben der Produktivitätssteigerung und der Umwälzung des Arbeits- und Privatlebens brachte die Industrialisierung schließlich eine Reihe von Problemen und Widersprüchen mit sich, die größtenteils heute immer noch virulent sind bzw. immer wieder mit Regelmäßigkeit aufbrechen: Wirtschaftskrisen, in deren Verlauf riesige Kapitalwerte vernichtet und Arbeitnehmer in die Arbeitslosigkeit entlassen werden; überlastete Kassen der Sozialversicherungen, die zu Diskussionen über den „Umbau" des Sozialstaates führen; kurzfristige Umweltskandale, wenn wieder mal gesundheitsgefährdende Substanzen ins Wasser, die Luft oder in Lebensmittel gelangen, weil Grenzwerte oder Sicherheitsbestimmungen aus Kostengründen missachtet wurden; langfristige Probleme wie Ozonloch, Klimaerwärmung, Waldsterben usw.

Kaum ein anderes Thema des Geschichtsunterrichts bietet derart viele und wichtige Gegenwartsbezüge wie die „Industrialisierung" – so sehen es zumindest die Lehrplanmacher, die Didaktiker, die Schulbücher. Schülerinnen und Schüler haben bei dem Thema aber oft Schwierigkeiten. Dies hängt vor allem damit zusammen, dass eben nicht hauptsächlich Ereignisse und persönliche Schicksale im Mittelpunkt stehen, sondern unpersönliche Strukturen und Prozesse. Das Thema „Industrialisierung" konfrontiert die 13- bis 14-jährigen mit wirtschafts-, sozial- und alltagsgeschichtlichen Fragestellungen, die ihnen ein erhebliches Maß an Abstraktion abverlangen. Im Unterricht muss unweigerlich mit theoretischen Ansätzen und Begriffen operiert werden, die aus benachbarten Wissenschaftsdisziplinen entlehnt sind, aus der Volks- und Betriebswirtschaftlehre, der Soziologie, der Sozialgeographie etc. Dabei handelt es sich oft um Sachverhalte und Begriffe, die den Lernenden scheinbar geläufig sind, weil sie ständig in den Medien auftauchen: Krise, Kredit, Aktie, Rationalisierung, Sozialversicherung etc. Hierdurch wird eine oberflächliche Vertrautheit, ein Scheinwissen suggeriert, das leicht zu einer Haltung führen kann, die die Beschäftigung mit der Genese und Entwicklung der ökonomischen und sozialen Verhältnisse für überflüssig erachtet.

Historisches Lernen zum Thema „Industrialisierung" hat also einigen besonderen Anforderungen zu genügen. Der Unterricht sollte dazu beitragen, wirtschaftliche und soziale Vorstellungen explizit und die Notwendigkeit ihrer Reflexion und theoretischen Durchdringung bewusst zu machen. Gerade in ihrer historischen Genese sind viele Phänomene, die in der Gegenwart als schwer durchschaubar empfunden werden, leichter zu verstehen. Der Unterricht sollte sich ferner nicht in der Vielzahl der möglichen Gegenwarts- und Zukunftsbezüge verlieren, sondern sich auf einige wenige, wichtige und besonders gut bearbeitbare Bereiche konzentrieren, v. a. auf die ständig neu in Gang gesetzte innovative Dynamik der kapitalistischen Wirtschaftsweise und auf die oftmals schädlichen Auswirkungen auf Mensch und Natur, denen mit Sozial- und Umweltpolitik entgegengewirkt werden muss.

Auftaktdoppelseite 86/87

Im Hintergrund ist die Ansicht eines Eisenwalzwerkes in Hagen (um das Jahr 1860) abgedruckt. Erkennbar sind u.a.

Fabrikgebäude, die Fabrikantenvilla, Verwaltungsgebäude, Telegrafenleitungen, Eisenbahngleise, Züge etc.

Zu den Abbildungen

Der Kristallpalast in London – eine mächtige Stahl-Glas-Konstruktion – wurde 1851 zur ersten Weltausstellung erbaut und sollte den technologischen Fortschritt in England zum Ausdruck bringen.

Das Plakat der deutschen Regierung aus dem Jahr 1913 hebt die Geldleistungen hervor, die das in den 1880er Jahren eingerichtete Sozialversicherungssystem bis dahin erbracht hatte. Indem verschwiegen wird, dass das Geld zwangsweise von den Löhnen der Arbeiter einbehalten wurde, wird der Anschein erweckt, das ausbezahlte Geld sei aus öffentlichen bzw. staatlichen Kassen bezahlt worden.

Stechuhren dienten der Kontrolle und der minutengenauen Erfassung der Anwesenheit der einzelnen Arbeiter in der Fabrik.

Der Eisenbahnbau war auf dem europäischen Kontinent der wichtigste Leitsektor der Industrialisierung. Er beförderte nicht nur das Wachstum der Maschinenbauindustrie und der Stahl- und Eisenindustrie, sondern schuf auch neue Transportwege für Massengüter, durch die sich die Märkte ausdehnten und neue Standortmöglichkeiten für Unternehmen entstanden.

Die Motorkutsche von 1885 hatte 1,5 PS und lehnte sich noch stark an den Kutschwagenbau an. Daimler und sein Mitarbeiter Maybach entwickelten das Fahrzeug auf der Grundlage des von Nikolaus August Otto (1832–1891) konzipierten Viertakt-Verbrennungsmotors. Obwohl der Benzinmotor und das Automobil schon in den 1880er Jahren erfunden wurden, blieb die Autoherstellung noch lange Zeit ein eher randständiger Wirtschaftsbereich, der einer vermögenden Kundschaft ein Luxusprodukt lieferte.

1. England – Werkstatt der Welt

Konzeption

Das Kapitel ist primär technikgeschichtlich orientiert. Die Schüler sollen erkennen, wie von der Spinning Jenny bis zur Lokomotive verschiedene Erfindungen in England aufeinander aufbauten und sich gegenseitig bedingten. Über die Voraussetzungen und Hintergründe dieser Entwicklung informiert erst das folgende Kapitel. Den Schülern wird ein ausreichendes Verständnis der technischen Innovationen nur vermittelt werden können, wenn der Lehrer über eine zutreffende Vorstellung von den traditionellen und den neuen Produktionsabläufen (v. a. im Bereich der Textilherstellung) verfügt. Zur Vorbereitung empfohlen: Akos Paulinyi: Mechanisierung und Maschinisierung 1600 bis 1840 (Propyläen Technikgeschichte, Bd. 3), Berlin 1997.

Der Verfassertext schildert zunächst die Innovationen beim Garnspinnen und beim Tuchweben und erläutert dann die Motive, die zu der Erfindung der Dampfmaschine als einer Kraftmaschine führten, die im Prinzip überall aufgestellt werden konnte. Die beiden nächsten Absätze heben zunächst die Rolle der Metallerzeugung und -verarbeitung für die Herstellung von Maschinen hervor und wenden sich schließlich der Eisenbahn als derjenigen Maschine zu, die das Transportwesen revolutionierte. Die Bildquellen Q1, Q3 und Q6 zeigen, wie Maschinen zum Garnspinnen, zum Tuchweben und im Bergbau eingesetzt wurden. Die Textquellen Q4 und Q5 beschreiben die Baumwollspinnerei in Manchester und die Verhüttung von Eisenerz in Coalbroakdale.

Aspekte der Unterrichtsgestaltung

Ausgehend von der Information, dass die industrielle Revolution seit ca. 1750 in England einsetzte, sollte angekündigt werden, dass zunächst die technischen Veränderungen im Mittelpunkt stehen sollen. Zumindest einige Schülerinnen oder Schüler werden Vorkenntnisse über die Dampfmaschine mitbringen, möglicherweise besitzen sie sogar Spielzeugdampfmaschinen, die in den Unterricht mitgebracht werden könnten.

Wesentliche Aspekte können in arbeitsteiliger Gruppenarbeit anhand der Materialien und Arbeitsaufträge erschlossen werden:

– Funktionsweise und Anwendung der Dampfmaschine (D1: Die doppelt wirkende Dampfmaschine; Q6: Bergmann)
– Veränderungen in der Textilindustrie (Q2: Traditionelles Spinnen; Q1: Maschinelles Spinnen; Q3: Maschinelles Weben; Q4: In einer Baumwollspinnerei)
– Veränderungen in der Metallerzeugung: (Q5: Verhüttung von Eisenerz).

So weit es die Zeit im Unterricht zulässt, sollte deutlich gemacht werden, dass die explosionsartige Zunahme von Erfindungen in England seit der Mitte des 18. Jahrhunderts wesentlich damit zusammenhing, dass an vielen Orten gleichzeitig ähnliche Probleme bzw. Fragen auftraten. In den allermeisten Fällen griffen die berühmt gewordenen „großen" Erfinder (Watt, Stephenson u. a.) auf frühere Lösungen zurück, die sie um entscheidende Einfälle ergänzten.

Am Ende der Stunde sollte der Begriff der „Produktivitätssteigerung" explizit aufgegriffen und die Senkung der Stückkosten als entscheidende ökonomische Wirkung der Innovationen betont werden.

Tafelbild

Wichtige technische und wirtschaftliche Neuerungen in England seit 1750

– Maschinen wurden eingesetzt
  – zum Garnspinnen und Tuchweben
  – zur Bearbeitung von Metallteilen
  – zur Erzeugung von Kraft (Dampfmaschine)
  – als Antriebskraft für Schienenfahrzeuge (Lokomotive)
– Gleichzeitiger Betrieb vieler Maschinen in einem Gebäude (Fabrik)
– Steinkohle wurde vermehrt als Brennstoff verwendet
– Steigerung der Eisen- und Stahlerzeugung

↓

Folge: Durch die Steigerung der Produktivität konnten die Herstellungskosten pro Stück gesenkt werden.

Unter http://www.deutsches-museum.de bietet das Deutsche Museum in München eine Reihe von Möglichkeiten, sich zu technischen Erfindungen und Fortentwicklungen

(z. B. zu den ersten Dampfmaschinen, Lokomotiven und Automobilen) anschaulich (u. a. mittels interaktiver Demonstrationen und Dioramen) zu informieren.

Zusatzinformationen zum Verfassertext

Der Aufschwung der Textilherstellung in England setzte schon lange vor der Einführung von Maschinen ein. Auf der Grundlage traditioneller Spinn- und Webverfahren und im Rahmen protoindustrieller Produktionsverhältnisse (Heimarbeit, Verlagssystem) nahm das englische Tuchgewerbe bereits im 16. Jahrhundert eine führende Stellung in Europa ein. Im 18. Jahrhundert konnte die Produktivität des Webens durch die Einführung des Weberschiffchens („Schnellschütze") erheblich gesteigert werden. Der damit gewachsenen Nachfrage nach Garn kamen die Erfindungen der Spinning Jenny (1764), der Water Frame (1771) und der Mule (1774) entgegen. Die Zunahme der Garnproduktion bedingte eine Zunahme der Einfuhr von Rohbaumwolle und stimulierte die Anlage von Baumwollplantagen in den südlichen englischen Kolonien Nordamerikas.

Die Fortschritte im Bereich der Metallerzeugung ergaben sich vor allem aus der Eisenerzverhüttung mit Koks in Hochöfen (beginnend ca. 1710) und aus dem Puddelverfahren (ab 1784), mit dem das Koksroheisen ebenfalls mit Steinkohlenfeuerung in schmiedbares Eisen umgewandelt wurde („Frischen"). Für den Übergang von hölzernen zu metallenen Maschinen war es ferner von großer Bedeutung, dass Metallteile sehr präzise und gleichmäßig bearbeitet werden konnten, z. B. um Schrauben bzw. Schraubwindungen zu schneiden oder plane Flächen zu erzeugen. In dieser Hinsicht stellten Drehmaschinen mit festen Werkzeughaltern, wie sie u. a. von Henry Maudslay erfunden wurden, einen entscheidenden Fortschritt dar.

Auch die Entwicklung der Dampfeisenbahn fand nicht über Nacht statt, sondern erstreckte sich über einen jahrzehntelangen Zeitraum. Bereits im 18. Jahrhundert wurden (v. a. im Kohlenbergbau) eine Vielzahl von Möglichkeiten des Schienenweges und der Radführung für Waggons erprobt, die im Allgemeinen von Pferden, in manchen Fällen aber auch schon von stationären Dampfmaschinen gezogen wurden. Der Ersatz des Pferdes durch die Dampflokomotive war überfällig und hatte schon zu einigen Modellen und Versuchen geführt, bevor George Stephenson (1781–1848) 1829 der Öffentlichkeit seine „Rocket" präsentierte.

Zusatzinformationen zu den Materialien

D1 Als Vorläufer der von James Watt (1736–1819) konstruierten Dampfmaschine muss vor allem die atmosphärische Kolbendampfmaschine genannt werden, die von Thomas Newcomen (1663–1729) erfunden wurde. Mit mehreren Verbesserungen fand die Maschine seit 1712 zum Wasserabpumpen weite Verbreitung in den englischen Bergwerken und ersetzte die bis dahin üblichen Pferdegöpel. Watt reichte sein erstes Patent auf eine modifizierte Dampfmaschine 1769 ein, hatte aber noch jahrelang mit technischen und finanziellen Schwierigkeiten zu kämpfen. Zum Durchbruch gelangte seine Erfindung erst, nachdem er in dem Metallwarenunternehmer Matthew Boulton (1728–1809) einen Finanzier gefunden hatte. Durch drei wesentliche Erfindungen erreichte Watt, dass die Maschine das Doppelte leistete, erheblich weniger Kohle verbrauchte und zudem ruhiger als frühere Dampfmaschinen lief. Er hielt den Zylinder heiß, indem er ihn mit einem Metallmantel umschloss, durch den der Wasserdampf strömte. Der Dampf wurde getrennt vom Zylinder in einem Kondensator abgekühlt und abwechselnd durch zwei Ventile oberhalb und unterhalb des Kolbens geleitet. Mit der doppelt wirkenden Dampfmaschine, in der der Dampf sowohl für die Ab- als auch für die Aufwärtsbewegung des Kolbens eingesetzt wurde, war ein erster Motor gefunden, der technisch universell einsetzbar war und der die Maschinenstandorte von der Gebundenheit an die Wasserkraft befreite.

Q1 Zeichnung von Thomas Allom (1804–1872), Bleistift, Feder, Sepia und Wasserfarben, 12 x 19 cm. Die „Mule" genannte halbautomatische Spinnmaschine rationalisierte das Spinnen von Grund auf. Um hiervon einen ungefähren Eindruck zu gewinnen, muss man sich nur vorstellen, dass in früheren Zeiten jede einzelne Spindel der Maschine durch eine Spinnerin bzw. einen Spinner betrieben werden musste.

Der Maschinenspinner (links) hat zwei einander gegenüberstehende Maschinen zu bedienen. Die Maschine links ist am Ende des automatischen Auszuges, und der Spinner bereitet sich zum manuellen Einfahren und Aufwinden vor. Auf der Maschine rechts ist das Aufwinden beendet. Eine Knüpferin behebt die Fadenbrüche, ein Feger (vermutlich ein Kind) reinigt den Boden.

Q2 Eine Frau spinnt Garn mit einem Spinnrad. Die Fasern des vorbereiteten Rohmaterials (Wolle, Baumwolle, Flachs, Hanf) werden von Hand ausgezogen, verdreht und dann auf die rotierende Spindel aufgerollt. Entgegen dem nahe liegenden ersten Eindruck dient das Rad also nicht direkt zum Aufwinden des Garns, sondern seine Drehung, die durch das Fußpedal bewirkt wird, wird über einen Riemen auf die Spindel übertragen.

Q3 Zeichnung von Thomas Allom (1804–1872), Bleistift, Feder, Sepia und Wasserfarben, 12 x 19 cm. Erst Jahrzehnte nach der Maschinenspinnerei setzten sich auch in der Weberei Maschinen durch. Nach ersten Anfängen um 1800 erfolgte der Durchbruch in den 1830er und 1840er Jahren. Durch diese Entwicklung wurde vielerorts die haus- und kleingewerbliche Weberei verdrängt, ein Vorgang, der häufig mit Protesten und Unruhen einherging (z. B. schlesischer Weberaufstand 1844). Das Bild vermittelt einen guten Eindruck davon, wie eng die mechanischen Webstühle, die oftmals von Frauen bedient wurden, in den Fabrikhallen zusammen standen.

Q4 Mays Beschreibung der Baumwollspinnereien in Manchester verweist zwar auf einige negative Begleiterscheinungen (Verschmutzung der Luft und des Wassers), steht aber insgesamt dem Fabrik- und Industriesystem aufgeschlossen gegenüber. Der Bericht dokumentiert auch eine staatlich geförderte frühe Form von „Wirtschaftsspionage", die nicht selten mit der geheimen Ausfuhr von „Mustermaschinen" oder mit der Abwerbung von Spezialkräften endete. May besichtigte auch Eisengießereien in Shropshire und Maschinenbaubetriebe in Sheffield.

Q5 Shropshire ist eine Grafschaft im Westen der Midlands, die zuweilen auch als „Wiege" der industriellen Revolution bezeichnet wird. Anfang des 18. Jahrhunderts kam Abraham Darby nach Coalbrokedale. In diesem Gebiet fand er für die von ihm eingeführte Verhüttung von Eisenerz mit Koks, die wesentlich höhere Temperaturen ermöglicht, die notwendigen Rohmaterialien vor. Als eindrucksvollstes Relikt aus dieser Zeit gilt die 1779 über den Fluss Severn erbaute gusseiserne Brücke bei dem Ort Ironbridge. Bei den Quäkern handelte es sich ursprünglich um die Anhänger des englischen Laienpredigers George Fox. Fox verbreitete um das Jahr 1647 den Gedanken vom „Inneren Christus" und entwickelte diese Idee später zur Lehre des „Inneren Lichtes" fort. Seine Anhänger schlossen sich unter dem Namen „Kinder des Lichts" und „Freunde der Wahrheit" zusammen. Später nannten sie sich *Society of Friends* (Gesellschaft der Freunde). Weil sie die Gewohnheit hatten, sich unmittelbar vor göttlichen Offenbarungen heftig zu schütteln, bezeichnete man sie im Volksmund bald als *Quäker* (Zitterer). Die Quäker lehnten die Kirche als Institution ab, orientierten ihr Verhalten stark an der Bergpredigt und bekannten sich zur Gewaltlosigkeit. Weil sie in England Verfolgungen ausgesetzt waren, emigrierten viele, v. a. in die nordamerikanischen Kolonien.

Mit „Flussmittel" werden Rohstoffe bezeichnet, die den Schmelzpunkt von Mineralien senken.

Q6 Aquatinta, koloriert, 19,8 x 29,8. Die Zeichnung ist die früheste bekannte Darstellung einer Dampflokomotive. Für die abgebildete Zeche Middleton (Yorkshire, West Riding) wurde 1812 eine Zahnradbahn gebaut, um die Kohle nach Leeds zu transportieren. Wie bei der Dampfmaschine steht auch bei der Lokomotive der Zylinder aufrecht, obwohl sich auf diese Art die Kraft der Kolbenstangen nur schwer auf die Räder übertragen lässt. Die ersten Eisenbahnen konnten deshalb größere Steigungen nur mit Hilfe von Seilzügen bewältigen, für die stationäre Dampfmaschinen erforderlich waren. Erst Stephensons „Locomotion", mit der am 15. September 1830 die Strecke zwischen Liverpool und Manchester eröffnet wurde, kam vollständig mit der eigenen Dampfkraft aus.

Zu den Fragen und Anregungen

2 Informationen zur Spinning Jenny finden sich z.B. in: Akos Paulinyi: Mechanisierung und Maschinisierung 1600–1840 (Propyläen Technikgeschichte, Bd. 3), Berlin 1997, S. 292f. Sie befähigen die Schüler dazu, das Bild Q1 zu deuten. Außerdem beschreibt der Bericht (Q4) in seinem zweiten Teil relativ genau, wie die in Q1 abgebildeten Maschinen funktionierten und welche Tätigkeiten die Arbeiterinnen und Arbeiter ausführten. Darüber hinaus verweist er auch auf die Schattenseiten des Fabrikwesens, insbesondere auf die Verschmutzung der Luft und des Wassers.

Informationen zu Webmaschinen finden sich ebenfalls in: Akos Paulinyi: Mechanisierung und Maschinisierung 1600–1840 (Propyläen Technikgeschichte, Bd. 3), Berlin 1997, S. 307–312. Die Schüler sollen über die Aneignung fachlicher Informationen vor allem auch den Umgang mit Fachlexika üben und kritisch reflektieren.

3 Der Zeichnung sollte eine eingehende Besprechung der Quelle vorausgehen (s. Anm. zu Q5). Die Schüler sollten gemeinsam eine Vorstellung von der Anlage des Ofens entwickeln, bevor sie versuchen, eine konkrete Zeichnung anzufertigen. Zusätzlich zu den Erklärungen in einem Fachlexikon empfiehlt sich der Vergleich mit professionell angefertigten Schemata. Eine Bildsuche im Internet macht zudem deutlich, dass diese Technik bis heute Bestand hat.

2. *Gründe der englischen Industrialisierung*

Konzeption

Schwerpunkt dieses Kapitels sind die sozialen, wirtschaftlichen, politischen und geistigen Voraussetzungen der Industrialisierung in England, deren technische Aspekte im ersten Kapitel thematisiert wurden. Die Schüler sollen nachvollziehen, wie die Insellage, die Rohstoffvorkommen und die Position als Welthandels- und Kolonialmacht den wirtschaftlichen Take-off begünstigten. Sie sollen ferner erkennen, dass hierzu auch und gerade Veränderungen in der Landwirtschaft wesentlich beitrugen. Schließlich sollen sie begreifen, wie die Industrialisierung durch die liberale Wirtschaftspolitik des Staates und durch religiöse und weltanschauliche Überzeugungen, die das Gewinnstreben des Einzelnen legitimierten, mitgetragen wurde. Die Materialien stellen die Veränderungen in der Landwirtschaft (Einhegungen und rationelle Bewirtschaftungsformen, siehe Q1, D2), die wirtschaftsliberalistische Theorie von Adam Smith (Q2) und den gesellschaftlichen Wandel (Q3) in den Mittelpunkt. Die Vorreiterrolle Englands wird im Vergleich zu anderen europäischen Ländern deutlich (D3, „Gewusst-wie"-Seiten).

Aspekte der Unterrichtsgestaltung

Anknüpfend an die Ergebnisse der vorangegangenen Stunde kann die Frage aufgeworfen werden, was alles erforderlich gewesen sein dürfte, damit in England eine derartige Umwälzung der Produktion in Gang gesetzt werden konnte. Woher kamen die Rohmaterialien (Erz, Kohle, Baumwolle etc.)? Woher kam das Kapital? Woher kamen die Arbeiter? Wie konnten sie ernährt werden? Wohin wurden die Produkte verkauft?

Der enge Zusammenhang, in dem die industrielle Entwicklung Englands mit den Rohstoffvorkommen (Eisenerz, Kohle) und den Transportwegen (Häfen, Kanäle) stand, lässt sich am Besten anhand der Karte D1 erarbeiten. Hieraus erklärt es sich auch, dass ausgerechnet die Weltstadt London, das Zentrum eines weltumspannenden Imperiums, sowie das südöstliche England von der Industrialisierung zunächst nur wenig berührt wurden.

Die Entwicklungen in der Landwirtschaft können vertieft anhand von Q1 (Arthur Young über die Landwirtschaft in Norfolk) und D2 (Schemata zur Dreifelder- und Fruchtwechselwirtschaft) erarbeitet werden. Im Anschluss an die wirtschaftlichen Umwälzungen kann die sich verändernde

Gesellschaftsstruktur erarbeitet werden (Q2, Adam Smith und Q3, Bericht Goede).

Tafelbild

Voraussetzungen und Ursachen der Industrialisierung in England

Natürliche Voraussetzungen
- Bodenschätze (Erz, Kohle)
- Insellage und Flüsse begünstigen die Schifffahrt

Rechtliche Voraussetzungen
- Gewerbefreiheit
- Einhegungen in der Landwirtschaft
- Handelsfreiheit in ganz England und in den Kolonien

Wirtschaftliche und soziale Voraussetzungen
- Kapitalkräftige Geldgeber aus Handel und Landwirtschaft
- Verbesserte Methoden in der Landwirtschaft
- Vom Land verdrängte Arbeiter als billige Arbeitskräfte

Religiöse und philosophische Voraussetzungen
- Überzeugung, dass individuelles Gewinnstreben gerechtfertigt und notwendig sei.

Zusatzinformationen zum Verfassertext

Tafelbild

Wachstum der Bevölkerung 1800–1950 (in Millionen)

	1800	1850	1900	1950
Vereinigtes Königreich	16,1	27,5	41,8	50,6
Deutschland	24,6	35,9	56,4	69,0
Frankreich	27,3	35,8	39,0	41,9
Russland	37,0	60,2	111,0	193,0
USA	5,3	23,2	76,0	151,7

Zit. nach: Cameron/Rondo: Geschichte der Weltwirtschaft, Bd. 1: Vom Paläolithikum bis zur Industrialisierung. Stuttgart 1991, S. 277.

Die traditionelle Art der Landnutzung durch die ländliche Bevölkerung war auch in England durch zersplitterte Besitz- und einander überlagernde Nutzungsrechte gekennzeichnet. Die Dreifelderwirtschaft brachte es mit sich, dass die Bauern jeweils über Landstreifen auf den Flächen für Sommer- und Wintergetreide verfügten, die sie gemäß dem Flurzwang bebauen mussten. Wald, Wiesen, Heide, Brache etc. wurden gemeinsam genutzt, wobei z. B. festgelegt war, wer wie viele Tiere wann wo weiden lassen durfte oder in welchem Ausmaß der Wald genutzt werden durfte. Die Einhegungen machten dem Open-Fields-Wirtschaften, die gerade den klein- und unterbäuerlichen Schichten so manche Nutzungsmöglichkeiten boten, ein Ende. Beruhten die Einhegungen anfangs noch auf freiwilligen Übereinkünften, so nahm ab 1750 die Zahl der politisch durchgesetzten, vom Parlament beschlossenen Einhegungen stark zu. Das englische Bankwesen mit dem Zusammenspiel zwischen Zentralbank, Londoner Privatbanken, spezialisierten Geschäftsbanken und ländlichen Banken trug wesentlich mit dazu bei, dass die für die Industrialisierung erforderlichen Finanzmittel aufgebracht werden konnten.

Zusatzinformationen zu den Materialien

D1 So sehr in diesem Kapitel der Schwerpunkt der Betrachtung auf der Industrialisierung liegt, so sehr sollte beachtet werden, dass sich dieser Prozess in England auf einige Gebiete konzentrierte: Lancanshire (Baumwolle), das „Black County" in den Midlands sowie Landstriche in Schottland und Wales (Kohle), die Städte Sheffield, Leeds und Birmingham (Eisenerzeugung und Maschinenbau) sowie Liverpool und London (Handel und Gewerbe).

D2 Der Schritt von der Dreifelderwirtschaft zur Fruchtwechselwirtschaft machte nicht nur die Brache überflüssig (wodurch die Anbaufläche im Prinzip um die Hälfte gesteigert wurde), sondern schuf auch die Voraussetzungen für eine Ausweitung der Stallfütterung, die ihrerseits wieder eine Intensivierung der Düngung ermöglichte. Darüber hinaus führte der vermehrte Anbau von Nicht-Getreide-Pflanzen wie Rüben und Klee zu einer besseren Versorgung des Bodens mit Stickstoffen.

D3 Um die Mitte des 19. Jahrhunderts war England noch die eindeutig führende industrielle Wirtschaftsmacht in Europa. Die Karte zeigt, dass auf dem Kontinent Belgien wegen seiner Kohlevorkommen und der Erfahrungen in der Metallverarbeitung und im Maschinenbau eine wichtige Vorreiterrolle bei der Industrialisierung innehatte. Auch in Deutschland entstanden Industrieregionen hauptsächlich dort, wo Kohle gefördert wurde (Ruhr, Saar, Schlesien), daneben hatten der Maschinenbau in Sachsen und die Textilindustrie im Rheinland und in Süddeutschland Schwerpunkte ausgebildet. In Frankreich entstanden größere Industriegebiete hauptsächlich im Norden (Rouen, Lille, Roubaix etc.), im Osten (Elsass-Lothringen) und in der Mitte (Lyon). Auf dem Kontinent befand sich der Eisenbahnbau noch in seinem Anfangsstadium, in vielen Ländern gab es noch kein zusammenhängendes Streckennetz.

Q1 Arthur Young (1741–1820), einer der Begründer der wissenschaftlichen Landwirtschaftslehre, fasst die wesentlichen Entwicklungen in der englischen Landwirtschaft des 18. Jahrhundert zusammen. Insbesondere hebt er hervor, dass solche Innovationen nur von Bauern durchgeführt werden konnten, deren Betriebsflächen und Betriebskapital groß genug waren, um die Innovationen durchführen und bezahlen zu können (vgl. die Argumentation in Q2).

Q2 Adam Smith (1723–1790) formuliert in diesen Sätzen aus seinem Hauptwerk „Untersuchungen über Natur und Ursachen des Wohlstands der Nationen" (1776) den klassischen liberalen Grundsatz, dass sich die staatliche Tätigkeit auf die unentbehrlichsten Funktionen (Verteidigung gegen andere Staaten, Schutz der gegenseitigen Freiheit der Bürger und Übernahme solcher Einrichtungen, die von Einzelnen nicht bezahlt werden können) beschränken solle. Der Staat solle insbesondere nicht lenkend in die Wirtschaft eingreifen, solle sich z. B. nicht um die Förderung von Wirtschaftszweigen kümmern. Smith wandte sich damit gegen die merkantilistische Wirtschaftspolitik der absolutistischen Herrscher.

Industrialisierung und soziale Frage

Q3 Chr. August Gottlieb Goede (1774–1812) hebt die Diskrepanz hervor, die er zwischen der enormen Reichtumsvermehrung der ohnehin vermögenden Bürger und der wachsenden Zahl ärmerer und ärmster Menschen beobachtet hatte. Einen wesentlichen Grund hierfür sieht er darin, dass es den Besitzern größerer Kapitalien leichter falle, Investitionen zu tätigen, die die Produktion und den Vertrieb von Waren verbilligen (vgl. die Argumentation in Q1).

Zu den Fragen und Anregungen

1 Anhand der Karte soll der Schüler die die Industrialisierung begünstigenden Faktoren kennen lernen und auf der Basis ihres mit Sicherheit vorhandenen Alltagswissens über wirtschaftliche Abläufe deren Zusammenhänge erarbeiten. Genannt werden könnten: Kohle-(Eisenerz) – Metallindustrie, hohe Bevölkerungsdichte – große Industriegebiete, Vorhandensein von Transportwegen (Kanal, Meer) – Industrie, effektiverer Anbau – Ernährung von Industriearbeitern. Ihre Ergebnisse sollen sie in einem Schaubild festhalten. Mit Hilfe des VT lässt sich jetzt prüfen, welche ihrer Annahmen richtig waren und welche Faktoren sie sich nicht selbst erschließen konnten. Die abschließende Diskussion sollte sich damit beschäftigen, warum sich den Schülern manche Zusammenhänge aus heutiger Sicht sofort erschließen und andere nicht.
2 Die Anregung zielt darauf, sich genauer vorzustellen, worin eigentlich der „Fortschritt" bei den sieben aufgezählten Maßnahmen besteht, um dadurch die durch den VT erworbenen Kenntnisse zu vertiefen (vgl. auch D2)
3 Freiheit des Einzelnen – optimaler Einsatz von Fleiß und Kapital – Anreiz durch Wettbewerb – keine staatliche Wirtschaftslenkung – der Souverän übernimmt lediglich Schutzfunktionen für das Land und die Rechte der Bürger – der Souverän unterstützt die wirtschaftlichen Aktivitäten der Bürger durch die Einrichtung von Infrastruktur und Institutionen.
Auf der Basis der vorliegenden Arbeitsergebnisse der Aufgaben 1–3 sollen die Schüler versuchen, die bisher abstrakten Kenntnisse über Faktoren der Industrialisierung und deren Zusammenhänge konkret für einen Lebenslauf zusammenzufassen: Aus welcher gesellschaftlichen und wirtschaftlichen Position heraus ist eine Unternehmerkarriere in England denkbar, wie könnte der weitere Verlauf aussehen. Diese Aufgabe stellt eine Vorarbeit für Aufgabe 1 der „Wende-dein-Wissen-an"-Seite dar.
4 Die Ergebnisse könnten im Plenum diskutiert werden. Zu Beginn der Diskussion sollten einzelne Gesellschaftsgruppen und ihre Positionen klar benannt werden. Die Diskussion könnte sich mit den Problemen Recht auf ein menschenwürdiges Leben, Gerechtigkeit, Freiheit, Rolle des Staates beschäftigen.

Gewusst wie: Arbeiten mit Statistiken

Konzeption

Die Grundidee dieses Abschnittes besteht darin,
– die Schüler mit Statistiken und deren unterschiedlichen Darstellungsformen vertraut zu machen;
– den Schülern zu demonstrieren, mit welchen Arbeitsschritten Statistiken gelesen werden müssen;
– den Schülern die europäische Dimension der Industrialisierung deutlich zu machen und dabei insbesondere hervor zu heben, dass die Industrialisierung in den verschiedenen Ländern zu unterschiedlichen Zeitpunkten einsetzte und mit sehr unterschiedlichen Geschwindigkeiten verlief.

Die Erarbeitung des Kapitels ist als Gruppenpuzzle angelegt, so dass zunächst die ausführliche Beschäftigung mit einer Statistik und deren spezifischen Darstellungsform im Vordergrund steht, bevor Inhalt und Darstellung verschiedener Statistiken vergleichend reflektiert werden.

Aspekte der Unterrichtsgestaltung

Zur Begründung dafür, dass dieses Methodenkapitel in den Kontext der Industrialisierung gestellt wurde, sollte darauf hingewiesen werden, dass die statistische Erfassung wirtschaftlicher Entwicklungen seit der Industrialisierung in einem ganz anderen Maße möglich und notwendig war als in früheren Zeiten. In der auf allgemeines und ständiges Wachstum angelegten Wirtschaft muss immerzu auf allen Ebenen – bei den privaten Unternehmen und bei dem Handels- und Wirtschaftspolitik betreibenden Staat – und in allen Formen – im Zusammenzählen sowohl der konkreten Warenmengen als auch der Warenwerte – bilanziert werden.

Statistiken gehören heute in Schulbüchern, Zeitungen, dem Fernsehen zu den gängigen Darstellungsformen von Informationen und Daten. Die Schüler sollten daher zunächst ihre bisherigen Erfahrungen mit Statistiken reflektieren. Dabei können bereits einige Schwierigkeiten im Umgang mit Statistiken angesprochen werden.
Als Einstieg in das Thema Industrialisierung in Europa können im Plenum vergleichend zur englischen Industrialisierung Vermutungen diskutiert werden, ob oder warum die Industrialisierung in den europäischen Ländern nicht gleich verlief.

Zusatzinformationen zu den Materialien

D1 Die in der Tabelle gewählten Zeitsprünge sind unregelmäßig. Die Tabelle stellt die Angaben in keinen Bezug zur Größe oder Bevölkerungszahl eines Landes, daher ist ein unmittelbarer Vergleich problematisch. Auffällig ist die deutsche Wirtschaftsentwicklung in den Jahren 1869–1873. In 4 von 5 Bereichen lag Frankreich 1850 klar vor Deutschland und büßt diesen Vorsprung in 3 von 5 Bereichen bereits 1869 ein. Diese Beobachtungen sollten die Schüler veranlassen, nach möglichen historischen Entwicklungen zu fragen, die die Industrialisierung beeinflusst haben.

Industrialisierung und soziale Frage

D2 Die Angaben stehen ebenfalls nicht in Relation zur Größe und Bevölkerungszahl eines Landes. Auffällig ist das deutliche Wachstum in Deutschland und Russland, wohingegen England sogar hinter Frankreich zurückbleibt. Hier sollten die Schüler sich mit der geographischen Lage der Länder beschäftigen.

D3 Die Tabelle setzt voraus, dass zumindest für die wichtigsten Industriebranchen Daten zum Umfang und Wert der erzeugten Gegenstände erhoben wurden. In der Bundesrepublik erheben heutzutage die Statistischen Landesämter bei rund 15 000 Unternehmen des produzierenden Gewerbes mit in der Regel 20 und mehr Beschäftigten die monatliche Produktion von über 6000 industriellen Erzeugnissen nach Wert und Menge. Auf dieser Basis wird der Produktionsindex errechnet. Für die in der Tabelle dargestellten Zeiträume liegen nicht für alle Länder entsprechende Daten vor. Da die Angaben in Relation zu einem Index stehen, der sich jeweils nur auf die nationale Industrieproduktion bezieht, kann kein Vergleich der Produktionsmenge zwischen den Ländern vorgenommen werden.

Die Tabelle gibt nur darüber Auskunft, in welchen Jahren die aufgeführten Länder auf dem Weg zu der Wirtschaftsstärke, die sie um 1900 erreicht hatten, besondere Fortschritte gemacht hatten.

D4 und **D5** Auch hier fehlen Angaben zu Größe und Bevölkerungszahl des jeweils genannten Landes. Allerdings gibt D4 die Eisenproduktion je Einwohner an, D5 die absolute Menge. Durch den Vergleich sollten die Schüler unterschiedliche Bevölkerungszahlen erschließen und auf die Notwendigkeit einer äußerst genauen Analyse hingewiesen werden. Die Angaben auf den beiden Achsen sind regelmäßig. Linien- und Säulendiagramme sind anschaulicher als Tabellen.

Zu den Fragen und Anregungen

1 und 2 vgl. „Zusatzinformationen zu den Materialien"

3. Deutschland auf dem Weg zur Industriegesellschaft

Konzeption

Das Kapitel beschreibt die allmähliche Vorbereitung und Ingangsetzung der Industrialisierung in Deutschland. Der VT skizziert zunächst die Ausgangslage, schildert dann die Reformen der ersten Hälfte des 19. Jahrhunderts und wendet sich den beiden zentralen Themen Zollverein und Eisenbahn zu. Es schließt sich ein kurzer Absatz über die Landwirtschaft an. Zum Abschluss wird auf die Entstehung schwerindustrieller Konzerne eingegangen.

Die Materialien sollen eine vertiefende Behandlung des vorindustriellen Pauperismus, des Zollvereins, der Eisenbahn und der Maschinisierung der Landwirtschaft ermöglichen. Das Werkstatt-Kapitel „Die zweite industrielle Revolution" soll am Beispiel der Elektroindustrie darauf aufmerksam machen, wie seit dem 19. Jahrhundert von immer wieder neuen Leitsektoren innovative Impulse ausgingen, die die gesamte wirtschaftliche Entwicklung stimulierten und das Leben der Menschen erheblich veränderten.

Aspekte der Unterrichtsgestaltung

Zum Einstieg kann Q4 (Pauperismus und Auswanderung) verwendet werden: In vielen Gegenden Deutschlands verarmten im Vormärz Menschen, weil die Erwerbsmöglichkeiten wegen der Bevölkerungszunahme und wegen der ausländischen Konkurrenz zurückgingen. An dieser Stelle liegt es nahe, auf den Aufstand der schlesischen Weber 1844 hinzuweisen.

Der nächste Schritt kann sich an den Fragen orientieren, warum der Deutsche Bund wirtschaftlich hinter England zurücklag und welche Maßnahmen eingeleitet wurden, um den Vorsprung zu verringern (VT, S. 99). Der Kleinstaaterei und ihrer (partiellen) Überwindung durch den Zollverein kommt dabei besondere Bedeutung zu (D2: Karte zum Zollverein; Q3: Hindernis Kleinstaaterei). Hinsichtlich der Agrarreformen und der Einführung der Gewerbefreiheit bietet es sich an, an die im vorangegangenen Abschnitt angesprochenen preußischen Reformen zu erinnern. Wie die Eisenbahn in Deutschland zum Leitsektor wurde, kann mit Hilfe von D1 (Karte zur Entwicklung des Eisenbahnnetzes) gezeigt werden. Q2 veranschaulicht die Entwicklung der Schwerindustrie, Q5 (Dampfdreschmaschine) dokumentiert Einsatzformen der Dampfkraft in der Landwirtschaft.

Das Kapitel bietet viele Ansatzpunkte, um lokal- und regionalgeschichtliche Bezüge zur Industriegeschichte aufzugreifen, beispielsweise durch die Bezugnahme auf industriekulturelle Relikte (Fabrikgebäude, Bahnhöfe etc.) oder durch den Besuch von Industrie- oder Heimatmuseen, die über entsprechende Exponate verfügen.

Tafelbild

Beginn der Industrialisierung in Deutschland

Hindernisse der Industrialisierung	Staatliche Gegenmaßnahmen
– Grundherrschaft erschwert moderne Landwirtschaft	– „Bauernbefreiung"
– Zünfte lassen keine Konkurrenz zu	– Gewerbefreiheit
– Kleinstaaterei, viele Zölle	– Zollverein
– Fehlendes Know-how	– Technische Hochschulen

Leitsektoren der Industrialisierung in Deutschland

1. Phase: Eisenbahn
2. Phase: Chemie und Elektrotechnik

Zusatzinformationen zum Verfassertext

Der im Vergleich zu England um Jahrzehnte verzögerte „Take off" der Industrialisierung in Deutschland setzte in den 1840er Jahren ein und ging zwischen 1850 und 1873 in eine Hochkonjunktur über. Ähnliche, einander verstärkende Entwicklungen waren auch in anderen europäischen Ländern und in den USA zu beobachten. Trotzdem blieb England während dieser Zeit noch die mit Abstand füh-

Tafelbild

Entwicklung der Erwerbstätigenzahlen in den einzelnen Wirtschaftssektoren in v. H. aller Erwerbstätigen von 1800 bis 1914 in Deutschland

Jahr	Primärer Sektor (Landwirtschaft)	Sekundärer Sektor (Industrie)	Tertiärer Sektor (Dienstleistungen)	Erwerbstätige in Mio.
1800	62	21	17	10,5
1825	59	22	19	12,6
1850	55	24	21	15,8
1875	49	30	21	18,6
1900	38	37	25	25,5
1914	34	38	28	31,1

(Zit. nach: F.-W. Henning: Handbuch der Wirtschafts- und Sozialgeschichte Deutschlands, Bd. 2, Paderborn u. a. 1996, S. 885)

rende Industrie- und Wirtschaftsmacht. Nach der Gründerkrise und Jahren mäßigen Wirtschaftswachstum setzte dann ab 1895 in Deutschland ein rasanter wirtschaftlicher Aufschwung ein, der vor allem von der Elektrotechnik, der Großchemie und dem Maschinenbau entscheidende Impulse erhielt. 1913 hatte das Deutsche Reich einen Anteil von 14,8 % an der Weltindustrieproduktion erreicht – weit hinter den führenden USA (32,0 %), aber schon deutlich vor Großbritannien, dem Mutterland der industriellen Revolution (13,6 %).

Im Zuge der Industrialisierung verschoben sich die Gewichte zwischen den drei großen Wirtschaftssektoren, was sich beispielsweise an der Zahl der Erwerbstätigen zeigt (s. Tabelle). Der relative Bedeutungsverlust der Landwirtschaft, v. a. gegenüber der Industrie, ging allerdings noch bis 1914 einher mit einer Zunahme der absoluten Zahl der Erwerbstätigen in der Landwirtschaft.

Zusatzinformationen zu den Materialien

D1 Die Forschung stimmt heute weitgehend darin überein, dass „die Eisenbahnen den Kern des industriellen Führungssektorkomplexes Kohle-Eisen-Stahl-Maschinenbau bildeten" (Dieter Ziegler: Eisenbahnen und Staat im Zeitalter der Industrialisierung, Stuttgart 1996, S. 12). Dies zeigt sich nicht nur in den Zahlen zur Entwicklung des Streckennetzes (s. Tabelle), sondern auch in den Zahlen für die Personenkilometer (1840: 62 Mio. – 1870: 4,4 Mrd.), für die Tonnenkilometer (1840: 3 Mio. – 1870: 5,9 Mrd.) oder für den Anteil am gesamtwirtschaftlichen Kapitalstock (1850: ca. 3 % – 1875: ca. 10 %). Die mit dem Ausbau des Eisenbahnnetzes wachsenden Transportmöglichkeiten ließen bis in die Mitte der siebziger Jahre die Frachttarife sinken, was sich auf andere Wirtschaftssektoren stimulierend auswirkte.

D2 Im Unterschied zu den Volkswirtschaften anderer Länder (v. a. England und Frankreich) wurde die wirtschaftliche Entwicklung im Deutschen Bund durch die vielen verschiedenen Zollsysteme stark behindert. Sie verteuerten die Waren, schränkten die Konkurrenz ein und erschwerten die Arbeitsteilung im nationalen und internationalen Rahmen. Preußen hatte an einer wirtschaftlichen Einigung der Staaten des Deutschen Bundes ein besonders starkes Interesse, weil sein Staatsgebiet einerseits in einen westlichen (Rheinland, Westfalen) und einen östlichen Teil getrennt war und weil es andererseits eine Reihe von souveränen Enklaven umschloss (v. a. in Thüringen und Sachsen-Anhalt). Gegen Preußens Vorgehen setzten sich die anderen deutschen Staaten (v. a. Hannover und Kurhessen) lange Zeit mit Gegenorganisationen zur Wehr, mussten aber schließlich ihren Widerstand aufgeben. Die zwei Stadtstaaten Hamburg und Bremen, deren Wirtschaft vom internationalen Handel abhing, schlossen sich dem deutschen Zollgebiet erst 1882 bzw. 1884 an. Der Deutsche Zollverein stärkte zwar die Position Preußens innerhalb des Deutschen Bundes, war aber von Preußen nicht gedacht als Mittel zur Herstellung der nationalstaatlichen Einheit.

Tafelbild

Entwicklung des deutschen Eisenbahnwesens

Jahr	Länge des Streckennetzes
1840	469 km
1850	5 856 km
1860	11 089 km
1870	18 667 km
1881	32 963 km
1890	41 363 km
1900	53 912 km
1910	71 340 km

(Zit. nach: Ziegler 1996, S. 551 ff.)

Q1 Öl auf Leinwand, 43,5 x 57,5 cm. Der Kaufmann Heinrich Kamp (1786–1853) fungierte in dem Gemeinschaftsunternehmen mit Friedrich Harkort (1793–1880), dem „Vater des Ruhrgebietes", hauptsächlich als Finanzier. Harkort pflegte seinen Konkurrenten zu erlauben, seine Fabrik ohne Einschränkungen zu besichtigen und sich die Fachkenntnisse anzueignen. Auf diese Art beförderte er die Entstehung weiterer Metall verarbeitender Betriebe in der Umgebung, untergrub aber seine eigene geschäftliche Basis. Zeit seines Lebens sah er sich weniger als Unternehmer denn als technischen Pionier. Alte, seit der Säkularisation vom Verfall bedrohte Burgen und Schlösser boten sich den Unternehmen zunächst als Standorte an, weil sie oftmals die einzigen größeren und steinernen Gebäude in einem weiten Umkreis waren, in denen die Unterbringung der Maschinen, Werkstätten, Material- und Warenlager möglich war. Erst nach und nach entstand eine funktionale Industrie- bzw. Fabrikarchitektur. Alfred Rethel (1816–1859): Rethels Vater war als Buchhalter bei dem Unternehmen angestellt.

Q2 Die Firma Krupp war 1811 von Friedrich Krupp (1787–1826) gegründet worden und entwickelte sich unter seinem Sohn Alfred Krupp (1812–1887) zur weltgrößten Gussstahlfabrik. (Vgl. auch S. 106f. im Schülerband.)

Q3 Friedrich List (1789–1846), Wirtschaftstheoretiker und -politiker, trat für ein einheitliches deutsches Zollgebiet und für den Aufbau eines nationalen Eisenbahnnetzes ein.

Q4 Es handelt sich um einen der frühesten Berichte über den anwachsenden Pauperismus auf dem Land (hier: des westfälischen Sauerlands), der die Menschen zur Auswanderung veranlasste. Der Bericht gibt der staatlichen Sorge Ausdruck, es könnten durch die „Auswanderungssucht" ganze Landstriche entvölkert werden. Jedoch sollen die Menschen nicht durch Zwang, sondern durch „Verschaffung von Arbeitsverdienst" im Land gehalten werden.

Q5 Die Dreschmaschine revolutionierte das Leben auf dem Land, weil sie das sehr arbeitsintensive Dreschen mit Flegeln überflüssig machte. Die Maschine wurde zuerst mit Göpeln angetrieben, war also nur stationär zu benutzen. Erst in Kombination mit der fahrbaren Dampfmaschine, der Lokomobile, wurde die Dreschmaschine „mobil" und konnte von Hof zu Hof gefahren werden. Die Dreschmaschinen mit Lokomobilen gehörten in der Regel Unternehmern, die das Dreschen im Auftrag der Bauern erledigten. Die harte Arbeit an den Maschinen wurde von Arbeitern erledigt, die für die Dreschkampagne angestellt waren.

Zu den Fragen und Anregungen

1 Siehe Information zu Q1.
2 Hohe Transportkosten, weil Waren und Materialien nicht von den nächstgelegenen Produktionsorten bezogen werden konnten; Abhängigkeit des Bezugs und Absatzes von Waren von vielen verschiedenen staatlichen Vorgaben; Beschränkung auf kleine Märkte.
3 Zwischen den westlichen und den östlichen Landesteilen Preußens bestand bis dahin keine Verbindung.
4 Siehe Informationen zu Q4.
5 Die neuen Transportmöglichkeiten für Waren und Personen, die sich mit der Eisenbahn ergaben, ließen die vielen Grenzen immer antiquierter und anachronistischer erscheinen. Umgekehrt forcierte der einheitliche Wirtschaftsraum die Planung neuer Eisenbahnlinien.
6 Entwicklung spezieller Maschinen für die Landwirtschaft, z. B. Einsatz von Dampfmaschinen beim Dreschen (Q5) oder beim Pflügen; mineralische Düngung; Züchtung ertragreicherer Tier- und Pflanzensorten.

Werkstatt:
Die zweite industrielle Revolution

Konzeption

In dem Werkstattkapitel sollen die Schüler sich an einem Beispiel exemplarisch selber erarbeiten, warum sich die Elektroindustrie (neben der Chemieindustrie) im Zuge der zweiten industriellen Revolution zu einem der dynamischsten Wirtschaftszweige entwickelte. Die Anfänge der Elektroindustrie wurzeln in der Erfindung des Telegrafen und des Telefons und der dadurch ausgelösten Nachrichtenrevolution, die das Verhältnis von Raum und Zeit grundsätzlich veränderte, indem sie dafür sorgte, dass Informationen weltweit in kürzester Zeit übermittelt werden konnten. Für den außerordentlichen Aufschwung der Elektroindustrie war allerdings die „Erfindung" des elektro-dynamischen Prinzips durch Werner Siemens (1867) ausschlaggebend. Der Antrieb durch Elektromotoren emanzipierte Unternehmen in vielen Bereichen von alten (Pferde) oder neuen (Dampfkraft) Kraftquellen. Beispiele hierfür sind elektrische Grubenlokomotiven, elektrische Straßenbahnen, schließlich auch elektrische Eisenbahnen. Der Elektromotor machte in den Betrieben die Weiterleitung von Energie über Transmissionsriemen und -wellen überflüssig. Außerdem war er die ideale Antriebsmöglichkeit für Maschinen in der Klein- und Hausindustrie sowie in der Landwirtschaft. Nach der Erfindung der Glühbirne durch Edison verdrängte die Elektrizität seit den 1880er Jahren das Gas als Beleuchtungsquelle auf den Straßen, in Betrieben und in Privatwohnungen. Der Einsatz von elektrischen Kleingeräten zur Erleichterung der Arbeit im Haushalt setzte ebenfalls um 1900 ein. So waren elektrische Bügeleisen 1914 schon weit verbreitet. In der Elektrobranche, die einerseits die Systeme der Stromerzeugung und -verteilung und andererseits die Elektromaschinenherstellung umfasste, dominierten im Deutschen Reich die Firmen Siemens und Allgemeine Elektrizitätsgesellschaft (AEG), zwei Firmennamen, die heutigen Schülern geläufig sein dürften. Wichtigster Standort der Elektroindustrie in Deutschland war Berlin.

Aspekte der Unterrichtsgestaltung

Als Einstieg in die selbständige Werkstattarbeit der Schüler könnte Aufgabe 2 benutzt werden. Der Beschäftigung mit der Funktionsweise der neuen Erfindungen sollte die Frage folgen, inwiefern diese Erfindungen das Leben der Menschen veränderten, revolutionär waren. Die anschließende Beschäftigung mit den Materialien der Werkstattseite erbringt die Einsicht, dass die neue Energieform sich besonders dazu eignete, auch kleineren Betrieben und privaten Haushalten den Betrieb von Maschinen und Geräten zu ermöglichen (D1, Q2). Außerdem konnte die industrielle Fertigung durch Strom und Elektromotor weiter optimiert werden (Q1, Q2)

Zusatzinformationen zu den Materialien

Q1 und **2** Neben den Siemens-Werken war die AEG das zweite große elektrotechnische Unternehmen in Deutschland. Emil Rathenau schildert ausführlich die Vorteile des Elektromotors für kleine oder dezentralisierte Betriebe. Rathenau kooperierte in den 1880er Jahren zunächst mit Werner Siemens, um die von dem Amerikaner Thomas A. Edison erfundene Glühbirne auch in Deutschland einzuführen. 1887 kündigte Rathenau die Zusammenarbeit, gab seinem Betrieb den Namen „Allgemeine Elektrizitätsgesellschaft" und begann in der gesamten Elektrobranche zu expandieren.

Q3 Der Ausgangspunkt für Robert Boschs Erfolg als Unternehmer wurde die Entwicklung eines Magnetzünders, der zum Hochspannungsmagneten für Benzinmotoren weiterentwickelt wurde. Anfang des 20. Jahrhunderts erweiterte Bosch seine Produktpalette im Bereich Autozubehör und konnte sein Unternehmen damit enorm vergrößern. Im Jahr 1901 beschäftigte Bosch 54 Menschen, 1912 waren es bereits 4000.

Zu den Fragen und Anregungen

1 Verteilungsfähigkeit – Übertragung über weite Strecken – Nutzung von natürlichen Energiequellen, z. B. Meeresküste, Katarakte – sehr variabler Einsatz der Stromenergie, z. B. in Kleinbetrieben, als Beleuchtung – Platz sparend – wartungsfrei – keine Explosionsgefahr – Energieverbrauch nach Belastung.
3 Die neuen Erfindungen auf dem Gebiet der Chemie und Elektrik boten weitere Optimierungsmöglichkeiten der industriellen Produktion und führten zur Entwicklung neuer Güter für den privaten Verbrauch. Die Nachfrage wuchs und die Sektoren boomten. (D1: Elektrolokomotiven, Straßenbahnen, Beleuchtung, Hochspannungsleitungen, Elektrizitätswerke, Haushaltsmaschinen; Q2: Bügeleisen, Nähmaschine). Angekurbelt wurde der Maschinenbau, was weiterhin positiv auf Kohle und Stahl abstrahlte, die Automobilherstellung, die Konsumgüterindustrie. Die Wechselwirkungen der Sektoren sollen in einem Schaubild visualisiert werden.

4. Unternehmer – die Väter der Industrialisierung?

Konzeption

Das Kapitel wendet sich einer der Personengruppen zu, von denen die Industrialisierung wesentlich getragen wurde: Den industriellen Unternehmern. Dabei geht es einerseits um das Unternehmen als eine zunehmend arbeitsteilige Organisation, andererseits um den persönlichen Anteil der Unternehmer am Industrialisierungsprozess sowie ihr Selbstverständnis. Es wird geschildert, wie die ersten Unternehmer unter großen Schwierigkeiten und mit viel Einsatz ihre Betriebe aufbauten, dann aber im Zuge der Vergrößerung der Betriebe Differenzierungen der Eigentums- und Führungsfunktionen eintraten. Die Unternehmer reklamierten für sich sichtbar eine führende Rolle in der Gesellschaft und zwar nicht nur in der Wirtschaft, sondern auch in Politik und Kultur.
Die Textquellen und Abbildungen liefern Beispiele für das Wachsen von Unternehmen, die technischen und sozialen Leistungen der Unternehmer sowie für deren Selbstverständnis in Bezug auf die Unternehmensleitung oder die unternehmerische Strategie.

Aspekte der Unterrichtsgestaltung

Der Einstieg kann mit Q2 von S. 101 (Die Kruppwerke in Essen) erfolgen und auf die Frage hin orientiert werden, wie die Familie Krupp es geschafft haben könnte, in diesem Umfang zu expandieren und welche Folgen diese Expansion für die Firma gehabt haben könnte. Daran schließt sich mit der Erarbeitung der Aufgaben 1 bis 3 die Beschäftigung mit der tatsächlichen Unternehmensstruktur sowie der Rolle des Unternehmers an. Vor allem Aufgabe 3 zielt auch auf ein kritisches Hinterfragen der Unternehmerrolle. Bei diesem Kapitel liegt es nahe, zur Herstellung von Gegenwartsbezügen auch auf die Struktur heutiger Unternehmen einzugehen.

Tafelbild

Unternehmen und Unternehmer	
Finanzierung, Leitung und Organisation	Der Unternehmer
– Finanzierung erfolgt zuerst häufig durch Privatvermögen. – Die ersten Unternehmer kümmern sich um alle Unternehmensbereiche. – Die Expansion erfordert Kapital – Finanzierung durch Banken und Aktiengesellschaften. – Manager bzw. Angestellte übernehmen nach und nach Leitungsfunktionen. – Große Unternehmen richten Forschungsabteilungen ein.	– Die ersten Unternehmer waren oft erfinderische Handwerker und Entwickler neuer Techniken. – Sie benötigten kaufmännisches Geschick. – Sie bürgten persönlich für den Erfolg der Firma. – Sie leiteten aus ihrem wirtschaftlichen Erfolg eine einflussreiche gesellschaftliche Rolle ab.

Zusatzinformationen zum Verfassertext

Banken und vermögende Finanziers hielten sich anfangs bei der Finanzierung von Industrieunternehmen zurück, weil ihnen sowohl die Gewinnaussichten als auch die Sicherheiten zu unsicher waren. Vorherrschende Form der Unternehmensfinanzierung war zunächst die Eigenfinanzierung aus den Gewinnen. Vor allem im Eisenbahnbau, für den größere Startkapitale erforderlich waren, wurden dann erste Erfahrungen mit Aktiengesellschaften gesammelt.
Die allmähliche Verdrängung von Eigentümern aus der Führung der Großbetriebe resultierte zum einen einfach aus Erbauseinandersetzungen, in deren Verlauf Erben, die an der direkten Mitwirkung in den Betrieben nicht interessiert waren, sich aus der Geschäftsführung zurückzogen. Andererseits erlangten die Unternehmen durch die vertikale und horizontale Konzentration, durch die Integration von Zulieferer- und Abnehmerbetrieben und durch die Übernahme von Konkurrenten, derartige Größen, dass ein einzelner Unternehmer sie nicht mehr effektiv führen konnte.

Zusatzinformationen zu den Materialien

Q1 Die Postkarte demonstriert nicht nur den gewachsenen Wohlstand der Familie Krupp (auf der unteren Bildhälfte ist die Villa Hügel abgebildet, sie gibt ebenfalls bereits einen Ausblick in die Kaiserzeit. Die Frage nach einer Verbindung des erfolgreichen (Rüstungs-)Unternehmens mit dem Staat könnte bereits an dieser Stelle aufgeworfen werden.
Q2 Bereits Ende des 18. Jahrhunderts fanden nationale Gewerbeschauen statt. Die erste Weltausstellung war die

Londoner „Great Exhibition of the Works of Industry of All Nations", deren bedeutendstes Bauwerk auf der ADS abgebildet ist. Weltausstellungen waren wie heute riesige Messen, die den neuesten Entwicklungsstand und die Kapazitäten einzelnen Firmen zeigten, aber auch zum Schauplatz eines internationalen kulturellen und künstlerischen Wettstreits wurden.

Q3 Der von Alfred Krupp 1861 entworfene Dampfhammer „Fritz" bewegte ein Fallgewicht von 50 Tonnen und ermöglichte das Ausschmieden riesiger Werkstücke. Der Hammer blieb 50 Jahre lang in Tätigkeit. (Vgl.: Wolfgang Ruppert: Die Fabrik. Geschichte von Arbeit und Industrialisierung in Deutschland, 2. Aufl., München 1993, S. 108/109).

Q5 1857 gründete der Schweizer Arnold Staub in Kuchen die Süddeutsche Baumwoll-Industrie. Sein soziales Engagement basierte auf der Überzeugung, dass die Familie eine zentrale Rolle im Leben eines Menschen spiele. Er förderte daher die Arbeiterfamilien durch Kurse in richtiger Haushaltsführung, durch die Gründung von Musik-, Gesangs-, Lese- und Turnvereinen ermöglichte er Freizeitaktivitäten, die die Gemeinschaft und Bildung fördern sollten. Ebenso baute er nicht nur eine Schule, sondern sorgte auch für Unterricht in den „nützlichen Fächern" wie z. B. Mechanik, Mathematik, Physik oder Zeichnen.

Q6 Robert Bosch (1861–1942) entstammte dem bäuerlichen Milieu. Nach einer Lehre als Mechaniker, Lehr- und Wanderjahren in Deutschland, Amerika und England gründete er in Stuttgart eine „Werkstatt für Feinmechanik und Elektrotechnik". Bosch war sozial sehr engagiert. Er erbaute helle und luftige Fabrikhallen, führte 1906 den Acht-Stunden-Tag ein, stiftete Geld für den Bau von Krankenhäusern, u. a. für das Robert-Bosch-Krankenhaus in Stuttgart, stellte im Krieg Fabrikhallen als Lazarett zur Verfügung, stiftete seinen im Krieg erwirtschafteten Gewinn (13 Mill. Mark) für den Bau eines Neckarkanals und förderte Hochschulen, Fachhochschulen und Einrichtungen zur Volksbildung. 1921 gründete er die Vermögensverwaltung Bosch GmbH, um die Weiterführung seines Unternehmens in seinem Geiste zu sichern und gleichzeitig einen organisatorischen und finanziellen Mittelpunkt seiner gemeinnützigen Bestrebungen zu schaffen. Auf sie geht die Robert-Bosch-Stiftung in ihrer heutigen Form zurück.

Zu den Fragen und Anregungen

1 Unternehmer: technisches und kaufmännisches Geschick – Fähigkeiten zu technischen Innovationen – persönliches Kapital – Familienunterstützung – Flexibilität – Durchhaltekraft.
Strukturelle Bedingungen: Banken – Produktion im Moment stark nachgefragter Produkte – gut ausgebildete Mitarbeiter – funktionierendes Management.
2 Die Schüler sollen erkennen, dass ein Artikel in der Firmenzeitung selbstverständlich in einem affirmativen Duktus geschrieben sein wird und einen solchen Artikel verfassen.
3 Krupp stellt sich der Arbeiterbewegung entgegen und verteidigt seine eigene Anschauung, wonach sich die gesellschaftliche und politische Rolle des Arbeiters prinzipiell von der des Unternehmers unterscheidet. Indirekt droht Krupp mit Entlassungen aufgrund politischer Aktivitäten und verbietet deshalb ein öffentliches Leben.
4 vgl. Erläuterungen zu Q6.
5 Einsicht in soziale Missstände, z. B. Versorgung, Gesundheit, Bildung – Eigeninteresse.

5. Das Leben der Arbeiter

Konzeption

Das Kapitel wendet sich der zweiten den Industrialisierungsprozess tragenden Personengruppe zu: den Fabrikarbeitern. Es wird geschildert, wie die Fabrikarbeit den Lebensrhythmus und die Lebensbedingungen der Arbeiter bestimmte. Die Arbeit musste an den maschinellen Rhythmus der Maschinen angepasst werden. Lange Arbeitszeiten, schlechte Arbeitsbedingungen und niedrige Löhne belasteten das Leben eines Arbeiters.
Die Textquellen und Abbildungen gehen auf die Disziplinierung der Arbeiter durch Fabrikordnungen, die Einkommens- und Wohnsituation der Arbeiter, die Arbeitszeit, einzelne Arbeiten sowie auf die Kinderarbeit ein.

Aspekte der Unterrichtsgestaltung

Der Einstieg kann mit Q1, Q2 und Q4 erfolgen. Anhand des Bildmaterials lassen sich viele Aspekte der Arbeits- und Lebenssituation der Arbeiter erschließen. Die vorgeschlagenen Aufgaben gehen auf zwei mögliche Schwerpunkte ein: Zum einen die unterschiedliche Beurteilung der Lage der Arbeiter durch die Arbeiter selbst sowie durch die Unternehmer, zum anderen auf die Situation der Kinder. In dem abschließenden Streitgespräch (Aufgabe 5) können beide Aspekte thematisiert werden.

Zusatzinformationen zum Verfassertext

Im Unterschied zu den Handwerksbetrieben und Protoindustrien der vorindustriellen Zeit zeichnete sich die Organisation der Arbeit in den Industriebetrieben dadurch aus, dass die Arbeiter mit vielen anderen in einen Produktionsprozess eingebunden waren, in dem die Arbeitsvorgänge und damit die Arbeitskräfte voneinander abhängig waren. Deshalb war es notwendig, die Arbeitszeiten (einschließlich der Pausen) aufeinander abzustimmen. Die Industrialisierung konzentrierte die Arbeiter beim Fabrikstandort. Es entstanden Arbeitersiedlungen und Mietskasernen.

Zusatzinformationen zu den Materialien

D1 Die Tabelle zeigt zunächst die Zunahme der täglichen Arbeitszeit bis ca. 1860, danach die Abnahme bis auf 10 Stunden vor dem Ersten Weltkrieg. Über den Grund dieser Entwicklung herrscht auch in der Geschichtswissenschaft keine Einigkeit. Es sind aber sicherlich mehrere Faktoren zu berücksichtigen: Arbeiter erkämpften sich kürzere Arbeitszeiten; der Staat beschränkte die Arbeitszeit (zumindest für besondere Gruppen wie Kinder und Frauen); die Unternehmen erkannten, dass sich kürzere Arbeitszeiten,

in denen konzentriert und intensiv gearbeitet wurde, auch für sie vorteilhaft auswirken konnten. (Vgl. Jürgen Kocka: Arbeitsverhältnisse und Arbeiterexistenzen. Grundlagen der Klassenbildung im 19. Jahrhundert, Bonn 1990, S. 486.)
D2 Diese Tabelle wurde erstellt auf der Grundlage von J. Kocka: Arbeitsverhältnisse und Arbeiterexistenzen. Grundlagen der Klassenbildung im 19. Jahrhundert, Berlin 1990, S. 495. Die Steigerung des nominellen Lohns von 1871 bis 1913 beträgt ca. 120 %, die des realen Lohns 78 %.
Q2 Fotos von Belegschaften waren typisch für diese Zeit. Häufig steht in der Mitte des Bildes der Unternehmer.
Q3 Die Fabrikordnung vermittelt eine Vorstellung davon, wie sehr die Arbeiter in den Fabriken diszipliniert und reglementiert wurden. Indirekt dokumentieren solche Fabrikordnungen aber auch, wie schwer es war, die Arbeiter den Anforderungen der Fabrik unterzuordnen. Bei aller Härte der Arbeit und bei aller Willkür der Ahndung von Verstößen wäre es sicherlich nicht zutreffend, sich die Arbeitssituation als ein pures Unterdrückungs- und Ausbeutungsverhältnis vorzustellen. (Vgl.: Bernward Deneke (Hrsg.): Geschichte Bayerns im Industriezeitalter in Texten und Bildern, Stuttgart 1987, S. 115–117).
Q4 In den Mietskasernen lebten die Arbeiter in der Regel völlig beengt und ohne jeden Komfort. Die Häuser wurden oftmals dicht hintereinander gebaut. Jedes Haus verfügte nur über einen kleinen Hof, in den oft fast kein Licht drang, so dass auch die Wohnungen tagsüber ohne Sonnenlicht waren. Gärten oder Wiesen zum Spielen für die Kinder gab es nicht.
Q5 Kinderarbeit wurde in ärmeren Gesellschaftsschichten, v. a. in Handwerk und Landwirtschaft, seit je als eine Selbstverständlichkeit betrachtet. Die Familien waren auf die Mitarbeit und den Zuverdienst der Kinder angewiesen, und in den Augen der anderen Gesellschaftsmitglieder und des Staates wurde dies anerkannt und gefordert. In den neuen Fabriken, die mit Vorliebe billige und willige kindliche Arbeitskräfte beschäftigten, nahm die Kinderarbeit allerdings ein neues Ausmaß an, so dass die Staaten die Entwicklung mit zunehmender Sorge beobachteten und schließlich die Kinderarbeit per Gesetz beschränkten. In Preußen wurde die Beschäftigung jugendlicher Arbeiter in den Fabriken erstmals mit dem Gesetz vom 9. März 1839 geregelt. Demnach durften u. a. Kinder erst ab 9 Jahren eingestellt werden und nicht mehr als 10 Stunden arbeiten. 1853 wurde das Mindestalter auf zwölf Jahre angehoben, die tägliche Arbeitszeit auf 6 Stunden reduziert und eine staatliche Kontrolle durch Fabrikinspektoren eingeführt. Bei der Durchsetzung der Beschränkungen der Kinderarbeit waren nicht nur Widerstände der Unternehmen, sondern auch Widerstände der Eltern zu überwinden, die zur Haushaltsführung auf den Zuverdienst der Kinder angewiesen waren.
Q6 Friedrich Engels (1820–1895) stammte aus Wuppertal-Barmen und war zwischen 1842 und 1844 in der Baumwollspinnerei seines Vaters in Manchester tätig. Während seines Englandaufenthaltes galt sein persönliches Interesse allerdings weniger den kaufmännischen Aktivitäten. In erster Linie studierte er die ärmlichen und ungesunden Arbeits-, Wohn- und Lebensverhältnisse der Arbeiter und deren politische und gewerkschaftliche Organisation. Seine realistischen Beobachtungen und seine kritischen Analysen veröffentlichte er 1845 unter dem Titel „Die Lage der arbeitenden Klasse in England". 1844 lernte er Karl Marx kennen, dem er durch eine lebenslange Freundschaft und Zusammenarbeit verbunden blieb und mit dem er gemeinsam die theoretischen Grundlagen des modernen Sozialismus schuf.

Zu den Fragen und Anregungen

1 Die Frage schließt an Kapitel 4 an. Die Schüler haben sich mit dem unterschiedlichen Agieren von Unternehmern bereits beschäftigt. Diese Kenntnisse sollen sie eigenständig und kritisch in ihre Arbeit einbringen. Entweder informieren sich die Schüler bei der Erarbeitung der Aufgabe bereits im VT zur Lage der Arbeiter oder sie beurteilen eine mögliche Stellungnahme der Arbeiter aus den Inhalten der Fabrikverordnung selbst.
Aus der Sicht des Unternehmers könnte der Unmut darüber hervorgehoben werden, dass Arbeiter unpünktlich, unzuverlässig, unachtsam, trinkfreudig etc. zu sein scheinen. Tenor: Anders als mit harten Strafen können diese Menschen nicht dazu gebracht werden, die Interessen und Rechte des Betriebs zu beachten. Aus der Sicht der Arbeiter hingegen könnte moniert werden, dass schon die kleinste Unaufmerksamkeit und die kleinste Eigenmächtigkeit, durch die die eintönige und harte Arbeit oftmals nur zu ertragen ist, drakonisch bestraft wird.
2 Bereits bekannte Umstände und Ereignisse sollen vertiefend unter dem Aspekt des Lebens der Kinder noch einmal aufgegriffen und mit neuem Material verknüpft werden.
4 Durch die Umsetzung der Tabelle in ein Liniendiagramm soll sich der Schüler eingehend mit den Angaben beschäftigen. Anschließend sollte die Aussage von D2 im Rückgriff auf die „Gewusst-wie"-Seite im Unterrichtsgespräch Schritt für Schritt entwickelt werden. Der Lehrer kann zunächst auf die nominellen Jahresverdienste eingehen und dann fragen, wie die Entwicklung der Lebenshaltung zwischen 1871 und 1913 im Deutschen Reich beurteilt werden kann. Es ist anzunehmen, dass die Schüler von sich aus darauf kommen werden, dass die Inflation berücksichtigt werden muss, so dass in einem nächsten Schritt überlegt werden kann, wie die Geldentwertung herausgerechnet werden könnte. Dabei kann möglicherweise auch erörtert werden, welche Folgen es hat, wenn die Indizierung auf andere Jahre als 1895 bezogen wird.
5 Siehe Aspekte der Unterrichtsgestaltung.

6. Wie soll die soziale Frage gelöst werden?

Konzeption

Der Gegenwartsbezug dieses Themas liegt angesichts des vieldiskutierten „Umbaus des Sozialstaats" auf der Hand. Wie notwendig und gleichzeitig wie gefährdet sozialstaatliche Eingriffe sind, zeigt sich in jeder Wirtschaftskrise aufs Neue. Auch in Diskussionen um die Folgen der globalisierten Ökonomie spielt die Aushöhlung und Abschaffung sozialer Standards eine wichtige Rolle. Das Kapitel soll den Schülern einerseits die Spannbreite der Analysen und Vorschläge verdeutlichen, die im Laufe des 19. Jahrhunderts zu der „Sozialen Frage" vorgebracht wurden. Andererseits soll es ihnen die konkreten Ursprünge des deutschen Sozialsystems vor Augen führen.

Aspekte der Unterrichtsgestaltung

Zum Einstieg sollte danach gefragt werden, was den Schülern über Karl Marx bekannt ist. Auf der Basis dieser Vorkenntnisse kann dann Q5 (Auszug aus dem Kommunistischen Manifest) gelesen und besprochen werden. Die Besprechung sollte in die Frage münden, ob die „Bourgeoisie" wirklich unfähig war, der Verarmung breiter Massen entgegen zu wirken.

Die verschiedenen Ansätze zur „Lösung" der Sozialen Frage können in arbeitsteiliger Gruppenarbeit erschlossen werden.
- Unternehmer: Kapitel 4 und Q3, Kap. 6 (Abbildung Arbeiterwohnhaus). In Kapitel 4 stand die Bewertung des Unternehmers bezüglich seiner wirtschaftlichen und technischen Leistungen sowie seines Verhältnisses zu seinen Arbeitern im Mittelpunkt ohne dabei die Leistungen der Unternehmer in Bezug auf die Soziale Frage zusammenzufassen. Die Rolle des Unternehmers soll jetzt unter diesem Aspekt wiederholend und vertiefend aufgegriffen werden.
- Pfarrer und Kirche: VT auf S. 114 unten/115 oben, Q2 (Bild Bruderhaus), Q6 (Rauhes Haus), Q7 (Kolping), Q8 (Rerum novarum);
- Staatliche Sozialpolitik: VT auf S. 115, Q4 (Unfall in einer Maschinenfabrik) und D1 (Das deutsche Sozialversicherungssystem).

Abschließend sollte auf jeden Fall auf aktuelle Diskussionen und Auseinandersetzungen um die Zukunft des Sozialstaats angesichts ökonomischer Krisen und der demographischen Entwicklung (Zunahme der älteren Bevölkerung) eingegangen werden: Was heißt es, wenn die sozialstaatlichen Unterstützungen nicht mehr qua Abzug von den Löhnen und Gehältern der abhängig Beschäftigten finanziert werden können? Was bedeutet es, wenn allenthalben davon gesprochen wird, dass „Lohnnebenkosten" gesenkt werden müssen und dass die „Eigenverantwortung" gestärkt werden müsse?

Tafelbild

Die Soziale Frage

Wovon sollen Menschen leben, wenn sie eines Tages wegen Krankheit, Invalidität oder Alter keinen Arbeitsplatz mehr finden?

Antworten:

Marx: Materielle Sicherheit für Arbeiter kann es nur in einer kommunistischen Gesellschaft geben.

Arbeiter selber: Sie organisierten an manchen Orten eigene „Hilfskassen" und unterstützten einander innerhalb von Gewerkschaften.

Unternehmer: Stellten zum Teil ihren Arbeitern billige Wohnungen und Versorgungseinrichtungen.

Kirchen: Engagierten sich für besonders gefährdete soziale Gruppen.

Staat: Einschränkung von Frauen- und Kinderarbeit per Gesetz; Einführung von Zwangsversicherungen für Krankheit, Unfall, Invalidität und Alter.

Zusatzinformationen zum Verfassertext

Ältere Formen der sozialen Fürsorge (durch Gemeinde, Kirche, Familie, karitative Organisationen oder paternalistische Unternehmer) konnten die neuartigen Armutsprobleme der Industriegesellschaft nicht bewältigen. Der Staat hielt sich aber zunächst mit Eingriffen zurück, schritt nur sehr punktuell ein, z. B. mit der Beschränkung der Arbeit von Kindern, Jugendlichen und Frauen in Fabriken. Auf das Handwerk, die Landwirtschaft und viele Dienstleistungsbereiche wurden entsprechende Gesetze oft erst Jahrzehnte später übertragen.

Die von liberalen Kreisen seit den 1860er Jahren verstärkt vertretene Auffassung, die Arbeiter müssten zur Selbsthilfe erzogen werden (z. B. in Arbeiterbildungsvereinen), trat in den 1870ern angesichts des Aufstiegs der Sozialdemokratie und angesichts der sozialen Folgen der Gründerkrise in den Hintergrund. Unter Wissenschaftlern und Intellektuellen wurden seit ca. 1870 gesamtgesellschaftliche Maßnahmen zur Linderung sozialer Notlagen intensiver diskutiert, z. B. in den Reihen des 1872 gegründeten Vereins für Sozialpolitik. Es setzte sich die Ansicht durch, dass der Staat umfangreiche Reformen auf den Weg bringen müsse, um eine Eskalation der sozialen Spannungen oder gar eine Revolution zu vermeiden.

Tafelbild

Zahl der sozialen Einrichtungen in 4850 Unternehmen im Jahre 1876 in Preußen

Art der Einrichtungen	Zahl der Einrichtungen
Reingewinnbeteiligung	439
Kapitalbeteiligung	61
Betriebssparkassen	216
Fürsorge für Wohnungen	1655
Fürsorge für Nahrungsgüter	1043
Verbilligung von Nahrungsgütern	284
Fürsorge für Kleidung	893
Gesundheitspflege	1637
Seelsorge	43
Erziehung und Unterricht	254
Geistige und sittliche Ausbildung	78
Sonstige Einrichtungen	292
zusammen	6895

(Zit. nach: F.-W. Henning: Handbuch der Wirtschafts- und Sozialgeschichte Deutschlands, Bd. 2, Paderborn u. a. 1996, S. 760)

Welche Breite der betrieblichen Unterstützungsformen in der Zeit vor der Einführung der Sozialversicherungen schon bestand, zeigt folgende Tabelle. Sie berücksichtigt noch nicht einmal solche Einrichtungen, die von den Arbeitern selber, unabhängig von den Unternehmen, zwecks sozialer Absicherung geschaffen und verwaltet wurden (z. T. im Rahmen der Gewerkschaften). Auch die 2600 Betriebskrankenkassen, die 1876 im Deutschen Reich bestanden, sowie die Krankenkassen der Gemeinden, des Handwerks und der Knappschaften sind nicht eingeschlossen. Über die scheinbaren und die wirklichen Gründe für die Einführung des Sozialversicherungssystems im Deutschen

Reich herrscht keine Einigkeit. Es wird immer noch darum gestritten, ob es Bismarck vorwiegend um eine wirkliche Verbesserung der Situation von Arbeitern ging, die in Not geraten waren, oder ob es ihm primär darauf ankam, Arbeiter und kleine Angestellte von der Sozialdemokratie und den Gewerkschaften abzuhalten.

Zusatzinformationen zu den Materialien

D1 Die Tabelle (nach: Rainer Bölling/Johann Henseler (Hrsg.): Das deutsche Kaiserreich 1871–1918, Freiburg 1986, S. 47f.) zeigt, wie gering die Leistungen der Sozialversicherungen in den ersten Jahrzehnten ihres Bestehens ausfielen. Insbesondere für die Invaliditäts- und Altersversicherung waren die Bedingungen des Leistungsempfangs äußerst restriktiv. Aus der Perspektive der Regierung wurden die Leistungen wesentlich positiver dargestellt (vgl. das Plakat auf der ADS, S. 86).

Q3 Die Siedlung Altenhof I wurde 1892/93, Altenhof II zwischen 1907 und 1914 erbaut. Die Siedlungen wurden für Alte, Invaliden und Alleinstehende errichtet. Der Kruppsche Hausarchitekt Robert Schmohl griff mit den Siedlungen Anregungen der englischen Gartenstadtbewegung auf und übertrug diese in schlichterer Form auf die Essener Verhältnisse.

Q4 Das Bild klagt nicht an. Es zeigt vielmehr im Vordergrund zwei Männer (Meister?), die sich offenbar intensiv damit befassen, wie an der Maschine der Unfall hat geschehen können. Die Bierflasche vorn rechts deutet auch die Möglichkeit an, dass der Unfall unter Alkoholeinfluss passiert sein könnte. (siehe dazu: Sigrid und Wolfgang Jacobeit, Illustrierte Alltagsgeschichte des deutschen Volkes 1810–1900, Leipzig, Jena, Berlin 1987, S. 122).

Q5 Der berühmte Text bietet eine besondere Verständnisschwierigkeit: Marx bezieht den „Pauperismus"-Begriff ausschließlich auf die Fabrikarbeiter und nicht – wie es in den obigen Absätzen geschieht – auf die vor- bzw. nebenindustriellen Verhältnisse. Diese Diskrepanz zu dem bisher Gelernten muss auf jeden Fall thematisiert werden.

Q6 Das „Rauhe Haus" wurde 1833 in Hamburg-Horn, einem östlichen Vorort der Stadt, von dem Theologen Johann Hinrich Wichern (1808–1881) mit Unterstützung führender Hamburger Politiker und Kaufleute gegründet. Wichern war überzeugt, dass verwahrlosten und verwaisten Kindern aus den innerstädtischen Elendsvierteln nur durch ein „Rettungsdorf" vor den Toren der Stadt geholfen werden könne. Er vertrat die neue pädagogische Idee, dass seine „Zöglinge" nicht in einer der üblichen Erziehungskasernen aufwachsen sollten, sondern in Familien von zehn bis zwölf Kindern (anfangs nur Jungen) mit einem Betreuer, der sich zu ihnen wie ein großer Bruder verhalten sollte. Weil jede Familie ihr eigenes Haus bewohnen sollte, entstanden immer mehr Häuser auf dem Gelände. Um die wachsende Gemeinschaft zu organisieren, holte sich Wichern junge Handwerksgesellen als Helfer bzw. „Brüder", die er pädagogisch und theologisch zu „Armenziehern" ausbildete. Im Weiteren richtete er auch eine Ausbildungsstätte für Diakone, eine eigene Schule und einen Verlag ein.

Q7 Adolf Kolping (1813–1865) erlernte zunächst den Schusterberuf, holte dann das Abitur nach und wurde nach einem Theologie-Studium zum katholischen Priester geweiht. Seine Tätigkeit nahm er in Wuppertal auf, einer Stadt, die schon stark von den sozialen Folgen der Industrialisierung betroffen war. Mit den von ihm initiierten Gesellenvereinen verfolgte er das Ziel, die Handwerksgesellen, deren materielle Lage sehr prekär war, durch Erziehung sowohl von revolutionären Ideen als auch vom Abgleiten in Verzweiflung und Selbstaufgabe abzuhalten.

Q8 Papst Leo XIII. verkündete am 15.05.1891 die Enzyklika Rerum novarum (über die Arbeiterfrage). Es war dieses die erste der so genannten Sozialenzykliken. (Enzyklika = offizielles päpstliches Rundschreiben von grundsätzlicher Bedeutung). In Rerum novarum wurde die Forderung des marxistischen Sozialismus auf Vergesellschaftung der Produktionsmittel verworfen und der Klassenkampf verurteilt. Die Staaten wurden auf ihre Zuständigkeit für die Sicherung der Lebensgrundlagen der Menschen hingewiesen. Die Katholische Arbeiterbewegung (Arbeitervereine) sowie die gesamte christlich-soziale Bewegung wurden gefördert. Rerum novarum war der Ausgangspunkt der (katholischen) christlichen Soziallehre, ein Aufruf zu christlicher Sozialreform. Bedeutende Anstöße hierzu kamen von Bischof Ketteler, Mainz.

Zu den Fragen und Anregungen

1 Die Tabelle sollte Spalten bzw. Zeilen für die staatlichen, die unternehmerischen und die kirchlichen Maßnahmen zur Lösung der sozialen Frage enthalten.

2 Nach dieser Passage aus dem Kommunistischen Manifest macht die kapitalistische Produktionsweise es den Arbeitern unmöglich, sich innerhalb ihres Rahmens zu reproduzieren. Sie können sich noch nicht mal als Arbeiter erhalten, sinken vielmehr zu Paupers ab, müssen deshalb von der Gesellschaft unterstützt werden bzw. sind unweigerlich dazu gezwungen, sich gegen ihre Ausbeuter zur Wehr zu setzen. Marx malt hier ein Bild von der „Unfähigkeit" der „Kapitalistenklasse", das durch die weitere historische Entwicklung, insbesondere durch die Entwicklung des Sozialstaates, widerlegt ist.

3 Von der Bereitstellung der Räume erhoffte sich Kolping eine Selbstorganisation der Gesellen, die nicht nur der religiösen Erbauung, sondern auch deren beruflichem Fortkommen dienen sollte.

4 Zur Lösung dieser Aufgabe müssen sich die Schüler über die derzeitige Höhe und die Leistungen der Sozialversicherung informieren. Die aktuellen Beitragssätze zu den Sozialversicherungen belaufen sich für die Rentenversicherung auf 19,5%, für die Krankenversicherung auf 14,3% (Durchschnitt), für die Arbeitslosenversicherung auf 6,5% und für die Pflegeversicherung auf 1,7%.

7. Arbeiter organisieren sich

Konzeption

Die politische und ökonomische (gewerkschaftliche und genossenschaftliche) Selbstorganisation der Arbeiter ist ein herausragendes Kennzeichen der Industrialisierungs-

Industrialisierung und soziale Frage

epoche und wirkt bis in die Gegenwart fort – obwohl SPD und DGB mit ihren Vorläufern nur noch sehr wenig zu tun haben und sich auch öffentlich kaum noch in diese Traditionslinie stellen wollen. Was heute selbstverständlich ist, die politische Partizipation aller Bürger, musste erst durch die Gründung von Organisationen, die sich explizit als Vertreter der unterprivilegierten und benachteiligten Arbeitermassen verstanden, erkämpft werden.

Im VT wird der enge Zusammenhang zwischen der prekären sozialen Lage der Arbeiter und der Notwendigkeit sowohl gewerkschaftlicher als auch politischer Organisierung hervorgehoben.

Die Materialien stellen das Phänomen des Arbeitskonfliktes in den Mittelpunkt. Damit soll dazu beigetragen werden, Schüler zum Nachdenken über den Grund und die Notwendigkeit gewerkschaftlicher Organisationen in einer freien Marktwirtschaft anzuregen. Dies ist in einer Zeit, in der Auseinandersetzungen um Löhne und Arbeitszeit in der Öffentlichkeit oft nur noch als anachronistische Rituale längst vergangner gesellschaftlicher Frontstellungen empfunden bzw. dargestellt werden, dringend geboten. Der heutzutage oft leichtfertig erhobene Vorwurf, die Gewerkschaften würden einen Gruppenegoismus vertreten, der gegenüber der gesamtwirtschaftlichen Lage rücksichtslos sei, übersieht, dass in einer Marktwirtschaft eben auch die Arbeitnehmer wie alle anderen Wirtschaftssubjekte gezwungen und berechtigt sind, einen in ihren Augen angemessenen Preis für die von ihnen verkaufte Ware zu fordern und durchzusetzen. Allerdings soll den Schülern ebenfalls einsehbar gemacht werden, dass Arbeitskämpfe zur Zeit der Industrialisierung einen anderen Charakter besaßen als heutige Arbeitskämpfe: Sie waren nicht verrechtlicht und wurden oft mit großer Härte geführt. Der Entschluss, sich aktiv an einem Streik zu beteiligen, hatte für einen Arbeiter des 19. Jahrhunderts sehr viel ernstere Konsequenzen als für einen Arbeitnehmer des beginnenden 21. Jahrhunderts.

Aspekte der Unterrichtsgestaltung

Der Einstieg in das Kapitel kann über die Frage erfolgen, was Arbeiter damals tun konnten, um ihre miserable Lage zu verändern, um höhere Löhne und bessere Arbeitsbedingungen für sich zu erreichen. Auch heutige Schüler dürften noch darauf kommen, dass hierzu der organisatorische Zusammenschluss der Arbeiter und die Drohung mit der kollektiven Arbeitsniederlegung, gegebenenfalls auch der praktizierte Streik, erforderlich waren. Im Anschluss kann Q6 (Gemälde: Der Streik) besprochen und dabei darauf eingegangen werden, auf welche Risiken sich Arbeiter einließen, wenn sie die Arbeit niederlegten. Als konkretes Beispiel kann dann der Streik der Crimmitschauer Textilarbeiter von den Schülern selbstständig mittels Q3, Q4 und Q5 aufgearbeitet und analysiert werden.

Der Übergang zu der politischen Form der Arbeiterbewegung, der Sozialdemokratie, ergibt sich über die Frage, was die Arbeiter tun konnten, um auch über den Gesetzgeber eine Verbesserung ihrer Lage herbei zu führen. Die Antwort lässt sich Q2 (Das Gothaer Programm) entnehmen: Es sollte u. a. auf den Staat Einfluss genommen werden, um mit dessen Finanzmitteln „Produktivgenossenschaften" ins Leben zu rufen, die den Arbeitern einen „gerechten" Lohn garantieren sollten.

Nach einer Information über die Erfolge und die stetige Verbreitung der Arbeiterbewegung kann Q1 (Das Proletariat – der ruhende Riese) unter der Fragestellung betrachtet werden, welches Selbstverständnis der Arbeiterbewegung sich in der Postkarte ausdrückt.

Tafelbild

Arbeiter organisieren sich

Politisch: Sozialdemokratische Partei
Ziel: Beeinflussung von Regierungsentscheidungen zu Gunsten der Arbeiter
Mittel: Vertretung der Arbeiterinteressen im Parlament

Wirtschaftlich: Gewerkschaften und Genossenschaften
Ziel: Höhere Löhne, bessere Arbeitsbedingungen, billigere Lebensmittel
Mittel: Streik bzw. Drohung mit Streik

Zusatzinformationen zum Verfassertext

Auch die im VT nicht erwähnten Sozialistengesetze (1878–1890, vgl. „Leben im Deutschen Kaiserreich", Kapitel 4) konnten den Aufstieg der Arbeiterbewegung, die sich in den 1860er Jahren konstituiert hatte, mit ihren beiden Abteilungen (Gewerkschaften und Sozialdemokratische Partei) nicht aufhalten. Nach 1900 war die Tatsache unübersehbar, dass der monarchisch-konservativen Staatsführung eine immer stärkere und selbstbewusstere inner- und außerparlamentarische Opposition gegenüber stand. Die Zahl der Gewerkschaftsmitglieder stieg bis 1914 auf fast drei Millionen, die Zahl der SPD-Mitglieder auf mehr als eine Million. Die diversen Einzelgewerkschaften unterstanden seit 1890 der Generalkommission der Gewerkschaften Deutschlands, die starken Einfluss auf die Interessenvertretung nahm.

Zusatzinformationen zu den Materialien

Q1 Im Juli 1889 beschloss der Pariser Internationale Arbeiterkongress, den 1. Mai zum Feiertag der Arbeit zu erklären. Die Postkarte spielt sowohl auf Jonathan Swifts Buch „Gullivers Reisen" als auch auf den Satz „Alle Räder stehen still, wenn dein starker Arm es will" an. Abbildung aus: Agnete von Specht (Hrsg.): Streik. Realität und Mythos, Berlin 1992, S. 147. Erst unter den Nationalsozialisten wurde der 1. Mai offiziell zum Feiertag erhoben.

Q2 Auf dem Gothaer Parteitag schlossen sich die beiden bis dahin verfeindeten sozialdemokratischen Strömungen, der 1863 von Ferdinand Lassalle gegründete „Allgemeine Deutsche Arbeiterverein" und die von August Bebel und Wilhelm Liebknecht gegründete „Sozialdemokratische Arbeiterpartei Deutschlands", zur „Sozialistischen Arbeiterpartei Deutschlands" zusammen. Das Gothaer Programm, das von Karl Marx scharf kritisiert wurde, enthält einerseits eine Reihe von radikalen Forderungen („Verwandlung der Arbeitsmittel in Gemeingut der Ge-

Industrialisierung und soziale Frage

Tafelbild

Sozialdemokratische Stimmen und Abgeordnete bei den Reichstagswahlen von 1871–1912

Jahr	Stimmen für die Sozialdemokratie		Mandate im Reichstag	
	absolut	in %	absolut	in %
1871	124 655	3,2	2	0,5
1874	351 952	6,8	9	2,3
1877	493 288	9,1	13	3,0
1878	437 158	7,6	9	2,3
1881	311 961	6,1	13	3,0
1884	549 990	9,7	24	6,0
1887	763 128	10,1	11	2,8
1890	1 427 298	19,7	35	8,8
1893	1 786 738	23,2	44	11,1
1898	2 107 076	27,2	56	14,0
1903	3 010 771	31,7	81	20,3
1907	3 259 020	28,7	43	10,8
1912	4 250 399	34,7	110	27,7

(Zusammengestellt nach: Dieter Fricke: Die deutsche Arbeiterbewegung 1869 bis 1914, Berlin 1976, S. 526)

sellschaft"), andererseits aber auch eine Festlegung auf die „gesetzlichen Mittel". In der Ideenwelt der frühen Sozialdemokratie kam den mit staatlicher Unterstützung ins Leben zu rufenden „Produktivgenossenschaften" eine besondere Bedeutung zu: Sie sollten gewährleisten, dass auch eigentumslose Arbeiter an Arbeitsmittel gelangen und sich ein gerechtes Einkommen erarbeiten könnten

Q3 Postkarte 9 x 14 cm, Crimmitschau, Heimatmuseum.

Q4, Q5 An dem 22-wöchigen Streik in Crimmitschau im Jahr 1903 waren 7000 Arbeiterinnen und Arbeiter aus der Textilindustrie beteiligt. Der Streik, mit dem der Zehnstundentag und eine zehnprozentige Lohnerhöhung durchgesetzt werden sollte, wurde anfangs von Gewerkschaften aus anderen Branchen und von der Generalkommission der Gewerkschaften Deutschlands unterstützt. Organisierte und nicht organisierte Arbeiter im ganzen Deutschen Reich brachten ihre Solidarität mit den Streikenden zum Ausdruck und der Streikkasse flossen nicht unbeträchtliche finanzielle Mittel aus Spenden zu. Auf der anderen Seite wurden die Crimmitschauer Textilunternehmen in ihrer intransigenten Haltung von Industriellen aus anderen Wirtschaftszweigen bestärkt. Gleichzeitig intensivierten die Industriellen ihre Kontakte untereinander und riefen auf nationaler Ebene und für die Textilindustrie Zentralverbände ins Leben. Auf diese Art wurde aus dem lokalen Arbeitskampf eine prinzipielle Auseinandersetzung zwischen den Gewerkschaften und den Industrieverbänden im Deutschen Reich. Der Niederlage der Streikenden kam damit eine weit über den lokalen Rahmen hinaus reichende Bedeutung zu.

Q6 Gemälde, Öl auf Leinwand, 181,6 x 275,6 cm. Der Deutsch-Amerikaner Robert Koehler (1850–1917) wurde zu dem Gemälde durch einen Streik der Eisenbahner in Pittsburgh im Jahr 1877 bewegt.

Q7 Adelheid Popp (1869–1939) war das jüngste von 15 Kindern aus einer Weberfamilie. Sie arbeitete ab dem zehnten Lebensjahr als Dienstmädchen und Näherin, ab 1883 als Fabrikarbeiterin. Schon in früher Jugend erkrankte sie schwer. Ein Kollege ihres Bruders brachte ihr sozialdemokratische Ideen nahe. Seit 1889 wirkte sie im Wiener Arbeiterinnen-Bildungsvereins mit und trat in sozialdemokratischen Versammlungen als Rednerin auf. 1892 wurde sie Redakteurin der sozialdemokratischen „Arbeiterinnen-Zeitung" und nahm von dieser Position aus erheblichen Einfluss auf sozialdemokratische Frauenorganisationen. In späteren Jahren war sie u. a. Mitglied des Parteivorstandes der SDAP, Abgeordnete in der Nationalversammlung und im Nationalrat und Mitglied des Wiener Gemeinderates.

Zu den Fragen und Anregungen

1 Die Aufgabe soll dazu dienen, die verschiedenen Ebenen zu unterscheiden, auf denen sich Arbeiter organisierten: sozial (Unterstützungskassen) – ökonomisch (Gewerkschaften) – politisch (Parteien). Ferner soll erfasst werden, was durch die jeweilige Organisation bewirkt werden sollte (Linderung von Notlagen, Verbesserung der Arbeitsbedingungen und der Löhne, Vertretung von Arbeiterinteressen in der parlamentarisch-politischen Öffentlichkeit).

2 Es sollte vor allem erkannt werden, dass beide Seiten Unterstützung von anderen Gewerkschaften bzw. Unternehmen erhielten, dass es sich also um ein in Crimmitschau ausgetragenes allgemeines Kräftemessen handelte. Die Streikenden verfügten über eine gut gefüllte Streikkasse, ihnen waren zahlreiche Solidaritätsspenden zugegangen. Die Unternehmer sperrten aus, stellten „Arbeitswillige" bzw. „Streikbrecher" ein, setzten unter Polizeischutz die Produktion auf einer kleineren Stufenleiter fort und schlossen sich aus Anlass des Ausstandes ihrerseits zu einer nationalen und einer branchenspezifischen Organisation zusammen.

3 Einerseits hört sie angeblich, was sie angeblich schon immer empfunden hat – ihr wird aus der Seele gesprochen. Andererseits fühlt sie sich als Frau ausgeschlossen, weil fast nur Männer anwesend sind und die Redner sich nur an sie wenden. A. Popp gibt aber zu, dass sie selber es für „unweiblich" hielt, in einer solchen Versammlung das Wort zu ergreifen. Es stellt sich somit die Frage, ob ihr damals – im Alter von

16 oder 17 Jahren – die frauenspezifischen Probleme wirklich schon so bewusst waren, wie sie es in ihrer Erinnerung darstellt.

4 Die Postkarte drückt das Selbstverständnis der Arbeiterbewegung als einer unentbehrlichen und unüberwindbaren wirtschaftlichen Macht aus. Andere Personen, Gruppen und Gegenstände erscheinen demgegenüber wie Zwerge und Spielzeug.

5 Im Mittelpunkt steht der Gedanke, dass die Arbeiter von der „Kapitalistenklasse" abhängig sind, weil diese allein über die Arbeitsmittel verfügt. Die Position der Arbeiter wird über die These ins Recht gesetzt, dass aller Reichtum allein aus der Arbeit resultiert. Die Lösung der sozialen Frage wird von Produktivgenossenschaften erwartet, die mit finanzieller Hilfe des Staates eingerichtet werden sollen.

6 Bei der großen Mehrheit der Personen auf dem Bild handelt es sich um aufgeregt-empörte Arbeiter, die von der Fabrik im Hintergrund rechts zu dem Gebäude im Vordergrund links eilen. Einige Arbeiter informieren sich noch gegenseitig oder diskutieren die Geschehnisse. Der Säulenvorbau und das gusseiserne Treppengeländer deuten auf ein repräsentatives Gebäude hin, die Fabrikantenvilla oder die Fabrikverwaltung. Der Herr mit Zylinder auf der Treppe, der von einem weiteren Mann im Anzug begleitet wird, tritt den Arbeitern, die vor der Treppe verharren, gegenüber. Ein Wortführer bringt die Beschwerden oder Forderungen vor. Die drohende Eskalation der Situation wird vor allem durch die Gestalt des Arbeiters vorne rechts ausgedrückt, der sich nach einem Stein bückt. In der Mitte des Bildes versucht eine Frau, einen Arbeiter von unbedachten Taten abzuhalten. Am linken Bildgrund ist eine besorgte Arbeiterfrau mit zwei Kindern zu sehen. Sie soll daran erinnern, dass im Falle eines Streiks der Lebensunterhalt vieler Familien gefährdet war.

Die Aufgaben lassen sich leichter lösen, wenn das Bild kopiert und dabei auch noch vergrößert wird. Die Schüler können dann auf dem Blatt die verschiedenen Personen/Gruppen kennzeichnen und deren Gedanken und Äußerungen als Sprechblasen eintragen.

8. *Vom Leinentuch zum Zeppelin – Industrialisierung in Südwestdeutschland*

Konzeption

Dem Kapitel liegt die zentrale Frage zugrunde, wie der rohstoffarme Südwesten den Sprung an die Spitze der industriellen Entwicklung in Deutschland schaffen konnte. Zunächst versuchten vor allem private Vereine die Industrie zu fördern, bevor jeweils auch der Staat zu Fördermaßnahmen bereit war. Entscheidend wurde der Ausbau des Bildungssektors in beiden Staaten sowie die jeweils individuelle Initiative von Unternehmern und Erfindern. Bereits bekannte Techniken wurden weiter entwickelt und in der zweiten Industrialisierungsphase wegweisend.

Die Materialien verdeutlichen gemäß der Konzeption auf der einen Seite die Maßnahmen der Vereine und des Staates zur Förderung der Industrie (Q1, Q2, Q5) auf der anderen Seite die unternehmerische Initiative sowie technischen Innovationen der künftigen Industriellen (Q2, Q3, Q4, Q6, Q7). Q2 ist ein Beispiel dafür, wie staatliche Förderung und unternehmerische Initiative sich gegenseitig ergänzen konnten.

Aspekte der Unterrichtsgestaltung

Als Einstieg sollte zunächst der eigene Ort in den Blick genommen werden: Welche Industrien sind ansässig, wie alt könnten sie sein, in welchem Verhältnis steht die industrielle Entwicklung zu den bekannten Themen Schwerindustrie, Infrastruktur, Eisenbahn, auf welche Faktoren könnten Unterschiede zurückgeführt werden. In einem zweiten Schritt kann das Wissen der Schüler zu ganz Baden-Württemberg ausgelotet werden: Kennen sie wichtige Industriestandorte, wie alt könnten sie sein, kennen sie wichtige Erfindungen? Ein Ergebnis müsste sein, dass weder Baden noch Württemberg über schwerindustrielle Zentren verfügt haben und die Industrialisierung daher anders verlaufen musste als im Saarland oder im Ruhrgebiet. Über den VT lässt sich diese Frage erschließen. Die Rolle einzelner Unternehmer lässt sich über die Materialien erschließen (Aufgabe 2). Anschließend können sowohl Gemeinsamkeiten als auch Unterschiede zwischen Baden und Württemberg thematisiert werden (Aufgabe 3 und 4). Das Thema sollte mit einem erneuten Blick auf den eigenen Ort abgeschlossen werden, dessen Industrialisierungsgeschichte jetzt in den Zusammenhang eingeordnet werden kann.

Zusatzinformationen zum Verfassertext

Das Königreich Württemberg, das Großherzogtum Baden und die Hohenzollerischen Fürstentümer Sigmaringen und Hechingen waren bis zur Mitte des 19. Jahrhunderts wirtschaftlich von Landwirtschaft und Handwerk geprägt. Politisch musste am Anfang des Jahrhunderts die napoleonische Neuordnung des deutschen Südwestens bewältigt werden. In Württemberg wurde 1817 die Leibeigenschaft aufgehoben, 1836 wurden durch drei Ablösegesetze die Fronen, 1848/49 schließlich die Abgaben und Zehnten aufgehoben. In Baden war der Ablöseprozess 1833 bereits abgeschlossen, während in Hohenzollern-Sigmaringen im selben Jahr erst die Leibeigenschaft aufgehoben wurde. Erst 1862 wird in Baden und Württemberg die Gewerbefreiheit eingeführt. Bereits 1828 wurde zwar jedem Württemberger die Ausübung eines Gewerbes erlaubt, die Zünfte und ihre Zwänge bestanden aber weiter und hemmten zunächst die Entwicklung. Beide Staaten gründeten erst 1870/71 staatliche Banken. Bis dahin waren Unternehmer auf private oder ausländische Kapitalbeschaffung angewiesen.

Die industrielle Entwicklung setzte um die Mitte des 19. Jahrhunderts zuerst in Baden entlang des Rheins ein. Für die Erschließung Württembergs wurde der Eisenbahnbau entscheidend, der ab 1843 vom Staat übernommen wurde. 1851 verfügte Württemberg über ein Netz von 251 km Länge, 1870 waren es 1052 km (Baden 959 km). In unmittelbarem Zusammenhang mit dem Eisenbahnbau wurde in den 60er Jahren der industrielle Durchbruch im deutschen Südwesten erreicht. Seit dem späten Mittelalter

Industrialisierung und soziale Frage

war die Textilherstellung, v.a. die Leinenweberei verbreitet. Zu Beginn des 19. Jahrhunderts versuchten Unternehmer den Spinn- und Webvorgang zu rationalisieren: die ersten Fabriken entstanden, das Textilgewerbe wurde zum Leitsektor. Mit dem Ausbau der industriellen Textilherstellung nahm auch der Maschinenbau seinen Aufschwung. Wegen starker ausländischer Konkurrenz mussten auch andere Branchen, z. B. die Uhrmacherei, ihre Produktionsweise umstellen. Mit der Entdeckung der elektrischen Energie konnte schließlich der Standortnachteil im deutschen Südwesten ausgeglichen werden.

Zusatzinformationen zu den Materialien

Q1 Der Eisenbahnbau war in der damaligen Zeit eine technische Meisterleistung. Für die Strecke um den Isteiner Klotz mussten Tunnel gesprengt und Terrassen angelegt werden. Die Arbeiten waren überwiegend Handarbeit und nicht ungefährlich, wie zahlreiche Unfälle belegen.
Q2 Die Aktie liegt heute im Daimler-Benz Konzernarchiv in Stuttgart. Sie wurde in Esslingen am 16. August 1847 von Oberlieutenant Louis von Valois in Ulm für 10 000 Gulden des süddeutschen Münz-Conventions-Fußes erworben. Die Maschinenfabrik Esslingen versorgte nicht nur die württembergische Staatseisenbahn, sie entwickelte sich zu einer der führenden deutschen Lokomotivfabriken. 1857 beschäftigte sie ca. 1000, 1880 fast 2000 Arbeiter.
Q3 Daniel Straub (1815–1889) war Sohn einer Geislinger Familie, der seit 1860 zwei Wassermühlen im Rohrachtal gehörten, die er technisch verbesserte. Als 1847 der Bau der Eisenbahnstrecke von Geislingen über die Alb begann, richtete er in einer seiner Mühlen eine Reparaturwerkstatt für den Baubetrieb ein. Nach Beendigung der Arbeiten baute er die Werkstatt zu einer kleinen Maschinenfabrik aus. Das Mühlrad betrieb er tagsüber für die Maschinen, nachts mahlte es Getreide. Er machte sich mit Fachliteratur vertraut und unternahm Reisen. Sein Sohn besuchte das Polytechnikum in Stuttgart. 1852 entdeckte er auf einer Ausstellung in Paris die Technik der mechanischen Silberblattierung und stellte bereits ein Jahr später versilbertes Besteck, Kannen und Schüsseln her. 1880 fusionierte er mit einer weiteren Metallwarenfabrik und wandelte seine Firma unter dem Namen „Württembergische Metallwarenfabrik" (WMF) in eine Aktiengesellschaft um.
Q4 Bereits 1809 erkannte der 23-jährige Johann Georg Bodmer aus Zürich die Chancen einer Mechanisierung des südwestdeutschen Textilgewerbes. Er gründete in dem leer stehenden, säkularisierten Kloster St. Blasien die erste Baumwollspinnerei Badens.
Q5 Das Ziel der Zeitung war Wirtschaftsförderung durch Information: Unterrichtung über neue Technologien und Forschungsergebnisse aus aller Welt, über internationale Entwicklungen sowie praktische Tipps für Unternehmen. Auch heute noch geben die Handels- und Gewerbekammern mit den gleichen Zielen Mitteilungen an Mitglieder und Interessenten heraus.
Q6 Noch vor dem ersten Auto entstand 1885 in Cannstatt das erste Motorrad der Welt. Der von Gottlieb Daimler entwickelte „Reitwagen" war mit zweiseitigen Stützrädern und mit einem luftgekühlten, stehenden Ein-Zylinder-Motor ausgerüstet. Am 10. November 1885 demonstrierte Maybach öffentlich die Brauchbarkeit dieses ersten Motorfahrzeugs.
Q7 Siehe Kapitel 4, Q6.

Zu den Fragen und Anregungen

1 Erkannt werden soll die anfängliche Zurückhaltung des Staates sowie die dann folgenden Fördermaßnahmen: Eisenbahnbau, Kredit, Regierungskommissionen erkundigen sich vor Ort, Gründung der Centralstelle, Benennung von konkreten Zielen der Centralstelle.
2 Eigeninitiative, Risikobereitschaft, Ausdauer, Dialogbereitschaft, Fortbildung durch Lektüre, Reisen oder Mitarbeit, Sparsamkeit, technisches Interesse, Erfindergeist
3 Lage an günstigen Verkehrswegen, Nähe zu größeren Ortschaften (Arbeiter), Kraftwerke, Entstehung aus alten Gewerbegebieten, Nähe zum Ausland (Kapital).
4 Oberbegriffe: Verkehrswege/Infrastruktur, staatliche/private Förderung, politische Reformen, Kapitalbeschaffung, Unternehmerinitiative.

Werkstatt:
Die moderne Stadt entsteht

Konzeption

In dem Werkstattkapitel sollen die Schüler am Beispiel der Stadt erarbeiten, welchen Einfluss die Industrialisierung auf die Alltagsgestaltung der Menschen nahm. Die Städte wuchsen nicht nur enorm, es änderten sich die Wohnformen, das soziale Zusammenleben sowie die Gestaltung der Freizeit. Die Technik zog in das städtische Alltagsleben ein. Das bedeutete nicht nur neuen Komfort, sondern auch neue Belastungen und Gefahren. Züge, Straßenbahnen und Autos machten Lärm, Fahrzeuge und Fabriken verursachten Abgase, häufig wurde gebaut und dabei lebten die Menschen immer enger aufeinander. Ziel des Kapitels ist es, Vor- und Nachteile der städtischen Modernisierung aufzuzeigen.

Aspekte der Unterrichtsgestaltung

Neben dem industriellen Arbeitsprozess stellte das Leben in der modernen Großstadt wohl die größte Veränderung im Leben der Menschen dar. Als Einstieg in die Werkstattarbeit lassen sich daher alle bisher bekannten Veränderungen noch einmal wiederholen um dann die Stadt in den Blick zu nehmen. Fragen und Anregungen zielen dann auf eine Erarbeitung sowohl der einzelnen Veränderungen, als auch auf deren Bewertung hin.

Zusatzinformationen zu den Materialien

Q1 Die belebte Geschäftsstraße zeigt deutlich die Vielseitigkeit der Veränderungen: Straßenbahnen, Straßenbeleuchtung, Litfasssäule (Konsum, Freizeitgestaltung), Geschäfte (veränderte Versorgungssituation) mehrstöckige Wohn- oder Geschäftshäuser. Auffallend ist das bürgerliche Publikum. Es ist deutlich, dass Arbeiter in dieser

Straße nicht verkehren und damit schon das Stadtbild die soziale Differenzierung widerspiegelt.
Q2 1861 wurde für Tübingen eine Gasbeleuchtung angeregt. Im März 1862 erhielt der Direktor des Nürnberger Gaswerkes den Auftrag, in Tübingen ein Gaswerk zu bauen und die dazu gehörigen Lampen mit einem etwa 10 km langen unterirdischen Rohrleitungsnetz zu installieren. Bereits im Oktober konnte das Gaswerk eingeweiht werden, das täglich ca. 500 m^3 Gas produzierte. Die Öfen mussten dafür mit ca. 1500 kg Saarkohle befeuert werden. Der Gaspreis war so hoch, dass sich Privatpersonen in den seltensten Fällen eine Gasbeleuchtung leisten konnten. Die Nachfrage stieg trotzdem beständig, so dass das Werk bald Gewinn abwarf und die Preise fielen. Das Werk musste bald umgebaut und erweitert werden.
Q3 Der Lindenhof präsentierte sich äußerlich ganz charakteristisch für viele Stuttgarter Neubauten jener Zeit in einer Mischung aus Renaissance- und Barockformen. Zu seiner fortschrittlichen Ausstattung gehörten z. B. große Bäder in den Wohnungen.
Q6 Die Nachfrage nach Energie stieg so explosiv (vgl. Q2), dass die Stadt Tübingen 1902 ein eigenes Elektrizitätswerk einrichtete. Der flexible Strom verdrängte nun das Gas v. a. auch auf dem Beleuchtungssektor. Gas wurde jetzt als Wärmelieferung und im Haushalt eingesetzt. 1906 mussten bereits 1,3 Mill. m^3 Gas im alten Werk erzeugt werden. Aus dem überhitzten Schlot stiegen schwarze Rauchwolken.
Q7 Siehe Kapitel 8, Q3.
Q9 Sowohl der Personenverkehr als auch der Güterverkehr wurde statistisch erfasst. Aus den erhobenen Daten leitete man ab, welche Neuerungen und Umbaumaßnahmen erforderlich sein würden: Schienenübergänge wurden angepasst oder verbessert, Gleisführungen wurden neu eingerichtet, neue Rangierbahnhöfe mussten eingerichtet werden, ebenso Diensträume, Güterschuppen oder Ladegleise.

Zu den Fragen und Anregungen

1 Die Aufgabe zielt auf eine genaue Beschreibung aller zu beobachtenden Veränderungen, die vor allem auch im Vergleich erhoben werden sollen.
2 Das Streitgespräch soll zur kontroversen Bewertung der Modernisierung führen. Im Anschluss an die Ergebnisvorstellung sollte die persönliche Sicht der Schüler auch auf die heutige moderne Stadt angesprochen werden, um der kritischen Überprüfung eigener Positionen Raum zu geben.
3 Die Werkstatt wurde deutlich in regionalgeschichtlicher Perspektive entwickelt. Die selbständige Einordnung der spezifischen örtlichen Gegebenheiten stellt eine weitere Vertiefung des Themas dar.

9. Folgen für die Umwelt

Konzeption

Das Kapitel ist stark gegenwarts- und zukunftsbezogen, wendet sich von dem heute erreichten Stand des Umweltschutzes und des Umweltbewusstseins der Vergangenheit zu und geht der Frage nach, wie die Menschen in der Phase des expandierenden Industriesystems auf die Umwelt- und Gesundheitsbelastungen reagierten. Zwar zeichneten sich die ökologischen Kosten einer auf permanentem Wachstum basierenden Volkswirtschaft schon um 1900 deutlich ab, jedoch sollte sich dieser kritische Blick auf den wirtschaftlichen Entwicklungsprozess erst Jahrzehnte später als wissenschaftliches und politisches Paradigma durchsetzen. Der VT konzentriert sich auf den neuen Energieträger Kohle, auf die punktuelle Wahrnehmung von Umweltproblemen, auf den Umgang mit Trink-, Brauch- und Abwasser sowie schließlich auf die erstmalige Festlegung von „Grenzwerten" im Fall der nord- und mitteldeutschen Kaliindustrie.
Die Abbildungen zu dem Gletscher (Q1 und 2) und zu den Baumstämmen (Q3) sollen durch den Vergleich die nahezu unmerklichen, sehr langfristigen Auswirkungen der industriellen Umweltbeeinflussung auf Natur, Klima und Landschaft deutlich machen. Der Leserbrief aus dem Sobernheimer Intelligenzblatt (Q5) enthält – bezogen auf einen konkreten Umweltkonflikt – typische Argumentationsmuster, wie sie von Unternehmen vorgebracht wurden (und werden), die für die Verursachung von Umweltschäden verantwortlich gemacht werden. Der Text von Ludwig Klages (Q6) sollte verwendet werden, um eine vermitteltere, ins Philosophisch-Ideologische gewendete Art der Reaktion auf die Wahrnehmung der Naturzerstörung zu thematisieren. Mit ihrer Kritik am „Fortschritt" kann die Quelle gleichzeitig dazu benutzt werden, im Rückblick auf das gesamte Industrialisierungskapitel eine Art Bilanz zu ziehen. Eine ähnliche Kritik lässt sich dem Gemälde von L Brandt entnehmen (Q4).

Aspekte der Unterrichtsgestaltung

Als Einstieg kann die Kritik an dem Wachstums- und Industrialisierungsprozess dienen, wie sie in dem Gemälde (Q4) und in der Klages-Rede (Q6) zum Ausdruck kommt. Im Anschluss können die Schüler anhand von Q1 und Q2 (Gletscher) und Q3 (Baumstamm) zu der Überlegung aufgefordert werden, auf welche langfristigen ökologischen Auswirkungen der Industrialisierung damit verwiesen wird und welche sonstigen Auswirkungen ihnen bekannt sind.

Tafelbild

Grenzenloses Wachstum ohne Rücksicht auf Mensch und Natur?

Längerfristige ökologische Auswirkungen der industriellen Produktionsweise aus heutiger Sicht:
- Verbrauch nicht erneuerbarer natürlicher Ressourcen
- Klimaerwärmung
- Vergiftung von Luft, Wasser und Boden durch Schadstoffe.

Sicht auf Umwelt- und Gesundheitsgefahren während der Industrialisierung:
- Soziale Probleme überlagerten ökologische Probleme
- Keine Umweltschutzgesetzgebung
- Konflikte um Umweltfragen wurden privatrechtlich ausgetragen
- Fehlendes ökologisches Wissen und Bewusstsein.

Der Leserbrief stellt sodann einen konkreten Fall vor, wie vor gut 100 Jahren Unternehmen auf Vorwürfe reagierten, durch ihre Produktion werde das Eigentum anderer beeinträchtigt oder geschädigt. Anknüpfend an den Gedankengang des Leserbriefs kann nach ähnlichen Argumentationsmustern (Verbot oder Begrenzung umwelt- und gesundheitsschädlicher Emissionen kontra wirtschaftliche Leistungen eines Unternehmens für eine Region) in heutigen Auseinandersetzungen gefragt werden.

Zusatzinformationen zum Verfassertext

Umweltprobleme gibt es nicht erst seit der Industrialisierung. Gerade auch in den vorindustriellen Städten wurde die Gesundheit und das Wohlbefinden der Bewohner oftmals erheblich beeinträchtigt (Gestank von Gerbereien oder Fleischereien, Lärm aus Werkstätten, fehlende Kanalisation etc.). Außerhalb der Städte kam es vielerorts zum Raubbau an natürlichen Ressourcen, z. B. in der Nähe von Glashütten oder Eisen erzeugenden Betrieben, die große Mengen an Brennholz benötigten und dafür ganze Gegenden entwaldeten. Mit der Industrialisierung und der Urbanisierung spitzte sich aber der rücksichtslose Umgang mit den natürlichen Grundlagen des Lebens quantitativ und qualitativ (z. B. durch die Produkte der neu aufkommenden Chemieindustrie) zu. Abfälle, Abwässer und Emissionen aus Industrie und Privathaushalten wurden lange Zeit ohne Nachdenken über langfristige Auswirkungen in die Luft, in die Gewässer oder in einfache Deponien „entsorgt". Staatlicherseits wurde lange Zeit keine Notwendigkeit gesehen, die Unternehmen mit Verboten, Beschränkungen oder Kontrollen zu behelligen. Wenn es zu Konflikten darum kam, wie Unternehmen die Umwelt verschmutzten oder vergifteten, so wurden sie meistens auf zivilrechtlicher Ebene ausgetragen, weil dadurch andere (z. B. Landwirte) in der Nutzung ihres Eigentums beeinträchtigt wurden.

Zusatzinformationen zu den Materialien

Q1 und **Q2** Die zwei Fotos dokumentieren indirekt die durch den gestiegenen Kohlendioxydausstoß verursachte Klimaerwärmung, die überall auf der Welt dazu führt, dass Gletscher und die Eismassen an den Polkappen schmelzen. Nachrichten über die damit verbundenen Naturkatastrophen sind heutzutage an der Tagesordnung. Eine Sammlung weiterer vergleichender Bilder zum Zustand von Gletschern in Vergangenheit und Gegenwart findet sich unter http://www.gletscherarchiv.de.
Q3 Die Abbildung soll auf die hemmenden Auswirkungen industrieller Emissionen auf das Wachstum von Pflanzen hinweisen. Sie wurde entnommen aus U. Gilhaus, „Schmerzenskinder der Industrie". Umweltverschmutzung, Umweltpolitik und sozialer Protest im Industriezeitalter Westfalens, Paderborn 1995, S. 132.
Q4 Das Gemälde soll die Versiegelung der Natur veranschaulichen, wie sie vor allem durch den Bau von Verkehrsflächen erfolgt. Der riesige Parkplatz erstreckt sich bis an den Horizont, aus seiner Mitte ragt ein einzelner, halb abgestorbener, älterer Baum heraus. Links im Hintergrund ist eine Fabrik zu sehen, aus der Rauschschwaden entweichen. Rechts im Hintergrund scheint ein Vogelschwarm aus dem Bild heraus zu fliegen, ein weiteres Moment der verschwindenden Natur.
Q5 Sobernheimer Intelligenzblatt, Nr. 87, 07.06.1905 und Nr. 90, 10.06.1905. Der Verfasser des Briefes leugnet nicht einfach, dass die Leimfabrik der Verursacher des Fischsterbens sein könne, sondern wirft offensiv die Frage auf, ob die Interessen der Industrie, die Steuern zahle und Arbeitsplätze schaffe, nicht wichtiger seien als die Interessen der Fischerei und der Spaziergänger.
Q6 Der Psychologe und Philosoph Ludwig Klages (1872 bis 1956) legte die Grundlagen für die wissenschaftliche Graphologie und verfasste Werke zur Charakterkunde und Ausdruckslehre. Die Jugendbewegung um 1900 war von der Idee getragen, in Gemeinschaften, denen ausschließlich Jugendliche angehörten, intensivere und wahrhaftigere Formen des Zusammenlebens abseits der technisierten und ökonomisierten Gesellschaft zu praktizieren. Unter der Bezeichnung „Wandervogel" schlossen sich Jugendliche zu gleich- oder gemischtgeschlechtlichen Gruppen zusammen, für die Wanderungen in die mehr oder weniger unberührte Natur den Rahmen für ein alternatives Gemeinschaftserlebnis bildeten.

Zu den Fragen und Anregungen

1 Zerstörung der Natur, Klimawandel, Fischsterben, Bedrohung von Tier- und Pflanzenarten, Vernichtung der natürlichen Vielseitigkeit, Vernichtung von Landschaft.
2 Abwägungen zwischen dem Nutzen von Fabriken (Arbeitsplätze, Steuereinnahmen etc.) und Beschränkungen ihrer Aktivitäten aus Gründen des Umwelt- und Naturschutzes gehören zum Alltag demokratisch und marktwirtschaftlich verfasster Gesellschaften. Als Argumente gegen den Leserbrief können genannt werden: Erhalt der Natur und Artenvielfalt, Unversehrtheit der göttlichen Schöpfung, längerfristige Schäden auch für die Arbeiter, Möglichkeiten umweltschonender Abwasserbeseitigung suchen.
3 Die Fishbowl-Diskussion soll den Industrialisierungsprozess abschließend bewertend in den Blick nehmen.

Lernen lernen: Fachlexika benutzen

Aspekte der Unterrichtsgestaltung

Die Schüler sollen mit dem Aufbau und der fachgerechten Benutzung von Lexika vertraut gemacht werden. Es empfiehlt sich, dies während der Erarbeitung des vorliegenden Kapitels zu tun. In den einzelnen Unterkapiteln werden dazu immer wieder Vorschläge gemacht und Aufgaben formuliert. Hilfreich ist die konkrete Vorstellung einzelner Lexika, bzw. ein Besuch der Schülerbibliothek. Das Nachschlagen bestimmter Begriffe in Register oder Inhaltsverzeichnis sollte von den Schülern unter Anleitung geübt werden, ebenso das Ersetzen von Suchbegriffen, die nicht zum Ergebnis geführt haben.

Deutsche streben nach Freiheit und Einheit

Inhalte und Schwerpunkte

Die Jahre von 1815 bis 1848 sind für die weitere deutsche Geschichte des 19. und 20. Jahrhunderts von zentraler Bedeutung. Auf dem Wiener Kongress wurde die Staatenwelt Europas nach den Umwälzungen durch die Französische Revolution und die napoleonische Ära neu geordnet. Im Zentrum der entstehenden „Wiener Ordnung", die in ihren Grundzügen bis zum Ausbruch des Ersten Weltkrieges stabil bleiben sollte, fand sich der Deutsche Bund, dessen Hauptfunktion es war, von der Mitte Europas aus das europäische Gleichgewicht auszutarieren und zu stabilisieren. Diese Funktion führte in Verbindung mit seiner übernationalen Konstruktion dazu, dass der Deutsche Bund antagonistisch zu den sich formierenden nationalen und liberalen Strömungen stand. Seit 1815 bildete sich in Deutschland mehr und mehr eine gesamtnationale „politische" Öffentlichkeit, die von einem selbstbewussten Bürgertum getragen wurde. In klarer Opposition zur „Wiener Ordnung" gab es dabei keine Gegensätze zwischen den liberalen und nationalen Forderungen: Der liberal verfasste Nationalstaat war selbstverständliches Ziel. Vom Wartburgfest 1817 über die Begeisterung für den griechischen Freiheitskampf bis zum Hambacher Fest 1834 wuchs die Stärke der Oppositionsbewegung an. Zu einem durchgreifenden Erfolg kam es jedoch nicht. Abgesehen von wenigen süddeutschen Staaten, in denen liberale Verfassungen erlassen wurden, dominierten in Deutschland absolutistisch regierende Monarchen – an der Spitze das Königreich Preußen und das Kaiserreich Österreich. Die Reaktion wurde zum Kennzeichen ihrer Politik. Somit war weder das Streben nach einem gemeinsamen Nationalstaat noch nach einem liberal verfassten Staat bis 1848 nennenswert erfolgreich.

Die Jahre von 1815 bis 1848 werden in drei Kapiteln zusammengefasst. In den ersten beiden werden die Neuordnung Europas auf dem Wiener Kongress, die Entstehung der nationalen und liberalen Bewegung auf dem Gebiet des Deutschen Bundes und die Reaktionen der Bundesregierungen (unter maßgeblicher Impulsgebung Metternichs) behandelt. Integriert ist eine „Gewusst-wie"-Doppelseite zum Thema „Karikaturen verstehen und deuten", in der eine Karikatur zu den Folgen der Karlsbader Beschlüsse entschlüsselt wird. Das folgende Kapitel schließt den Bogen bis zum Ausbruch der Revolution von 1848. Anhand der französischen Julirevolution, des Hambacher Festes und der Rheinkrise von 1840 wird die explosive Stimmung des Vormärz exemplarisch behandelt; die verstärkte Repression wie auch die anwachsenden sozialen Spannungen werden dargestellt; andererseits wird die Herausbildung der bürgerlichen Kultur des Biedermeier gezeigt, die bis in die Gegenwart bürgerliche Verhaltensweisen bestimmt.

Die Revolution von 1848 wird in vier Kapiteln behandelt: Zum einen wird auf der politischen Ebene die Arbeit der Nationalversammlung vorgestellt mit ihrem doppelten Bemühen, eine Verfassung auszuarbeiten und gleichzeitig den deutschen Nationalstaat zu schaffen, für den diese Verfassung gelten soll. Zum anderen werden auf einer gesellschaftlichen Ebene die Forderungen der revolutionären Koalitionspartner Bürger, Bauern, Arbeiter, Frauen herausgestellt, verglichen und diskutiert. Dabei werden auch die unterschiedlichen Aktionsformen deutlich, im Rahmen derer die so genannten „Märzforderungen" vorgebracht wurden. Darüberhinaus wird der besondere Verlauf der Revolution am Beispiel Baden vorgestellt. Eingebunden ist eine „Gewusst-wie"-Doppelseite zum Thema „Ein Lied als historische Quelle".

Die beiden letzten Kapitel der Themeneinheit zeigen den Weg zur kleindeutschen Lösung in den Jahren 1848 bis 1871. Die Revolution von 1848 war mit ihren beiden Hauptzielen gescheitert: der Parlamentarisierung Deutschlands und der Gründung eines Nationalstaates. Im Unterschied zu 1815 blieb die deutsche Frage jedoch auf der Tagesordnung mitteleuropäischer Politik. In diesen Kontext gehört, dass die Ereignisse von 1848 das Einvernehmen der beiden deutschen Großmächte zerstört hatten. In der Folgezeit entwickelte sich ein preußisch-österreichischer Dualismus, der schließlich 1866 in eine kriegerische Auseinandersetzung mündete. 1871 wurde dann – noch während des deutsch-französischen Krieges – das Deutsche Reich als kleindeutsche Reichsgründung unter preußischer Führung gegründet.

Doch war diese Abfolge zwingend? Am Anfang von Kapitel 9 werden verschiedene Optionen zur Lösung der deutschen Frage benannt. Es wird aber auch deutlich, dass Preußen immer mehr Gewicht in dieser Frage bekommt und in eine Schlüsselrolle hineinwächst. Im Rückblick wurde die Ernennung Bismarcks zum Ministerpräsidenten zur eigentlichen Zäsur. Sowohl der innere Konfliktkurs Bismarcks als auch dessen dynamische Außenpolitik werden zusammenfassend behandelt, ohne andere Optionen auszuschließen. Am Schluss des 9. Kapitels steht die Herbeiführung einer kleindeutschen Lösung im Rahmen der europäischen Gleichgewichtsordnung und die entscheidende Schwächung der Rechte des Parlaments – und damit der liberalen Bewegung. Im Abschlusskapitel wird diese Linie weitergeführt. Der Deutsch-Französische Krieg steht am Ende des französischen Hegemonialanspruchs und am Anfang der neuen, halbhegemonialen Rolle des Deutschen Reiches. Betont wird die Verknüpfung von Reichsgründung und Krieg mit Frankreich, die auch für die innere Entwicklung des Deutschen Reiches von langfristiger Bedeutung war. Damit schließt sich der Kreis der Entwicklung ab 1815: Die nationale Bewegung ist (allerdings ohne die deutschen Gebiete Österreichs) erfolgreich, kann jedoch ihre liberalen Ziele nicht durchsetzen. Aufgrund der herausragenden Rolle Bismarcks während der Reichsgründung findet sich im letzten Kapitel eine Werkstatt-Seite zu Bismarck.

Auftaktdoppelseite 134/135

In der Anmoderation werden einerseits die Grundlagen für die Entwicklung „Deutschlands" von 1815 bis 1871 skizziert, andererseits aber auch zentrale Fragen benannt, welche diese Zeitspanne prägten. In Verbindung mit der Materialienauswahl sollen so die verschiedenen Entwicklungslinien und die damit verbundenen Entscheidungen gezeigt werden.

Zu der Materialienauswahl

Die zeitgenössische Darstellung der „Göttinger Sieben" zeigt: den Historiker Friedrich Christoph Dahlmann (Mitte), den Rechtshistoriker Wilhelm Eduard Albrecht, den Theologen und Orientalisten Heinrich von Ewald, den Historiker und Literaturhistoriker Georg Gottfried Gervinus, den Physiker Wilhelm Weber und die Germanisten Jacob und Wilhelm Grimm (unten). Die sieben Professoren protestierten am 18. November 1837 öffentlich gegen die Aufhebung der Verfassung des Königreiches Hannover durch König Ernst August II. und wurden deshalb aus ihren Ämtern entlassen. In ihrem Protest beriefen sich die Professoren auf ihren Verfassungseid (im Königreich Hannover), durch den sie verpflichtet seien, zur Verteidigung der Verfassung der Staatsgewalt entgegenzutreten. Die öffentliche Meinung nahm fast einhellig für die Göttinger Professoren Partei. Ihr Schritt trug wesentlich zur Stärkung des deutschen Liberalismus bei.

Die zeitgenössische Illustration zeigt die nachträgliche Verherrlichung und Stilisierung der Barrikadenkämpfer von 1848. Hervorzuheben ist die Entschlossenheit der dargestellten Bürger, ihre bürgerlichen Attribute und die schwarz-rot-goldene Fahne im Hintergrund. Die Illustration knüpft an entsprechende Darstellungen in Frankreich an und damit an den Mythos der „alles umstürzenden Revolution", der jedoch gerade für die 1848er Revolution nicht zutrifft.

Rechts oben folgt eine Darstellung des Paulskirchenparlaments: Die Parlamentarisierung und Verfassungsgebung, einschließlich der Benennung von (bürgerlichen) Grundrechten als Ziel der liberalen Bewegung in Deutschland werden in der Kombination der Materialien, beginnend mit den „Göttinger Sieben" deutlich.

Mit der rechts oben abgebildeten „Germania auf der Wacht am Rhein" wird nun das zweite zentrale Ziel der liberalen Bewegung gezeigt: Die Errichtung eines deutschen Nationalstaates; mit der zeitgenössischen Darstellung wird auch die stark antifranzösische Ausrichtung des deutschen Nationalgefühls gezeigt. Das hier abgebildete Schautuch ist auf die Zeit 1864 bis 1870 datiert und weist damit bereits über die Revolution 1848 hinaus: Mit der von Bismarck eingeleiteten kleindeutschen Einigungspolitik schiebt sich die nationale gegenüber der liberalen Frage in den Vordergrund und erreicht mit dem im Hintergrund (rechts unten) groß abgedruckten Aufruf „An das Deutsche Volk" des preußischen Königs seinen Schlusspunkt. Die Gründung des Deutschen Reiches in Folge eines Krieges mit Frankreich und von oben durch die Fürsten, nicht durch das liberale Bürgertum bestimmt, zeigt eine möglichen Lösung der 1815 aufgeworfenen Fragen über die zukünftige Entwicklung Deutschlands.

1. Die Neuordnung Europas: Der Wiener Kongress

Konzeption

Das Kapitel beginnt mit dem Wiener Kongress und dem damit verbundenen Versuch einer Neuordnung Europas. Dabei sollen die Schüler lernen, dass auf dem Kongress einige ausgewählte Monarchen bzw. deren Gesandte als Stellvertreter ihrer Staaten gemeinsam eine neue Ordnung für Europa ausgehandelt haben: Diese neue Ordnung entstand trotz der Interessengegensätze und war an der Idee eines Mächtegleichgewichts (bzw. der Verhinderung einer Hegemonie) ausgerichtet. Sie war von „oben" diktiert und bewusst gegen die Ideen der Französischen Revolution aufgebaut (Stichworte: Heilige Allianz, Restauration, Legitimitätsprinzip).

Dabei wird die Schlüsselfunktion Deutschlands in der Mitte Europas herausgearbeitet. Die internationalen Voraussetzungen für die Gründung des Deutschen Bundes und dessen entscheidende Bedeutung für das europäische Gleichgewicht werden vermittelt – aber auch dessen Unvollständigkeit und Beschränktheit hinsichtlich einer staatlichen Form für die Deutschen. Auf vertiefte Informationen zur Verfassungsdiskussion wird bewusst verzichtet. Auch die entstehende nationale und liberale Bewegung wird an dieser Stelle noch nicht breit thematisiert: ihr ist das Folgekapitel gewidmet.

Zentral ist das Zitat von Ludwig Heeren (Q2). Hier analysiert ein Zeitgenosse die Problematik der deutschen Einheit bezüglich eines gesamteuropäischen Gleichgewichts – eine Schlüsselquelle für die deutsche Geschichte im 19. und 20. Jahrhundert.

Die Freiherr vom Stein-Quelle (Q3) bildet einen Gegenpol zur Position von Ludwig Heeren. Sie konzentriert zeitgenössische Kritik. Dabei schließen die durch Freiherr vom Stein benannten Punkte an den Verfassertext und an die Ludwig Heeren Quelle an, auch wenn Volkssouveränität und Parlamentarismus hier nicht auftauchen – diese Begriffe würden das Kapitel überfrachten und sind im folgenden Abschnitt zur Zeit 1815 bis 1848 wesentlich sicherer zu vermitteln. (Ein weiterer Aspekt ist, dass eine Kritik an der inneren Ordnung des Deutschen Bundes – insbesondere die Verfassungsfrage – an dieser Stelle viele Schülerinnen und Schüler überfordern könnte.)

Die Textquelle Q4 ist in ihrer Kürze und Klarheit gut zur Analyse durch die Schülerinnen und Schüler geeignet. Inhaltlich ist sie zentral, da sie die besondere Zielsetzung des Deutschen Bundes im Unterschied zu nationalstaatlichen Ansätzen exemplarisch verdeutlicht.

Die Karte D1 ist ein Teil, keine Ergänzung des VT: Die territorialen Veränderungen im Verfassertext zu erklären, ist nicht sinnvoll. Der Stich Q1 transportiert die atmosphärische Situation des Wiener Kongresses. Entscheidend sind aber die soziologischen Informationen, die zum Verständnis des Wiener Kongresses und des Zeitalters der Restauration notwendig sind: Über Einrichtung, Kleidung und Haltung der abgebildeten Personen erschließt sich ein gesellschaftlicher (und damit auch ideologischer) Hintergrund. Weiter bietet sich ein Vergleich zu heutigen Verhandlungssituationen an. Außerdem kann über das Bild ein vertiefter Zugang zum Wiener Kongress bzw. zur entsprechenden Epoche erreicht werden. Ausgangspunkt sind hier die abgebildeten Personen, deren Biographien von den Schülern erarbeitet werden können.

Aspekte der Unterrichtsgestaltung

– Der Einstieg in das Thema kann über den Arbeitsauftrag 1 zu Q1 geschehen. Mit Hilfe einer entsprechenden Hausaufgabe können so die bestimmenden Persönlichkeiten des Kongresses und die restaurative Grundtendenz herausgearbeitet werden.

– Die Schülerinnen und Schüler erhalten den Auftrag, mithilfe des Verfassertextes (mit D1, Q4 und D2) die beiden Komplexe „Wiener Kongress" und „Deutscher Bund" zu erarbeiten. (Dabei können auch Fragen gesammelt werden.) In einem zweiten Schritt kann nun der Deutsche Bund mit Hilfe von Q2 und Q3 (ggf. auch Q4 und D2) problematisiert werden und dabei dessen Funktion für die europäische Gleichgewichtsordnung einerseits und dessen staatsbildende Funktion (oder auch staatsverhindernde Funktion) für Deutschland andererseits herausgearbeitet werden.

– Q4 und D2 können auch zu einer eigenständigen Erarbeitung des Deutschen Bundes durch die Schülerinnen und Schüler verknüpft werden (nachdem die territorialen Beschlüsse und die restaurative Gesamttendenz des Wiener Kongresses behandelt wurden). In einem zweiten Schritt können die Schülerinnen und Schüler dann eine Bewertung mithilfe von Q2 und Q3 vornehmen (vgl. Aufgaben 2 und 4).

Zusatzinformationen zu den Materialien

Q1 Der Pariser Hofkünstler Jean Baptiste Isabey war im Gefolge der französischen Delegation nach Wien gereist und hatte dort Portraitzeichnungen der Kongressteilnehmer angefertigt. Von dem später entstandenen Gemälde wurde ein Stich angefertigt, der hier abgedruckt ist, allerdings ohne seinen dekorativen und informativen Rahmen. Auf dem Bild wird der Sitzungsraum des Palais am Ballhausplatz in Wien abgebildet, in dem sich 23 Kongressteilnehmer wie zum Gruppenportrait versammelt haben.

Q2 Der Göttinger Historiker Arnold Hermann Ludwig Heeren (1760–1842) benannte in seinem zeitgenössischen Werk „Der Deutsche Bund in seinen Verhältnissen zu dem europäischen Staatensystem", in welchem direkten und unauflöslichen Zusammenhang die Verfassung Deutschlands zu Stabilität und Frieden ganz Europas stand.

Q3 Der ehemalige preußische leitende Minister vom Stein nahm am Wiener Kongress als Berater der russischen Delegation teil. In einer Denkschrift schlug er eine nationale Einigung Deutschlands unter einem konstitutionellen habsburgischen Kaisertum vor. Über den Deutschen Bund zeigte er sich, wie aus dem Text hervorgeht, enttäuscht. Vom Stein bringt die allgemeine Einschätzung des Deutschen Bundes bei den Vertretern der liberalen und nationalen Bewegung zum Ausdruck.

Q4 Der Deutsche Bund wurde am 8. Juni 1815 während des Wiener Kongresses durch einen Rahmenvertrag zwischen den deutschen Staaten gegründet (39 Regierungen nahmen ihn am 8. Juni 1815 an; Württemberg, Baden und Hessen-Homburg vollzogen erst nachträglich den Beitritt). Die Bundesakte wurde am 9. Juli 1815 in die Schlussakte des Wiener Kongresses integriert. Damit erkannten die unterzeichnenden europäischen Mächte die Existenz und Verfassung des Deutschen Bundes sowie den territorialen Besitzstand der Einzelstaaten völkerrechtlich an. Bereits 1815 war die weitere Ausgestaltung der Bundesakte beschlossen worden, die am 15. Mai 1820 mit der „Wiener Schlussakte" vollzogen wurde. Diese wurde am 8. Juli 1820 von der Bundesversammlung in Frankfurt a. M. als gleichwertiges zweites Bundesgrundgesetz neben der Bundesakte von 1815 verabschiedet. Der Deutsche Bund hatte damit seine endgültige verfassungsrechtliche Gestalt erhalten. Im Zuge der Restaurationspolitik nach 1815 brachte die Wiener Schlussakte die politisch und sozial konservativen Absichten des Bundes verstärkt zum Ausdruck: So wurde in Art. 57 die alleinige Verantwortung des Monarchen unterstrichen.

D1 Auf der Karte wird die weiter bestehende territoriale Zersplitterung Deutschlands sehr deutlich. Diese Tatsache erschwert auch eine Untersuchung der Karte selbst. Mit entsprechenden Hinweisen durch die Lehrkraft können die folgenden territorialen Ergebnisse des Wiener Kongresses herausgearbeitet werden:

– Preußen verliert einen Großteil seiner polnischen Gebiete an Russland, erhält als Ausgleich aber große Gebiete in der Nähe der französischen Grenze sowie Teile Sachsens.
– Russland erhält den größten Teil Polens (das so genannte „Kongresspolen"). Der Zar ist gleichzeitig auch polnischer König.
– Österreich erwirbt Gebiete im Alpengebiet, an der Adria und in Norditalien. Es behält seine polnischen Gebiete in Galizien.
– Bayern erwirbt Gebiete, insbesondere an der Grenze zu Frankreich.
– Belgien und die Niederlande werden vereinigt.
– Das Königreich Sardinien wird erheblich vergrößert.

D2 Das Schaubild ist stark vereinfacht und bewusst nicht vollständig, um es den Schülerinnen und Schülern zu ermöglichen, eigenständig zentrale Prinzipien der Bundesverfassung zu erfassen. Ein Vergleich mit der französischen Verfassung von 1791 (S. 54) bzw. ein späterer Vergleich mit dem Verfassungsentwurf von 1848 (S. 157ff.) und der Reichsverfassung von 1871 (S. 185) ist damit möglich.

Zu den Fragen und Anregungen

1 Die zentralen Personen werden auf diesem Bild sitzend (bzw. vor ihrem Stuhl stehend) dargestellt. Im Mittelpunkt des Gemäldes steht Fürst Metternich als Vertreter des Gastgebers und als beherrschender Diplomat des Kongresses. Rechts neben ihm verkörpert Castlereagh durch seine betont „lässige" Haltung Macht und Einfluss Großbritanniens. Zwischen Metternich und Castlereagh sitzt Nesselrode als einer der Vertreter Russlands. Auch dessen Kollege Graf Stackelberg sitzt durchaus entspannt am rechten Bildrand. Demgegenüber ist die Haltung des französischen Vertreters Talleyrand angespannter, allerdings zeigt er durch seine Sitzhaltung (und den Arm auf dem Tisch), dass Frankreich nicht nur Objekt, sondern auch Subjekt der Verhandlungen war. Der Hauptvertreter Preußens, Hardenberg, sitzt demgegenüber eher „im Schatten"; von ihm ist nur das Profil zu erkennen.
Kleidung und Räumlichkeiten sind äußerst prunkvoll und kostbar. Die geöffnete Tür bietet einen Blick in einen wei-

teren wertvoll ausgestatteten Raum. An der Wand hängt ein Herrscherportrait. Insgesamt verkörpert das Bild eine deutliche Ablehnung der Ideen der Französischen Revolution und den Willen der alten aristokratischen Eliten, Herrschaft und Kontrolle wieder zu übernehmen. Ein gutes Beispiel für den Versuch einer Wiederbelebung der Vergangenheit sind die Kniebundhosen, die alle Beteiligten tragen. Diese waren in der Französischen Revolution als Zeichen der „alten Zeit" aus der Mode gekommen. Die selbstbewusste Haltung unterstreicht zweierlei: Erstens stehen die Diplomaten selbstbewusst für die von ihnen vertretenen Staaten, zweitens verkörpern sie in ihrer Haltung den (zunächst) erreichten Sieg über das Gesellschaftsmodell der Französischen Revolution.

Über das Internet oder mithilfe guter Lexika lassen sich fundierte Informationen über die zentralen Personen gewinnen. Empfohlen wird dabei Partner- oder Gruppenarbeit. Die Präsentation in Form von „Ich-Erzählungen" kann dabei ein einfaches Ablesen der gefundenen Informationen verhindern und zugleich kreative Spielräume gewähren. Über die Teilbiografien ist der Lehrkraft dann ein intensiver Einstieg, z. B. in die gesellschaftlichen Entwicklungen der Restaurationszeit möglich. Am Beispiel der Biografie Metternichs können dabei zugleich Ausblicke auf den Vormärz und die Revolution von 1848 gegeben werden!

2
– Frankreich wird durch größere Staaten an seinen Landgrenzen kontrolliert: Die Vereinigten Niederlande, Preußen mit der Rheinprovinz, Bayern mit seinem Teil der Pfalz und im Süden das vergrößerte Königreich Sardinien sowie die Gebietserwerbung Österreichs in Norditalien.
– Russland erwirbt zwar das Kerngebiet Polens, aber auch Österreich und Preußen behalten polnische Gebiete. Preußen wird durch die Gebietserwerbungen im Süden und Westen als Großmacht gesichert; ebenso Österreich. Allerdings „wächst" Preußen nach Deutschland hinein, Österreich aber aus Deutschland hinaus. Preußen und Österreich sind nicht „nur" deutsche Staaten.
– Die Schlüsselmächte des Wiener Systems bleiben Großbritannien und Russland: Russland aufgrund seiner Erfolge beim Sieg über Frankreich und durch seine territorialen Erwerbungen; Großbritannien aufgrund seiner entsprechenden Erfolge gegen Napoleon und seiner konsequenten Gleichgewichtspolitik

3 Deutschland liegt geografisch in der Mitte Europas, und es berührt die Hauptstaaten des Westens und des Ostens. Damit ist es von allen Veränderungen betroffen, umgekehrt sind im Prinzip alle anderen europäischen Staaten von Veränderungen in Deutschland betroffen. Die innere Ordnung Deutschlands hat damit eine große Bedeutung für die äußere Rolle Deutschlands: Ein starker Staat wäre eine große Bedrohung des europäischen Gleichgewichts. Dieser wird daher von den Nachbarn abgelehnt! Der Deutsche Bund ist genau das nicht: Er ist stark in der Verteidigung und stabilisiert so das europäische Gleichgewicht, aber schwach im Angriff. Die Mitte Europas wird durch den deutschen Bund quasi „eingefroren"; sie ist nicht nur zu Angriffen ungeeignet, sondern stabilisiert durch ihre Bewegungsunfähigkeit auch das europäische Staatensystem.

4 Nach Auffassung des Freiherrn vom Stein fehlen dem Deutschen Bund ein Oberhaupt, eine gesetzgebende Versammlung und anderes mehr: Insgesamt ist er – Stein vergleicht ihn mit dem ehemaligen alten Reich – lediglich eine lockere Verbindung von Staaten für die gemeinsame Verteidigung. Die Rechte des Einzelnen sind lt. Freiherr vom Stein nur durch eine unbestimmte Erklärung gesichert: Der Deutsche Bund hat lt. vom Stein auch in diesem Punkt nicht die Qualitäten eines „richtigen" Staates. Diese gemeinsame Verteidigung kritisiert vom Stein. Für ihn ist sogar die gemeinsame Verteidigung sehr zweifelhaft: Das Recht der Bundesmitglieder, Allianzen zu schließen, ist ihm zu weitgehend. Er befürchtet weitere Kriege untereinander. Hier spricht vom Stein ausdrücklich von den „Fürsten", die sich mit anderen Ländern, wie England oder Frankreich, verbünden könnten.

Insgesamt kommt Freiherr vom Stein zu dem Schluss, dass der Deutsche Bund nur ein extrem schwacher Nachfolger für das alte Reich ist; ein Nachfolger, der zudem nicht einmal seine offizielle Hauptfunktion, die Bewahrung des Friedens, gewährleisten könne.

Ludwig Heeren und Freiherr vom Stein haben einen völlig unterschiedlichen Blick auf die Dinge: Während Ludwig Heeren die Rolle des deutschen Bundes im europäischen Staatensystem betrachtet und aus dieser die Bundesverfassung quasi „erklärt", schaut vom Stein überwiegend nach innen: Er will einen reformierten Staat – wie er ja auch schon weitgehende Reformen in Preußen eingeleitet hatte. Das „Ausland" kommt bei ihm nicht unter Gleichgewichtsgesichtspunkten vor. Die Polemik des Freiherrn vom Stein bezüglich zukünftiger Kriege ist angesichts der Ausführungen von Ludwig Heeren und angesichts der Bundesverfassung eindeutig überzogen. Hier möchte vom Stein die Gesamtkonstruktion des Bundes in Frage stellen – und gleichzeitig Kritik an den „Fürsten" einbinden. Für Freiherr vom Stein ist die innere Reform Deutschlands eine Notwendigkeit. Man merkt seinem „Gutachten" an, welche Überlegung letztlich von ihm favorisiert wird: ein Nationalstaat.

5
– Art. 1 richtet den Zweck des deutschen Bundes sehr eng auf Verteidigung sowie innere und äußere Sicherheit aus.
– Art. 2. ist in sich widersprüchlich: Erstens wird die Unabhängigkeit der Mitgliedsstaaten herausgestellt, zweitens soll der Deutsche Bund nach außen aber als eine „in politischer Einheit verbundene Gesamtmacht" auftreten. In Verbindung mit Art. 1 kann diese Außendarstellung nur im Sinne einer stabilen Verteidigungshaltung verstanden werden.
– Art. 5 schließt die Beliebigkeit von Ein- und Austritten aus und unterstreicht in diesem Zusammenhang wiederum den stabilisierenden und ausgleichenden Charakter des Bundes für das innere und äußere politische Gleichgewicht in Europa. Zu fragen ist allerdings, wie realistisch die Vorschrift in Art. 3 ist – tatsächlich hat sie bei Sprengung des Bundes durch Preußen 1866 nur eine juristische Bedeutung gehabt.
– Art. 57 verdeutlicht die restaurative und bewahrende Haltung des Bundes nach innen. Hier wird dessen Charakter als Fürstenbund überdeutlich. Zu beachten ist, dass die Wiener Schlussakte hier deutlicher ist als die Bundesakte von 1815. Allerdings ließen sich insbe-

Tafelbild

Der Deutsche Bund – ein Staat für alle Deutschen?

Ja, denn...	Nein, denn...
...der DB ist eine unauflösliche Gemeinschaft zur Erhaltung der inneren und äußeren Sicherheit Deutschlands.	...viele Deutsche lebten gar nicht auf dem Gebiet des DBs.
...der DB ist nicht nur für die Verteidigung zuständig, sondern auch für die innere Ordnung.	...Preußen und Österreicher waren nur mit einem Teil ihres Gebietes Mitglied.
...der DB könnte zu einem vollwertigen Staat weiterentwickelt werden.	...die Bundesversammlung hat nur begrenzte Rechte.
	...die Staaten schicken an Weisungen gebundene Gesandte nach Frankfurt; die Bundesversammlung ist kein Parlament.
	...der DB hat keine eigene Regierung, keine eigene Polizei, keine Gerichte und eigentlich auch keine eigene Armee.
	...der DB wird einseitig von den Großmächten Österreich und Preußen bestimmt.

Ergebnis: Der Deutsche Bund erfüllt im Vergleich mit anderen europäischen Staaten nur einen Teil der Ansprüche, die an einen Staat gestellt werden.

sondere die süddeutschen Bundesstaaten nicht daran hindern, Verfassungen einschließlich unterschiedlicher Formen parlamentarischer Vertretungen einzuführen.
6 Siehe Tafelbild.

2. Bürger fordern Freiheit und Einheit

Konzeption

Im Mittelpunkt des Kapitels steht die Formierung der nationalen und liberalen Bewegung auf dem Gebiet des Deutschen Bundes. Kristallisationspunkt ist das Wartburgfest, das neben seiner integrierenden Wirkung für die studentische Bewegung auch die Basis der 1819 folgenden Reaktion unter Führung des österreichischen Kanzlers Metternich wurde. Während im vorangegangenen Kapitel die territoriale und inhaltliche Neuordnung Europas auf dem Wiener Kongress im Mittelpunkt stand, ist es hier die Entstehung der nationalen und liberalen Bewegungen im deutschen Bürgertum als Opposition zum Deutschen Bund. Von der Ermordung Kotzebues ausgehend, wird abschließend die Reaktion der Bundesstaaten in den Karlsbader Beschlüssen skizziert.

Bild und Quellenauswahl stehen in einem engem Kontext zu den Kapitelinhalten: Die zeitgenössische Abbildung vom Wartburgfest Q2 (Bücherverbrennung) stellt die oppositionellen, vielleicht sogar revolutionären Strömungen dar. Im Unterschied dazu zeigt das Bild Metternichs Q1 den herausragenden Vertreter der Gegenseite.

Entsprechend ist die Quellenauswahl: Aus den Karlsbader Beschlüssen wird – im Rahmen der Platzmöglichkeiten – ausführlich zitiert, um an diesem Beispiel eine intensive Quellenauswertung und -interpretation zu ermöglichen. Die Art und Weise, wie hier „rechtsstaatlich" vorgegangen wird, und die verschiedenen „Sicherungsklauseln" zeigen, dass „Verfolgung" zu Beginn des 19. Jahrhunderts nicht mit „Verfolgung" z. B. während der totalitären Regime des 20. Jahrhunderts vergleichbar ist. Sie ermöglichen somit eine differenzierte Betrachtungsweise – bis hin zur Erkenntnis, dass die Umsetzung der Karlsbader Beschlüsse in den verschiedenen deutschen Staaten nicht einheitlich war.

In inhaltlicher Ergänzung zu den Begriffen „Restauration und Legitimität" wird in diesem Kapitel der Gegenbegriff „Liberalismus" eingeführt und erläutert.

Aspekte der Unterrichtsgestaltung

– Nach der Erarbeitung der Beschlüsse des Wiener Kongresses, insbesondere der Ordnung des Deutschen Bundes, wird in diesem Kapitel der Blick auf die nationale und liberale Bewegung gerichtet. Ausgehend von der Leitfrage „Wie reagierten die Deutschen auf die Wiener Staatsordnung?" können somit die zentralen Aussagen des Verfassertextes behandelt werden. Es kann aber auch als Einstieg eine selbständige Schülerrecherche, z. B. zum Wartburgfest, erfolgen.

– Als Einstieg lässt sich auch Q1 gut nutzen: Im Gagern-Brief werden der inhaltliche Neuanfang und die Opposition der studentischen Verbindungen deutlich – aber auch der „jugendliche" Idealismus und die damit verbundene Naivität.

– Q5 ermöglicht eine Erarbeitung der konservativen Gegenpositionen zu den liberalen und nationalen Bewegungen. Einerseits sollte dabei die Vernetzung zur französischen Revolution erfolgen, deren Gewaltausbrüche eine lang anhaltende traumatisierende Wirkung entfalteten, andererseits kann der Grundwiderspruch zwischen radikalen Veränderungsvisionen und dem dazu erlaubten Mitteleinsatz herausgearbeitet und auf die Gegenwart übertragen werden.

– Das Bild Metternichs (hier wegen der Ausschnittgröße bitte in Verbindung mit dem Stich auf S. 137 auszuwerten) kann in den sozialen Hintergrund der vom Adel bestimmten Regierungspolitik einführen; zugleich wird der zentrale Akteur der Reaktions- und Restaurationspolitik, Fürst Metternich, für die Schülerinnen und Schüler plastisch greifbar (Q1 lässt sich zudem gut auf Q5 beziehen.)

– Die Gesamtschau wird durch die Karlsbader Beschlüsse (Q6) und einer Erinnerung an die Praxis der Zensur

Deutsche streben nach Freiheit und Einheit

Tafelbild

Bürger fordern Freiheit und Einheit: Deutschland nach 1815

Nationale und liberale Forderungen nach 1815	Reaktion der Regierungen des Deutschen Bundes
– Grundrechte (Religions-, Meinungs- und Pressefreiheit)	– Die Fürsten gewähren Freiheiten, können diese jedoch jederzeit wieder einschränken
– Gleichberechtigung der Bürger mit den Adligen	– Verteidigung der Privilegien und des Vorrangs der Adligen
– Mitbestimmungsrechte durch ein gewähltes Parlament	– Die legitimen Herrscher lehnen es ab, ihre göttlich verliehene Macht beschränken zu lassen.
– Schaffung eines gemeinsamen deutschen Nationalstaates	– Beibehaltung der Einzelstaaten (und damit auch der Macht der verschiedenen Fürstenhäuser)
↓	↓
Wartburgfest (1817) mit mehr als 500 teilnehmenden Professoren und Studenten	**Karlsbader Beschlüsse (1819)** (Verbote, Zensur und Verfolgungen)

(Q7) abgerundet: Die Schülerinnen und Schüler können hier die konkrete Reaktion erarbeiten und dabei Möglichkeiten und Grenzen staatlichen Handelns in der ersten Hälfte des 19. Jahrhunderts abschätzen. Mit Hilfe einzelner Formulierungen kann der Charakter dieser staatlichen Maßnahmen herausgearbeitet werden. Insbesondere kann nach Gemeinsamkeiten und Unterschieden zu gegenwärtigen Verfolgungsmaßnahmen gefragt werden. Ein möglicher Zugang könnte über Q7 erfolgen, in der die praktischen Schwierigkeiten der Zensur deutlich werden – solange nicht entsprechende technische Mittel zur Verfügung stehen.

Zusatzinformationen zum Verfassertext

Die Burschenschaften waren für die Außendarstellung der liberalen und nationalen Bewegung und für die Reaktion der Regierungen von entscheidender Bedeutung. Die studentische Jugend war aus den Befreiungskriegen in die Hörsäle zurückgekehrt und sah sich durch die politischen Entwicklungen enttäuscht. Auch auf Anregung führender nationaler Publizisten (so bereits 1811 Jahn) entstand im Juni 1815 die Jenaer Burschenschaft: Sie vertrat die Idee von der Gemeinsamkeit des Vaterlandes, die es erfordere, dass nur eine Verbindung bestehe und dass alle Studenten Mitglieder einer Burschenschaft würden. Die Farben der Jenaer Burschenschaft, Schwarz-Rot-Gold, gehen auf die Uniformfarben der Lützower zurück, die in romantischer Ausdeutung als die Farben des alten deutschen Reiches aufgefasst wurden (schwarzer Adler mit roten Fängen auf goldenem Grund). Die Burschenschaften breiteten sich von Jena ausgehend in Mittel- und Süddeutschland aus, weniger im Norden. Als im Oktober 1818 in Jena die „Allgemeinen deutschen Burschenschaften" begründet wurden, waren 14 Universitäten vertreten. Ergänzend zu einem allgemeinen nationalen Idealismus verstanden sie den „deutschen Studentenstaat" (Arndt) der Burschenschaften als eine Art Vorform des Nationalstaates. Revolutionäre Geheimbündelei und revolutionäre Aktionen wurden nur von Randgruppen vertreten (hier die „Schwarzen", die in Gießen ihr Zentrum hatten). (Vgl. dazu: Theodor Schieder: Vom deutschen Bund zum Deutschen Reich. Gebhardt. Handbuch der deutschen Geschichte. Band 15, Stuttgart 1987 (1975), S. 27–29.)
Somit wurzelte die liberale und nationale Bewegung in Deutschland in einer sehr kleinen, aber zunehmend einflussreicheren Bevölkerungsgruppe: Professoren, Studenten und Bildungsbürger. Entsprechend war das Wartburgfest noch eine relativ kleine Veranstaltung, insbesondere im Vergleich mit dem Hambacher Fest von 1832. Trotzdem war die Reaktion der Regierungen massiv. Auch wenn hier die treibende Rolle Metternichs nicht zu vernachlässigen ist, zeigt diese „Überreaktion" (kumulierend in den Karlsbader-Beschlüssen) die tief verwurzelte Angst vor einer Wiederholung der Französischen Revolution. Es muss aber auch darauf hingewiesen werden, dass in Süddeutschland eine andere Politik umgesetzt wurde und bereits ab 1818 liberale Verfassungen in Kraft gesetzt wurden. Auch die Umsetzung der Karlsbader-Beschlüsse variierte erheblich zwischen den Bundesstaaten. Bücherverbrennungen und der Mord an Kotzebue sind Ausdruck radikaler Strömungen innerhalb der bürgerlichen Opposition (die dort allerdings stark in der Minderheit waren): Sie dienten Metternich zwar zur Legitimation der Verfolgungswellen, sind jedoch auch Zeichen von Intoleranz und Brutalität.

Zusatzinformationen zu den Materialien

Q2 Mit dem Wartburgfest vom 18. Oktober 1817 manifestierte sich der Stimmungsumschwung der nationalen Bewegung in Richtung eines Aufbegehrens gegenüber der bestehenden staatlichen Ordnung. Überwiegend hatten sich Vertreter der deutschen Burschenschaften aus fast allen Teilen Deutschlands unter der schwarz-rot-goldenen Fahne versammelt. Das Fest wurde wie ein Gottesdienst gefeiert. Seine Symbolik drückte die Forderungen nach einer Reform Deutschlands durch eine kühne Tat, durch eine (nach Napoleon zweite) Befreiung, jetzt von den vielen einheimischen Tyrannen aus. Die Festreden selbst waren moderat; in ihnen wurden die Fürsten kritisiert, die ihr in der Not gegebenes Verfassungs- und Einheitsversprechen nicht erfüllt hatten. Nur eine Minderheit der Teilnehmer ging einen Schritt weiter und verbrannte eine Reihe von Büchern, deren Titel ausgerufen wurden und die unter Rufen wie „Ins Feuer! Zum Teufel mit demselben!" der Flamme überantwortet wurden. Neben Werken des als russischen Agenten verschrienen Dramatikers August von Kotzebue wurde Ludwig von Hallers „Restauration der Staatswissenschaft" und auch der napoleonische „Code Civil" verbrannt. Zusätzlich wanderten ein hessischer Zopf, ein preußischer Ulanenschnürleib und ein österreichischer Korporalstock als Symbole der Reaktion ins Feuer. Mit dem Wartburgfest hatten sich die „Deutschen Burschenschaften" und die mit ihnen sympathisierenden Professoren in der Öffentlichkeit vorgestellt: als wirksame Propagandisten der Nationalbewegung, in der Nationalismus und Liberalismus ineinander griffen. (Vgl. dazu: Hagen Schulze: Der Weg zum Nationalstaat. München 1992, S. 71 f.)

Zu den Fragen und Anregungen

1 Der zentrale Unterschied zwischen von Gagern und von Bernstorff ist der zwischen einem Bewahrer der alten Ordnung und einem „Veränderer". Interessant ist, dass die Argumentation von Gagerns die nationale Dimension sehr stark betont und eine liberale, insbesondere antifürstliche Spitze, über die Ablehnung der nationalen Ideen durch die Fürsten bekommt. Hier lässt sich bereits ansatzweise erahnen, wie die spätere Übernahme dem nationalen Ziele durch die regierenden Fürsten zu einer Abschwächung der liberalen Ansätze führen wird.

2 Die in der Aufgabenstellung wiedergegebene These ist die Grundthese von Selbstmordattentätern, die mit ihren Taten auf herausragende Persönlichkeiten zielen, deren Ausschaltung den „Lauf der Geschichte" verändern soll. Das Attentat auf Kotzebue ist ein geeignetes Beispiel, diese These zu widerlegen: Die Öffentlichkeit wurde durch das Attentat nicht zur „Revolution" aufgerufen; dagegen konnte Metternich den blutigen Anschlag nutzen, auf das Grauen der Französischen Revolution hinzuweisen und mit den Karlsbader Beschlüssen gegen alle oppositionellen Kräfte vorzugehen. Der Tod eines Unschuldigen hat sich damit als kontraproduktiv erwiesen – und ist unter liberalen Gesichtspunkten (Menschenrechte!) eine einfache Mordtat. (Interessant ist, dass der Mord an Kotzebue später tatsächlich idealisiert und in entsprechenden Motivabbildungen verherrlicht wurde.)

3 Siehe die Zusatzinformationen zu Q2. Die Gegenstände werden im VT nicht benannt; auf der Abbildung Q2 sind sie schwer zu erkennen. Die Schüler können aber nach Auswertung des Verfassertexts plausible Vermutungen äußern, die inhaltlich den verbrannten Gegenständen entsprechen.

4 Hier nur der Zweck der einzelnen Maßnahmen, jeweils auf die Paragraphen bezogen:

§ 1: Einführung der Zensur, um die Verbreitung der liberalen und nationalen Ideen zu verhindern und eine regierungsfreundliche Presse zu erreichen. (Interessant ist die doppelte Einschränkung: Zeitlich ist die Maßnahme auf die Gültigkeit des entsprechenden Bundesgesetzes begrenzt (siehe § 10), die Schlüsselrolle der Landesbehörden, denen damit durchaus ein begrenzter Spielraum zugemessen wird, wird betont.)

§ 7: Hier soll eine Einheitlichkeit der Zensurbestimmungen und damit ein Verhindern des Ausweichens kritischer Publizisten auf anderen Bundesstaaten verhindert werden. Interessant ist der zweite Satz: Hier werden elementare Schutzrechte der Verfasser, Herausgeber und Verleger benannt: Für von der Zensur gemäß § 1 verbotene Schriften, die in einem anderen Bundesstaat erscheinen, können die ursprünglichen Verfasser, Herausgeber und Verleger nicht verfolgt werden.

§ 9: Diese Bestimmung soll die weit verbreiteten anonymen Flugblätter o. ä. verhindern; aus Sicht der Zensur ist sie folgerichtig, in der Praxis wurde sie gleichsam naturgemäß unterlaufen (siehe z. B. Büchner im „Hessischen Landboten", Kapitel 3, Q4).

§ 10: Mit der zeitlichen Begrenzung der Maßnahme wird der Ausnahmecharakter der Zensurbestimmungen unterstrichen und damit die Maßnahme als akute Reaktion auf den Mord an Kotzebue herausgestellt. Konkret konnte Metternich bis zum Ausbruch der Revolution von 1848 die jeweilige Verlängerung des Bundesgesetzes durchsetzen.

5 Die spöttischen Aussagen von Q7 sprechen für sich. Konkret wurden nach den Karlsbader Beschlüssen lediglich Zeitungen, Zeitschriften und alle Bücher mit einem Umfang weniger als 20 Druckbögen (320 Seiten) der Vorzensur (vor Erscheinen) unterworfen; hier wird noch einmal deutlich, dass die Zensur die politischen Aktivitäten durch Zeitungen, Flugblätter etc. unterbinden wollte und z. B. umfangreiche Werke, die nur von wenigen gelesen werden, als nicht gefährlich einstufte. (Hier könnte gut – in Verbindung mit Aufgabe 6 – diskutiert werden, welche Medien heute auf welche Art und Weise einer Zensur unterworfen werden müssten (und welche nicht!) und welche Zensurprobleme sich heute ergäben.

6 Siehe auch die Hinweise zu Aufgabe 5. Die Aufgabenstellung zielt auf die Ambivalenz der Zensur- und Kontrollnotwendigkeiten, um z. B. elementare Bürgerrechte zu schützen oder volksverhetzende Publikationen zu verhindern.

Gewusst wie:
Karikaturen verstehen und deuten

Konzeption

Die Methodenschulung ist bewusst in Kapitel 2 integriert und ermöglicht so, die Methoden „Karikaturen verstehen und deuten" im Kontext der entsprechenden Inhalte zu erarbeiten. Die beiden abgedruckten Karikaturen können aber auch unabhängig von der Methodenschulung behandelt werden.

Karikaturen scheinen sich auf den ersten Blick zur Verwendung im Geschichtsunterricht bestens zu eignen: Ihre komisch-witzige Komponente in Verbindung mit einer plakativen Bildsprache spricht Schülerinnen und Schüler in der Regel an und stellt eine Abwechslung zu den üblichen Verfassertexten und Textquellen dar.

Doch dürfen die Schwierigkeiten nicht unterschätzt werden. Karikaturen bedienen sich oftmals einer komplexen, nur dem Zeitgenossen vertrauten Bilderwahl. Sie sind stets und absichtlich wertend. Ihr besonderes reizvolles Stilmittel, die Übertreibung von persönlichen oder anderen Merkmalen, erschwert dem Betrachter zugleich die ausgewogene Interpretation. Karikaturen wirken daher immer meinungsbildend und können Feindbilder nicht nur entlarven, sondern auch aufbauen. So wurde während der nationalsozialistischen Diktatur auf eine inhaltliche Auseinandersetzung mit dem politischen Gegner verzichtet; dieser wurde in Karikaturen bewusst lächerlich gemacht.

Der Umgang mit historischen Karikaturen muss daher systematisch geschult werden, damit überhaupt ein Zugang ermöglicht wird und Fehlinterpretationen vermieden werden. Insbesondere sind die korrekte Wahrnehmung der Bildelemente, einschließlich der „kleinen" Details, sowie die Kenntnis des Entstehungshintergrundes und des Adressatenkreises von großer Bedeutung.

Da Karikaturen Kommentar und Werturteil sind, setzen sie bei Schülerinnen und Schülern gründliches Sachwissen voraus und bieten sich somit vor allem in der Schlussphase des Unterrichts an. Die beiden für die Methodenschulung abgedruckten Karikaturen beziehen sich auf die Pressezensur in der Folge der Karlsbader Beschlüsse. Diese ist Inhalt des vorangegangenen Kapitels und kann daher entsprechend vorher erarbeitet werden. Dabei ist die erste Karikatur vom Schwierigkeitsgrad so ausgewählt, dass zwar ein einfacher Einstieg für die Schülerinnen und Schüler möglich ist, die vorgeführten Arbeitsschritte aber aufgrund der Details der Karikatur inhaltlich so anspruchsvoll sind, dass sie weitere Erkenntnisse und Rückschlüsse ermöglichen. Die zweite Karikatur dagegen ist aus sich selbst heraus einfacher zu entschlüsseln.

Aspekte der Unterrichtsgestaltung

Diese kurze Methodenschulung kann nur eine Grundlage für den Umgang mit Karikaturen schaffen. Dabei wird besonders auf Selbständigkeit der Schülerinnen und Schüler gesetzt, denn der Aufwand, der mit der Entschlüsselung einer Karikatur verbunden ist, kann motivationsfördernd wirken.

Die Schülerinnen und Schüler können in Partnerarbeit oder Kleingruppen die Doppelseite selbständig bearbeiten und lediglich bei Verständnisproblemen die Lehrkraft hinzuziehen. Dazu ist eine Kurzeinführung der Lehrkraft in die Hintergründe der Entstehung und Verbreitung von Karikaturen seit 1815 sinnvoll.

Inhaltliche Voraussetzung für das Verständnis der beiden Karikaturen ist das vorangegangene Kapitel: Anhand der kritisierten Unfreiheit der Presse sollte abschließend eine kritische Distanz zu den Aussagen der beiden Karikaturen selbst hergestellt werden. Das fällt bei einem Thema wie der Pressezensur natürlich schwer, ist jedoch Voraussetzung für einen bewussten Umgang mit vielen anderen Karikaturen.

Zusatzinformationen zum Verfassertext und den Materialien

Seit 1815 entstand langsam eine „politische Öffentlichkeit" auf dem Gebiet des Deutschen Bundes. Diese wurde von einem gebildeten Bürgertum getragen, das sich aus den mehr und mehr verbreiteten Presseerzeugnissen über die politischen, wirtschaftlichen und kulturellen Entwicklungen informierte. Dabei gewann die Karikatur erheblich an Bedeutung: Sie bündelte Kritik an den Regierenden und war damit zugleich ein Ventil für das noch in weiten Bereichen politisch ohnmächtige Bürgertum. Die Pressezensur ab 1819 und deren weitere Verschärfungen konnten den „Erfolg" der Karikaturen nicht verhindern; insbesondere stieg die Zahl der anonymen Karikaturen an.

Weitere Karikaturen sind in Kapitel 3 (Grenzverlegenheit, S. 149), Kapitel 8 (Europa im August 1849, S. 169, sowie „Die Deputation der Kaiserlinge", S. 170), Kapitel 9 (Deutschlands Zukunft, S. 174) und Kapitel 10 (Bismarcks Alptraum, S. 177) abgedruckt.

Zu den Fragen und Anregungen

1 und 4 Die unterschiedliche Funktion von Karikaturen in Demokratien und z. B. Diktaturen könnte hervorgehoben werden: Der anonyme und verzerrende Charakter der Karikatur (insbesondere die Möglichkeit, das Kritisierte positiv darzustellen) war unter der Pressezensur natürlich ein geeignetes Mittel, um Kommentare in nonverbaler Form zu drucken.

3. Vor der Explosion? Julirevolution und Vormärz

Konzeption

Der Ausbruch der Julirevolution von 1830 in Frankreich veränderte die politische Stimmung in Europa tief greifend: Der Sturz des absolutistisch ausgerichteten Monarchen König Karl X. und die Thronbesteigung des „Bürgerkönigs" Louis-Philippe waren für die nationalen und liberalen Bewegungen Symbol für die Möglichkeit des Systemwechsels, aber auch für eine (bürgerliche) Mäßigung. In der Folge kam es zur Abspaltung der – dann konstitutionellen – Monarchie Belgiens von den Niederlanden und zu Unruhen u. a. in Deutschland und Italien.

Doch der eigentliche Erfolg blieb aus: Der nationale Aufstand in Polen, unterstützt vom europäischen Bürgertum, wurde niedergeschlagen; der reaktionäre Kurs des Deutschen Bundes, geführt von den konservativen Mächten Preußen und Österreich, blieb unverändert, und die Zensur- und Unterdrückungsmaßnahmen wurden in den dreißiger Jahren sogar noch verschärft – auch aus Angst vor einer „neuen französischen Revolution".

Auf dem Gebiet des Deutschen Bundes gab es seit Anfang der dreißiger Jahre – symbolisch dafür ist das Hambacher Fest – eine breite liberale und nationale Bewegung, die zunehmend selbstbewusst auftrat und auf ihre Stunde wartete, die dann 1848 kam. Andererseits waren die dreißiger und frühen vierziger Jahre die Jahre des „Biedermeier", des bewussten oder unbewussten Rückzugs in das Private und die Innerlichkeit.

Die beginnende Lösung von nationaler und liberaler Bewegung zeigte sich anhand der Rheinkrise von 1840: In deren Folge „rollte" gleichsam eine nationale Welle über das Land; das Lied der Deutschen ist nur ein Beispiel für das weit verbreitete Dicht- und Liedgut.

Der Redeausschnitt Wirths (Q2) vom Hambacher Fest unterstreicht die übernationalen, gegen die Fürstenherrschaft gerichteten Ziele der liberalen Bewegungen in Europa und deren Hoffnung auf einen Umsturz der Systeme – ausgehend von Deutschland, das hier gleichsam die Rolle Frankreichs von 1789 übernehmen soll. Hier und in dem Zitat aus dem „Hessischen Landboten" (Q4) wird die

Deutsche streben nach Freiheit und Einheit

Tafelbild

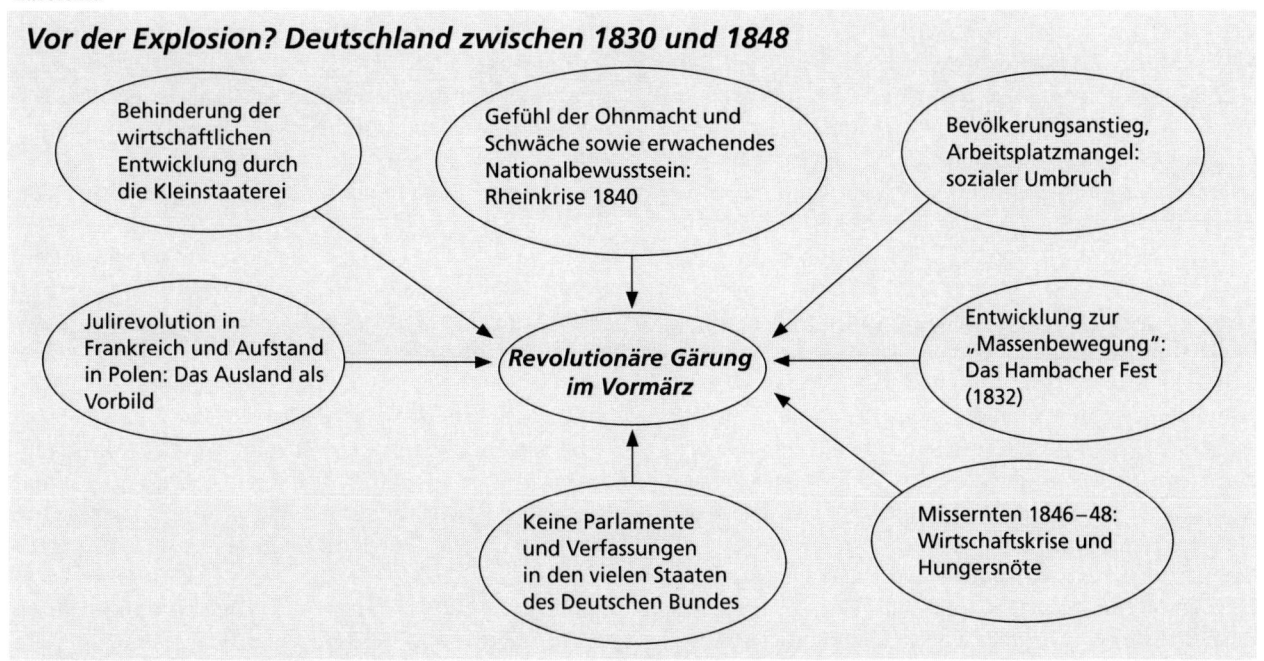

Vor der Explosion? Deutschland zwischen 1830 und 1848

- Behinderung der wirtschaftlichen Entwicklung durch die Kleinstaaterei
- Gefühl der Ohnmacht und Schwäche sowie erwachendes Nationalbewusstsein: Rheinkrise 1840
- Bevölkerungsanstieg, Arbeitsplatzmangel: sozialer Umbruch
- Julirevolution in Frankreich und Aufstand in Polen: Das Ausland als Vorbild
- Entwicklung zur „Massenbewegung": Das Hambacher Fest (1832)
- Keine Parlamente und Verfassungen in den vielen Staaten des Deutschen Bundes
- Missernten 1846–48: Wirtschaftskrise und Hungersnöte

→ *Revolutionäre Gärung im Vormärz*

Radialisierung eines Teils der liberalen Bewegung im Vormärz erkennbar; zugleich wird (in Q2) die Analyse Ludwig Heerens von 1816 (Q2, S. 138) bestätigt, welche die Schlüsselrolle Deutschlands nicht nur für das europäische Gleichgewicht, sondern auch für die innere Ordnung der europäischen Staaten herausstellt.

Die Radikalisierung des Vormärz erstreckte sich auch auf die soziale Frage: Wie in Q4 am Beispiel des „Hessischen Landboten" deutlich wird, entwickelte Büchner die liberalen Forderungen in Richtung eines Aufrufs zur – insbesondere sozialen – Revolution weiter. Damit rückte die soziale Frage stärker in den Vordergrund, angetrieben durch die Folgen von Bevölkerungswachstum und beginnender Industrialisierung – die Karikatur „Grenzverlegenheit" Q6 konzentriert demgegenüber Kritik von Seiten der Befürworter einer wirtschaftlichen Einigung Deutschlands.

Die Quellen Q4 und Q5 zeigen konzentriert die Reaktion der Staatsmacht: Ein Dialog wurde nicht aufgenommen; stattdessen wurden die Kontroll- und Unterdrückungsmaßnahmen fortgeführt bzw. sogar verschärft. Andererseits war eine Flucht durchaus möglich und – das Beispiel Büchner wird in der Legende entsprechend erläutert – oftmals konnte im „Ausland" eine bürgerliche Existenz gefunden werden.

Die spätere Nationalhymne (Q7), 1841 von Hoffmann von Fallersleben verfasst, enthält noch einmal konzentriert die bürgerlichen Forderungen (und Hoffnungen) der Jahre seit 1815 und zeigt – vor dem Hintergrund der späteren deutschen Geschichte – zugleich die Problematik von „National"-Hymnen. Auf der Basis dieser Fakten lassen sich die Aussagen Wirths in Q2 relativieren.

Aspekte der Unterrichtsgestaltung

Die 18 Jahre vor dem Ausbruch der Märzrevolution sind eine Zeit, die von Aufbruch, Bewegung und Rebellion einerseits, aber auch von Restriktion, Zensur und Verfolgung andererseits geprägt ist. Die vielfältigen Entwicklungen, nicht nur der zunehmend mutigeren und selbstbewussteren liberalen Oppositionsbewegung, sondern auch der wirtschaftlichen Entwicklung können im VT und in den Materialien nur in Kürze angedeutet und in einen Gesamtzusammenhang gestellt werden.

– Eine Möglichkeit für einen Unterrichtsgang ist daher ein als Hausaufgabe gestelltes Studium des VT mit anschließender Partner- oder Gruppenbesprechung und eine darauf aufbauende Bearbeitung (und Entschlüsselung) der Materialien.

– Ein Zugang lässt sich aber auch über das Hambacher Fest öffnen: Die Abbildung Q1 in Verbindung mit der Rede Wirths Q2 kann ein Recherche auslösen, in deren Folge vom Hambacher Fest ausgehend, der Gesamtzusammenhang des Kapitels erschlossen wird. Ein vergleichbarer Zugang ist über die „Göttinger Sieben" möglich (hier Text Q5 und Abbildung auf der ADS); dieser Zugang setzt vertiefende Recherchen voraus, z. B. zum Protestschreiben der Göttinger Professoren.

– Ein kulturgeschichtlicher Zugang („Die Epoche des Biedermeier") bietet dagegen zu wenige direkte Verbindungslinien zu den weiteren Kapitelinhalten (bzw. zu komplexe Linien) und könnte daher z. B. als ergänzendes Referat einbezogen werden.

– Mit Hilfe der Karikatur „Grenzverlegenheit" Q6 können die Methodenschulung (S. 142–143) und entsprechende Inhalte aus der Themeneinheit zur Industrialisierung und sozialen Frage wiederholt werden; hier ist eine Einbeziehung von Q4 „Friede den Hütten ..." möglich.

Zusatzinformationen zu den Materialien

Q1 Diese klassische zeitgenössische Darstellung eignet sich vorzüglich zur Einführung, aber auch zur Festigung und Wiederholung der Unterrichtsinhalte. Zentral sind dabei die in den Vordergrund gestellte Schwarz-Rot-Gold-Fahne, die bürgerliche Kleidung der Teilnehmer, die Menge der Teilnehmer, der Ort der Veranstaltung (Burg als Symbol für die mittelalterliche deutsche Geschichte, auf die sich die Nationalbewegung beruft) sowie (als übergeordnete

Ebene) die bewusste Selbststilisierung der Nationalbewegung auf der zeitgenössischen Darstellung.

Q2 Neben Philipp Jakob Siebenpfeiffer war Dr. Johann Georg August Wirth der Hauptredner auf dem Hambacher Fest. Beide forderten eine nationale Demokratie und eine liberal-republikanische Solidarisierung der europäischen Nationen in einem Völkerbund. Für den Fall einer französischen Einmischung in einen deutschen Reformprozess sprach sich Wirth, in einem hier nicht abgedruckten Abschnitt seiner Rede, für den zeitweiligen Vorrang der inneren Einheit vor der Freiheit aus. In dem hier abgedruckten Ausschnitt argumentiert Wirth (wie er später in seiner Flugschrift „Die politische Reform Deutschlands" ausführte), dass Einheit und Freiheit der Deutschen zwei Seiten derselben Medaille seien: sind erst die Fürsten entmachtet, die dem Volk die freie Selbstbestimmung verweigern, so wird der nationale Zusammenschluss der Deutschen die Folge sein.

Wirth hatte als Klassenkamerad von Karl Ludwig Sand das Gymnasium seiner Heimatstadt Hof besucht und war über Umwege schließlich zum Studium der Rechtswissenschaften in Erlangen gekommen. Seit 1823 war er als Rechtsanwalt tätig. Beeindruckt von den Ereignissen der Pariser Julirevolution, ließ er mit Beginn des Jahres 1831 in Bayreuth auf eigene Kosten die Zeitschrift „Kosmopolit" drucken, deren erste Aufsätze aus seiner Feder manchen Bayreuther aufhorchen ließen: Pressefreiheit, kritische Andeutungen über den Zustand Bayerns und die „Rückschritte der bayerischen Regierung" ließen ihn in der zunehmend absolutistischer werdenden Monarchie Ludwigs I. als unerwünschten Oppositionellen erscheinen. Nach dem Hambacher Fest wurde Wirth verhaftet, aber es gelang ihm, nach einer Verteidigungsrede über die Rechte des deutschen Volkes von der Anklage des Hochverrats freigesprochen zu werden. Dennoch musste er nach einem neuen Verfahren eine zweijährige Gefängnisstrafe verbüßen. Als er auch nach der Freilassung der Polizeiaufsicht unterworfen blieb, floh er 1836 ins Elsass. Erst 1847 kehrte er von der Schweiz aus in seine Heimat zurück. 1848 zog er als Hofer Abgeordneter in die erste deutsche Nationalversammlung in die Paulskirche in Frankfurt ein. Bald darauf starb er am 28. Juli 1848.

Q3 Das Bild zeigt das Ideal der Bürgerlichkeit im Biedermeier: Die ganz in der Aufgabe der Hausfrau und Mutter aufgehende Gattin, der ernst und gravitätisch blickende Gatte, die unterschiedlichen Rollen der Töchter und Söhne (ganz rechts der wohl nicht ganz angepasste Künstler), die gotische Kirche im Blick aus dem Fenster. Der durch die Karlsbader-Beschlüsse erzwungene Rückzug in die private, fest gefügte, Welt und die Konzentration auf Familie und privates Umfeld werden damit in dem Familienporträt zum Ausdruck gebracht. Hausmusik, Beschäftigung mit Büchern und die Orientierung an traditionellen Autoritäten (Familienvater, Mutter, hier insbesondere Kirche) stehen im Mittelpunkt der Darstellung. Zugleich wird der große Familiensinn und auch die Zuwendung der Eltern gegenüber den Kindern deutlich: Begabung und Fähigkeiten der Kinder werden gefördert, auch die (liebevolle) Beschäftigung mit Haustieren kommt nicht zu kurz. Selbst der strenge Familienvater wird durch die zärtliche Umarmung seiner Tochter einbezogen.

Q4 In der Einleitung zum „Hessischen Landboten" wird darauf hingewiesen, dass die darin enthaltenen Äußerungen der Wahrheit in Hessen entsprächen, diese Wahrheiten von der Obrigkeit aber nicht als solche angesehen würden. Deshalb könne bereits der Besitz des Flugblatts schlimmste Folgen bis hin zur Todesstrafe haben.

Bereits als Student im französischen Straßburg hatte Carl Georg Büchner (17. 10. 1813–19. 2. 1837) Ende 1832 geplant, eine „politische Abhandlung" zu schreiben und wurde nur durch angeblichen Zeitmangel davon abgehalten. Anfang 1834 lernte Büchner den Butzbacher Rektor Friedrich Ludwig Weidig (1791–1837) kennen, die eine zentrale Gestalt der oberhessischen Oppositionsbewegung. Die erste Ausgabe des „Hessischen Landboten" (in einer Auflage von (geschätzten) 700–1000 Exemplaren) wurde am 31. Juli 1834 gedruckt und im August und September 1834 verbreitet – vor allem in den Dörfern um Butzbach und Gießen. Eine zweite (November-) Ausgabe wird vom Dezember 1834 bis März 1835 in Oberhessen verbreitet. Nach Verhören vor Untersuchungsrichtern in Offenbach und Friedberg floh Büchner Anfang März 1835 nach Straßburg und widmet sich neben seiner literarischen Arbeit seinem Medizinstudium. Seit Ende 1836 ist er in Zürich als Privatdozent tätig (Probevorlesung „Über Schädelnerven"). Am 2. Februar 1837 erkrankt er an Typhus und stirbt am 19. Februar. (Vgl. Georg Büchner: Werke und Briefe. München 1994, S. 441–445.)

Q6 Die Karikatur greift gezielt den Zusammenhang zwischen der liberalen Forderung nach einem Nationalstaat und den damit verbundenen wirtschaftlichen Vorteilen auf: ein Zusammenhang, der durch den von Preußen dominierten „Zollverein" ohne die Erfüllung liberaler Sehnsüchte aufgelöst wurde (vgl. dazu Kapitel 3 in der Themeneinheit „Industrialisierung und Soziale Frage", insbesondere D3 und Q7).

Q7 Das „Deutschlandlied" (Melodie nach der 1797 von Joseph Haydn komponierten Kaiserhymne) entstand am 26. August 1841 auf der seit 1807 in britischem Besitz befindlichen Insel Helgoland. Der Verfasser Heinrich Hoffmann war Professor für deutsche Sprache und Literatur an der Universität Breslau, bis er 1842 auf Betreiben des preußischen Kultusministers als staatsgefährdend aus dem Lehramt entlassen wurde. Ursache waren später publizierte Lieder, nicht das „Lied der Deutschen". Dieses erhielt erst im Ersten Weltkrieg, als es zu einem nationalen Bekenntnislied wurde, politische Brisanz. Die erste Strophe war keineswegs chauvinistisch gemeint; in der ersten Zeile wird die Einheit Deutschlands über die Vielstaaterei des Deutschen Bundes gestellt, dessen Grenzen (bzw. der deutschsprachiger Staaten) Maas, Memel, Etsch und Belt genannt werden.

Zu den Fragen und Anregungen

1 Wirth wendet die Argumentation Heerens (Q2, S. 138) aus progressiver Sicht an: Weil Deutschland von zentraler Bedeutung für die Stabilität Europas ist, würde eine dort ausbrechende Revolution den allgemeinen Umsturz in Europa bedeuten. Neben diesem Aspekt zeigt die Rede Wirths, die eine der Höhepunkte des Hambacher Festes war, dass die Stimmung jetzt, fast ein halbes Jahrhundert nach dem Ausbruch der Französischen Revolution, radikaler ist als in den Jahren unmittelbar nach 1815.

2 Die Hoffnung auf ein liberales und damit demokratischeres und friedvolles Europa spricht aus den Worten Wirths – gleichzeitig ruft er jedoch zur sozialen Revolution, zum Sturz der Fürstenherrschaft auf. Hinzu kommt, dass Wirth ein klares Feindbild hat: Russland. Was passiert, wenn nicht alle Staaten Europas dem deutschen Vorbild folgen? Werden diese dann – wie zur Zeit der Französischen Revolution „gewaltsam bekehrt"? Nüchtern betrachtet enthält die Vision Wirths viel mögliche Gewalt und die Gefahr eines europäischen Krieges.

3 Vgl. Zusatzinformationen zu Q3.

4 Für eine Beurteilung des „Hessischen Landboten" ist zum einen die genuin liberale Kritik an der absoluten Fürstenherrschaft, zum anderen die scharfe Sozialkritik hervorzuheben. Büchner ruft nicht nur zur politischen, sondern auch zur sozialen Revolution auf und ist in seinen Äußerungen so radikal, dass eine gewaltsame Veränderung der Verhältnisse erwünscht erscheint. Kritisch wäre zu fragen, welche Belege es für die Allgemeingültigkeit der Anschuldigungen Büchners gibt – gelten die kritisierten Verhältnisse auch in den anderen deutschen Staaten? Zuletzt könnte auf das Alter des Studenten Büchner verwiesen werden, das einen Teil der Radikalität erklären mag.

5 Die Aufgabe ist für Schülerinnen und Schüler schwer zu bearbeiten. Daher sollten auch kreative und nicht unbedingt historisch korrekte Antworten positiv gewürdigt und z. B. gemeinsam in der Lerngruppe korrigiert werden. Eine korrekte Antwort könnte wie folgt aufgebaut sein: Einleitend könnte auf die Staatstreue der Unterzeichnenden hingewiesen und ein Bekenntnis zur Monarchie abgegeben werden. Dann könnte der Verfassungsbruch des Königs von Hannover und die damit verbundene einseitige Auflösung der Treuepflicht durch den Monarchen benannt werden, die einen Protest rechtfertigt: Zentrale Grundlage der Argumentation müsste die Bedeutung der Verfassung als „verbindendes Band" zwischen Monarchen und Bevölkerung sein, die nicht einseitig in Frage gestellt werden dürfte. Als Beispiel könnte auch auf die gerade in Preußen seit dem 18. Jahrhundert eingeführte Tradition des „mündigen Untertanen" hingewiesen werden, bei der die Untertanenpflicht auch die Pflicht zur konstruktiven Kritik einschließt. Hinzu kommt, dass die preußische Krone gesetzmäßiges Vorgehen und die Unabhängigkeit der Gerichte bei jeder Gelegenheit als Grundlage des preußischen Staates herausstellt.

6 Die Regierungen würden die nationalen Inhalte der ersten beiden Strophen ablehnen, insbesondere die der ersten Strophe, da sie diese als Bedrohung ihrer legitimen Landesherrschaften betrachteten. Hinzu käme die dritte Strophe: „Einigkeit und Recht und Freiheit" in einem „deutschen Vaterland". Diese enthält neben den bereits in den ersten beiden Strophen enthaltenen nationalen Gedanken entsprechendes liberales Gedankengut, das der absolutistischen Fürstenherrschaft widerspricht und die Gedanken der Französischen Revolution vor dem Horizont aufscheinen lässt! Interessant ist, dass das Lied der Deutschen den nationalen Gedanken zu mehr als 80 % (gegenüber liberalen Ideen) in den Vordergrund stellt – zurückzuführen auf die Entstehungszeit 1841, als die Rheinkrise das Nationalbewusstsein der Deutschen entfacht hatte.

4. Revolution in Deutschland

Konzeption

In dem einführenden Kapitel zu 1848 wird der Verlauf der revolutionären Erhebungen im Jahre 1848 wiedergegeben. Ausgehend von der Februarrevolution in Paris und ihrem schnellen Erfolg, der Ausrufung der Republik, der „Märzbewegung" in Deutschland und der Einsetzung von liberalen „Märzministern" und den Ereignissen in Österreich soll deutlich werden, dass nach dem gewalttätigen Auftakt die Hoffnung auf einen einvernehmlichen reformistischen Weg durchaus berechtigt war.

Anders als die Revolution von 1789 waren die Erhebungen von 1848 bis 1851 ein gesamteuropäisches Phänomen, das sowohl geographisch als auch sozial durch eine bislang nicht gekannte Verbreitung des Geschehens geprägt ist. Länder zwischen dem Mittelmeer und der Ostsee, zwischen dem Atlantik und der Ukraine waren betroffen. Bauern, Handwerker, Fabrikarbeiter, arbeitslose Tagelöhner, Unternehmer, Akademiker, Künstler, Angehörige des Klerus, Soldaten und Frauen taten ihre Forderungen kund und versuchten, ihren Einfluss auf unterschiedlichste Weise geltend zu machen. Aufstände in Spanien, Griechenland und Irland scheiterten. Die Schweiz hatte sich bereits 1847 aus einem Staatenbund in einen Nationalstaat umgewandelt. Die Grenzzonen des Osmanischen Reiches, die Fürstentümer Moldau und Walachei, wurden von der Revolutionswelle erfasst, andere Länder erlebten keine Revolution: im konservativen Russland war an ein Aufbegehren nicht zu denken, in England, den Niederlanden, in Belgien und in Dänemark öffneten Reformen den Weg zu Freiheit und Demokratie.

Obwohl der Schwerpunkt des Kapitels im Anschluss an die vorherigen Kapitel der deutschen Frage im 19. Jahrhundert und dem Weg zum deutschen Nationalstaat gilt, wird die Revolution in einen gesamteuropäischen und gesamtgesellschaftlichen Zusammenhang eingebettet, damit die Komplexität und Heterogenität der Konfliktlagen wenigstens als Hintergrund sichtbar werden.

Aspekte der Unterrichtsgestaltung

Als Einstieg kann die Karikatur Q1 dienen. Die Seeschlange mit der Jakobinermütze mit der Aufschrift „liberté" verweist auf Frankreich als das Land, aus dem (wieder einmal) eine revolutionäre Bedrohung kam.

Die Ereignisse in Frankreich können dann in einem Lehrervortrag erzählt werden. Die Ereignisse des März am Beispiel Köln und Wien können von den Schülerinnen und Schülern laut vorgelesen werden. Sie sind spannend, dramatisch („Kölner Fenstersturz") und entbehren nicht einer gewissen Ironie des Schicksals (in Köln beginnt die Revolution mit dem Fasching).

Mit dem Bild zum Barrikadenbau kann gesammelt werden, wie man sich die „Barrikadenkämpfe" konkret vorzustellen hat, wer beteiligt war usw.

Deutsche streben nach Freiheit und Einheit

Tafelbild

Die Märzrevolution 1848 in den deutschen Staaten

Unruhen und Aufstände	Forderungen	→	Ergebnisse
Versammlungen	• Verfassungen • Pressefreiheit • Vereins- und • Versammlungsfreiheit • Allgemeines Wahlrecht • Nationalversammlung • Schwurgerichte • Volksbewaffnung • Schutz der Arbeit • Kostenlose Schulbildung • Befreiung von Feudallasten	Freiheit (Grundrechte) Politische Gleichheit Nationale Einheit Rechtssicherheit Soziale Gleichheit	• Nationalversammlung • Presse- und • Versammlungsfreiheit • „Märzminister" • Verfassungen • Preußischer König verspricht Einheit ⟶ vorläufiger Sieg der liberalen und nationalen Bewegung
Demonstrationen			
Erhebungen der Bauern			
Aufstände in Berlin und Wien			

Anhand der verschiedenen Quellen können dann Akteure, Forderungen und Reaktionen/Wirkungen erarbeitet werden. Dazu parallel kann das Tafelbild erstellt werden.

Zusatzinformation zum Verfassertext

Die Märzereignisse werden am Beispiel der hohenzollerischen Fürstentümer Hechingen und Sigmaringen vorgestellt. Das Beispiel ist gut geeignet, weil es auf der lokalen Ebene die gesamtdeutschen Probleme und die Bedeutung der Revolution als Basisrevolution und die damit verbundene Veränderung der politischen Kultur, in der neben bürgerlichen männlichen Akteuren auch Frauen und Angehörige unterer Volksschichten ihre Forderungen artikulieren, deutlich macht.

Unabhängig von vielfältigen Formen individueller politischer Partizipation lassen gut organisierte Netzwerke, für deren Aufbau und Stabilität nicht zuletzt Frauen verantwortlich waren, sowie eine rege Vereinstätigkeit die Aussage zu, dass es jenseits des verfassungs- und nationalpolitischen Hauptstroms eine Volksbewegung gab. Folgte diese zunächst traditionellen Organisations- und Protestformen, so lernte sie im Laufe der Revolution Formen moderner Interessenpolitik zu nutzen, ablesbar etwa daran, dass die Proteste und Revolten zurückgingen, statt dessen die Petitionen zunahmen.

In diesem Kapitel kommt im Text und im Material auch die Rolle der Bauern für die und in der Revolution zur Sprache. Sie forderten in erster Linie den Abschluss der so genannten „Bauernbefreiung". Mit ihren Forderungen nach Beseitigung von Diensten und Abgaben, nach Regelung des Gemeindewesens und der Forst- und Jagdverhältnisse stellten sie die überkommenen obrigkeitlichen Autoritäten nicht in Frage. Vielmehr erwarteten sie von ihnen Unterstützung für ihre Forderungen, die in einem traditionellen Rechtsbewusstsein gründeten

Zusatzinformationen zu den Materialien

Q1 Die Karikatur der Seeschlange, der „Liberté" mit Jakobinermütze, die das Boot der europäischen Herrscher zu kippen droht, soll die europäische Dimension ebenso sichtbar machen wie die ernstliche Bedrohung, die von der Bewegung ausging.

Q2 Das Material insgesamt soll das Spektrum der Beteiligten und die ersten Erfolge widerspiegeln. Gerade die bekannte Darstellung des Mannheimer Barrikadenkampfes zeigt die Spontaneität so wie die breite Beteiligung deutlich: sie ging quer durch die sozialen Schichten, Männer und Frauen kämpften gemeinsam.

Q4 Hintergrund des Gemäldes sind tatsächliche Ereignisse in Düsseldorf im Oktober 1848. Der Stadtrat hatte beschlossen, 600 Arbeiter zu entlassen, die im Rahmen eines Arbeitsbeschaffungsprogrammes mit der Entschlammung der Stadtgräben und Erdarbeiten beschäftigt waren. Es kam zu Demonstrationen, an denen sich mehr als 5000 Menschen beteiligten. Am 9. Oktober zogen 200 Arbeiter vor das Rathaus, und eine Deputation versuchte, beim Magistrat die Weiterbeschäftigung zu erreichen. Das Bild zeigt die Arbeiter, die selbstbewusst dem Magistrat im Düsseldorfer Rathaus ihre Forderungen überreichen. Die Reaktionen der Stadtverordneten reichen von Überraschung, Neugierde, bis zu blankem Entsetzen und Angst. Die rote Farbe bei den Arbeitern deutet eine sozialistische Gesinnung und Bedrohung an. Die schwarz-rot-goldene Fahne im Hintergrund vermochte nicht alle Interessen zu integrieren. Die Darstellung vermittelt den von beiden Seiten wohl empfundenen Gegensatz. Die Sympathie des Malers ist eindeutig auf Seiten der Arbeiter.

Q5 Die Inhalte der so genannten „Märzforderungen", die seit Ende Februar an lokale und staatliche Behörden gerichtet waren, wichen zumeist nur wenig voneinander ab. Auf Volksversammlungen und Kundgebungen forderten Redner in den ersten Märztagen Verfassungen oder Verfassungsreformen, Presse-, Versammlungs- und Vereinsfreiheit, Volksbewaffnung, die Einrichtung von Schwurgerichten und die Wahl einer Nationalversammlung. Die Forderungen der Stadt Köln sind deshalb von besonderem Interesse, weil allgemeine und kostenlose Bildung gefordert wird (Punkt 6) und mit der 5. Forderung soziale Interessen und Folgen der Industrialisierung angesprochen werden. Die Quelle ist mit doppeltem Blickwinkel zu lesen und zu interpretieren: zum einen werden in der Kölnischen Zeitung die „Forderungen des Volkes" veröffentlicht, zum anderen durch Einleitung und Kommentar des Regierungspräsidenten deutlich gemacht, dass aus dessen Sicht Unruhestiftung, Aufruhr, Gewalt Attentat, Illegalität und Illoyalität (so entsprechende Schlüsselbegriffe) das Geschehen kennzeichnen. Die „friedliebenden Bürger Kölns" werden aufgefordert, sich gemeinsam mit den „Behörden" gegen die „Konspiration" der „Böswilligen" zu stellen.

Deutsche streben nach Freiheit und Einheit

Q3 und **Q6** In der Proklamation vom 21. März erklärte Friedrich Wilhelm IV., angetan mit einer schwarz-rot-goldenen Schärpe, Preußen gehe von nun an in Deutschland auf. Auf viele Zeitgenossen wirkte die Kapitulation des Königs opportunistisch und peinlich. Die Zugeständnisse des Königs belegen jedoch, dass die Hoffnungen, die in den „Märzforderungen" formulierten Ziele in einem schnellen Erfolg zu erreichen, durchaus berechtigt waren.
Q7 Die Quelle zeigt zweierlei: Zum einen wird deutlich, dass die Ziele der an der Revolution Beteiligten sehr uneinheitlich waren und „Freiheit" unterschiedlich aufgefasst und interpretiert wurde; zum anderen geht aus der Quelle hervor, dass die Aktionen der „kleinen Leute" direkte, hungergeleitete Zugriffe auf Nahrung in Notzeiten waren. Legitimationsgrundlage war ein nacktes Recht aufs Überleben.
Q8 Der Stich illustriert den oft sehr roh ausgetragenen sozialen Kleinkrieg zwischen Besitzenden und Besitzlosen. Wie den städtischen Barrikadenkämpfern diente auch den Bauern alles verfügbare Gerät als Waffe.

Zu den Fragen und Anregungen

1 Die Schlange bedroht die europäischer Herrscher doppelt: zum einen mit ihrem Gift „Freiheit", zum anderen versperrt sie für das Boot der Herrscher in mehreren Richtungen den Weg, sie können nur noch zurück. In Preußen ist der Weg zurück im Dezember auch bereits beschritten: die Nationalversammlung wird durch das Militär aufgelöst und eine Verfassung oktroyiert. Gleichzeitig wird im Dezember in Frankfurt der Katalog der „Grundrechte des deutschen Volkes" abgeschlossen.
2 Der berühmte Schnitt vom Mannheimer Barrikadenbau demonstriert die schichten- und geschlechterübergreifende Solidarität unter der gemeinsamen schwarz-rotgoldenen Fahne. Frauen, Männer und Kinder schleppen Möbel und andere Gegenstände zum Barrikadenbau herbei. Die mit Sensen bewaffnete Bürgerwehr hat sich versammelt. Neben der Aussage, dass auch Frauen an den Kämpfen beteiligt waren, ist von Bedeutung, dass eine weibliche Symbolfigur der Freiheit auf den höchsten Punkt der Barrikade gestellt wurde. Der Zeichner Ludwig Elliot folgte damit einer Darstellung des französischen Malers Eugène Delacroix, der 1830 mit dem Gemälde „Die Freiheit führt das Volk auf die Barrikaden" die Ereignisse der Pariser Julirevolution thematisierte. Mit seiner allegorischen Figur der Freiheit schuf Delacroix eine bis heute aufgegriffene Ikone der Revolution.
Die Barrikadenkämpfer in Mannheim unterlagen den Bundestruppen und das Freicorps wurde aufgelöst.
3 In den Kölner Märzforderungen sind nicht nur die allgemeinen vor allem bürgerlichen Forderungen aufgenommen, sondern mit allgemeinem Wahlrecht, sozialen Forderungen und allgemeiner Volkserziehung auch die Interessen der Arbeiter aufgegriffen worden.
4 Die Berichterstattung ist parteiisch gegen die Urheber und Überbringer der Forderungen. Schlüsselbegriffe sind auf der einen Seite: Ruhe, ordnungsgemäß, gesetzlich, loyal, friedliebend, glücklich; auf der anderen Seite: gestört, bestürmen, Gewalt, aufrührerisch, Rädelsführer, Attentat, Unheil, Konspiration, Böswillige.

5 und 6 Der König geht auf die Forderungen des Volkes ein. Die Begründung ist die „innere Gärung" und die „äußere Gefahr", d.h. die Vermeidung einer Revolution und eines europäischen Krieges. Hinter seinen Zugeständnissen steht nicht die Überzeugung ihrer Berechtigung, sondern Angst.
7 Die Konfrontation von Arbeitern und Stadträten ist höchst spannungsreich inszeniert. Zwei deutlich voneinander getrennte gesellschaftliche Gruppen treffen aufeinander. Die Arbeiter wirken kämpferisch, selbstbewusst, sie stehen, die Stadträte weichen sitzend vor ihnen zurück. Ihre zahlenmäßige Überlegenheit wird durch den Blick auf die versammelte Menge auf dem Rathausplatz relativiert. Während die Arbeiter positiv dargestellt werden, ist der Blick auf die Stadträte ironisch und leicht verächtlich. Das Gemälde war auch deshalb revolutionär weil das Proletariat als ernstzunehmende gesellschaftliche Kraft in die Kunst eingeführt wurde.
8 Die Motive der Bauern waren weniger politischer Art als nackte Not. Die rein materiellen Motive und Ziele der Bauern werden von Riehl verständnisvoll nachvollzogen doch einem noch nicht ausgeprägten politischen Bewusstsein zugeordnet. Unterschwellig werden die Bauern als etwas naiv, in ihrem politischen Bewusstsein rückständig und im Verstehen größerer Zusammenhänge schwerfällig dargestellt.

5. Revolution ist nicht nur Männersache

Konzeption

In dem Kapitel werden vor dem Hintergrund der Geschlechterrollen im 19. Jahrhundert das Selbstverständnis von Männern und Frauen in der Revolution von 1848 und ihre unterschiedlichen Handlungsräume, Handlungsmöglichkeiten, Funktionen, Rollen und Aktionsformen in den Blick genommen.
Gerade der Blick auf Paare der Revolution zeigt sowohl die traditionelle Rollenaufteilung als auch ihre Aufweichung und belegt damit, dass die Wirklichkeit nicht notwendigerweise der Norm entsprach.

Aspekte der Unterrichtsgestaltung

Als Einstieg kann eine intensive Beschäftigung in Form einer vorbereitenden Hausaufgabe oder einer Internetrecherche mit den Frauengestalten der 48er Revolution, wie z.B. Mathilde Anneke oder Amalie Struve, gewählt werden. Daran anknüpfend kann darauf hingewiesen werden, dass die Frauen, wie auch die im Buch vorgestellten, häufig mit ihren Männern zusammenarbeiteten (für einen ausführlicheren Lehrervortrag siehe Verfassertext S. 207 und Q2). Ausgehend von der Abbildung der Frauenversammlung kann gemeinsam überlegt werden, welche Themen die Frauen wohl diskutierten und worin ihre Forderungen bestanden. Die Quellenarbeit Q5 und Q6 wird die Beiträge ergänzen bzw. korrigieren, beispielsweise wird es erstaunen, dass das Wahlrecht nicht auf der Liste der Forderungen der Frauen stand.

Zusatzinformation zum Verfassertext

Frauen waren im 19. Jahrhundert selten in institutionalisierten Formen der Politik präsent. Doch wie nie zuvor in der deutschen Geschichte nahmen Frauen 1848 am politischen Geschehen teil. Auf der Ebene der Volksbewegung, die gleichzeitig die alltags- und mentalitätsgeschichtliche Dimension der Revolution ins Bewusstsein rückt, wird das politische, bildungspolitische, sozialpädagogische und karitative Engagement von Frauen – auch aus unterbürgerlichen Schichten – in der 1848er Revolution sichtbar. Sie halfen beim Barrikadenbau, sammelten Geld für die Ausrüstung der Bürgerwehren, stickten Fahnen, spendeten Schmuck oder veranstalteten Lotterien zugunsten der Gefangenen und Emigranten der Revolution und ihrer Familien. Sie verfolgten aber auch als Zuschauerinnen unmittelbar die politischen Debatten, etwa auf der Tribüne der Frankfurter Paulskirche. Sie schlossen Freundschaften, pflegten Kontakte und schufen so Netzwerke, die gerade auch in der Verfolgungszeit eine manchmal überlebenswichtige Rolle spielten.

Meistens kamen die engagierten Frauen aus traditionell liberalen und demokratischen Familien. Die Ehemänner oder Väter waren selbst in politischen Vereinen oder der Bürgerwehr. Die Frauen begleiteten ihre Ehemänner zu Vereinssitzungen und Volksversammlungen und nahmen an den Festzügen und Feiern teil. Die Teilnahme der Frauen verlieh vielen Veranstaltungen Ernsthaftigkeit und Gesetztheit, machte ihre Anwesenheit doch deutlich, dass die Männer nicht leichtsinnig und hitzköpfig, sondern als verantwortungsbewusste Familienväter die Geschicke der Nation in die Hand nahmen. Bei den Fahnenweihen schworen so auch die Männer, „Heerd und Familie, oder Ordnung und Gesetz oder Ehre und Eigenthum" zu verteidigen. Frauen waren bei diesen Veranstaltungen nicht schmückendes Beiwerk und passive Zuschauerinnen. Sie überreichten den Männern die gestickten Fahnen und die Männer schworen den Frauen, Freiheit und Vaterland zu verteidigen. Es entstand eine nationale und symbolisch bekräftigte Allianz zwischen Männern und Frauen: die in die Fahnen eingestickte Liebe der Frauen sollte den Männern Kraft verleihen. In den Reden wurde dieser Beitrag der Frauen immer wieder unterstrichen.

Die gemeinsamen politischen Ziele und das gemeinsame Auftreten und Handeln veränderte auch die alltäglichen Umgangsweisen zwischen den Geschlechtern. Darüber hinaus nutzten Frauen 1848 immer mehr das Forum der Presse, um ihre Meinung kundzutun. Sie verfassten politische Manifeste, verteilten Flugblätter und beteiligten sich auf den Vereins- und Volksversammlungen an den Diskussionen, was wenige Jahre zuvor noch undenkbar war. Die Missbilligung der patriarchalisch geprägten Umwelt kann an bissigen Karikaturen abgelesen werden.

Das Engagement der Frauen stand jedoch grundsätzlich im Einklang mit der Geschlechterrollenzuweisung, welche die Frauen als Gattin, Braut oder Mutter sah. Das normative Konzept von sich ergänzenden männlichen und weiblichen „Geschlechtscharakteren", wie es Karin Hausen für das 19. Jahrhundert beschrieben hat, wird also nicht grundsätzlich in Frage gestellt. Nicht der Wunsch nach Übernahme männlicher Verhaltensweisen hatte ihnen den Weg in die Öffentlichkeit gebahnt, sondern gerade ihre Rolle als Gattin und Mutter. Waren die Geschlechterrollenzuweisungen in der zweiten Jahrhunderthälfte eine Schranke für den Zugang der Frauen zu politischen Räumen, so waren sie hier gerade das Vehikel.

Seit der Mitte des Jahres 1850 waren Frauenvereine zunehmend Repressalien ausgesetzt und wurden schließlich verboten. Das generelle Verbot der Mitgliedschaft in politischen Vereinen oder der Besuch politischer Veranstaltungen blieb bis 1908 in Kraft und hat die deutsche Frauenbewegung entscheidend geprägt.

Zusatzinformationen zu den Materialien

Q1 Weil Mathilde Anneke am badisch-pfälzischen Feldzug teilgenommen hatte, wurde sie auch als Amazone, hoch zu Ross, in Männerkleidern dargestellt.
Über die verbreitete Darstellung empörte sich Mathilde Franziska Anneke in ihren „Memoiren einer Frau aus dem badisch-pfälzischen Feldzuge".

Q2 Zu Paaren in der Revolution vgl. Birgit Bublies-Godau: Geliebte, Gatten und Gefährten. Selbstverständnis und politisches Handeln von Ehepaaren in der deutschen Revolution von 1848/49, in: GWU 49 (1998), S. 282–296. Der Beitrag stellt die bisher in der Forschung vernachlässigten, aktiven (Ehe-) Paare der Revolution vor. Bublies-Godau analysiert anhand autobiographischer Schriften, Lebenserinnerungen und Korrespondenzen das Selbstverständnis revolutionärer Männer und Frauen in ihrer Lebensgemeinschaft und als revolutionäre Politiker und Politikerinnen.

Q3 Das Bild wird oft mit dem Titel „Die Emanzipierte" wiedergegeben. Die Lithographie nach Gustave Janet stellt aber vielmehr eine Frauenversammlung neutral und ohne Wertung dar. Anders als in den meisten Darstellungen werden die politisch aktiven Frauen gerade nicht als „emanzipiert" karikiert, d.h. im zeitgenössischen Verständnis als Frauen dargestellt, die wegen ihres „unweiblichen" Verhaltens zu verurteilen seien – so etwa in der berühmten Karikatur aus dem „Satyr" mit dem Titel „Politischer Frauenclub".

Q4 Die 1819 geborene Louise Otto war in einer liberalen und politisch interessierten, begüterten Bürgerfamilie in Meißen in Sachsen aufgewachsen. Die vier Töchter des Juristen und Senators im Senat von Meißen erhielten eine sehr gute Bildung und wurden schon früh in politische Diskussionen mit einbezogen. Als Louise 16 Jahre alt war, starben die Eltern. Louise Otto war nun für sich selbst verantwortlich und finanziell unabhängig. Sie nahm weiterhin Unterricht in Naturwissenschaften, Philosophie, Französisch und Malerei. Durch Besuche bei ihrer im Erzgebiet lebenden verheirateten Schwester lernte sie das schwere Leben der Klöpplerinnen und Weberinnen kennen. Diese Erfahrungen verarbeitet sie in ihrem Roman „Schloß und Fabrik", der aufgrund der Zensurbestimmungen erst 1846 erscheint. Ab 1843 schreibt sie für die „sächsischen Vaterlandsblätter", deren Herausgeber der spätere Abgeordnete der gemäßigten Linken in der Frankfurter Nationalversammlung Robert Blum ist. Sie erregte Aufsehen, als sie auf die Frage der Zeitschrift, ob Frauen das Recht haben, an den Interessen des Staates teilzunehmen, antwortet: „Die Teilnahme der Frauen an den Interessen des Staates ist nicht ein Recht, sondern eine Pflicht."

Mit den 1846 veröffentlichten „Liedern eines deutschen Mädchens" erwirbt sie sich den Ruf der „Lerche des Vorfrühlings" und reiht sich als politische Dichterin in die demokratische Bewegung ein. Zum Politikum entwickelte sich ihre 1848 veröffentlichte „Adresse eines deutschen Mädchens", in der sie als erste deutsche Frau zur Arbeiterinnenfrage Stellung nimmt. Der Aufruf wurde in allen deutschen Blättern abgedruckt. Ihr Eintreten und ihr Engagement für die Arbeiterinnen geschah allerdings mit der bürgerlich-fürsorglichen Einstellung und Auffassung, dass man die Probleme der Arbeiterinnen durch Vermittlung von Bildung lösen könne. Nach dem Grundsatz der „Hilfe zur Selbsthilfe" regte sie die Gründung von Bildungsvereinen und Berufszusammenschlüssen an. Nach der Revolution und der anschließenden konservativen Reaktion, der 1852 ihre Zeitung zum Opfer fiel, verhielt sie sich abwartend. Sieben Jahre wartete sie auf die Freilassung ihres Verlobten August Peters, der als Teilnehmer an den Aufständen in Sachsen im Gefängnis saß. 1858 konnte das Paar endlich heiraten. Nach sechsjähriger Ehe starb Peters 1864.

Ein Jahr später, 1865 war sie maßgeblich an der Gründung des „Allgemeinen Deutschen Frauenvereins" beteiligt. Damit wurde eine neue Phase der Frauenbewegung eingeleitet, in der nun nicht mehr so sehr politische Ziele, als vielmehr Frauenbildung und Frauenerwerbstätigkeit im Mittelpunkt standen. Weniger mit ihrem Engagement 1848 als mit ihrer nun einsetzenden Tätigkeit gilt sie als die „Begründerin der deutschen Frauenbewegung". Louise Otto-Peters starb am 13. März 1895 in Leipzig. Sie veröffentlichte etwa 60 Bücher, darunter 28 meist mehrteilige Romane, Erzählungen, Novellen, Opernlibretti, historische Reflexionen, Streitschriften, Essays, ungezählte Gedichte und journalistische Beiträge. (Für weitere Informationen siehe www.louiseottopeters-gesellschaft.de).

Q5 Die „Frauen-Zeitung" Louise Ottos erschien seit dem 21. April 1849 wöchentlich unter dem Motto „Dem Reich der Freiheit werb ich Bürgerinnen." Die Zeitschrift enthielt politische Kommentare, Nachrichten, Korrespondenzen, Abhandlungen zu frauenspezifischen Themen, Novellen, Geschichten und Gedichte mit sozialkritischer Tendenz und in der Rubrik „Blick in die Runde" wurden wichtige Informationen über Fraueninitiativen und Frauenvereine veröffentlicht.

Der revolutionäre Elan der Revolution war inzwischen bereits durch die Gegenwehr der reaktionären Kräfte gebrochen. Das Frankfurter Parlament hatte Ende März 1849 die Reichsverfassung verabschiedet, in der nach langem Ringen die kleindeutsche Lösung beschlossen worden war, nach der Deutschland also unter Führung Preußens ohne Österreich vereinigt werden sollte. Doch mit der Ablehnung der Kaiserwürde durch den preußischen König am 3. April war diese Lösung gescheitert. Die parlamentarischen Vertreter der Paulskirche wurden abberufen und wenig später auch das „Rumpfparlament" aufgelöst, zu dem sich die Linken in Stuttgart zusammengeschlossen hatten. Die Volkserhebungen zuerst in Sachsen, dann in Württemberg und in der Pfalz waren der verzweifelte Versuch, die Verfassung zu retten. Doch sie wurde vom Militär niedergeschlagen.

Die Zeitschrift Louise Otto-Peters spiegelt diese Entwicklung wider: das Bangen, die Hoffnungen, die Enttäuschungen und Verfolgungen, das Scheitern der Revolution. Welche Bedeutung der Presse von Frauen im Zusammenhang mit der Revolution zugemessen wurde, ist daran abzulesen, dass 1850 Frauen die verantwortliche Redaktion oder Herausgabe einer Zeitschrift untersagt wurde. Otto konnte ihre Zeitschrift zunächst durch Verlegung von Dresden in Sachsen nach Gera in Thüringen bis 1852 retten, wo noch kein Presseverbot für Frauen herrschte.

Der erste Satz der Quelle kann als Leitsatz für Ottos Engagement gelten. Die Forderung, mündig und selbstständig die eigenen Kräfte ausbilden zu können, wird begleitet von der Zusage, dieses Recht durch entsprechendes Engagement und solidarisches Eintreten für die Verbesserung der Lebensbedingungen aller Frauen zu verdienen.

Q6 Amalie (von) Struve (1824–1862) war Lehrerin, bevor sie 1845 den Advokaten und Redakteur des „Mannheimer Journals" Gustav von Struve heiratete, der das Adelsprädikat 1847 ablegte. Als überzeugte Demokratin nahm sie zusammen mit ihrem Mann an den bewaffneten Volkszügen im April und September 1848 teil. Sie versuchte, Männer und Frauen für eine Unterstützung der Revolution zu gewinnen. Nach der Niederlage in Staufen geriet sie in Gefangenschaft und war 205 Tage im Freiburger Turm inhaftiert. 1849 flüchteten sie und ihr Mann in die Schweiz; von dort reisten sie dann weiter nach London und in die USA. Sie starb nach drei kurz aufeinander folgenden Geburten in New York.

Der Tagebucheintrag von Amalie Struve belegt den Wunsch vieler Frauen, sich zusammen mit ihren Männern für die „Sache der Freiheit" zu engagieren. Die von Frauen geforderte Zurückhaltung empfindet sie als unwürdig und ihrer Auffassung von der Ehe, in der die Ehepartner mit den Gefahren auch die Aufgaben teilen sollten, nicht gemäß. Die Realität belege überdies, dass es in allen Altersstufen Frauen gebe, die sich im Rahmen ihrer Möglichkeiten und Rollen an der Revolution beteiligten.

Zu den Fragen und Anregungen

1 Aus Verfassertext und Quellen sind die vielfältigen Formen der Beteiligung von Frauen gut heraus zu filtern: Sie halfen beim Barrikadenbau, beteiligten sich an den öffentlichen Diskussionen, sammelten Geld für die Ausrüstung der Bürgerwehren, nähten und bestickten Fahnen, nahmen an den Festzügen und Feiern teil, sprachen ihren Männern für den Freiheitskampf Mut zu, nutzten das Forum der Presse, um ihre Meinung kundzutun.

2 Die 1848 entstehende Frauenbewegung war Teil der allgemeinen politischen Bewegung. Die Frauen forderten für sich das Recht, sich wie ihre Männer für die Freiheit und für das Vaterland einsetzen zu dürfen. Sie blieben mit ihren Forderungen zumeist im Rahmen der Frauen zugeordneten gesellschaftlichen Rolle. Gleichberechtigung bedeutete für sie bessere Bildungsmöglichkeiten und die Einbeziehung von Frauen in die staatlichen und gesellschaftlichen Belange. Dabei hofften sie, indirekt politisch Einfluss zu nehmen, etwa durch die Presse. Das Wahlrecht forderten die Frauen der 1848er Revolution nicht. Die Schriftstellerin Hedwig Dohm war die erste deutsche Frau, die 1873 öffentlich das Stimmrecht forderte.

3 Die Ziele der Bürger, wie sie in den „Märzforderungen" formuliert wurden, sind mit den Begriffen Freiheit und Einheit zusammenzufassen. Sie betreffen vor allem die politische Zukunft Deutschlands. Für die Arbeiter standen soziale Fragen im Mittelpunkt. Beispielsweise sollte die Arbeit vor der Konkurrenz durch Maschinen und Fremde geschützt werden. Um ihren Kindern eine bessere Zukunft zu bieten forderten sie unentgeltlichen Unterricht. Für Bauern bedeutete Freiheit die Freiheit von Frondiensten und hohen Abgaben. Frauen forderten die Freiheit, sich nach ihren Fähigkeiten zu bilden und sich wie ihre Männer und zusammen mit ihnen politisch und gesellschaftlich zu engagieren.

6. Eine Verfassung für ganz Deutschland

Konzeption

In dem Kapitel werden die Frankfurter Verfassungsberatungen vorgestellt und Möglichkeiten und Anregungen (z. B. mit Hilfe eines Planspiels) geboten, sie zu diskutieren. Die Debatten werden ausführlicher an folgenden Beispielen vorgestellt: Grundrechte, Staatsform, Wahlrecht und den zukünftigen Grenzen. Die Schüler und Schülerinnen sollen erkennen, welch grundsätzliche Herausforderungen eine Staatsgründung darstellte. Darüberhinaus bekommen sie einen Eindruck von der Komplexität der Arbeit der Abgeordneten. Das Wahlrecht ist eine für die heutigen Schüler und Schülerinnen (!) selbstverständliche Form der politischen Partizipation. Doch auch die Diskussion der Staatsform (Republik oder Monarchie) könnte angesichts der Aufmerksamkeit, die auch heute wieder den „Royals" entgegengebracht wird, auf Interesse stoßen und die Gelegenheit zur Historisierung gegenwärtiger Phänomene bieten. Daneben gilt es die Probleme vorzustellen, die es bei der Umwandlung eines multinationalen Staatenbundes zum deutschen Nationalstaat zu lösen galt. Die Schwierigkeit bestand vor allem darin, dass der Deutsche Bund ein ethnisch uneinheitlicher Staatenbund war, in dem viele Nationen vertreten waren. Deshalb musste der Versuch, einen Nationalstaat zu schaffen, unweigerlich zu Konflikten mit anderen Nationen führen.

Aspekte der Unterrichtsgestaltung

Da das Lied als historische Quelle in dieser Einheit eine besondere Rolle spielt, kann an dieser Stelle bereits zu diesem Quellentypus hingeführt werden, ohne dass hier eine ausführliche Interpretation erfolgt.
Als Einstieg kann das Lied „Das Reden nimmt kein End" vorgespielt werden (CD Historische Lieder, Klett Nr. 415542). Ohne im Einzelnen auf den Liedtext einzugehen kann ausgehend von einzelnen Stichworten (etwa: befreien, Republiken, Kaiser, Professoren) ein Brainstorming anschließen, welche verschiedenen Aufgaben die Nationalversammlung in Frankfurt zu diskutieren („das Reden nimmt kein End") und zu lösen hatte. Die Aufgaben können aus den Forderungen aus der Zeit des Vormärz und aus den Märzforderungen erschlossen werden. Die öffentliche Bedeutung des Zusammentretens der ersten deutschen Nationalversammlung kann mit der Abbildung der Paulskirche (Q1) verdeutlicht werden.
Organisatorische Fragen und die konkrete Arbeit im Parlament kann mithilfe des Planspiels erarbeitet werden. Die Quellentexte zeigen konkret, was und wie diskutiert wurde und mit welchen wichtigen Ergebnissen.
Alternativ kann auch ein Einstieg über die Karte (S. 160, D1) gewählt werden, um die Frage zu diskutieren, welche Probleme die Nationalversammlung zu meistern hatte,

Tafelbild

Die Nationalversammlung in der Frankfurter Paulskirche

Legitimation:	allgemeine, gleiche, indirekte Wahlen der Männer
Ziele und Aufgaben:	Ausarbeitung einer Verfassung Schaffung eines Nationalstaates

Themen und Kontroversen

Staatsgebiet		Staatsform		Staatsorganisation
Großdeutsch	Kleindeutsch	Republik	Monarchie	Staatenbund (starke Einzelstaaten)
– mit Gesamt-Österreich – nur mit Deutsch-Österreich	– ohne Österreich		Wahlkaisertum oder Erbkaisertum?	Bundesstaat (starke Zentralgewalt bei Erhalt der Einzelstaaten) Einheitsstaat (starke Zentralgewalt, Provinzen)

Lösung

Kleindeutsche Lösung (Gebiet des Deutschen Bundes)	Parlamentarische Erbmonarchie (Gewaltenteilung, demokratisches Wahlrecht, Grundrechte)	Bundesstaat

wenn sie einen deutschen Nationalstaat schaffen wollte. Die Ergebnisse werden dann zusammengefasst und die entsprechenden Begriffe festgehalten.

Abschließend kann anhand einer Europakarte die Frage diskutiert werden, welche Minderheiten es heute in Europa gibt, welche Forderungen und Ziele sie haben und welche Möglichkeiten es gibt, ihnen gerecht zu werden. Zum Thema Minderheiten in Europa findet man eine Karte und umfangreiche Auskünfte unter http://www.minority2000.net/IndexD.htm. Die Seite eignet sich bestens, in Gruppenarbeit verschiedene Minderheiten und ihre Probleme genauer zu bearbeiten. Die Artikel sind zumeist unterteilt in: Sprachfamilie, Region, Größe der Minderheit, Status, Verwaltung, Erziehung und Bildung, Medien, Besonderheiten/Traditionen, (Konfliktlösung).

Zusatzinformation zum Verfassertext

Die Probleme, welche die Nationalversammlung zu lösen hatte, können mit dem Tafelbild (S. 86) anschaulich vermittelt werden.

Erklärung wichtiger Begriffe (teilweise im Tafelbild auf der folgenden Seite vorkommend)

Kleindeutsche: Anhänger der Vorstellung von einem deutschen Nationalstaat ohne Österreich und die zu Österreich gehörenden Länder. Preußen als der größte deutsche Teilstaat hätte hier eine Vorrangstellung.

Großdeutsche: Anhänger der Vorstellung von einem deutschen Nationalstaat einschließlich der deutschsprachigen Gebiete Österreichs.

Bundesstaat: bezeichnet den Zusammenschluss mehrerer Staaten zu einem übergeordneten Gesamtstaat. Dabei haben die Gliedstaaten ebenso wie der Bund eigenständige rechtliche, politische und territoriale Zuständigkeiten, sind aber dem Bundesstaat zur Bündnistreue verpflichtet. Vom Bundesstaat ist der Staatenbund zu unterscheiden. Dies ist ein lockerer Zusammenschluss mehrerer Staaten aus gemeinsamen politischen Interessen. Die Einzelstaaten behalten ihre Souveränität. Der Deutsche Bund war ein Staatenbund.

Nationalstaat bezeichnet die Vorstellung einer (weitgehenden) Übereinstimmung von ethnischer Gemeinschaft (Nation, Volk) und territorial-rechtlicher Herrschaft (Staat).

Grundlage der Schaffung eines Nationalstaates soll das Selbstbestimmungsrecht der Völker sein. Im Gegensatz zum Nationalstaat steht der **Vielvölkerstaat**, der sich aus mehreren Nationalitäten zusammensetzt.

Nationale Minderheiten sind Bevölkerungsgruppen innerhalb eines Staates, die sich aufgrund ihrer Sprache, Kultur, Traditionen von der Mehrheit unterscheiden.

Zusatzinformationen zu den Materialien

Q2 und **Q8** Die Grundrechte wurden monatelang diskutiert. An dieser Diskussion zeigen sich deutlich die Meinungsverschiedenheiten. Beseler betonte die Bedeutung der Grundrechte als wichtige und notwendige Antwort auf die Karlsbader Beschlüsse. Osterrath dagegen führt aus, dass vor der Grundrechtsdebatte die Grenz- und Nationalfrage geklärt werden müsste.

Am 28.12.1848 wurden die Grundrechte schließlich mit großer Mehrheit angenommen Die Grundrechte waren geltendes Reichsrecht und sollten „den Verfassungen der deutschen Einzelstaaten zur Norm dienen" (Art. 130). Sie wurden nach Wiedereinsetzung des Bundestages am 23.8.1851 aufgelöst. In der Reichsverfassung von 1871 fehlten sie, wurden dann aber Vorbild für den Grundrechtekatalog der Weimarer Verfassung und teilweise auch noch des Bonner Grundgesetzes.

Q3 Diese beiden Redebeiträge zeigen die unterschiedlichen Auffassungen und Möglichkeiten von der zukünftigen Staatsform. Sie reichten von einem Adelsdirektorium über verschiedene Formen einer monarchischen Staatsform bis zu dem Vorschlag einer Republik.

Q4 Zeigt zum einen die hitzigen Debatten in der Paulskirche und zum anderen die Sitzordnung nach Interessenzugehörigkeit. Die Abgeordneten saßen in einem Halbkreis, links die radikalen Demokraten, in der Mitte linkes und rechtes Zentrum und rechts die gemäßigten Demokraten. Auf dem Podium stehend findet sich Heinrich von Gagern, Präsident der Versammlung, am Rednerpult abgebildet ist der sächsische Abgeordnete Robert Blum. Eindrucksvoll sind auch die voll besetzten Zuschauerränge. Hier fallen vor allem die weiblichen Zuschauerinnen auf, die mit Beifalls- und Protestbekundungen den Verlauf der Debatten kommentierten.

Q5 Die beiden Positionen zeigen exemplarisch die 1848 noch völlig unterschiedlichen Auffassungen von den Grenzen einer Demokratisierung. Während das Wahlrecht für Frauen noch gar nicht zur Debatte stand, war auch ein „allgemeines" Wahlrecht für Männer keinesfalls unumstritten. Eine heftig diskutierte Frage war die der Kriterien, die entscheidend sein sollten, ob jemand wählen darf oder nicht. Während Bassermann das Wahlrecht an „Bildung" und „Besitz" binden will und die Meinung vertritt, jeder könne zu Besitz kommen und sich also durch „Fleiß" und „Arbeit" das Wahlrecht verdienen, erwirbt sich nach Pfeiffer derjenige das Recht zu wählen, der sich für die Freiheit und die Rechte des Volkes einsetzt. Sein Kriterium ist die „Selbstständigkeit der Gesinnung", die nichts mit Besitz zu tun habe.

Q6 a) F. Palacky (1798–1876) ist der Mitbegründer eines tschechischen Nationalmythos und entwickelte zusammen mit anderen tschechischen Intellektuellen die Idee eines nationalen Selbstbewusstseins.

Auf die Einladung nach Frankfurt antwortete er mit dem hier in Teilen abgedruckten Schreiben, indem er prinzipiell die deutsche Einigung begrüßte, gleichzeitig seine Teilnahme aber ablehnte, da er eben Tscheche und nicht Deutscher sei. Er warnte in seinem Schreiben aber auch vor einer Schwächung Österreichs und verweist auf eines der Zentralprobleme der deutschen Einheitsidee, der Behandlung der nicht-deutschen Völker des Kaiserreiches.

b) Der Wiener von Arneth war ein entschiedener Verfechter der großdeutschen Lösung unter Einbeziehung Gesamtösterreichs. Er wünschte eine schwache Reichsspitze und wechselnde Präsidenten.

c) Der Flensburger Waitz hingegen schlägt eine gemäßigte großdeutsche Lösung vor. Die deutschsprachigen Österreicher sollten Teil des neu zugründenden deutschen Nationalstaates werden. Falls diese aber nicht beitreten wollten, plädierte er für eine kleindeutsche Lösung ohne Österreich.

Q7 Am 3. April empfing Friedrich Wilhelm IV. die Kaiserdeputation. Die Darstellung zeigt den Moment, in dem der Präsident der Nationalversammlung, Eduard Simson, vor den preußischen König tritt, um in einer Ansprache der „ehrfurchtsvollen Zuversicht" Ausdruck zu verleihen, „dass Eure Majestät geruhen werden, die begeisterten Erwartungen des Vaterlandes, welches Eure Majestät als den Schirm und Schutz seiner Einheit, Freiheit und Macht zum Oberhaupte des Reiches erkoren hat, durch einen gesegneten Entschluss zu glücklicher Erfüllung zu führen". Sein „Nein" kommentierte Friedrich Wilhelm IV. noch am gleichen Tag in einem Brief an Ernst August von Hannover: „Ich wollte eine derbe Antwort geben. Da aber die Sachen [...] bis zu diesem Punkte gediehen waren, so habe ich dem Rat des Ministeriums nachgegeben und freundlich, ja verbindlich geantwortet und das Nein in flittergestickte Windeln gehüllt." Noch deutlicher wurde er in einem Brief an seine Schwester: „Du hast die Abfertigung der Frankfurter Menschen-Esel-Hund-Schweine- und Katzen-Deputazion gelesen. Sie heißt auf grobdeutsch: ‚Messieurs! Ihr habt mir ganz und gar nicht das Recht, das Allermindeste zu biethen. Bitten, so viel Ihr wollt, geben – Nein – denn dazu müsstet Ihr in Besitz von irgend Etwas zu Gebenden seyn und das ist nicht der Fall. Darum seid so gut und wacht auf, wenn Eure Besoffenheit es zulässt.'" (Zit. nach: 1848. Aufbruch zur Freiheit. Eine Ausstellung des Deutschen Historischen Museums und der Schirn Kunsthalle Frankfurt zum 150-jährigen Jubiläum der Revolution 1848/49, hrsg. von Lothar Gall, Frankfurt/M. 1998, S. 381, 374).

Die Zitate verdeutlichen sehr schön die auf dem Bild dargestellten Positionen: Auf der einen Seite die selbstbewussten und erfolgsicheren Abgeordneten, auf der anderen Seite der preußische König, in dessen Geste und Blick deutlich wird, dass er die Deputation als Belästigung und das Ansinnen als Zumutung empfindet.

D1 Für Preußen und Österreich, die beiden Führungsmächte des Deutschen Bundes, war die Situation besonders schwierig. So gehörten die Provinzen Posen, West- und Ostpreußen zwar zum Königreich Preußen, nicht aber zum Deutschen Bund. Der Vielvölkerstaat Österreich musste bei einer Neuorganisation den Zerfall fürchten. Während die ungarischen, polnischen und italienischen Gebietsteile der Donaumonarchie nicht zum Deutschen Bund gehörten, brachte Österreich mit Tschechen, Slowenen, Polen, Kroaten und Italienern fast 6 Millionen Menschen anderer Nationalitäten in den Bund ein. Die Aufgabe, die es zu lösen galt, hieß also gleichzeitig Staatsvereinigung und Staatstrennung. Der kleindeutsche Nationalstaat, auf den sich die Frankfurter Nationalversammlung im März 1849 einigte, war ein durchaus vernünftiger Kompromiss.

Zu den Fragen und Anregungen

1 Die großen Übereinstimmungen zwischen den Grundrechten von 1848 und 1949 können tabellarisch gegenübergestellt werden.

GG:
Art. 2,2: „… Die Freiheit der Person ist unverletzlich"
Art. 3,1: „Alle Menschen sind vor dem Gesetz gleich."
Art. 4,1: „Die Freiheit des Glaubens (…) sind unverletzlich."
Art. 5,1: „Jeder hat das Recht, seine Meinung in Wort, Schrift und Bild frei zu äußern …"
Art. 7,1: „Das gesamte Schulwesen steht unter der Aufsicht des Staates."
Art. 8,1: „Alle Deutschen haben das Recht, sich ohne Anmeldung oder Erlaubnis und ohne Waffen friedlich zu versammeln."
Art. 9,1: „Alle Deutschen haben das Recht, Vereine und Gesellschaften zu bilden."
Art. 10: „Das Briefgeheimnis (…) sind unverletzlich."
Art. 13,1: „Die Wohnung ist unverletzlich."
Art. 14,1: „Das Eigentum und das Erbrecht werden gewährleistet."

2 (siehe Tafelbild: Die geplante Reichsverfassung von 1849)

7. Revolution in Baden

Konzeption

Einen regionalgeschichtlichen Beitrag leistet das folgende Kapitel. Landesgeschichtliche Zugänge erleichtern Schülerinnen und Schülern oftmals den Umgang mit komplexen historischen Sachverhalten. Ausgehend vom badischen Sonderweg wird hier ein Querschnitt durch die badische Geschichte (1847–49) vorgestellt.

„Das französische Volk hat Ludwig Philipp abgesetzt, hat das Joch der Tyrannei gebrochen. Die Schweizer haben das Jesuiten-Regiment gestürzt und den Sonderbund gesprengt. Die Italiener haben freie Verfassungen kräftig sich errungen. Sollen wir Deutsche allein unter dem Joch der Knechtschaft verbleiben? Der entscheidende Augenblick ist gekommen. Der Tag der Freiheit ist angebrochen. Vorwärts! Ist der Ruf der Zeit." Und dieser Ruf, diese Resolution stammt von Gustav Struve, vorgetragen auf der Volksversammlung am 27. Februar in Mannheim. Schon zuvor hatten badische Liberale in Offenburg ein gesamtdeutsches Parlament angemahnt. In Mannheim nun wurden Programmpunkte aufgestellt, die späteren „Märzforderungen", die in ganz Deutschland rasch Verbreitung fanden. Die Geschehnisse in Frankreich (Februarrevolution) und auch der Schweiz wirkten in Baden aufgrund seiner Grenzlage im Dreiländereck am schnellsten. Hier entwickelte sich der Liberalismus als Volksbewegung. Ein Schwerpunkt liegt daher auf der Bedeutung der Volksvereine in Baden und ihrer Rolle in dem revolutionären Geschehen.

In Baden kam es zu mehreren republikanischen Aufständen; neben dem bekannten Hecker-Zug gab es Anfang April 1848 den so genannten Herwegh-Zug, der sich mit dem Hecker-Zug vereinigen wollte, und die zweite republikanische „Schilderhebung" von Gustav Struve im September 1848, die jedoch ebenfalls fehlschlug. Im Verfassertext wird nur auf den bekanntesten, den Hecker-Zug eingegangen.

Tafelbild

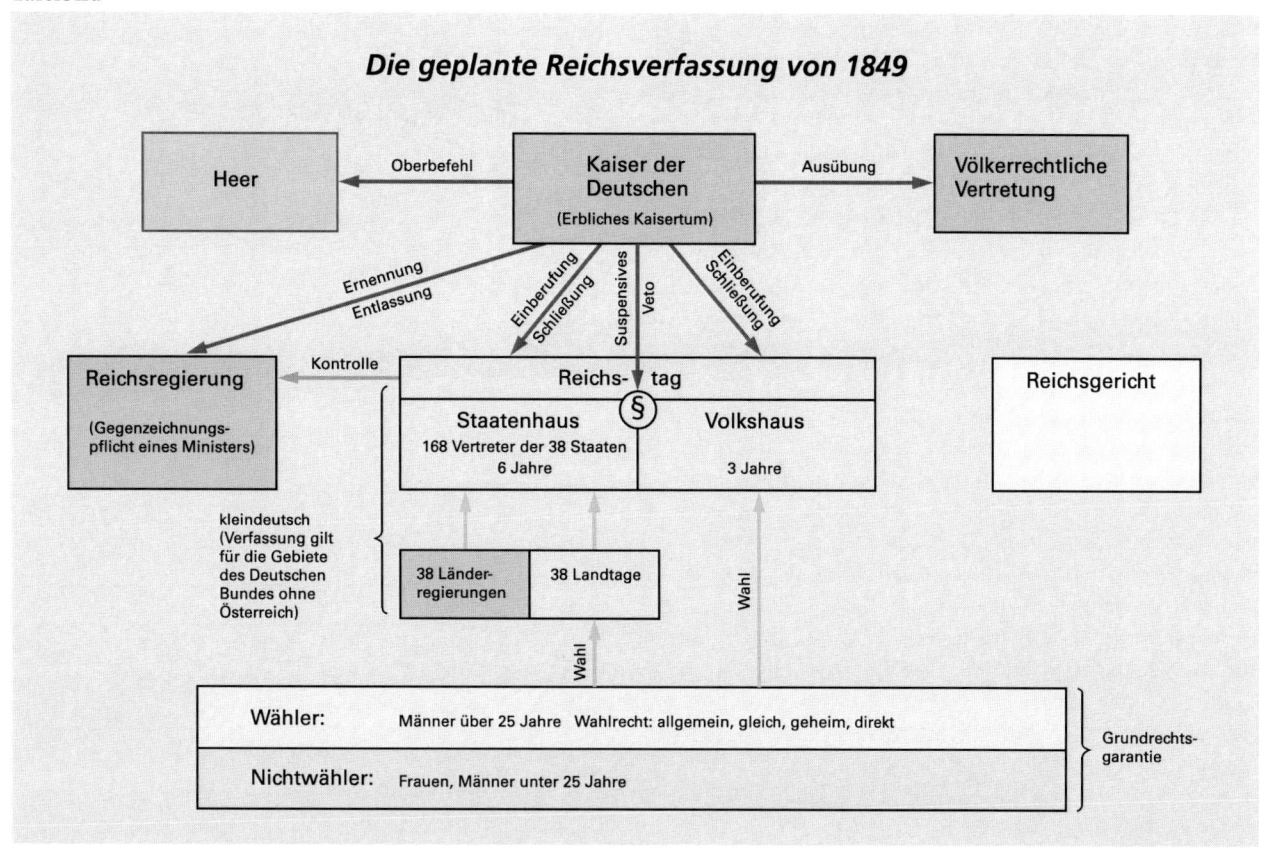

Die geplante Reichsverfassung von 1849

```
                  Oberbefehl    Kaiser der     Ausübung    Völkerrechtliche
    Heer      ←──────────────  Deutschen   ──────────────→   Vertretung
                              (Erbliches Kaisertum)
```

- Ernennung / Entlassung → Reichsregierung
- Einberufung / Schließung ↔ Reichstag
- Suspensives Veto ↔ Reichstag
- Einberufung / Schließung ↔ Reichstag

Reichsregierung (Gegenzeichnungspflicht eines Ministers) ←── Kontrolle ── **Reichstag** (§)
- Staatenhaus: 168 Vertreter der 38 Staaten, 6 Jahre
- Volkshaus: 3 Jahre

Reichsgericht

kleindeutsch (Verfassung gilt für die Gebiete des Deutschen Bundes ohne Österreich)

38 Länderregierungen → 38 Landtage → (Wahl) → Staatenhaus

Wahl → Volkshaus

Wähler: Männer über 25 Jahre Wahlrecht: allgemein, gleich, geheim, direkt
Nichtwähler: Frauen, Männer unter 25 Jahre

} Grundrechtsgarantie

Schließlich verweist dieses Kapitel auch darauf, dass die Revolution nicht nur ihren Ausgangspunkt in Baden genommen hat und weitere revolutionäre Ereignisse hier stattgefunden haben, sondern dass die Revolution auch dort durch preußische Truppen im Juli 1849 in Rastatt ihr Ende gefunden hat. Ein recht ausführlicher Verfassertext beschreibt diese besonderen Ereignisse in Baden. Die beiden Textquellen unterstreichen das demokratische Element der badischen Revolution.

Aspekte der Unterrichtsgestaltung

Der Einstieg in das Kapitel kann über die Bearbeitung des Offenburger Programms (Q4) und die Frage 2 erfolgen. Hier können die Schülerinnen und Schüler ihr Wissen aus den vorherigen Kapiteln einbringen und gleichzeitig die Vorreiterrolle Badens erkennen. Daran anknüpfend kann die Entwicklung Badens mit Hilfe des Verfassertextes untersucht werden.

Alternativ kann der Verfassertext auch als vorbereitende Hausaufgabe genutzt werden. Dann bietet sich als Einstieg Aufgabe 1 an. Der persönliche Zugang über individuelle Einzelschicksale und der Spielcharakter von Aufgabe 1 spricht vor allem jüngere Schüler an.

Ein weiterer Schritt wäre dann, die Situation vor Ort in Archiven zu erkunden. Ortsgeschichtliche Zeitdokumente, wie z. B. Zeitungsausschnitte, können gesammelt und im Klassenverband anschließend mit Hilfe des Schulbuches in den Gesamtzusammenhang integriert werden. Hier sollte, soweit möglich, die wichtige Rolle der Volksvereine Beachtung finden.

Als Vertiefung bietet sich ein Ausflug in ein Museum, die Aufarbeitung einzelner Teilthemen (z. B. die Rolle der Frau in der badischen Revolution, Lebens- und Arbeitsverhältnisse von Handwerkern, Ursachen der Unzufriedenheit der Bauern) mit Hilfe populärwissenschaftlicher Veröffentlichungen oder fächerübergreifend die Behandlung eines historischen Jugendbuches an (vgl. Literatur zum Weiterlesen).

Zusatzinformationen zu den Materialien

Q1 Die Tuschezeichnung von Ludwig Elliot zeigt Karl Mathy, wie er sich mutig der aufgebrachten Menge zeigte, die mit Sensen bewaffnet war. Todesdrohungen und Verwünschungen riefen sie ihm entgegen. Grund für die massiven Proteste war die Verhaftung Josef Ficklers, der in seinen „Seeblättern" kompromisslos für die Republik geworben und mit Hecker einen Aufstand vorbereitet hatte.

Karl Mathy, Mitglied der Casino-Fraktion und des Vorparlaments bzw. der Nationalversammlung, forderte am 8. April 1848 einen Polizeidiener am Karlsruher Bahnhof auf, Fickler auf seine Verantwortung hin zu verhaften. Er wendete sich damit erneut entschieden gegen die radikalen Republikaner, denn er fürchtete, dass ein weiteres Vorantreiben der Revolution das bisher Erreichte gefährden könnte. Mathy rechtfertigte sein eigenmächtiges Vorgehen daher folgerichtig, dass er dem Vaterlande einen Dienst erwiesen habe.

Q2 Die Führer der republikanischen Freischaren werden hier in ihrer typischen Kleidung gezeigt. Vor allem Hecker prägte die „Freischaren-Mode". Der so genannte „Heckerhut" war ein Filzhut mit einer schwarz-rot-goldenen Kokarde und langen Fasanen- bzw. Hahnenfedern. Typisch waren auch die weite Bluse, Gürtel und hohe

Stiefel. Hecker und Struve erinnern hier an romantische Volkshelden, die wie Räuberhauptmänner in den Kampf für die neue Republik ziehen. Die übrigen Mitglieder sind eine bunte Truppe aus Soldaten, Handwerkern, Bürgern und Bauern.

Q3 „Im Namen der provisorischen Regierung" teilte Hecker den lokalen Behörden des Seekreises mit:
„Das Volk hat sich erhoben, seine Rechte zu erkämpfen und den Zustand der so lang ersehnten volkstümlichen Regierungsform zu erringen. Daher beauftragen wir oben genannte Vorstände, bis morgen, Sonntag, den 16. April, früh um 8 Uhr ihre waffenfähigen Bürger vom 18. und 30. Jahre nebst allen Freiwilligen späterer Jahre, mit den nötigsten Geldmitteln und Proviant für 6 Tage versehen, zu dem Volksheere in Donaueschingen stoßen zu lassen. Wir bemerken noch oben genannten Behörden, dass wir sie für strengen und eifrigen Vollzug vor dem Volk verantwortlich machen werden und alles anwenden, den Säumigen wie den Verräter am Volke vor diesem zur nachsichtslosen Rechenschaft zu ziehen. Diese Order ist an alle Gemeinden ringsum durch Stafetten zu verbreiten, da wir nur zu wohl wissen, dass Feigheit und Verrat unsere Schritte zum Wohle des Volkes zu vereiteln suchen."

Viel weniger als erhofft folgten dem Aufruf Heckers und schlossen sich freiwillig den Aufständischen an. Die Zwangsrekrutierten verließen zum Großteil die Truppe bereits nach wenigen Tagen.

Q4 Gustav Struve verfasste im September 1847 die Offenburger Forderungen. Vorgetragen wurden sie aber von Hecker auf der Versammlung in Offenburg, an der etwa 900 Menschen teilnahmen. Mit Hilfe von Flugblättern verbreitete sich ihr Inhalt rasch über ganz Deutschland. Die Artikel 1 bis 5 beschreiben liberale Grundpositionen zur Volkssouveränität, Artikel 6 widmet sich der nationalen Einigung. Besondere Beachtung verdienen die Artikel 8, 9, 10 und dreizehn, sie beschäftigen sich mit dem Thema des Solidarstaates. Daneben stehen natürlich auch demokratische Forderungen (Art. 7, 11, 12).

Q5 Franz Josef Mone schrieb 1840: „Wo reelle Bedürfnisse vorhanden sind, zeigt sich auch das Streben zu ihrer Befriedigung; kann sie der Einzelne nicht erreichen, so sucht er mit Hilfe Anderer zum Ziele zu kommen. (…) Vereine hängen immer von der Wirklichkeit und Dringlichkeit der Bedürfnisse ab, sie entstehen und fallen mit ihnen."

Zunächst hatten es die demokratischen Vereine schwer, sich aufgrund von Verboten zu etablieren, aber mit der Aufnahme des freien Vereinsrechts in den Grundrechtekatalog erfuhr das Vereinswesen einen gewaltigen Aufschwung. Am 28. Dezember 1848 wurden die Grundrechte publiziert und waren somit verbindlich für das gesamte Reichsgebiet. Bereits einige Tage früher trafen badische Demokraten Vorbereitungen, um eine möglichst flächendeckende Vereinsorganisation aufzubauen. In wenigen Wochen stieg die Zahl auf über 500 Volksvereine. Teilweise war es für die Amtmänner, die Bericht erstatten mussten, leichter die Gemeinden ohne Verein aufzulisten, als alle zu nennen, die über einen Volksverein verfügten. Der politische Organisationsgrad der Bevölkerung in Baden war damit einzigartig für die Staaten des Deutschen Bundes. Mit der politischen Basisarbeit der Vereine trugen sie maßgeblich zum kurzfristigen Erfolg der badischen Revolution im Frühsommer 1849 bei.

Zu den Fragen und Anregungen

2

Offenburger Programm	Kölner Märzforderungen	Grundrechte von 1848
Karlsbader Beschlüsse		
Pressefreiheit	Art. 2	§ 143
Gewissens-, Lehr- und Religionsfreiheit		§ 144
Militär		
Persönliche Freiheit		§ 138
Volksvertretung		
Bürgerwehr	Art. 3	
Besteuerungsrecht		
Recht auf Bildung	Art. 6	
Sozialanspruch	(Art. 5)	
Reform des Gerichtswesens		(§ 139, § 175)
Selbstregierung des Volkes	Art. 1	
Gleichheit aller Menschen		§ 137
	Art. 4 (Vereinsrecht)	§ 162

3 Vgl. Zusatzinformationen zu Q1.
4 Vgl. Zusatzinformationen zu Q5.
5 Die Volksvereine wenden sich zum einen gegen die Fürstenherrschaft und im speziellen gegen die beiden Großmächte Österreich und Preußen, zum anderen greifen sie aber auch die Nationalversammlung an, die ihre Forderungen nicht durchsetzen konnte und dem Agieren der Fürsten machtlos zuschauen musste. Die Volksvereine beklagen, dass die Entmachtung der Fürsten nicht rechtzeitig umgesetzt wurde, sondern stattdessen Nebensächlichkeiten besprochen wurden.
6 Im April 1848 vertrauten viele Menschen der Arbeit der Nationalversammlung, sie hofften, dass dort ihre Wünsche nach Liberalisierung und Einigkeit verwirklicht werden könnte. Nach dem Scheitern der Nationalversammlung waren sie enttäuscht und beschlossen ihr Schicksal selber in die Hand zu nehmen.
7 Die harmlose Melodie des Schlafliedes machte es möglich, auch in Zeiten der Zensur ein gegen die Preußen gerichtetes Lied zu summen. Viele wussten, welcher andere Text sich hinter der Melodie des Schlafliedes verbarg. Ein Lied zu summen war jedoch keine strafbare Handlung, denn wie ein anderes bekanntes Lied aus der Zeit der 1848er Revolution sagt: „Die Gedanken sind frei."
Die Melodie, die eigens zu dem Lied geschrieben wurde, passt viel besser zu dem Text. Laute und leise Töne oder schnelle oder langsame Passagen können die Aussagen des Textes unterstreichen. Um solche Mittel zu erkennen ist das „Polaritätsprofil" nützlich.

8. Das Ende der Revolution: Bilanz und Ausblick

Konzeption

Es wird ausdrücklich vermieden, schon in der Kapitelüberschrift die einseitige und undifferenzierte Sicht des Scheiterns vorzugeben und damit den „Erfolg" der Revolution allein an der unumstritten zentralen Bedeutung der National- und Verfassungsfrage zu messen. Wichtige und langfristige Errungenschaften sind etwa auf der Erfahrungsebene zu verbuchen: die Revolutionen hatten langfristige Änderungen im politischen Handeln bewirkt, im Sozialgefüge und in der kollektiven Mentalität und dadurch neue Erwartungen geweckt.

Aspekte der Unterrichtsgestaltung

Als Einstieg eignet sich die Karikatur Q2 auf S. 170 im Vergleich mit dem Gemälde Q7 auf S. 161. Warum hat der preußische König die Krone abgelehnt? Q3 gibt darüber Auskunft. Wie es nach der Ablehnung der Kaiserkrone durch Friedrich Wilhelm IV. weiterging kann dem Verfassertext S. 168 bis 169 oben (… und Frankreich) entnommen werden, der entweder gemeinsam gelesen wird oder dessen zentrale Aussagen als Lehrervortrag vermittelt werden.
Die Frage: „Wie geht es nun weiter?" wird anhand des Rundgemäldes (Q1) aufgeworfen.
Die Politik der Reaktion, die auch Frauen von der politischen Bühne „wegfegt" wird am Beispiel des Vereinsgesetzes und Q4 diskutiert.
Nach Lektüre und Interpretation von D1, D2 und Q5 diskutieren in der Klasse unter der Leitung eines Moderators/einer Moderatorin zwei Historikergruppen, ob die Revolution gescheitert ist, oder ob es Erfolge gibt, die gegen dieses Urteil vorgebracht werden können.

Zusatzinformationen zum Verfassertext

Nach dem „Völkerfrühling" waren bereits seit Herbst 1848 die Zeichen auf Konfrontation gestellt. Die reaktionären Kräfte übernehmen die Initiative: Der Prager Pfingstaufstand wurde niedergeschlagen, ebenso der Aufstand der Arbeiter im Juni 1848 in Paris. Hier wurde das Militär von bürgerlichen Freiwilligen unterstützt, die einen Umsturz der Sozialordnung befürchteten. Doch während die revolutionären Volksvertretungen im September in Wien und im Dezember in Berlin bereits ausgeschaltet waren, gelang es der Nationalversammlung in Frankfurt ihr Verfassungswerk zu vollenden, wenn auch nur in einer „kleindeutschen" Kompromisslösung.
Die Ablehnung der Kaiserkrone durch den preußischen König bedeutete den vorläufigen Rückzug der liberalen Mitte aus dem politischen Geschehen.
Die demokratische Linke versuchte schließlich nochmals mit bemerkenswerter Unterstützung, aber letztlich vergebens, in der Reichsverfassungskampagne vom Frühjahr 1849 die Anerkennung der Verfassung zu erreichen.
Doch statt eines liberalen und demokratischen Nationalstaates entstand der partikularistische Deutsche Bund wieder. Statt der geforderten Volkssouveränität wurden in Preußen und Österreich Verfassungen oktroyiert. Grundrechte wurden nur in minder wichtigen Bereichen gewährt; politische Vereinigungen waren verboten und Frauen durften sich nicht in Vereinen betätigen, die politische Fragen erörterten. Schließlich stand die Presse wieder unter staatlicher Aufsicht.
Langfristig hat die Revolution jedoch viele zukunftsträchtige Entwicklungen angestoßen oder erzwungen. Zu den wichtigsten Errungenschaften gehört sicherlich, dass die feudale Herrschaft auf dem Land abgeschafft wurde. Das Ziel der nationalen Einheit blieb lebendig, ein Verfassungs- und Rechtsstaat wurde zur breit anerkannten Norm, die politische Partizipation der Nation in Parteien und Interessenverbänden und vor allem in Form des allgemeinen Wahlrechts blieb ein politischer Leitgedanke. Mit dem demokratischen Wahlrecht von 1848 wurden auch soziale Gruppen politisch mobilisiert, die der Politik bisher fern gestanden hatten. Es entstand eine öffentliche Meinung mit neuen Artikulationsformen. Flugblätter, Zeitungen und Plakate gehörten dazu ebenso wie Feste, Umzüge und Lieder.
In diesem Sinne werden abschließend möglichen Argumenten für ein „Scheitern" die langfristigen Erfolge gegenübergestellt.

Zusatzinformationen zu den Materialien

Q1 Ein Rundgemälde ist nach dem Deutschen Wörterbuch von Jacob und Wilhelm Grimm „ein panorama, das eine rundsicht in eine landschaft u. dgl. darstellt". Vorliegendes Rundgemälde gewährt einen Rundblick auf Mitteleuropa von Frankreich bis Polen und von Dänemark und Südschweden bis Norditalien. Deutschland, Frankreich und Ungarn sind durch die Größe der Figuren hervorgehoben, Schleswig, Polen und Venedig sind Nebenschauplätze. Die Karikatur benutzt Personifikationen und Symbole, d. h. die dargestellten Figuren und Gegenstände spielen auf bestimmte politische Ereignisse an.
In Deutschland hat Friedrich Wilhelm IV. die Standarte der Frankfurter Nationalversammlung umgeknickt und fegt mit einem Reisigbesen die Demokraten mit Hecker-Hut und schwarz-rot-goldener Fahne aus dem Land, genauer: aus Baden. Wer nicht den Tod findet (Galgen) flieht in die Schweiz, die mit dem Symbol der Jakobinermütze Asyl und Freiheit verspricht. Verängstigte greisenhafte „Kinder" (durch die Wappen als König Friedrich August II. von Sachsen und König Ernst August von Hannover zu identifizieren) suchen im Schatten des Königs Schutz. König Wilhelm I. von Württemberg, erkennbar an den Hirschgeweihen, die bis 1952 das Erkennungszeichen im Wappen der Württemberger sind, beobachtet entsetzt das Geschehen, König Max II. von Bayern in Form eines Bierkruges wirkt gleichgültig und gelangweilt. In Frankreich steht Louis-Napoléon ebenfalls mit einem Besen bereit, darüber wachend, dass keine Revolutionäre in Frankreich Zuflucht suchen. Dort sind die eigenen Revolutionäre bereits unter militärischer Bewachung in den Booten nach Amerika. In Ungarn wird die Revolution in der Person des Reichsverwesers Ludwig Kossuth vom österreichischen Kaiser Joseph I. und dem russischen Feldmarschall Fürst Paskiewitsch niedergeschlagen.

In Polen ist wie die Kerze (die Dochtschere deutet an, dass sie nicht von selbst erloschen ist) der Funke der Hoffnung auf Freiheit und Selbständigkeit erloschen.

In Venedig ist die Fahne der Freiheitsbewegung durchgestrichen und ein toter Fisch in der Adria verweist bereits auf das Ende (Kapitulation Venedigs im August 1849).

Die Figur, die hinter Friedrich Wilhelm IV. tanzt und ihm eine lange Nase macht, spielt auf den Krieg zwischen Preußen und Dänemark wegen Schleswig an, in dem Preußen und die Nationalversammlung nachgeben mussten.

Aus der Ferne mit einem Opernglas beobachtet die englische Königin Viktoria das Spektakel, das sie scheinbar nichts angeht. Ihre Karosse wird gezogen von einem Einhorn und Löwen, den Wappentieren Englands und Schottlands und gelenkt von Merkur, dem Gott des Handels.

Die Bettler, welche die Karosse bedrängen, deuten die schwierige soziale Lage, wohl auch konkret auf die Hungerkatastrophe in Irland anspielend, an.

Die Lithographie spiegelt die Stimmung 1849 treffend wider: die Revolution lässt Kleine und Große, Besiegte und Sieger zurück. Minen und Gesten sprechen eine deutliche Sprache: Auf der einen Seite stehen Scheitern und Hoffnungslosigkeit, auf der anderen die selbstgefälligen und selbstgerechten Vertreter der Reaktion. Das Resümee wirkt deprimierend, defätistisch und zynisch.

(Vgl. Johannes Brümmer, Rundgemälde von Europa im August 1849, in: 1848/49. Revolution der deutschen Demokraten in Baden, hrsg. vom Badischen Landesmuseum Karlsruhe, Baden-Baden 1998, S. 450f. Vgl. auch Geschichte lernen 61(1998), S. 34f.)

Q2 Die Deputation der 32 Abgeordneten, geleitet vom Parlamentspräsidenten Eduard Simson, musste unverrichteter Dinge abziehen. Die Karikatur aus dem Eulenspiegel macht deutlich, dass die Deputierten mit der Absage Friedrich Wilhelms IV. nicht gerechnet hatten und ihre Enttäuschung deshalb umso größer war. Der Preußische König hatte sich immerhin in seinem Märzumritt mit den deutschen Farben gezeigt und öffentlich verkündet, Preußen gehe in Deutschland auf. Die Gesichter der Delegierten zeigen das stolze Bewusstsein, dass sie dem König etwas Besonderes zu bieten haben. Die Mienen der abziehenden Deputierten verraten, dass sie nicht nur enttäuscht, sondern auch verletzt und gedemütigt worden waren. Mit der verklausulierten Antwort des Königs, der die Annahme an die Bedingung knüpfte, dass das „freie Einverständnis der gekrönten Häupter, der Fürsten und freien Städte" einzuholen sei, deutet der König an, dass er der Verfassung nur den Charakter eines Entwurfs zubilligte und sie erst noch von den nach seiner Auffassung legitimen Herrschern bestätigt werden müsse. Er stritt damit dem Parlament die Legitimität ab und erteilte dem Prinzip der Volkssouveränität eine klare Absage. In einem Brief an den preußischen Gesandten in London, Bunsen, wurde er deutlicher: „Des Bescheides Sinn: ‚Ich kann Euch weder ja, noch nein antworten. Man nimmt nur an und schlägt nur aus eine Sache, die geboten werden *kann*, – und Ihr habt da gar nichts zu bieten: Das mach' ich mit meines Gleichen ab; jedoch zum Abschied die Wahrheit: Gegen Demokraten helfen nur Soldaten." (Zit. nach Siemann, S. 203.)

Q3 Der König zeigt sich hier unmissverständlich als Anhänger einer mittelalterlichen „pseudosakralen Fürstenherrlichkeit" (Siemann S. 201). Die Krone in der Tradition der Ottonen, Hohenstaufen und Habsburger hätte er als Hohenzoller tragen können, sie weise den „Stempel Gottes" auf und mache seinen Träger „von Gottes Gnaden". Die Krone einer konstituierenden Nationalversammlung hingegen wollte er nicht. Die Herausforderung der Zeit, einen Teil der Macht preiszugeben, lehnte er ab. Die Absage des Königs war nicht vorhersehbar gewesen, da er sich widersprüchlich äußerte und verhielt. Es gab sowohl Anzeichen, die hoffen ließen, dass er die Krone akzeptierte als auch solche, die vermuten lassen mussten, dass er sie ablehnte.

Q4 Die Autorin wendet sich gegen das Vereinsgesetz, das Frauen von jeglicher politischen Betätigung ausschloss. Nach ihrer Meinung verstößt das Gesetz zum einen gegen die Menschenrechte, es zeige aber auch die Schwäche und Ängste der Politiker, die sie polemisch „Staatsretter" nennt. Wenn sie hofften, dass durch Verbot der Einmischung von Frauen in die Politik wieder Ruhe im Land einkehre, blamierten sie sich nur. Auf der anderen Seite listet sie jedoch Argumente auf, die in der Tat belegen, dass Frauen in politischen Umstürzen Einfluss hatten. Dieser Einfluss leite sich vor allem aus ihren Charaktereigenschaften ab, aus ihrer Begeisterungsfähigkeit, ihrem Enthusiasmus, ihrer Aufopferung, ihrer Auffassungsgabe.

Q5 Karl August Varnhagen von Ense (1785 bis 1858) war Chronist der Zeit der Romantik bis zur Revolution 1848, Schriftsteller und Diplomat. 1814 heiratete er die Schriftstellerin Rahel Levin (1771 bis 1833). Von Enses Resümee ist ein melancholischer Nachruf auf die Revolution. Hinter der Resignation steht jedoch auch die Gewissheit, dass eine völlige Rückkehr zu den alten Verhältnissen nicht mehr möglich ist, nachdem die Erfahrung der Freiheit gemacht worden war.

D1 und **D2** Vgl. Fragen und Anregungen 7.

Zu den Fragen und Anregungen

1 Die Beantwortung der Frage kann in ein Tafelbild münden (siehe unten).

2 Siehe Zusatzinformationen zu Q2 und Q3.

3 Die 32 Deputierten waren selbstbewusst, zuversichtlich und stolz, dem preußischen König mit der deutschen Krone eine große Ehre anzubieten nach Berlin gekommen. Sie kamen erhobenen Hauptes und zogen enttäuscht und gedemütigt, gebückt und mit eingezogenen Köpfen ab. Vgl. auch Zusatzinformationen zu Q2 und Q3 und zu Q7 in Kapitel 6.

4 Siehe Zusatzinformationen zu Q5. Die Autorin macht sich lustig über die Angst der Politiker, die sie verächtlich „Staatsretter" nennt. Wenn die Demonstration ihrer Macht darin besteht, „das schöne Geschlecht" zu „misshandeln", zeigen sie im Grunde nur ihre Schwäche und blamieren sich.

5 Vgl. Zusatzinformationen zu Kap. 6 und zu Kap. 3 in der Themeneinheit zur Französischen Revolution.

6 Vgl. Zusatzinformationen zu Q1. Die Schülerinnen und Schüler können hier zunächst nur die Anspielungen verstehen, deren Hintergrund im Unterricht besprochen war.

Tafelbild

Bilanz der Revolution von 1848/49

	Ziele	Ergebnisse
Bürger	Einheit Deutschlands Freiheit (Grundrechte) Schutz vor staatlicher Willkür Verfassungen Politische Mitsprache	Verfassungen Einüben parlamentarischer Arbeit Selbstbewusstsein Erfahrung der Macht der Arbeiter
Arbeiter	Bessere Lebensbedingungen Schutz vor der Konkurrenz der Maschinen Schutz vor Arbeitslosigkeit Kostenlose öffentliche Schulen	Selbstbewusstsein Erfahrung des eigenen Einflusses
Bauern	Bessere Lebensbedingungen Befreiung von Frondiensten Weniger Abgaben	Bauernbefreiung
Frauen	Beseitigung der Abhängigkeit Bildungsmöglichkeiten Erwerbsmöglichkeiten	Selbstbewusstsein Beginn der Frauenbewegung
Könige und Fürsten	Bewahrung ihres Machtmonopols	Weitgehende Bewahrung ihrer Macht, jedoch mit konstitutioneller Kontrolle

Ihnen kann allerdings nochmals bewusst werden, dass 1848 ein europäisches Ereignis war. Sie können auch erkennen, dass der Zeichner das Vorgehen der alten und jetzt auch wieder neuen Herrscher gegen die Revolutionäre verurteilt und ihren Umgang mit den Menschen anprangert. In guten Klassen kann versucht werden, in Gruppenarbeit und mit entsprechendem Material möglichst viel herauszubekommen. Die Gruppen können dabei jeweils ein Land bearbeiten.

7 Dieter Langewiesche wendet sich gegen eine undifferenzierte Gesamtbewertung der Revolution als gescheitert. Fortdauernde Errungenschaften blieben die Bauernbefreiung, das Erwachen eines politischen Bewusstsein und des Bewusstseins der eigenen Stärke der Arbeiterschaft. Abgesehen von den Errungenschaften der Revolution haben nach Langewiesche die beteiligten Gruppen aus dem Konflikt auch gelernt: die Arbeiter, dass ihre Forderungen vom Bürgertum abgelehnt wurden, die Bürger, dass die Arbeiter von ihren Forderungen nicht mehr abweichen würden. Beide gesellschaftlichen Klassen traten also mit der Revolution in ein Verhältnis des offenen Konfliktes, für den eine Lösung gefunden werden musste.

Für Winkler ist die Revolution nur dann als gescheitert anzusehen, wenn das Ergebnis an dem Ziel der Einheit und Freiheit Deutschland gemessen wird. Zwei wichtige Errungenschaften gilt es für ihn anzuerkennen: zum einen konnte sogar Preußen nicht mehr hinter den Verfassungsgedanken zurück, auch wenn die oktroyierte Verfassung letztlich nicht die Vorstellungen der Liberalen erfüllte; zum anderen wurde mit der Diskussion 1848 die Frage der Grenzen eines zukünftigen Deutschland geklärt. Der deutsche Nationalstaat mit der „kleindeutschen Lösung" wurde schließlich 1871 geschaffen.

Auch für Karls August Varnhagen von Ense war die Revolution insofern nicht gescheitert, als die Menschen nun die Alternative zu einem Zustand der Angst und Unterdrückung in den Jahren vor 1848 kennen gelernt hatten: wenn auch nur für kurze Zeit hatten sie erfahren, was Freiheit und Achtung der Menschenrechte bedeutete. Und entgegen der Erfahrungen der französischen Revolution – die immer noch als abschreckendes Beispiel galt – war die Gewährung von Freiheit nicht in ein Chaos gemündet. Im Gegenteil herrschte ein Klima von Vertrauen und Lebensfreude.

9. Preußen erringt die Vorherrschaft in Deutschland

Konzeption

Nach dem Ende der Revolution von 1848 blieben nationale und liberale Frage auf der Tagesordnung der deutschen Politik. Preußen und Österreich traten mit jeweils eigenen Konzepten hervor; im Unterschied zur Zeit von 1848 nun als Rivalen. Am weitesten ging die preußische Unionspolitik. Diese scheiterte an der doppelten Intervention Österreichs und Russlands. Ein gedemütigtes Preußen fiel auf den Rang einer Großmacht zweiten Grades zurück und fügte sich in den folgenden Jahren dem österreichischen Führungsanspruch. Beide Mächte restaurierten schließlich den deutschen Bund – überzeugt von dessen Reformbedürftigkeit.

Zugleich bleibt die deutsche Frage in das europäische Gleichgewichtssystem eingebettet: Hier werden die Verschiebungen durch den Krimkrieg (sog. „Krimkriegskonstellation") und das vorsichtige Manövrieren Bismarcks zwischen den Großmächten im VT jeweils kurz benannt. Aus der Perspektive der deutschen nationalen und liberalen Bewegung erwies sich Preußen zunehmend als der geeignete Kandidat für das Erreichen ihrer Ziele: Die preußische Unionspolitik war zwar gescheitert, jedoch hielt Preußen – im Gegensatz zu Österreich – an der oktroyierten Verfassung fest und signalisierte so ein begrenztes Eingehen auf die liberalen Forderungen. Hinzu kam, dass Preußen seit 1815 geographisch immer mehr „nach Deutschland hinein" gewachsen war und in Gestalt des

Deutschen Zollvereins das Modell einer Vereinigung entwickelt hatte.

Erfolglos war die Initiative Bayerns, ein „drittes Deutschland" zu mobilisieren. Die Rivalitäten zwischen den Klein- und Mittelstaaten waren zu groß. Bayern und Baden konnten im Inneren jedoch ihre liberale Politik fortsetzen.

Die Zeit von 1848 bis 1861 bzw. bis 1871 bezeichnet jedoch nicht ein zwangsläufiges Vorfeld der späteren Gründung des Deutschen Reiches. Es gab mehr als diese kleindeutsche Option, auch wenn Preußen eine gut fundierte Schlüsselposition einnahm. Hier und in dem wachsenden Gewicht der nationalen und liberalen Bewegung in Richtung einer Einigung Deutschland liegt ein Schwerpunkt des Kapitels. Drei ausgewählte Quellen korrespondieren miteinander: Bismarck ließ sich 1862 zu seiner berühmten „Eisen und Blut" Aussage hinreißen (Q5) (und bringt damit die sog. „Realpolitik" zugespitzt zum Ausdruck), die Fortschrittspartei bekennt sich zur Einigung Deutschlands unter Führung eines liberalen Preußens (Q9) und die Stimmung im annektierten Königreich Hannover wird in Q8 beschrieben.

Die sechziger Jahre standen unter dem Vorzeichen Bismarckscher Realpolitik. Diese führte in Preußen zunächst zu einer massiven Konfrontation mit dem mehrheitlich liberalen Abgeordnetenhaus. In der deutschen Öffentlichkeit verlor Preußen einen Großteil seiner Reputation als Kandidat für eine Lösung der deutschen Frage. Aus Platzgründen konnte die Auseinandersetzung zwischen Bismarck und dem preußischen Abgeordnetenhaus, die parallel zu den außenpolitischen Erfolgen Bismarcks zu einer Niederlage des Liberalismus führte, nur in Kürze zusammengefasst werden. Mit der Person Bismarcks sind weitere Fragen verbunden: Soll ein „starker Mann" die Zügel der Politik in die Hand nehmen? Rechtfertigte der Erfolg das Bismarcksche Vorgehen?

Bismarck wurde zum meistgehassten Politiker in Deutschland. Gleiches galt für die Anfänge seiner Außenpolitik, die sich (zunächst) bewusst von nationalen Ideen distanzierte und formal auf die Wiener Ordnung von 1815 aufbaute. Auch die Zerschlagung des Deutschen Bundes durch Preußen und die hier erstmals überdeutliche Annäherung an die Nationalbewegung, stieß auf erhebliche Vorbehalte in Deutschland. Die Mehrheit der Deutschen lehnte den „Bruderkrieg" zwischen Preußen und Österreich ab. Dieser erwies sich als ein sehr kurzer Krieg. Mit der Entscheidungsschlacht von Königgrätz (Sadowa) und dem schnellen Vorfrieden nur ca. drei Wochen später war der spätestens seit 1740 bestehende und seit 1848 extrem verschärfte Dualismus entschieden. Preußen erhielt den Schlüssel für die staatliche Neuordnung Deutschlands – zumindest für den Norden.

Nun wandelte sich das Bismarckbild. Bismarck wurde innerhalb und außerhalb Preußens zu einem „Hoffnungsträger" der Nationalbewegung, und der Konflikt mit dem preußischen Abgeordnetenhaus wird zugunsten der Regierung entschieden („Indemnitätsvorlage").

In diesem Zusammenhang illustriert die Karikatur „Deutschlands Zukunft" (Q6) die Befürchtungen der politischen Öffentlichkeit. Das Gemälde zur Schlacht von Königgrätz (Q2) konkretisiert die spätere „Reichsverherrlichung" und damit den Stimmungswandel in der Bevölkerung. Abschließend kann anhand der Gefühle des letzten hannoverschen Kultusministers ein Blick auf die Verlierer – und zwar hier nicht so sehr der liberalen, sondern der konservativen – geworfen werden (Q8).

Aspekte der Unterrichtsgestaltung

— Sinnvoll ist ein Anknüpfen an das Ende der Revolution von 1848. Mit Hilfe des Verfassertextes kann die instabile Situation in Deutschland nach 1848 erarbeitet werden, die Rolle Preußens wird dabei in dem Scheitern der Unionspolitik und der oktroyierten Verfassung deutlich.

— Mit Hilfe von Q3, Q4, Q5 und Q7 können die Schülerinnen und Schüler in die Grundüberlegungen der so genannten „Realpolitik" Bismarcks eingeführt werden. Bismarck, der zum preußischen Gesandten beim Frankfurter Bundestag ernannt wurde, um dort eine Politik einer erneuerten österreichisch-preußischen Kooperation einzuleiten, handelte anders und mutierte zum Verfechter einer antiösterreichischen, kleindeutschen Lösung der Deutschen Frage. Didaktisch bietet es sich hier an, Q3 und Q5 für eine erste „Persönlichkeitserkundung" durch die Schülerinnen und Schüler zu nutzen – die dann durch die „Werkstatt"-Doppelseite „Otto von Bismarck" fortgeführt werden kann (S. 178–179).

— Eine andere Perspektive zur Bismarckschen Linie bietet der Ausschnitt aus dem Gründungsprogramm der Deutschen Fortschrittspartei. Mit Hilfe der Leitfrage „Können die beiden zusammenarbeiten?" lassen sich Q5 und Q9 verbinden, und es kann eine Diskussion über den späteren Lösungsansatz Bismarcks angeregt werden.

— Das Gemälde zu Königgrätz (Q2) betont gleichzeitig die Entscheidungsschlacht (und erklärt den militärischen Sieg Preußens) wie auch die spätere Verherrlichung der aristokratischen Führungsschichten Preußens, insbesondere des Königs und der Generäle. Über den erläuternden Text sowie den Arbeitsauftrag 4 lassen sich beide Aspekte durch die Schülerinnen und Schüler erschließen.

— Die Karte D1 zeigt die geographischen Veränderungen und damit bereits das 1871 gegründete Deutsche Reich – durch die noch nicht erfolgte Annexion Elsass-Lothringens kann dessen Bedeutung im Folgekapitel besonders herausgestellt werden. Bei der Untersuchung der Karte empfiehlt es sich, vergleichend auf die große Karte zur Wiener Ordnung in Kapitel 1 bzw. auf entsprechende Karten aus Geschichtsatlanten zurückzugreifen.

— Die Schützenscheibe Q1, die Karikatur Q6 und die Gefühle des letzten hannoverschen Kultusministers in Q8 zeigen Befürchtungen und mögliche Folgen der preußischen Einigungs- und Eroberungspolitik und können somit als Ausgangspunkt für eine abschließende Bewertung der Politik Bismarcks dienen. Insbesondere könnte diskutiert werden, ob es auch Alternativen zur bismarckschen Politik gegeben hätte. Hier bieten sich folgende Ausgangspunkte an: Eine andere Lösung des preußischen Verfassungskonfliktes, ein erfolgreiches Attentat auf Bismarck, eine Niederlage Preußens 1866 usw.

Zusatzinformationen zu den Materialien

Q1 Die doppelseitige Schützenscheibe aus Schwäbisch Hall von 1867 illustriert die feindliche Haltung mancher Süddeutscher gegenüber Preußen: Ein Bürger mit Jakobinermütze erhängt einen preußischen Kurassieroffizier.

Q2 Die Schlacht von Königgrätz, die auf dem Gemälde des Augenzeugen Christian Sell im Mittelpunkt steht, war die größte Umfassungsschlacht der damaligen Kriegsgeschichte (und wurde zum Vorbild für die spätere Bevorzugung von Umfassungsschlachten durch deutsche Generalstäbe). Fast drei Viertel des preußischen Heeres waren mit Hilfe der Eisenbahn in einem Bogen von 300 km entlang der äußeren Linie gruppiert. König Wilhelm I. durchlebte dabei bange Augenblicke. Bekannt ist sein sorgenvoller Ausruf: „Moltke, Moltke, wir verlieren die Schlacht", worauf der Angesprochene entgegnet haben soll: „Eure Majestät werden heute nicht nur die Schlacht, sondern den Feldzug gewinnen." (Zitat nach: Bilder und Zeugnisse der deutschen Geschichte. Aus den Sammlungen des Deutschen Historischen Museums, Band 1, Berlin 1997, S. 408.)

Q5 Der berühmt-berüchtigte Redeausschnitt Q5 enthält Kerngedanken der außenpolitischen Linie Bismarcks und macht deutlich, was der neue Ministerpräsident unter „Realpolitik" verstand. Tatsächlich war die Programmrede (und gleichzeitig die erste öffentliche Rede!) des neu ernannten Ministerpräsidenten vor der Budgetkommission des preußischen Abgeordnetenhauses am 30. September 1862 ein völliger Fehlschlag: Bismarck war mit der Absicht gekommen, den Heereskonflikt zu entschärfen und zeigte sogar als Friedenszeichen einen Olivenzweig. Entsprechend

Tafelbilder

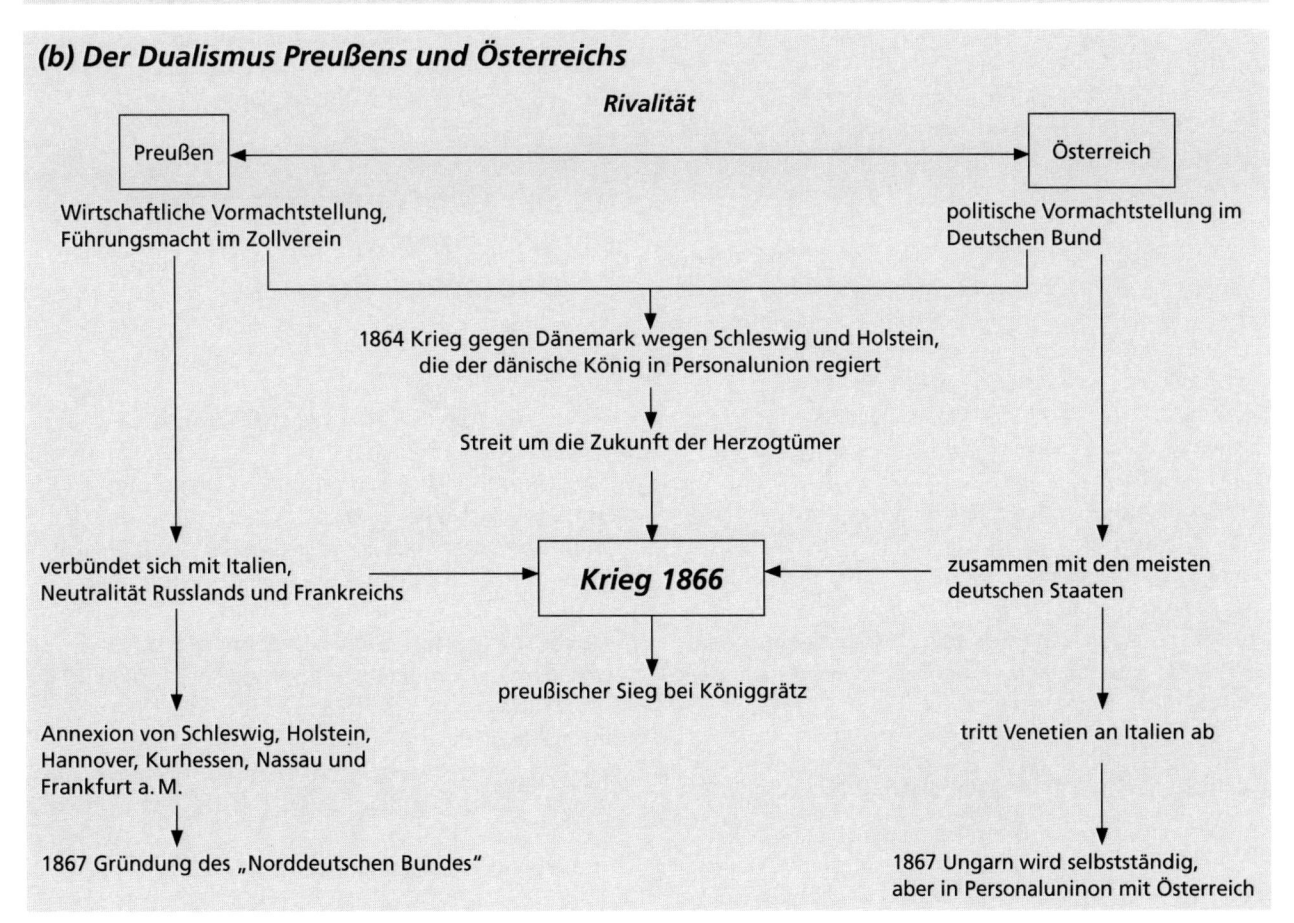

(a) Preußischer Verfassungskonflikt (1861–1866)

- Preußisches Abgeordnetenhaus (Volksvertretung) → verweigert finanzielle Mittel → Preußische Heeresform (ab 1861): Vermehrung des Heeres, dreijährige Dienstzeit
- König Wilhelm I. → Oberbefehlshaber des Heeres, will Reformen → Preußische Heeresform
- Preußisches Abgeordnetenhaus: genehmigt *nach* den militärischen Erfolgen nachträglich die Mittel
- König Wilhelm I. beruft 1862 → Ministerpräsident Bismarck
- Ministerpräsident Bismarck: bewilligt ohne Volksvertretung Mittel für Heeresreform

(b) Der Dualismus Preußens und Österreichs

Rivalität: Preußen ↔ Österreich

- Preußen: Wirtschaftliche Vormachtstellung, Führungsmacht im Zollverein
- Österreich: politische Vormachtstellung im Deutschen Bund
- 1864 Krieg gegen Dänemark wegen Schleswig und Holstein, die der dänische König in Personalunion regiert
- Streit um die Zukunft der Herzogtümer
- **Krieg 1866**
  - Preußen: verbündet sich mit Italien, Neutralität Russlands und Frankreichs
  - Österreich: zusammen mit den meisten deutschen Staaten
- preußischer Sieg bei Königgrätz
- Preußen: Annexion von Schleswig, Holstein, Hannover, Kurhessen, Nassau und Frankfurt a. M. → 1867 Gründung des „Norddeutschen Bundes"
- Österreich: tritt Venetien an Italien ab → 1867 Ungarn wird selbstständig, aber in Personalunion mit Österreich

sind die einleitenden (hier nicht abgedruckten) Worte seiner Rede gemäßigt. Dann ließ er sich jedoch zu den (hier z. T. zitierten) Ausführungen zu den Methoden und Zielen seiner künftigen Deutschlandpolitik hinreißen. Liberale und Demokraten waren schockiert. Rudolf Virchow warf Bismarck vor, seine hochkonservativen innenpolitischen Ziele durch eine gewalttätige außenpolitische Machtpolitik durchsetzen zu wollen – ein Vorwurf, der sich in den folgenden Jahren durchaus zu bestätigen schien.

Q6 Die Pickelhaube prägte bis 1918 das Erscheinungsbild des preußisch-deutschen Militärs in der Öffentlichkeit. Durch den Einsatz preußischer Truppen bei der Niederwerfung der Revolution von 1848/49 und bei der Verfolgung demokratischer Kräfte erlangte die Pickelhaube als Kopfbedeckung eine symbolhafte Bedeutung: Sie stand für Konterrevolution, Reaktion und Militarismus und wurde in zeitgenössischen Karikaturen, wie der abgebildeten, entsprechend verwendet.

Q7 Hier zeigen sich zwei wesentliche Aspekte des Politikers Bismarck: zum einen seine unumstößliche preußische Königstreue, zum anderen seine Gleichgültigkeit gegenüber den Parteien.

Q8 Das Königreich Hannover hatte sich als norddeutscher Staat auf die Seite Österreichs gestellt und wurde nach dem Sieg Preußens gemeinsam mit Kurhessen, Nassau und Frankfurt annektiert, um eine territoriale Arrondierung Preußens zu ermöglichen. Diese radikalen Eingriffe, die zudem nicht mit schonender Hand durchgeführt wurden, widersprachen eklatant dem Legitimitätsprinzip und hinterließen eine große, zum Teil jahrzehntelange, Erbitterung. Für das (wahrscheinliche) Ziel Bismarcks, einer nationalen Einheit Deutschlands unter preußischer Führung waren sie daher eher ein Hemmnis und insofern Ausdruck des preußischen Machtstaatswillens. Anhand von Q8 lässt sich – in Ergänzung zur liberalen Opposition Q9 – die konservative Opposition zu Bismarcks Machtpolitik vermitteln.

Q9 Die „Deutsche Fortschrittspartei" war im Verlauf des Verfassungskonflikts in Preußen von liberalen und demokratischen Politikern am 6. Juni 1861 mit der Absicht gegründet worden, eine entschiedene freiheitlich-national orientierte Opposition in der zweiten Kammer zu bilden. Zu ihren Gründern gehörten der Medizinprofessor Rudolf Virchow und der Berliner Althistoriker Theodor Mommsen. In dem zitierten Abschnitt des Gründungsprogramms werden die nationale, überpreußische Ausrichtung einerseits und die Forderung nach einer liberalen Regierung, welche die „verfassungsmäßigen Rechte der Bürger" achtet, hervorgehoben.

D1/D2 Anhand der Karten lässt sich nicht nur die territoriale Entwicklung Deutschlands bis zur kleindeutschen Lösung nachvollziehen, sondern mit Hilfe der Gebietserwerbungen Preußens auch die Möglichkeiten eines „Stopps": Preußen hätte sich auch auf Norddeutschland beschränken können; eine Option, die 1866 gar nicht unwahrscheinlich erschien.

Zu den Fragen und Anregungen

1 Als Vorbereitung für die Aufgabe empfiehlt es sich, die Funktionen von Wahlplakaten zu besprechen. Aktuelle Beispiele heranzuziehen ist nicht ganz unproblematisch, da seit mittlerweile mehr als zwei Jahrzehnten mehr und mehr auf inhaltliche Aussagen verzichtet wird.

2 Im Unterschied zu dem Programm der Deutschen Fortschrittspartei, die liberale und nationale Ziele eng verknüpft, setzt die Nationalliberale Partei verstärkt auf das Ziel einer Einigung Deutschlands unter Preußisch-Bismarckscher Führung. Die liberalen Ziele werden zwar weiterhin vertreten, jedoch in die Zukunft vertagt. Für die Schülerinnen und Schüler ist hier der VT entscheidend: Der (militärisch-außenpolitische) Erfolg Bismarcks spaltet die Opposition.

3 Siehe die Zusatzinformationen zu Q5.

4 Das Gemälde des Augenzeugen Christian Sell idealisiert den Kriegsschauplatz und betont die Siegesstimmung. Sogar die Verwundeten zeigen Haltung. Im Zentrum stehen der König mit dem Kronprinzen sowie Bismarck und Moltke. Der Betrachter vermag die „Hurra"-Rufe fast zu hören; Verwundete dagegen werden vor dem Blick des Königs hinter Geschützen geschickt verborgen.

5 In Q6 und D1 wird herausgestellt, dass die nationale Einigung Deutschland in Folge einer „Verpreußung" stattfindet; die Befürchtung, man werde unter die Pickelhaube gelangen, ist angesichts der Verfassung des Norddeutschen Bundes mit der Dominanz Preußens nicht von der Hand zu weisen. Insbesondere im Vergleich mit Q9 können die Schülerinnen und Schüler erkennen, dass die zentrale liberale Forderung nach einer „Achtung der verfassungsmäßigen Rechte der Bürger" (Q9, Z. 12) nicht erfüllt wird – insbesondere durch den letztlichen Erfolg der Regierung im preußischen Verfassungskonflikt. (An geeigneter Stelle könnte aber auch darauf hingewiesen werden, dass Preußen durch die Reichseinigung seine Identität schließlich verloren hat und in dem neuen deutschen Reich aufging; bildlich gesprochen „drehen" die Menschen aus Q6 die Pickelhaube aufgrund ihrer großen Zahl „um" …)

6 Siehe die Zusatzinformationen zu Q8.

10. Der Deutsch-Französische Krieg und die Gründung des Deutschen Reiches

Konzeption

1867 wurden mit der Gründung des Norddeutschen Bundes die Weichen in Richtung der späteren kleindeutschen Lösung gestellt: sicher war die weitere Entwicklung jedoch noch nicht. In den süddeutschen Staaten gab es eine starke Opposition gegenüber der neuen preußischen Hegemonie, und Frankreich betrieb eine offen antipreußische Politik, die sich gleichsam zu einem „kalten Krieg" entwickelte. Das überaus geschickte Agieren Bismarcks in der Frage der spanischen Kandidatur ist rückblickend ein diplomatisches Meisterstück – hätte aber bei einem rechtzeitigen Einhalten der französischen Regierung (also keine weitere Steigerung ihrer Forderungen) wahrscheinlich mit einer Zurechtweisung Preußens und damit als diplomatisches Fiasko geendet.

Für die politische Öffentlichkeit Europas war der Kriegsverlauf von 1870/71 überraschend: Erwartet wurde ein

Sieg der traditionellen Großmacht Frankreich. Die nationale Begeisterung in Deutschland ermöglichte die Gründung des Deutschen Reiches. Diese erfolgte parallel zur letzten Phase der Kriegsführung und daher unter militärischen Vorzeichen. Die Bedeutung der Annexion von Elsass-Lothringen für die weitere Geschichte der deutsch-französischen Beziehungen ist umstritten (siehe D3), festzuhalten bleibt, dass die militärische Niederlage von 1870/71 und die harten Friedensbedingungen von 1871 eine Normalisierung des deutsch-französischen Verhältnisses auf Jahrzehnte unmöglich machte.

Aspekte der Unterrichtsgestaltung

– Die in weiten Teilen überraschende Dramatik der Ereignisse im Kontext des Deutsch-Französischen Krieges von 1870/71 und der Gründung des Deutschen Reiches wird in einem sehr stark auf Erzählung ausgerichteten Verfassertext vermittelt. Daher bietet es sich hier an, den Verfassertext gemeinsam mit den Schülerinnen und Schülern zu lesen (oder vorbereitend lesen zu lassen) und dann einzelne Abläufe zu rekonstruieren und kritisch zu hinterfragen (z. B. die Thronkandidatur und die Hintergründe der Emser Depesche oder die Verbindung von nationaler Begeisterung und Reichsgründung).
– Im Mittelpunkt des Materialteils steht die Annexion Elsass-Lothringens und deren mögliche Folgen für das deutsch-französische Verhältnis. Der zeitgenössischen Begründung Bismarcks (Q9), die durch die Schilderung der Begeisterung über die Reichsgründung (Q10) ergänzt wird, wird die nüchterne Analyse Nipperdeys gegenübergestellt (D3). Die zeitgenössische Zeichnung aus Frankreich ergänzt die Diskussion – hier auf die Kriegspolitik Bismarcks bezogen – mit einer Perspektive (Q2).
– Der Ausschnitt aus der berühmten Rede Disraelis über die „German Revolution" soll den Blick auf die Veränderung des europäischen Staatensystems durch die Art und Weise (Diplomatie, Stimmungen, Kriege) und die

tatsächlichen Folgen der Reichsgründung richten: Q8 ermöglicht damit eine doppelte Perspektive. Einerseits kann die Entwicklung der deutschen Frage seit 1815 noch einmal in gesamteuropäischer Perspektive zusammengefasst und bewertet werden (einschließlich der Rolle des Deutschen Bundes, vgl. Q2 auf S. 138). Andererseits wird der Blick in die Zukunft gerichtet und damit fallen gleichsam erste Lichtstrahlen in das Dunkel der weiteren europäischen Geschichte Deutschlands. Die Prophetie der Quelle sollte jedoch nicht übermäßig strapaziert werden: Siehe dazu die Hinweise zu Q8.

Zusatzinformationen zu den Materialien

Q1 Die abgebildete „Pickelhaube" ist hier ein edler Kürassierhelm, der von Bismarck nach 1867 getragen wurde. Der Helm ist aus Eisen, vernickelt und feuervergoldet; er ist 27 cm hoch und wiegt 830 g (!). Die sog. Pickelhaube wurde seit 1842/43 von der preußischen Infanterie getragen. Zum Symbolgehalt der „Pickelhaube" siehe die Zusatzinformationen zu Q6 in Kap. 9. Bismarck war „nur" Landwehroffizier und wurde 1866 von Wilhelm I. zum Generalmajor der Kavallerie ernannt. 1868 bekam Bismarck eine Ehrenstelle beim Magdeburger Kürassier-Regiment, dessen Chef er 1894 wurde. (Als junger Mann hatte sich Bismarck gegenüber den Eltern vehement gesträubt, Offizier zu werden und noch vor seinem Wehrdienst als Einjähriger (1838) versuchte er, sich mit der Begründung „Muskelschwäche" zu drücken.)

Q2 Der Pariser Maler und Lithograph Honoré Daumier erwies sich als scharfsinniger Satiriker des Krieges, seiner Ursachen und Folgen. Bereits das preußische Ringen um die Vorherrschaft in Deutschland in den sechziger Jahren hatte er in mehreren Karikaturen kommentiert. Daumiers Karikaturen seit 1870 sind von der Sorge gekennzeichnet, dass Preußen übermächtig werden könnte, betonen aber auch die vielen Opfer und das Elend und Leid, das der Krieg mit sich brachte. Die hier abgebildete Karikatur des Künstlers „Bismarcks Alptraum", die am 22. August 1871

Tafelbild

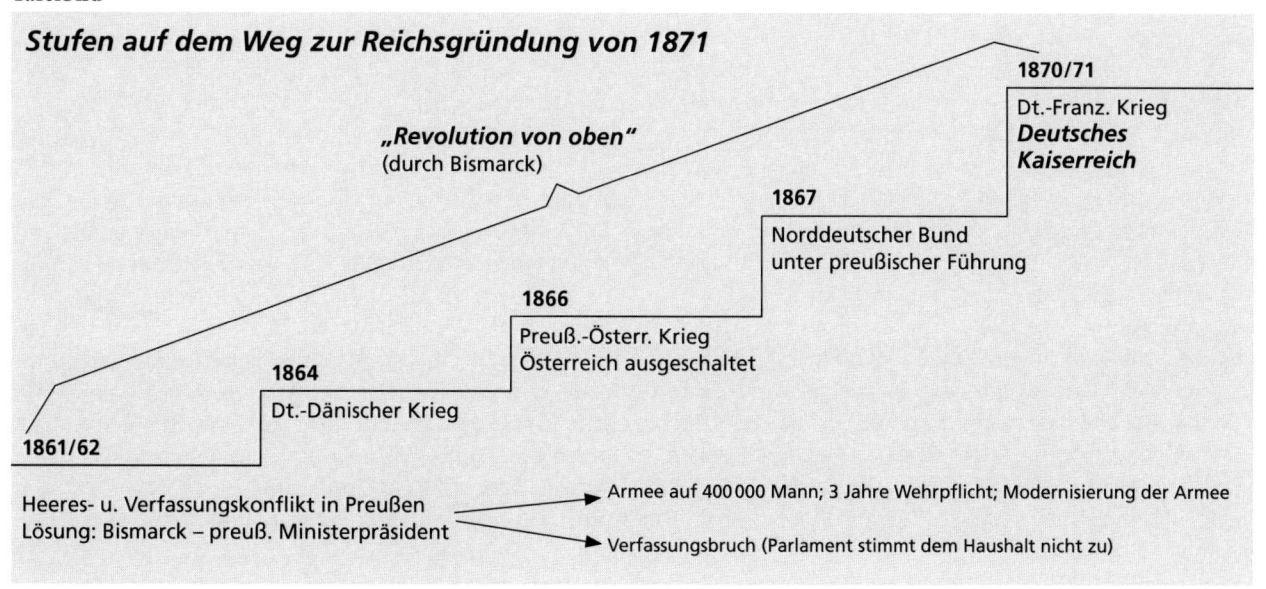

Stufen auf dem Weg zur Reichsgründung von 1871

1861/62
Heeres- u. Verfassungskonflikt in Preußen
Lösung: Bismarck – preuß. Ministerpräsident
→ Armee auf 400 000 Mann; 3 Jahre Wehrpflicht; Modernisierung der Armee
→ Verfassungsbruch (Parlament stimmt dem Haushalt nicht zu)

1864 Dt.-Dänischer Krieg

1866 Preuß.-Österr. Krieg – Österreich ausgeschaltet

„Revolution von oben" (durch Bismarck)

1867 Norddeutscher Bund unter preußischer Führung

1870/71 Dt.-Franz. Krieg – **Deutsches Kaiserreich**

(Nach: Florian Osburg: Tafelskizzen für den Geschichtsunterricht, Frankfurt a.M. 1994, S. 102.)

in der Zeitschrift „Charivari" erschien, zeigt nicht den „Eisernen Kanzler", sondern einen müden alten Mann, der erschöpft in seinen Sessel zurückgesunken ist. Ein hämisch grinsender Tod packt ihn am Handgelenk und bedankt sich bei ihm für die vielen Opfer, die er ihm auf den Schlachtfeldern geschenkt hat.

Q8 Zum Zeitpunkt der Rede war Benjamin Disraeli konservativer Oppositionsführer im britischen Unterhaus. Entsprechend gehörte es zu seinem Handwerk, seinem politischen Gegner Gladstone Inkompetenz in der Außenpolitik vorzuwerfen. Unter dieser Perspektive darf Disraelis viel zitierte Anklage – trotz ihrer vermeintlich prophetischen Aussage – nicht zu ernst genommen werden. Hervorzuheben ist die (zeitgenössische) Warnung, die Disraeli ausspricht: Die Folgen der Reichsgründung für das europäische Mächtekonzert müssten begrenzt und durch die neue Macht in der Mitte Europas dauerhafte Stabilität hergestellt werden.

Q9 Die Frage nach der Motivation Bismarcks für die Annexion Elsass-Lothringens wird bis heute in der Forschung intensiv diskutiert (siehe dazu z. B. die Untersuchungen von Eberhard Kolb). Festzuhalten bleibt, dass Bismarck die Risiken der Annexion für das zukünftige deutsch-französische Verhältnis klar gesehen hat, sich aber der nationalen Begeisterung anschloss (anschließen musste?) und lediglich mahnend darauf hinwies, dass die „Neudeutschen" sehr vorsichtig zu behandeln seien; insbesondere seien ihnen umfassende Freiheiten zu geben. Genau dieses gelang nicht: Elsass-Lothringen blieb als Reichsland bis kurz vor dem Ausbruch des Ersten Weltkrieges unter direkter Militärverwaltung (siehe dazu auch die Hinweise zu D1).

Q10 Hildegard Freifrau Hugo von Spitzemberg wurde am 20. Januar 1843 in Württemberg als Tochter des Rittergutsbesitzers Freiherr Varnbüler von und zu Hemmingen geboren, der von 1864 bis 1870 württembergischer Außenminister war. 1864 heiratete sie den Freiherrn Carl von Spitzemberg, der 1866 württembergischer Gesandter in Berlin wurde. Die Baronin hatte in Berlin, auch nach dem Tod ihres Mannes 1880, eine erstaunliche gesellschaftliche Stellung. So stattete Kaiser Wilhelm I. ihr jährlich einen Besuch ab; Kanzler, Minister, hohe Beamte, Offiziere und Reichstagsabgeordnete waren bei ihr zu Gast. Zu Bismarck und dessen Familie unterhielt sie freundschaftliche Beziehungen. Baronin Spitzembergs Tagebuch ist eine historische Quelle, die eine Innenansicht einer führenden Gesellschaftsgruppe ermöglicht. Sie starb am 30. Januar 1914.

D1 Auf der Karte wird die territoriale Dominanz Preußens deutlich, die durch dessen Bevölkerungszahl und Wirtschaftskraft noch verstärkt wurde. Auch die Tatsache, dass mit wenigen Ausnahmen nur noch in Süddeutschland größere Bundesländer existieren, ermöglicht geeignete wiederholende Fragen. Zugleich wird hier die Bedeutung des „Reichslandes" Elsass-Lothringen als preußische Klammer für Süddeutschland erkennbar: Elsass-Lothringen verhindert eine (vielleicht denkbare) spätere Kooperation Frankreichs mit den süddeutschen Staaten gegen Preußen und war auch ein „Brückenkopf" Preußens bis an die Grenze zur Schweiz.

Zu den Fragen und Anregungen

3 Siehe die Zusatzinformationen zu Q2 und D1.

4 Hier könnte (als Hilfestellung) für die Schülerinnen und Schüler auch ein Verweis auf Q3 erfolgen. Eine geeignete Verbindungslinie lässt sich auch zu Ludwig Heeren (Q2 auf S. 138) herstellen: Das Potential Deutschlands ist eine Chance, aber auch ein großes Risiko für seine Umwelt und damit eine Verantwortungslast für die Deutschen.

Zu den Fragen und Anregungen der „Werkstatt"-Seiten

1 Die Karriereleiter beginnt mit dem Jahr 1847, als Bismarck Abgeordneter im preußischen Landtag wird. Weitere Stationen sind 1849 (Berufspolitiker), 1851–1859 Preußischer Gesandter in Frankfurt. Einen Schritt zurück stellt die Berufung als Gesandter in Paris und vor allem in St. Petersburg dar, bevor Bismarcks steiler Aufstieg zum preußischen Ministerpräsident, Außenminister und ab 1871 zum Reichskanzler erfolgt. 1890 endet Bismarcks politische Karriere mit dem Bruch zwischen ihm und Wilhelm II. Wichtig ist in der grafischen Darstellung, die lange Tätigkeit Bismarcks hervorzuheben. Vor allem die knapp zwanzig Jahre Reichskanzlerschaft muss Beachtung finden.

2 Bismarck wird auf diesem Bild als „Schmied der deutschen Einheit" dargestellt. Die zwei zentralen Gestalten sind links Bismarck und rechts – etwas erhöht – Germania. Der „Schmied" wird hier volksnah abgebildet. Mit hochgekrempelten Ärmeln und schwerer Schürze reicht er – nach getaner Arbeit – das geschärfte Reichsschwert Germania (mit Brustpanzer und Helm). In der anderen Hand hält er noch den Hammer, bereit für weitere Taten und Aufgaben. Als zusätzliches Attribut wählt der Maler einen „Reichshund". Bismarck ließ sich gern mit seinen (meist zwei) Doggen abbilden. Sie spielten in seinem Leben eine wichtige Rolle und wurden auch von der Bevölkerung wahrgenommen und häufig beschenkt. Der Reichsschild liegt noch am Fuße des Amboss. Im Hintergrund scheint die Sonne aufzugehen, eine neue Zeit bricht an.

Bismarck wird auf diesem Bild als Vaterfigur, als tätiger Handwerker, als volksnahes Symbol des deutschen Nationalstaates dargestellt. Die quasi-religiöse Verehrung Bismarcks wird auch auf dieser Abbildung deutlich.

3 a.) Spätestens ab 1866 strebt Bismarck eine kleindeutsche Lösung unter der Führung Preußens an. Der Krieg mit Österreich und die daraus resultierende Auflösung des deutschen Bundes und die Ausweitung des preußischen Einflussgebietes (Annexion von Hannover, Schleswig und Holstein) markieren den Beginn seiner Bemühungen. Innenpolitisch wichtig ist die Verbindung mir der nationalliberalen Partei. 1867 Gründung des „Norddeutschen Bundes" und Einrichtung der „Schutz- und Trutzbündnisse" mit den süddeutschen Staaten. Die „Emser Depesche", das Provozieren des Deutsch-Französischen Krieges und die Finanzspende an Bayern sind weitere Meilensteine auf dem Weg zur Reichsgründung.

b.) Zu Bismarcks Politikstil vgl. Kapitel 9, Zusatzinformationen zu den Materialien.

Zwei unterschiedliche Einflusssphären prägten Bismarck. Sein Vater stammte aus dem märkischen Kleinadel. Seine

Vorfahren lassen sich bis ins 13. Jahrhundert in Stendal, der Hauptstadt der Altmark nachweisen. Somit war er ein typischer Vertreter des ostelbischen Landjunkertums. Seine Mutter hingegen, eine geborene Mencken, stammte aus einer Gelehrtenfamilie. Unter ihren Ahnen finden sich zahlreiche Professoren, Diplomaten und dem preußischen Königshof nahe stehende Bedienstete. Sie fühlte sich für die Bildung der Kinder verantwortlich und förderte diese nachdrücklich. Eine ebenfalls wichtige Rolle spielte spätestens seit seiner Brautwerbung die Beziehung zum Pietismus, hier fand er nicht zuletzt eine weltanschauliche und politische Bindung und einen politisch-sozialen Rückhalt.

c.) Wie kaum ein anderer hat Bismarck die Öffentlichkeit gespalten. Der Mann, der mit Zuckerbrot und Peitsche regierte, fand sowohl unter seinen Zeitgenossen als auch den nachkommenden Generationen große Bewunderer und ebenso große Gegner. Hervorgehoben wurde auf der einen Seite seine Verdienste um die Reichsgründung und sein Vorgehen in der Außenpolitik (z. B. Bündnissystem). Kritiker stützen ihre Argumentation vor allem auf Bismarcks Innenpolitik.

4 Diese Karikatur von 1863 als leichtfüßige Tänzerin ist eine ungewöhnliche Darstellung Bismarcks. 1862 war Bismarck in der Krisensituation des preußischen Heeres- und Verfassungskonflikts zum Ministerpräsident ernannt worden. Die Ausgangslage bei der Übernahme des neuen Amtes war außerordentlich kompliziert. Eine ganze Reihe von Problemfeldern galt es zu lösen. Außenpolitisch musste er eine Balance finden zischen den Großmächten Frankreich, England und Russland, und besonders in der Politik gegenüber Dänemark und dem damit verbundenen Verhältnis zu Österreich musste er geschickt agieren.

Die Primaballerina Bismarck umtanzt vorsichtig und umsichtig im Spitzentanz die rohen Eier Wahlen, Verfassung, Pressverordnung etc. Die Karikatur zeigt, welch schwierigen Aufgaben sich Bismarck gegenüber sah und unterstreicht, mit welch ungewöhnlichen Mitteln er versuchte, sie zu bewältigen. Hier wird er als leichtfüßiger Politiker gezeichnet und nicht – wie sonst häufiger – als der Mann mit der Peitsche, der mit aller Macht seine Interessen durchsetzen will.

Literatur zum Weiterlesen für Lehrerinnen und Lehrer und Schülerinnen und Schüler

Baumgart, Winfried, Europäisches Konzert und nationale Bewegung. Internationale Beziehungen 1830–1878, (= Handbuch der Geschichte der Internationalen Beziehungen, Band 6), Paderborn 1999.

Bliembach, Eva, Zeit für neue Ideen. Flugschriften, Flugblätter, Bilder und Karikaturen – Propaganda im Spiegel der Revolution von 1848/49. Ausstellung und Katalog, Hameln 1998.

Botzenhart, Manfred, 1848/49: Europa im Umbruch, Paderborn/München/Wien/Zürich 1998.

Bublies-Godau, Birgit, Geliebte, Gatten und Gefährten. Selbstverständnis und politisches Handeln von Ehepaaren in der deutschen Revolution von 1848/49, in: GWU 49 (1998), S. 282–296.

Dipper, Christof/Ulrich Speck (Hrsg.), 1848. Revolution in Deutschland, Frankfurt am Main u. a. 1998.

Dowe, Dieter/Heinz-Gerhardt Haupt/Dieter Langewiesche (Hrsg.), Europa 1848. Revolution und Reform, Bonn 1998.

Erbe, Michael, Revolutionäre Erschütterung und erneuertes Gleichgewicht. Internationale Beziehungen 1785–1830 (=Handbuch der Geschichte der Internationalen Beziehungen, Band 5), Paderborn 2004.

Freitag, Sabine (Hrsg.), Die Achtundvierziger. Lebensbilder aus der deutschen Revolution 1848/49, München 1998.

Gailus, Manfred, Straße und Brot, Göttingen 1990.

Geschichte lernen 61 (1998).

Gall, Lothar (Hrsg.), 1848. Aufbruch zur Freiheit. Eine Ausstellung des Deutschen Historischen Museums und der Schirn Kunsthalle Frankfurt zum 15-jährigen Jubiläum der Revolution 1848/49, Frankfurt am Main 1998.

1848/49. Revolution der deutschen Demokraten in Baden, hrsg. vom Badischen Landesmuseum Karlsruhe, Baden-Baden 1998.

Gall, Lothar, Bismarck. Der weiße Revolutionär, Berlin 1980.

Götz von Olenhusen, Irmtraud (Hrsg.), 1848/49 in Europa und der Mythos der Französischen Revolution, Göttingen 1998.

Gruner, Wolf D., Die deutsche Frage in Europa 1800–1900, München 1993.

Hachtmann, Rüdiger, Epochenschwelle zur Moderne. Einführung in die Revolution von 1848/49, Tübingen 2002.

Hardtwig, Wolfgang (Hrsg.), Revolution in Deutschland und Europa 1848/49, Göttingen 1998.

Hausen, Karin, Die Polarisierung der „Geschlechtscharaktere" – Eine Spiegelung der Dissoziation von Erwerbs- und Familienleben, in: Werner Conze (Hrsg.), Sozialgeschichte der Familie in der Neuzeit Europas, Stuttgart 1976, S. 363–393.

Hein, Dieter, Die Revolution von 1848/49, München 1998.

Herres, Jürgen, 1848/49 – Revolution in Köln, Köln 1998.

Hillgruber, Andreas, Bismarcks Außenpolitik, 2., unveränd. Auflage, Freiburg i. Br. 1981.

Jansen, Christian (Hrsg.), Die Revolutionen von 1848/49. Erfahrung, Verarbeitung, Deutung, Göttingen 1998.

Kennedy, Paul, Aufstieg und Fall der großen Mächte. Ökonomischer Wandel und militärischer Konflikt von 1500 bis 2000, Frankfurt a. M. 1989.

Kill, Susanne, Mathilde Franziska Anneke: Die Vernunft gebietet uns frei zu sein. In: Die Achtundvierziger : Lebensbilder aus der deutschen Revolution 1848/49, hrsg. von Sabine Freitag, München 1998, S. 214–224.

Kordon, Klaus, 1848. Die Geschichte von Jette und Frieder, Weinheim, Basel 1997.

Lautemann, Wolfgang/Schlenke, Manfred (Hrsg.), Das bürgerliche Zeitalter 1815–1914, (=Geschichte in Quellen), München 1980.

Konferenzen und Verträge. Vertrags-Ploetz, Teil II, 3. Band: Neuere Zeit 1492–1914, 2. erweiterte und veränderte Auflage, Würzburg 1958.

Lipp, Carola (Hrsg.), Schimpfende Weiber und patriotische Jungfrauen. Frauen im Vormärz und in der Revolution 1848, Baden-Baden 1998.

Makowski, Krzysztof, Das Großherzogtum Posen im Revolutionsjahr 1848, in: 1848/49. Revolutionen in Ostmitteleuropa, hrsg. von Rufolf Jaworski und Robert Luft, München 1996, S. 149–172.

Müller, Frank Lorenz, Die Revolution von 1848/49, Darmstadt 2002.

Nipperdey, Thomas, Deutsche Geschichte 1800–1866. Bürgerwelt und starker Staat, München 1983.

Nipperdey, Thomas, Deutsche Geschichte 1866–1918. Band I: Arbeitswelt und Bürgergeist, München 1990.

Nipperdey, Thomas, Deutsche Geschichte 1866–1918. Band II: Machtstaat vor der Demokratie, München 1992.

Reiche, Dietlof, Der verlorene Frühling. Die Geschichte von Louise Coith und Hannes Bühn, der zum Barrikadenbauer wurde, Weinheim, Basel, Berlin 2002.

Reiche, Dietlof, Zeit der Freiheit oder die Angst des Engelwirts vor den Preußen, Weinheim, Basel, Berlin 2003.

Rohlfes, Joachim, Die deutsche Revolution von 1848/49 als Unterrichtsthema, in: GWU 49 (1998), S. 297–311.

Sauer, Michael, Historische Lieder (Begleitbuch zur CD), Leipzig 2001.

Schieder, Theodor, Vom Deutschen Bund zum Deutschen Reich (=Gebhardt Handbuch der deutschen Geschichte, Band 15). München 1974.

Schieder, Theodor, Staatensystem als Vormacht der Welt 1848–1918 (= Propyläen Geschichte Europas, Band 5). Frankfurt a. M. 1975.

Siemann, Wolfram, Die deutsche Revolution von 1848/49, Frankfurt 1985.

Stürmer, Michael, Die Reichsgründung. Deutscher Nationalstaat und europäisches Gleichgewicht im Zeitalter Bismarcks (= Deutsche Geschichte der neuesten Zeit vom 19. Jahrhundert bis zur Gegenwart) München 1993.

Twellmann, Margrit, Die deutsche Frauenbewegung im Spiegel repräsentativer Frauenzeitschriften, 1843–1889, Band 1: Darstellung, Bd. 2: Quellen, Meisenheim 1972.

Weis, Eberhard, Der Durchbruch des Bürgertums 1886 bis 1847 (= Propyläen Geschichte Europas, Band 4). Frankfurt a. M. 1975.

Leben im Deutschen Kaiserreich

Inhalte und Schwerpunkte

Seit der Wiedervereinigung Deutschlands hat die Zeit des Kaiserreichs als historischer Bezugspunkt wieder an Bedeutung gewonnen: Die scheinbar ganz abgebrochene Traditionslinie eines einheitlichen deutschen Nationalstaates fand eine Fortsetzung. Deshalb ist es wichtig, Schülerinnen und Schülern einen differenzierten Blick auf diesen Abschnitt der deutschen Geschichte zu vermitteln.

Dabei gilt es, sich von zwei zu einfachen Denkmustern abzusetzen. In einer eher naiven Geschichtswahrnehmung wurde und wird das Kaiserreich als die „gute alte Zeit" betrachtet, in der alles noch seine rechte Ordnung hatte. Dahinter steht nicht nur die gängige Verklärung von Vergangenheit; das Kaiserreich erscheint als heile deutsche Welt vor der Schuld und den Niederlagen der beiden Weltkriege. In Historikerkreisen hat dagegen seit den 1970er-Jahren lange ein anderes, geradezu entgegengesetztes Deutungsmuster dominiert: die These vom „deutschen Sonderweg". Anders als in den westeuropäischen Staaten sei in Deutschland die industrielle Modernisierung nicht mit politischer Liberalisierung und Demokratisierung einhergegangen. Die Strukturen und Denkweisen des Obrigkeitsstaates hätten gleichsam den Nährboden für die Entwicklung zum Ersten Weltkrieg und zum Nationalsozialismus gebildet. Freilich ist auch diese Sichtweise allzu einseitig, wenn sie eine Zwangsläufigkeit der Entwicklung suggeriert, die es so gewiss nicht gegeben hat. Hinzu kommt, dass es ein einheitliches Modell europäischer Modernisierung gar nicht gibt – warum sollten gerade England oder Frankreich den „Normalweg" darstellen?

Akzentuiert wird im vorliegenden Kapitel von „Geschichte und Geschehen" stattdessen die Ambivalenz der gesellschaftlichen Entwicklung im Kaiserreich, wie es auch die historische Forschung in den letzten Jahren getan hat. Auf der einen Seite handelte es sich um eine Zeit rasanter Modernisierung. Deutschland wurde vom Agrar- zum Industriestaat, eine rapide Verstädterung setzte ein. Der moderne Verwaltungs- und Sozialstaat, zugleich auch ein öffentlicher politischer Raum mit Parteien und Presse begannen sich auszubilden. Das Bürgertum gewann die kulturelle Dominanz und prägte die Lebensformen. Anfänge der heutigen Konsum- und Freizeitgesellschaft zeichneten sich ab. Auf der anderen Seite steht die Beharrungskraft traditionaler Gruppen und Verhältnisse; hinzu kommen die Probleme und Widersprüchlichkeiten der Modernisierung selber. Trotz wachsender sozialer Mobilität blieb das Kaiserreich eine ausgeprägte Klassengesellschaft. Der Adel stellte die politisch bei weitem einflussreichste Kraft dar, die Partizipationsmöglichkeiten der Unterschichten waren eingeschränkt. Das Kaiserreich wurde nicht zum liberalen Verfassungsstaat, es blieb Obrigkeitsstaat. Ein gegen andere Völker, aber auch gegen innere „Reichsfeinde" gerichteter Nationalismus bildete den konservativen Grundkonsens weiter Bevölkerungskreise. Diese ambivalente „Signatur der Epoche" will die Themeneinheit den Schülerinnen und Schülern deutlich machen.

Methodisch orientiert sich das Kapitel am Thema „Zeitung". Auf der einen Seite ist der boomende Pressemarkt eine Signatur des Kaiserreichs, auf der anderen Seite stellen Zeitungen einen für die Schüler zugänglichen Quellenbestand dar, der in jedem Stadt- oder Gemeindearchiv erreichbar ist. Der Umgang mit Zeitungen kann produktiv für die Arbeit der Schüler genutzt werden, indem eine eigene Geschichtszeitung entworfen wird. Neben dem „Lernen-lernen"-Kapitel arbeiten einzelne Aufgaben diesem Projekt zu, so dass fortwährend erreichte Einzelergebnisse abschließend in die Geschichtszeitung integriert werden können.

Auftaktdoppelseite 182/183

Die Auftaktdoppelseite soll den Schülerinnen und Schülern einen ersten Eindruck von der Ambivalenz des Kaiserreichs und den daraus resultierenden verschiedenartigen Deutungsperspektiven vermitteln. Auch der Einleitungstext stellt die Frage der Bewertung in den Mittelpunkt und regt die Schüler zu einer selbständigen Bearbeitung des Themas an. Die Bilder stehen für unterschiedliche Facetten, die in den folgenden Einzelkapiteln ausgeführt werden. Im Bild links unten geht es um die Bedeutung des Militärs; es war der erste Stand im Staat und wirkte mit seinen äußeren Erscheinungsformen prägend. Das Foto darüber steht für den Aspekt der Modernisierung, der den Schülern bereits aus der Zeit der Industrialisierung bekannt ist: In den schnell wachsenden Großstädten gab es vielfältige neue Transportprobleme zu bewältigen – der Ausbau des Verkehrswesens mit Straßenbahnen, Autostraßen, U- oder S-Bahn war die Reaktion darauf. Für einen anderen Aspekt der Modernisierung steht das Bild rechts oben: Am 15. Februar 1897 führte der Physiker Karl Ferdinand Braun an der Universität Straßburg die von ihm entwickelte Kathodenstrahlröhre vor. Die „Braunsche Röhre" war die Grundlage für die Entwicklung der Fernsehtechnik. 1909 erhielt Braun den Nobelpreis. Im Zuge der Industrialisierung wurde auch die Arbeiterbewegung immer stärker. Sie wurde vom Staat und seinen Organen argwöhnisch beobachtet und bekämpft. Das gilt vor allem für das Sozialistengesetz, aber auch für die Zeit danach – hierfür steht das Bild rechts in der Mitte. Der Antisemitismus entwickelte sich, auch wenn er keine Mehrheit in der Bevölkerung fand, seit der Reichsgründung immer stärker; judenfeindliche Ansichtskarten (Bild unten) waren in einschlägigen Kreisen beliebt. Schließlich das Verhältnis der Geschlechter (Bild rechte Seite links oben): Das bürgerliche Ideal der Rollenverteilung – der Mann im Beruf, die Frau im Haushalt – bestimmte die Gesellschaft. Aber die weiblichen Emanzipationsbestrebungen nahmen zu, stießen freilich auf Abwehr, Unverständnis und Spott in der Männerwelt.

Leben im Deutschen Kaiserreich

1. Verfassung und Herrschaft

Konzeption

Dieses Kapitel behandelt die grundlegenden inneren Verhältnisse des Staates: die Verfassung, die Rolle von Kaiser, Kanzler, Bundesrat, Reichstag und Parteien. Wichtig ist auch, wie die Verfassungs- und Herrschaftsverhältnisse von verschiedenen Seiten ausgedeutet wurden und wie sie sich im staatlichen Handeln manifestierten. Verfassungsgeschichte ist meist ein trockenes Thema. Um so eher empfiehlt es sich, mit Visualisierungen zu arbeiten. Um den Schülerinnen und Schülern die „Konstruktion" des Kaiserreichs vor Augen zu führen, können gut Karten herangezogen werden. Was die „kleindeutsche Lösung" bedeutet, lässt sich (ggf. in Rekapitulation von Kapitel 6 der vorhergehenden Themeneinheit) anhand einer Bevölkerungskarte zeigen (z. B. Putzger. Atlas und Chronik zur Weltgeschichte, Berlin 2002, S. 194 oder entsprechende Wandkarte). Die besondere Stellung Preußens im Reich verdeutlicht gleichfalls ein Blick auf eine Karte (ebd. S. 185, als OHP-Folie findet sich die Karte „Das Deutsche Reich von 1871" im Folienatlas Geschichte: Das 20. Jahrhundert. Vom Ersten Weltkrieg bis zur Gegenwart, Gotha/Stuttgart 1996, Bl. 8). Ein weiterer Ansatz zur Visualisierung ist mit dem Verfassungsschema (D1 auf S. 185) gegeben.

Aspekte der Unterrichtsgestaltung

Ausgehend von der Erkenntnis leitenden Fragestellung: „War das Deutsche Reich ein Obrigkeits- oder ein Verfassungsstaat?" können die Schülerinnen und Schüler zunächst in Gruppenarbeit die Materialien Q4–Q8 bearbeiten. Die Frage wird mit Aufgabe 1 weiter überprüft, die Ergebnisse der ersten Erarbeitungsphase werden weiter entwickelt. Abschließend sollte D1 im Plenum besprochen werden, bevor mit Aufgabe 2 und 3 die Verfassungswirklichkeit und die einzelnen Parteien beleuchtet werden. In einem Tafelbild können die konservativen und die progressiven politischen Merkmale des Kaiserreichs zusammengefasst werden. Als Pole dienen dabei die Begriffe „Obrigkeitsstaat" und „moderner Verfassungsstaat". Elemente der alltäglichen Auswirkung und Erfahrung von Obrigkeit etwa im Handeln der Behörden treten darin allerdings nicht in Erscheinung. Mit Aufgabe 4 sollen die Schüler an das Medium Zeitung herangeführt werden – Quellenmaterial (siehe Einleitungstext ADS) kann diesen Vorgang unterstützen – und im Rückgriff auf die vorherige Themeneinheit Bismarcks Bedeutung für das Kaiserreich erarbeiten.

Zusatzinformationen zum Verfassertext

Nur angedeutet ist im Verfassertext die Konstruktion des Reiches als Zusammenschluss einzelner Bundesstaaten bzw. ihrer Herrscher. Der föderale Charakter des Reiches war weit ausgeprägter als in der heutigen Bundesrepublik. Die Länderverfassungen mit zum Teil sehr unterschiedlichen Wahlrechtsbestimmungen existierten weiter. Die Länder behielten Sonderrechte in wichtigen öffentlichen Aufgabenbereichen: beim Heer (außer im Kriegsfall), bei der Eisenbahn, teilweise bei der Post. Und bis 1900, als das bürgerliche Gesetzbuch eingeführt wurde, gab es in den einzelnen Ländern ein unterschiedliches Privatrecht.

Die „Gründungsidee" des Reiches kommt sehr deutlich in der Präambel der Verfassung zum Ausdruck, die von der Lehrkraft auch (in angemessen „hohem Ton") vor der Klasse rezitiert werden kann: „Seine Majestät der König von Preußen im Namen des Norddeutschen Bundes, Seine Majestät der König von Bayern, Seine Majestät der König von Württemberg, Seine Königliche Hoheit der Großherzog von Baden und Seine Königliche Hoheit der Großherzog von Hessen und bei Rhein für die südlich von Main gelegenen Theile des Großherzogtums Hessen schließen einen ewigen Bund zum Schutze des Bundesgebietes und des innerhalb des selben gültigen Rechts, sowie zur Pflege der Wohlfahrt des Deutschen Volks. Dieser Bund wird den Namen Deutsches Reich führen und wird nachstehende Verfassung haben." (zit. nach: Grundwissen Gesetze und Verträge. 19. Jahrhundert, zusammengest. von Roland Blessing und Hans-Martin Gruber, Stuttgart 1986, S. 70).

Dass die Zentralität im Reich zunächst noch verhältnismäßig wenig ausgeprägt war, zeigt sich auch darin, dass es keine wirkliche Reichsregierung gab. Neben dem Reichskanzler amtierten lediglich Staatssekretäre für die verschiedenen Bereiche der Politik. Über ein eigenes Ministerium mit einem entsprechenden Apparat verfügten sie nicht. Stattdessen griff der Reichskanzler (und preußische Ministerpräsident) auf die Kompetenz der preußischen Ministerien zurück, was diesen im Reich besonderen Einfluss sicherte – Preußen und das Reich waren durch Kaiser, Reichskanzler und Verwaltung gleichsam miteinander verschränkt. Erst um die Jahrhundertwende wurde auch die Reichsverwaltung immer stärker zu einer „Reichsregierung" ausgebaut. Auf die Reichsverwaltung hatte im Übrigen der Reichstag keinerlei Einfluss, denn nicht nur der Reichskanzler, sondern auch die Staatssekretäre wurden vom Kaiser ernannt und waren nur ihm verantwortlich.

Tafelbild

Das Kaiserreich zwischen Obrigkeitsstaat und Verfassungsstaat

Obrigkeitsstaat ◄─────────► Verfassungsstaat	
keine politische Kontrolle der Reichsregierung	Rechte des Reichstags (Gesetzgebung, Haushalt)
keine politische Kontrolle der Streitkräfte	
Wahlrecht zum preußischen Landtag (ungleiches Wahlrecht, kein Frauenwahlrecht, Benachteiligung der nichtkonservativen Parteien)	Wahlrecht zum Reichstag (kein Frauenwahlrecht, Benachteiligung der Sozialdemokratie)

Verglichen mit dem preußischen Dreiklassenwahlrecht war das Wahlrecht im Reich modern. In den anderen Ländern reichte das Spektrum von einem allgemeinen und gleichen Wahlrecht in Hessen, Baden, Württemberg und Bayern bis zum völligen Fehlen eines allgemeinen Wahlrechts in Mecklenburg. Alle Parteien im Kaiserreich waren Klientelparteien, keine „Volksparteien". Sie alle repräsentierten jeweils bestimmte Gruppen, Schichten oder Konfessionen.

Auch die Sozialdemokratie konnte außerhalb ihres Milieus keine großen Stimmengewinne erzielen. Insgesamt freilich nahmen politische Aktivität und Teilhabe in der Zeit des Kaiserreichs deutlich zu. Das zeigt die Entwicklung der Wahlbeteiligung. Gingen bei den ersten Reichstagswahlen 1871 nur 51 % der Wahlberechtigten an die Urnen, so waren es bei den letzten im Jahre 1912 85 %.

Zusatzinformationen zu den Materialien

Die Materialien behandeln unter verschiedenen Aspekten die Verteilung und das Verständnis von politischer Herrschaft im Kaiserreich. In D1 und Q8 geht es um die Organisation der Verfassung, in Q4 bis Q7 um ihre Ausfüllung, um den „Geist", in D2 und D3 schließlich um die Manifestation politischer Teilhabemöglichkeiten in Wahlen.

Q4 Max Koner (1854–1900) gehörte im Kaiserreich zu den bekanntesten Porträtmalern. Die Übereinstimmungen zwischen dem Kaiserbild Koners und dem berühmten Gemälde Ludwig XIV. von Hyacynthe Rigaud (Geschichte und Geschehen Band 2) sind frappierend. Koner greift in seinem Bild den Gestus des absolutistischen Herrscherporträts auf. Freilich ist dieses Selbstverständnis historisch nicht mehr zeitgemäß. Der ins Bild gesetzte Anspruch wirkt aufgesetzt und überzogen.

Q5 und **Q6** Die Stadt Königsberg war für die Hohenzollern von besonderer historischer Bedeutung. 1701 hatte sich hier der brandenburgische Kurfürst Friedrich (III.) selber zum König gekrönt; um Konflikte mit Polen, zu dem Westpreußen gehörte, zu vermeiden, wählte er die Bezeichnung „König in Preußen". Elard von Oldenburg-Januschau (1855–1937) war ostelbischer Großgrundbesitzer, Abgeordneter im preußischen Abgeordnetenhaus (1898–1902) und im Reichstag (1902–1912). In der Weimarer Zeit hatte er großen Einfluss auf Reichspräsident Hindenburg. Die antikonstitutionelle Haltung des hochkonservativen Oldenburg-Januschau war keineswegs repräsentativ für die Position des Reichstags, fand aber doch in einflussreichen Kreisen – natürlich vor allem im Militär – viel Zustimmung.

Die Textquellen Q5 und Q6 belegen, dass das Selbstverständnis des Kaisers und von Teilen der politischen Elite nicht dem Modell der Verfassung entspricht. Sie fühlen sich nicht in die Verfassung eingebunden und ihr nicht verpflichtet. Bezeichnend dafür ist Wilhelms Äußerung, „dass wir Hohenzollern Unsere Krone nur vom Himmel nehmen und die darauf ruhenden Pflichten dem Himmel gegenüber zu vertreten haben". Genau genommen gilt es hier allerdings zu differenzieren zwischen Wilhelms Rolle als preußischer König und als deutscher Kaiser. Weil aber Wilhelms monarchisches Selbstverständnis genauso seine kaiserliche Herrschaft prägte, kann diese Unterscheidung im Unterricht beiseite bleiben.

Q7 Der Historiker Heinrich von Sybel (1817–1895) war Schüler Leopold von Rankes, Professor in München, dann Direktor der preußischen Staatsarchive und Mitglied des preußischen Abgeordnetenhauses. Er vertrat eine kleindeutsch-preußische Geschichtsschreibung. Die Position Sybels ist ambivalent. Auf der einen Seite befürwortet er die Kontrollfunktion eines Parlaments, auf der anderen Seite will er diese Kontrolle nicht auf die Regierungstätigkeit ausgeweitet wissen. Deshalb lässt sich anhand dieser politischen Kernfrage das mögliche Spektrum von Positionen, wie es im Reichstag vorhanden war, rekonstruieren.

Q8 Georg Jellinek (1851–1911) war Professor für Staatsrechtslehre. Die Quelle macht die vielfältigen Aktivitäten und Einflussmöglichkeiten des Bundesrates (Verweigerung der Zustimmung gegenüber Reichstagsbeschlüssen) deutlich. Der Vergleich mit dem Bundesrat heute kann noch einmal den überragenden Einfluss Preußens im Kaiserreich beleuchten. Möglich ist auch eine allgemeine Diskussion über den Sinn einer solchen zweiten Kammer, der ja heutzutage im Zeichen von Föderalismuskritik bisweilen angezweifelt wird.

Q9 Die Karikatur ist im Januar 1879 in der Budapester Zeitung „Üstökös" (Komet) erschienen. Sie nimmt Bezug auf die Debatte um das so genannte „Maulkorbgesetz", mit dem Bismarck die Redefreiheit der Reichstagsabgeordneten einschränken wollte. Der Reichstag lehnte jedoch die vornehmlich gegen die Sozialdemokraten gerichtete Gesetzesvorlage ab. Diese Karikatur beschreibt das Verhältnis zwischen Reichskanzler Bismarck und dem Reichstag: Bismarck tritt in Erscheinung als Tierbändiger, der die Abgeordneten völlig unter Kontrolle hat. Zu benennen sind vor allem die symbolhaften Accessoires, mit denen die Karikatur die Situation beschreibt: die Zuchtpeitsche in Bismarcks Hand und der Maulkorb vor den Gesichtern der Abgeordneten. Dabei kommt es auch auf die übertragene Bedeutung des Begriffs „Maulkorb" an.

D2 und **D3** Die Statistiken zeigen, dass der Anteil der Abgeordnetensitze, die von den Parteien gewonnen wurden, erheblich von ihren Stimmenanteilen differiert. Dafür sind nicht nur die im Verfassertext erwähnten Wahlbündnisse verantwortlich. Die Sozialdemokratie wurde außerdem erheblich benachteiligt durch den Zuschnitt der Wahlkreise. Denn diese wurden nach der Reichsgründung auf der Basis der damaligen Einwohnerzahlen festgelegt; ihre Einteilung blieb bis 1918 unverändert. Durch die Binnenwanderung vom Land in die Stadt entstand im Laufe der Zeit ein erhebliches Ungleichgewicht: Ein Abgeordneter auf dem Lande repräsentierte weitaus weniger Wähler als einer in der Stadt. Anders gewendet: Ländliche Stimmen wogen schwerer als städtische – das ging zu Lasten der Sozialdemokratie.

Zu den Fragen und Anregungen

1 Nicht nur in Schulbüchern, sondern auch in der Tagespresse begegnen die Schülerinnen und Schüler häufig Schaubildern oder Strukturskizzen. Sie sind oft nicht leicht zu verstehen – sie zu lesen will gelernt sein. Deshalb ist es sinnvoll, sich nicht einfach im Unterrichtsgespräch über diese Darstellung zu verständigen, sondern diese von jeder Schülerin und jedem Schüler mithilfe des VT zunächst einzeln entschlüsseln zu lassen. Die Zusammenbindung von Text und Schaubild („Steckbrief") erfordert vertiefte Sinnentnahme und Transfer.

Beispiel: Der Reichstag. Der Reichstag wird von den Wahlberechtigten gewählt. Der Kaiser beruft ihn ein. Dieser kann ihn auch auflösen. Der Reichstag beschließt – zusammen mit dem Bundesrat – Gesetze und verabschiedet den Haushalt. Der Reichskanzler steht dem Reichstag vor.

Aber der Reichstag kann den Reichskanzler nicht wählen oder abwählen.

In einem zweiten Schritt sollen die Schüler den Einfluss und die Akzeptanz des jeweiligen Verfassungsorgans zusammenstellen. Zu den Aussagen der Quellen vgl. „Zusatzinformationen zu den Materialien".

2 Die Aufgabe nimmt die Arbeit mit Statistiken wieder auf. Sie soll zeigen, dass Statistiken auch versteckte Botschaften enthalten. In einem ersten Schritt kann errechnet werden, wie viel Prozent der Stimmen pro Partei auf einen Abgeordneten entfallen. Beispiel: 1912 erreichte das Zentrum mit 16,4 % 91 Sitze. 1 Sitz wurde also mit 0,18 % der Wählerstimmen erreicht. Die SPD benötigte dagegen bereits 0,31 % der Wählerstimmen, um einen Abgeordneten stellen zu können. Würde bei ihr der gleiche Prozentsatz gelten wie beim Zentrum, wäre die Zahl ihrer Abgeordneten im Jahr 1912 von 110 auf 193 angewachsen.

Diese Ungleichheiten sind der Statistik auf den ersten Blick nicht anzusehen. Sie suggeriert zunächst, das Ergebnis demokratischer Wahlen, wie sie den Schülern aus ihrer eigenen Lebenserfahrung vertraut sind, abzubilden. Zu den Ursachen der Ungleichheiten vgl. „Zusatzinformationen zu den Materialien".

3 In der nachgespielten Wahl lassen sich bisher erworbene Kenntnisse bündeln und vertiefen. Zur Vorbereitung der Aufgabe ist es notwendig, die Entstehung der Parteien zu rekapitulieren. Die wiederholende und neu perspektivierende Arbeit mit bereits zurückliegenden Themeneinheiten dient einem nachhaltigen Lernprozess.

4 Siehe „Aspekte der Unterrichtsgestaltung".

Gewusst wie: Historienbilder untersuchen

Konzeption

Dass Schülerinnen und Schüler den Umgang mit wichtigen Gattungen von Quellen und Darstellungen erlernen sollen, darüber herrscht heute Übereinstimmung. Historienbilder sind ein Genre, das sich im 19. Jahrhundert und besonders nach der Reichsgründung in Deutschland großer Beliebtheit erfreute und erhebliche öffentliche Wirkung entfaltete. Deshalb ist es sinnvoll, diese Gattung in Verbindung mit dem Kapitel Kaiserreich exemplarisch vorzustellen. Die Schülerinnen und Schüler sollen dabei erkennen, das es sich bei Historienbildern trotz ihrer geradezu fotografisch genauen technischen Ausführung nicht um einfache Abbildungen von Wirklichkeit, sondern um Deutungen der Vergangenheit bzw. der als historisch bedeutsam angesehenen Gegenwart handelt.

Aspekte der Unterrichtsgestaltung

Die Erarbeitung des Themas orientiert sich eng an dem methodischen Vorgehen, das die Schüler erlernen sollen. Zunächst steht der Künstler, dann das Gemälde und schließlich die Deutung im Mittelpunkt des Interesses (Aufgabe 1–3). Am Beispiel dieses einen Gemäldes lässt sich anschließend im Plenum sammeln und problematisieren, wodurch sich ein Historienbild auszeichnet. Einleitungs- und Verfassertext runden diese Phase ab; die Schüler sollten jetzt eine eigene, kurze Definition des Historienbildes schriftlich formulieren können. Aufgabe 4 stellt die thematische Verbindung zum Kaiserreich her. Im Vordergrund steht der im ersten Kapitel aus verfassungsrechtlicher Perspektive thematisierte Aspekt des starken Obrigkeitsstaates. Auch die soziale Differenzierung wird wieder aufgegriffen: Wer hätte sich das Bild vielleicht nicht aufgehängt? Damit kann ein Einstieg in die in den folgenden Kapiteln zu behandelnde weitere soziale und politische Differenzierung der Gesellschaft im Kaiserreich gemacht werden. Aufgabe 5 lässt die Parallelität der historischen Entwicklung deutlich werden. Gleichzeitig sollen die erlernten Methoden durch weitere Anwendung gesichert und vertieft werden.

Um den Schülern die Wirkung des Originalbildes zu verdeutlichen, ist die Arbeit mit einer Folie oder mit dem Beamer sinnvoll. (Das Bild findet sich in vollem Format auf Folie in der Sammlung Folienbilder zu Geschichte und Geschehen/Zeitreise, Teil 3: Von der Besiedlung der USA bis zum Ersten Weltkrieg, Leipzig 1999, Folie 13, Kommentar im Beiheft S. 25–27. Dort ist auch die erste Fassung des Gemäldes abgedruckt.) Auch die Übertragung der Maße auf die Pinwand ist eindrucksvoll. Nimmt man zum Vergleich die erste Fassung des Gemäldes, die so genannte Schlossfassung, ein Geschenk der deutschen Fürsten an Kaiser Wilhelm (1877), hinzu, so eröffnet sich eine weitere Ebene des Vergleichs: Der Kontrast der beiden Bilder zeigt eine zunehmende Stilisierung und Inszenierung des dargestellten Vorgangs.

Zusatzinformationen zum Verfassertext

Das 19. Jahrhundert war die Blütezeit des Historienbildes. Im Zeitalter der Nationalstaaten erwachte das Interesse an der eigenen Vergangenheit und historischen Legitimation der Gegenwart. In Deutschland dominierte der Rückbezug auf die germanische Zeit und das Mittelalter. Das spitzte sich nach der Reichsgründung zu: Das Reich galt als Erneuerung des mittelalterlichen Kaisertums, die Hohenzollern waren gleichsam die Nachfahren der Staufer. Es setzte ein regelrechter Boom der Historienmalerei ein. Öffentliche Räume, vom Berliner Zeughaus bis zum städtischen Rathaus, wurden damit geschmückt. Und in Gemäldedrucken und Holzstichen kam das Genre in massenhaften Reproduktionen unter das Volk.

Zusatzinformationen zu den Materialien

Anton von Werner (1843–1915) war einer der bekanntesten Historienmaler Deutschlands. Er erfreute sich besonderen Wohlwollens Kaiser Wilhelms II. und avancierte zum Direktor der Preußischen Akademie der Künste – eine Position von maßgeblichem kulturpolitischem Einfluss. Die „Kaiserproklamation" war sein berühmtestes und am meisten in Reproduktionen verbreitetes Werk. Von Werner hat insgesamt drei Fassungen des Gemäldes hergestellt. Die erste Fassung war ein Geschenk der deutschen Fürsten an Kaiser Wilhelm I. zu dessen 80. Geburtstag am 22. 3. 1877. Diese „Schlossfassung" akzentuiert besonders die preußisch-bayerische Waffenbrüderschaft – detailliert ist das militärische Publikum dargestellt, das der Kaiserkrönung beigewohnt hat; das Format ist weitaus größer als beim späteren Gemälde (434 x 732 cm). Der zweite Hauptpunkt liegt in der Abrechnung mit dem „Erbfeind" Frankreich. Bilder, Allegorien und Inschriften des Spiegelsaals verherrlichen die Taten Ludwig XIV., unter dem Frankreich zur europäischen Vormacht geworden war. Indem von Werner diese Bildausstattung mit darstellt, dokumentiert er, wie durch die Inszenierung der Kaiserproklamation im Spiegelsaal gleichsam der historische Prozess 200 Jahre zuvor revidiert werden soll.

Die zweite Fassung des Bildes, die im Krieg zerstörte so genannte „Zeughausfassung", stellte schon stärker die preußische Perspektive in den Vordergrund. Erst recht die hier abgedruckte „Friedrichsruher Fassung": Der Maler inszeniert die Kaiserproklamation gleichsam als preußisches Kammerspiel, dessen Hauptrollen neben Wilhelm und dem Kronprinzen (zugleich Armeeführer) Bismarck, Generalstabschef Moltke und Kriegsminister Roon spielen. Dass es sich nicht um ein Abbild, sondern um eine stilisierende Deutung des Ereignisses handelt, wird auch an den „Korrekturen" deutlich, die von Werner vorgenommen hat. Roon hatte wegen Krankheit an der Zeremonie nicht teilnehmen können – wegen der historischen Bedeutsamkeit, die der Maler ihm zuschreibt, gehörte er aber einfach ins Bild. Und Bismarck zieht in seiner weißen Paradeuniform der Kürassiere den Blick des Betrachters besonders auf sich – tatsächlich hatte er in Versailles einen blauen Waffenrock getragen, seinen weißen Koller hatte er vergessen. Den Orden „Pour le Mérite" schließlich, den Bismarck am Hals trägt, hatte er erst 1884 verliehen bekommen. Mit seinem darstellerischen Anachronismus hat von Werner die spätere Würdigung und Wertung von Bismarcks Taten ins Bild eingebaut.

Von Werners Gemälde fand in unzähligen Reproduktionen Verbreitung; noch über das Ende des Kaiserreichs hinaus schmückte es vor allem die Wohnzimmer in national gesinnten Kreisen. Rudolf Alexander Schröder berichtet 1952 in seinen Memoiren: „Nun muß ich aber doch noch einer anderen Eigenschaft unseres Speisezimmers gedenken, war es doch nicht nur eine Stätte andächtiger und genießerischer Familienzusammenkünfte, sondern zugleich vermittels der an den Wänden hängenden Bildwerke die vaterländische Ruhmeshalle unseres Hauses. […] Die Bildwerke bestanden aus einer überlebensgroßen, terrakottafarbenen Gipsbüste des alten Kaisers und drei riesigen goldgerahmten Photos nach Anton von Werner und Camphausen, den ‚Kaiser und seine Paladine', die ‚Kaiserproklamation im Spiegelsaal zu Versailles' und die ‚Begegnung Wilhelms und Napoleons nach der Schlacht bei Sedan' darstellend." (Rudolf Alexander Schröder, Unser altes Haus, Bremen 1952, S. 54)

Zu den Fragen und Anregungen

1 Der Kontrast zwischen Text und Bild ist evident: Der Text beklagt das Missverhältnis zwischen der Bedeutung des historischen Ereignisses und seiner „äußeren Erscheinung". Das Bild korrigiert dies gleichsam im Nachhinein und liefert den Rahmen, den der Vorgang eigentlich verdient. Genau jene „phantastisch lebhaften Gebärden, die der Maler gewöhnlich braucht, um in solchen Fällen Enthusiasmus auszudrücken", liefert von Werner nach. Wie der Maler in diesem Bild das historische Ereignis zu einem nahezu innerpreußischen umgeformt hat, kann der Vergleich mit der ersten Fassung des Bildes besonders deutlich machen. Zur Person Anton von Werners vgl. „Zusatzinformationen zu den Materialien".

Kopiervorlage für Tageslichtprojektor „Kaiserproklamation"

2 Wem von Werner die historischen Führungsrollen zuschreibt, macht – auch unabhängig von diesem Vergleich – die Komposition des Bildes unmittelbar sinnfällig. Besonders deutlich wird dies, wenn man eine Umzeichnung des Bildes vornimmt (oder mit der Umzeichnung auf S. 105 arbeitet), die sich auf die Protagonisten beschränkt. Pfeile, die die Blickachsen der Personen andeuten, lassen das Arrangement noch stärker zum Vorschein treten. Die erhobenen Waffen deuten ein Dreieck an, das sich über der Mitte des Bildes schließt. Die Personen rechts und links im Vordergrund stehen jeweils am Ende eines Halbkreises, an dessen Scheitelpunkt Bismarck steht. Unmittelbar erkennbar ist die zentrale Rolle Bismarcks auch durch die Farbgestaltung. Die Position Kaiser Wilhelms wird dagegen nur durch die erhöhte Stellung nicht untergraben.

3 Die Schülerinnen und Schüler können anhand des Bildes die Kaiserproklamation als „Reichsgründung von oben" erkennen. Militärs (und damit weitgehend deckungsgleich Adel) treten als Handelnde in Erscheinung. Natürlich bildeten Verträge zwischen den einzelnen Staaten und die parlamentarische Bestätigung der Verfassung durch den Reichstag die juristische Basis des Reiches. Als symbolischer Akt aber prägte die Proklamation von Versailles das Bild dieses historischen Vorgangs im kollektiven Bewusstsein der Deutschen.

4 Anhand dieser Arbeitsfrage soll den Schülerinnen und Schülern deutlich werden, dass die symbolhafte Darstellung einen geeigneten Fokus für nationale Erinnerungen und Identität bietet. Da das Bild den militärischen und obrigkeitsstaatlichen Aspekt des Kaiserreichs betont, legt es als Bild zugleich Zeugnis ab von der politischen Gesinnung seiner Besitzer.

5 Vgl. „Aspekte der Unterrichtsgestaltung".

2. Die Gesellschaft – Wandel und Beharrung

Konzeption

Kapitel 2 charakterisiert einzelne Schichten der Gesellschaft, den Adel, das alte und neue Bürgertum, die Arbeiter, die Bauern. Zwar prägte sich im Kaiserreich das „Bürgerliche Zeitalter" aus, aber der Adel blieb an den wichtigsten Schaltstellen der Macht. Beide Führungsgruppen beeinflussten einander, ohne dass man von einer Feudalisierung des Bürgertums oder von einer Verbürgerlichung des Adels sprechen könnte. Die Gesellschaft blieb eine Klassengesellschaft, aber um die Jahrhundertwende zeichnete sich zugleich die Entwicklung zur modernen Massengesellschaft und Massenkultur ab. Durch entsprechende Gegenüberstellungen von Texten und Bildern können die Schülerinnen und Schüler diese Ambivalenzen, die auch die Gesellschaft des Kaiserreiches prägten, erkennen.

Aspekte der Unterrichtsgestaltung

Darstellungstexte und Quellen dieses Kapitels stellen Lebensbedingungen, Perspektiven und Selbstverständnis der einschlägigen gesellschaftlichen Sozialtypen in allgemeiner Form vor. Zur Verständnissicherung, Zusammenfassung und Konkretion bietet sich eine Personifizierung an: Schülerinnen und Schüler entwerfen Steckbriefe zu fiktiven historischen Persönlichkeiten, die Angaben zum Bildungsgang, zur Familiensituation, zur Lebensführung, zur Arbeit, zur politischen Haltung und zu ihren Hoffnungen und Wünschen enthalten. Die gesellschaftlichen Gegensätze treten darin noch einmal gebündelt in Erscheinung. Ein Beispiel:

Die Arbeiterin Frieda Maurer
Ich bin am 7. Januar 1885 in Schlesien geboren. Meine Eltern sind Weber. Ich habe sieben Geschwister. Bis zum 14. Lebensjahr bin ich in die Volksschule gegangen. Eine Ausbildung konnten meine Eltern nicht bezahlen. Sie haben mich nach Berlin geschickt, damit ich dort Dienstmädchen werden sollte. Gleich am ersten Tag hat mich auf dem Gesindebüro Frau Dr. Behrens eingestellt. Von Berlin habe ich noch nicht viel gesehen, denn ich habe nur sehr wenig Freizeit und Geld …

Zusatzinformationen zum Verfassertext

Das Verhältnis zwischen Bürgertum und Adel ist seit den 60er-Jahren lange mit dem Begriff „Feudalisierung" beschrieben worden. Schon Zeitgenossen hatten dem Großbürgertum im Kaiserreich vorgeworfen, es habe sich in seiner Lebensweise und in seinen Ansichten dem Adel weitgehend angepasst. Mit der These von der „Feudalisierung" des Bürgertums haben Historiker nach dem Zweiten Weltkrieg zu erklären versucht, weshalb sich in Deutschland keine freie politische Kultur wie in England oder Frankreich entwickelt habe: Das Bürgertum habe sich mit seinem sozialen Aufstieg gleichsam selbst aufgegeben und entmündigt. Diese Auffassung gehörte mit zur Vorstellung von einem Sonderweg, der – im Sinne einer Disposition – vom Kaiserreich später in den Nationalsozialismus geführt habe. In solcher Unmittelbarkeit wird die Feudalisierungsthese heute freilich nicht mehr vertreten. Zunächst einmal hat es die Übernahme adeliger Lebensformen auch in anderen Ländern gegeben, vor allem in England. Sodann musste, wer ein Rittergut kaufte oder mehrere Reitpferde besaß, nicht gleich seine spezifisch bürgerlichen Werte und Interessen aufgeben. Und schließlich ging es überhaupt nur um eine kleine, besonders wohlhabende Elite des Bürgertums – von einem bürgerlichen Massenphänomen kann keine Rede sein.

Ohnehin muss man den Begriff Bürgertum mit Vorsicht verwenden. Dass es sehr verschiedene Teile umfasste, dass es Verwerfungen, Aufstiegs- und Abstiegsprozesse gab, wird in Absatz 2 auf S. 190 angedeutet. Das Wirtschaftsbürgertum, die freien Berufe, die höheren Beamten bildeten die bürgerliche Elite, wenngleich bei den Beamten oft eine deutliche Diskrepanz zwischen sozialem Status und wirtschaftlicher Lage herrschte. Dieser Elite standen das Kleinbürgertum und der „neue Mittelstand", also die Angestellten, gegenüber. Im Blick behalten muss man dabei den Wandel des Bürger-Begriffs: Im Mittelalter und in der Frühen Neuzeit bezeichnete er – in Abgrenzung zur ländlichen Bevölkerung – die Stadtbürger. Dem folgte die Zeit der bürgerlichen Revolutionen: „Bürgerlich" bedeutete nun die Absage an geburtsständische Vorrechte, die

Forderung nach politischer Teilhabe und elementaren „Bürger-Rechten". In der Kaiserzeit wurde der Begriff teils ökonomisch, teils über einen gemeinsamen Wertekanon definiert. Der alte Kern des städtischen Bürgertums wurde im Laufe dieses Prozesses marginalisiert.

Die Entstehung der Angestelltenberufe war ein Merkmal der wirtschaftlichen Modernisierung. Aus einer zunehmenden Differenzierung von Aufgaben entstand ein ganz neuer Typus von abhängig Beschäftigten außerhalb des staatlichen Sektors – in der heutigen Dienstleistungsgesellschaft stellen sie den größten Teil aller Arbeitnehmer. Die Position der Angestellten war ambivalent. Ihr besonderes Statusbewusstsein drückte sich in dem zeitgenössischen Begriff „Privatbeamter" aus. Aber auch bei ihnen kam es schnell zu einer Differenzierung: Die technische Entwicklung (Schreibmaschinen, Buchungsmaschinen, Registrierkassen) dequalifizierte einen großen Teil der typischen Angestelltenarbeit im Büro. Für diese Arbeiten wurden zunehmend Frauen eingestellt. Das spöttische Wort vom „Stehkragenproletariat" steht für diesen Prozess (relativen) sozialen Abstiegs bei den unteren und mittleren Angestellten.

Zusatzinformationen zu den Materialien

Q2 Der Maler und Graphiker Herrmann Schlittgen (1859–1930) war ständiger Mitarbeiter der Karikaturzeitschrift „Fliegende Blätter". Er hat diese Karikatur im Jahre 1895 gezeichnet. Q2 ist karikaturistisch bis ins Absurde zugespitzt: Noch der Schatten der „Durchlaucht" (Anrede für Adlige im Fürstenstand) muss vor jeglicher „Beschädigung" geschützt werden. Der kritische Impetus ist unverkennbar und entspricht dem Medium.

Q4 Die illustrierte Wochenzeitschrift „Gartenlaube" wurde 1853 gegründet. Sie war bürgerlich-liberal ausgerichtet und versuchte, Unterhaltung und Information miteinander zu verbinden. Marie Bernhard war eine Autorin von heute vergessenen Unterhaltungsromanen.

Q6 Die Biografie des Landarbeiters und späteren Sozialdemokraten Franz Rehbein (1867–1909) wurde 1911 von Paul Göhre veröffentlicht. Göhre (1864–1928) war Theologe und Sozialpolitiker, 1910 bis 1918 Mitglied des Reichstags, 1918–1923 Staatssekretär in der preußischen Regierung.

Q7 Dieser Auszug liest sich geradezu wie ein bürgerlicher Tugendkatalog: Um die anstehenden Pflichten bewältigen zu können, ist *Zeitplanung* notwendig. Sie wird zunächst vorgegeben, soll dann aber in *Selbstdisziplinierung* umgesetzt werden. Appelliert wird an die *Einsicht in die Notwendigkeit*: Fortkommen, Zufriedenheit, Glück lassen sich nur durch Arbeit erreichen, in der zugleich die wirkliche Befriedigung liegt. Vielleicht werden die Dinge hier so besonderes deutlich angesprochen, weil es sich in einem Musikerhause von selber versteht, dass (Lern-)Erfolg sich nur durch konsequentes und kontinuierliches Üben einstellen kann.

Q8 Es handelt sich um die rückblickenden Erinnerungen des Sozialdemokraten Heinrich Lange. Der Verein dient der Bildung und Unterhaltung, der berufsbezogenen Weiterbildung, der Förderung von Kultur und Sport, dem kommunikativen Zusammensein einschließlich des leiblichen Wohls. Erst durch solche Angebote erhielten Arbeiter bessere Chancen auf berufliche Qualifikation, kulturelle Teilhabe und „Selbstverwirklichung". Das war gewiss eine im aufklärerischen Sinne politische Zielsetzung – das Motto dazu stammte von Wilhelm Liebknecht: „Wissen ist Macht".

Q9 und **Q10** Der Unterschied zwischen den beiden Wohnsituationen und damit zwischen den sozialen Schichten fällt ohne weiteres ins Auge. Das Wohnzimmer des bürgerlichen Ehepaars wirkt aufgeräumt, gepflegt und nach persönlichem Geschmack eingerichtet. Die Wände des Raums sind verkleidet und mit Bildern geschmückt. Der Sekretär links, der Vogelkäfig in der Mitte und die große Vase auf der Stellage rechts sind als Einrichtungsgegenstände erkennbar; von der Decke hängt ein großer, verzierter Lampenschirm. Man scheint Kaffee getrunken zu haben. Das Buch auf dem Tisch signalisiert kulturelles Interesse. Vor allem aber sticht das Klavier ins Auge, auf dem die Frau dem Mann gerade etwas vorzuspielen scheint. Das Klavier war das typische Instrument der „höheren Tochter", für die sich musische Bildung gehörte. Auch hier dokumentieren sich kulturelle Ambitionen. Die Arbeiterfamilie scheint nur über einen Wohnraum zu verfügen, sonst hätte sie sich nicht in der Küche für den Fotografen aufgestellt. Das Bild vermittelt den Eindruck der Enge, die in dieser Wohnung herrschen muss, auch wenn es noch Schlafräume gibt. Dass es sich nicht um das untere Ende der sozialen Skala handelt, machen die Verschönerungsversuche deutlich, die auf dem Bild zu erkennen sind (Gardine, Bordüre am Wandregal). Die Familie posiert steif für die Kamera – das ist auch der Fototechnik der Zeit mit ihren langen Belichtungszeiten geschuldet.

Zu den Fragen und Anregungen

1 Für den Adel im Kaiserreich sind nach wie vor ständische Kriterien ausschlaggebend: Geburt, Stand, Herkunft, militärischer Status.

2 Das Bürgertum legt Wert auf Vermögen, Moral und Tugend, Pflichtbewusstsein, Fleiß, Ehrgeiz, Häuslichkeit, Gesundheit (Spazierengehen), Bildung, maßvolle Geselligkeit. Vgl. auch „Zusatzinformationen zu den Materialien".

3 Wohlhabenheit und Freizeit (Auto, Klavier), technische (Aus-)Bildung, Privatleben, zur Rolle der Frau gehört die musische Ausbildung (Klavier), sie ist aber nicht absolut auf das Haus beschränkt (Auto, Arbeit). Vgl. „Zusatzinformationen zu den Materialien".

4 Politik: Versammlungen, Besprechungen, Information und Aufklärung bieten die Möglichkeit eigene Interessen zu vertreten und bereiten den Weg zur politischen Teilhabe. Bildung: Vorträge, Bibliotheken und Lesezimmer, Bildungsabteilungen und Unterricht, Vereine, z. B. Theatervereine. Freizeit: alle genannten Aktivitäten waren Freizeitaktivitäten: Die Arbeiter hatten nicht das Privileg, dass Bildung oder politische Betätigung Bestandteil der eigenen Arbeit sein konnte. Unterhaltung: Lesen, Vereine, Feste, Vereinslokale. Geselligkeit: Lokale, Feste, Versammlungen. Hilfe für den Alltag: Beratung, Unterrichtsstunden, gemeinsame Nahrungsbeschaffung

5 Der Vergleich sollte folgende Bereiche erfassen: Vermögen, Arbeitsverhältnisse, Wohnbedingungen, Familienleben, Freizeit, Werte, Lebenschancen/soziale Mobilität, politische Orientierung.

6 Durch die Arbeit mit den Quellen bzw. der Wiederholung bereits in der Themeneinheit Industrialisierung erworbenen Wissens verfügen die Schüler über einige detaillierte Kenntnisse, die im VT nicht enthalten sind. Die Aufgabe verlangt, verschiedene Informationen sinnvoll zu verknüpfen und in einem zusammenhängenden Text zu erläutern. Die Schüler sollen üben, sich flüssig und sachgemäß auszudrücken. Um die Korrekturarbeit zu erleichtern, empfiehlt es sich, am PC zu arbeiten.

7 Um dieser Aufgabe gerecht zu werden, müssen die Schüler zunächst noch einmal Qualifizierungsmerkmale zusammentragen, nach denen man Klassen bestimmen kann. Dazu können sie auf die Tabelle von Aufgabe 5 zurückgreifen. Es muss aber auch überlegt werden, ob diese Merkmale für die heutige Zeit noch gültig sind, ob man sie evtl. verändern oder ergänzen muss.

Die soziale Schichtung im Kaiserreich

Die soziale Schichtung im Kaiserreich lässt sich gut in einer „Bevölkerungspyramide" wiedergeben. Wenn die Schülerinnen und Schüler auf der Basis eigener Recherchen eine entsprechende Darstellung für die Gegenwart entwerfen, fallen die Differenzen besonders deutlich ins Auge. Zu bedenken ist allerdings, dass die Prozentangaben nur sehr vage sind. Außerdem gibt es erhebliche Abgrenzungsprobleme zwischen den einzelnen Gruppen. Und es sind vielfältige Differenzen innerhalb der Gruppen außer Acht gelassen, die z. T. die Lebensverhältnisse maßgeblich bestimmten (z.B. Vorarbeiter als „Arbeiteraristokratie" gegenüber dem Gros der Ungelernten).

Tafelbild

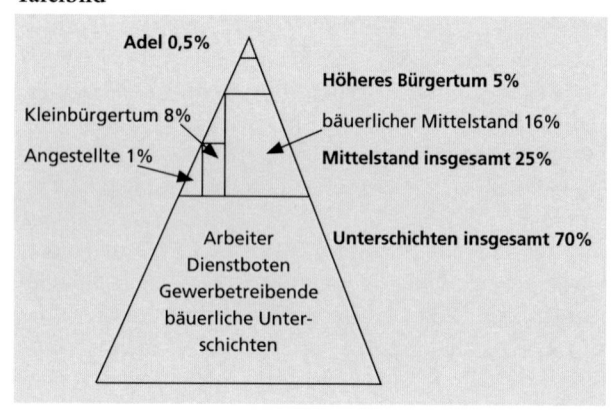

Adel 0,5%
Höheres Bürgertum 5%
Kleinbürgertum 8%
bäuerlicher Mittelstand 16%
Angestellte 1%
Mittelstand insgesamt 25%
Arbeiter
Dienstboten
Gewerbetreibende
bäuerliche Unterschichten
Unterschichten insgesamt 70%

(Zahlenangaben nach Hans-Ulrich Wehler, Deutsche Gesellschaftsgeschichte, Bd. 3: 1849–1914, München 1999, S. 702–713).

3. Nationalismus und Militarismus

Konzeption

Dieses Kapitel behandelt herrschende Grundströmungen der Mentalität im Kaiserreich. Nationalismus und Militarismus traten in der öffentlichen Geschichtskultur deutlich zum Vorschein: Denkmäler, Feiern, Lied und Gesang, Briefmarken oder Geldscheine zeigen das. Verbände und Vereine spielten für die Pflege dieser Geschichtskultur eine maßgebliche Rolle. Dass das Militär gleichsam einen Staat im Staate bildete, rief auch unter den Zeitgenossen viel Kritik hervor – einschlägige Karikaturen sind Legion. Freilich muss dieses Bild zugleich auch wieder relativiert werden. Der Vergleich mit Frankreich macht deutlich, dass es mit dem öffentlich gelebten Nationalismus dort nicht sehr viel anders stand – ein deutlicher Beleg gegen die Sonderwegsthese.

Aspekte der Unterrichtsgestaltung

Als Einstieg bietet es sich an, zunächst das Auftreten heutiger Institutionen und Personen zu betrachten: Welche Aufgaben haben Schule, öffentliche Einrichtungen wie z. B. die Feuerwehr oder das Staatsoberhaupt? Warum und wie präsentieren sie sich in der Öffentlichkeit? Durch den Vergleich der Ergebnisse mit Q1, Q2 und Q8 lassen sich erste Hypothesen formulieren, welche Ziele diese Institutionen im Kaiserreich verfolgten. Die Bereiche Kaiser, Schule und Militär können durch Quellen und VT erarbeitet werden (Aufgabe 1, 3, 4). Auf dieser Basis können die Schüler ein Verständnis für die besondere Qualität des Reichsnationalismus' entwickeln, der vor allem durch den Vergleich mit dem Nationalismus der Revolutionszeit, aber auch mit unserer heutigen Zeit an Konturen gewinnt (Aufgabe 2). Auch Vereinsleben, Festkultur und nationale Symbole sollten mit Rückgriff und im Vergleich zur 48er-Zeit erarbeitet werden, um die inhaltlichen Verschiebungen in Bezug auf den Begriff Nationalismus zu verdeutlichen.

Zusatzinformationen zum Verfassertext

Dass das Militär und alles Militärische im Kaiserreich einen hohen Rang einnahmen und in vielerlei Hinsicht gesellschaftlich prägend wirkten, steht außer Zweifel. Will man die Rolle des Militärs exemplarisch an einem Fall festmachen, so drängt sich dafür die so genannte „Zabern-Affäre" auf. Die Übergriffe des Militärs gegenüber der Zivilbevölkerung in der elsässischen Garnisonsstadt Zabern (unrechtmäßige Verhaftung von Demonstranten) wurden in den höchsten Kreisen bis zum Kriegsminister und Kaiser gedeckt, die beteiligten Offiziere von Kriegsgerichten freigesprochen. Die Maßstäbe ziviler Justiz blieben außer Betracht. Auch Romane wie Heinrich Manns „Der Untertan" und Carl Zuckmayers „Hauptmann von Köpenick" werfen charakteristische Schlaglichter auf die Zeit. Allerdings: Sie sind literarische Darstellungen, die Realität zwar widerspiegeln, aber nicht unmittelbar abbilden. Die jüngere Forschung hat am „Militarismus" Differenzierungen angebracht. Denn im Alltag dominierte keineswegs immer und überall jene Militärverherrlichung, wie sie uns die Militarismuskritik der Zeit, oft in karikaturistisch überspitzter Form, vermittelt. Ebenso wie die Absolvierung des Wehrdienstes war auch die Mitgliedschaft in Kriegervereinen gerade auf dem Lande häufig eine bloße Selbstverständlichkeit und zugleich eine Möglichkeit sozialer und politischer Partizipation unterer Schichten. Und der internationale Vergleich insbesondere mit Frankreich zeigt, dass öffentliche militärische Inszenierungen mit großer Teilnahme und Zustimmung des Publikums keineswegs eine deutsche Besonderheit waren: Dieser „Folkloremilitarismus", wie ihn Jakob Vogel genannt hat, war in Frankreich gleichermaßen populär. Abschattierungen solcher Art sind deswegen wichtig, weil sie einer bloßen Schwarz-Weiß-Malerei bei der Darstellung des Kaiserreichs entgegen wirken, ohne dass dabei eine grundsätzlich kritische Sichtweise aufgegeben wird.

Zusatzinformationen zu den Materialien

Q1 Das Bild zeigt die Prima des „Christianeums" in Altona.

Q2 Etwa zwischen 1895 und 1918 lag das „goldene Zeitalter" der Ansichtskarte. Sie diente einerseits als Kommunikationsmittel für die rasche Nachricht und den kurzen Gruß, andererseits als Bildträger. Nach dem Ersten Weltkrieg haben ihr dann allmählich Telefon und Telegrafie bzw. Illustrierte und Plakat den Rang abgelaufen. Ansichtskarten mit Bildern des Kaisers, des Kaiserpaares und der ganzen Familie fanden im Kaiserreich weite Verbreitung.

Q3 Die Sedanstage (Sieg in der Schlacht bei Sedan am 2.9.1870) wurden in den Schulen regelmäßig mit Feiern begangen. Die Inszenierungen und Programme waren überall ähnlich. Eine besondere Rolle spielte häufig das von Max Schneckenburger 1840 verfasste Lied „Die Wacht am Rhein". Karl von Gerok (1815–1890) war evangelischer Theologe und seit 1868 Oberhofprediger in Stuttgart. Bekannt wurde er durch seine vaterländischen Gedichte. „Des Knaben Tischgebet" stellt die Begeisterung über den Sieg in Sedan aus der Perspektive eines Jungen dar, der Identifikationsfigur für einen affirmativ-emotionalen Militarismus und Nationalismus sein soll. (Das Gedicht findet sich im Internet.) Ernst von Wildenbruch (1845–1909) war Enkel des Prinzen Louis Ferdinand von Preußen und schrieb historische und patriotische Lieder, Balladen und Dramen.

Q4 Hermann Schulze-Graevernitz (1824–1808) war Professor für Staatsrecht in Breslau und Heidelberg.

Q5 In der Vertonung von Karl Wilhelm (1854) wurde „Die Wacht am Rhein" rasch populär und entwickelte sich nach 1871 zur „heimlichen Nationalhymne". Eine Aufnahme (Originalaufnahme) findet sich auf der CD „Historische Lieder", Stuttgart/Seelze: Klett/Friedrich 1996.

Q6 Der Verfasser dieses Artikels ist der Offizier Oldwig von Uechtritz. Der Titel lautet: „Der Offizier des Beurlaubtenstandes in seinen Beziehungen zum gesellschaftlichen und staatlichen Leben", erschienen in: Militär-Zeitung. Organ für die Reserve- und Landwehr-Offiziere des Deutschen Heeres 11 (1888), Nr. 2, S. 13–16.

Q7 Dieses Rundschreiben ist nicht veröffentlicht worden und nur archivarisch überliefert.

Q9 Dieser Vortrag wurde unter dem Titel „Die Armee, als Erhalterin der Volkskraft" abgedruckt in der Zeitschrift: Der Soldaten-Freund 34 (1866/67), S. 893–900.

Zu den Fragen und Anregungen

1 Der Kaiser wird als Symbol der Einheit, als „starker" Kaiser dargestellt. Er vereint Würde, Respekt (Wilhelm I.), militärische Macht und nationale Größe auf seine Person und sein Amt (VT). Er zeigt als Familienoberhaupt auch im privaten Umfeld Autorität und erzieht seine Kinder im Sinne von Militarismus und deutschen Tugenden (Q2). Damit ist er Vorbild für die Gesellschaft. Das Kaisertum wird im Kaiserreich mythisch verklärt. Die mittelalterlichen Kaiser werden ebenfalls als starke, das deutsche Volk einende und schützende Herrscher dargestellt (Q4). Gerade dieser letzte Aspekt muss mit den Schülern kritisch aufgearbeitet werden.

2 In den 1840er Jahren spiegelte das Deutschlandlied eine nationale Begeisterung, die zugleich antiabsolutistisch war. Das Schlagwort „deutsch" richtete sich gegen die Herrschergewalt der einzelnen Fürsten. Das brüderlich geeinte Deutschland sollte liberale Werte wie Recht und Freiheit vertreten (siehe Schülerbuch S. 149, Aufgabe 6). Die Schüler sollen jetzt erkennen, dass der gleiche Text auch mit anderer Akzentuierung gelesen werden kann: Militärische Stärke (Schutz und Trutz), übersteigerter Nationalismus (über alles in der Welt), Betonung deutscher Qualitäten (2. Strophe), Behauptungswillen (sollen in der Welt behalten). Die „Wacht am Rhein" beinhaltet die gleichen Aspekte und ergänzt sie um die Aufopferung für das Vaterland, die Mythisierung der Vergangenheit, das Heldentum und die Frankophobie. In diesem Lied fehlt allerdings der Hinweis auf das ganze Deutschland. Argumente für unsere heutige Nationalhymne können dem Einführungstext zu Q7, S. 149 entnommen werden. Die deutliche Abwendung von der seit der Kaiserzeit üblichen chauvinistischen Deutung der ersten beiden Strophen sollte ebenfalls genannt werden.

3 Informationen zu einzelnen Programmpunkten siehe „Zusatzinformationen zu den Materialien".

4 In Q6–9 tritt das Militär als „Schule der Nation" in Erscheinung. In Q8 geht es um die Adaption militärischer Kleidung, Haltung und Ordnung in einem zivilen Bereich, für den sie eigentlich dysfunktional sind. Bei Q6 wird ganz allgemein der militärische Habitus, das militärische Renommee für das Bürgertum propagiert, während in Q9 im Sinne einer „Untertanenerziehung" die Sekundärtugenden für den einfachen Mann gepriesen werden (Genügsamkeit, Vorsorge, Sparsamkeit, Ausrichtung an Ordnung und Gesetz). Das bezieht sich auch auf das Gebiet des Politischen: Ein ehemaliger Soldat hat eine monarchistische und nationale Gesinnung zu pflegen; in diesem Sinne soll er auch seine „staatsbürgerliche(n) Rechte" wahrnehmen (Q7). Solche Vorstellungen lassen sich leicht mit modernen Tugenden und Idealen wie politischer Selbstbestimmung und Teilhabe, persönlicher Freiheit und Selbstverwirklichung usw. kontrastieren.

Werkstatt: Denkmäler erkunden

Konzeption

Die Werkstatt soll den Schülern den gelebten Nationalismus des Kaiserreiches an noch verbliebenen Überresten verdeutlichen. An den ausgewählten Beispielen sollen die Schüler Aspekte der Analyse und Interpretation von Denkmälern des Kaiserreichs erlernen. Auch die Anpassung von Denkmälern an immer neue historische Epochen soll verdeutlicht werden. Der Projektvorschlag zielt darauf ab, dieses Wissen selbstständig anzuwenden und die Geschichte der eigenen Umgebung zu erkunden.

Aspekte der Unterrichtsgestaltung

Um den Einstieg in die selbstständige Arbeit zu erleichtern, könnte man das Hermannsdenkmal und das Kyffhäuser-Denkmal gemeinsam besprechen (Aufgabe 1). Die weitere Erarbeitung kann mit Hilfe der vorgeschlagenen Aufgaben von den Schülern selbstständig erledigt werden. Die Ergebnisse könnten arbeitsteilig vorgestellt und von den nicht an der Vorstellung beteiligten Schülern kommentiert oder ergänzt werden. Daran lässt sich die Projektarbeit anschließen.

Zusatzinformationen zu den Materialien

Q1 Schon 1819 hatte der Bildhauer Ernst von Wandel (1800–1876) die Idee zur Errichtung eines Hermannsdenkmals. 1836/37 wählte er die Grotenburg als Standort aus und fertigte einen 7 m hohes Modell des Denkmals an. Bereits 1841 stand der Unterbau. Danach lag der Bau Jahrzehnte lang brach, zum einen wegen Geldmangels, zum anderen, weil nach 1848 die Idee, ein Symbol deutscher Gemeinsamkeit zu stiften, an Reiz und Aktualität verloren hatte. Das änderte sich mit der Reichsgründung. Mit Unterstützung des Reichstages konnte das Denkmal fertig gestellt werden.

Q2 In den Jahren 1892–1897 wurde nach einem öffentlichen Wettbewerb des „Verbandes der deutschen Kriegervereine" unter der Leitung des Architekten Bruno Schmitz das Kaiser-Wilhelm-Denkmal auf dem Kyffhäuser gebaut. Das auf quadratischem Grundriss errichtete Turmdenkmal in den Maßen 96 x 131 x 81 Metern enthält im Sockelgeschoss die Figur des gerade erwachenden Barbarossa, über dem eine scheinbar gerade aus dem Turm ins Freie tretende Reiterfigur Wilhelms I. errichtet ist. Die Turmseite über dem Reiterstandbild schmückt der Reichsadler, die Turmhaube ist als Reichskrone gestaltet. Die mythologische Darstellung knüpft an die staufische Reichsidee an, wie es auch in der Grundsteinurkunde formuliert ist: „Auf dem Kyffhäuser, in welchem nach der Sage Kaiser Friedrich der Rotbart der Erneuerung des Reiches harrte, soll Kaiser Wilhelm der Weißbart erstehen, der die Sage erfüllt hat."

Q3 Da die Plattform der Bismarck-Säulen und Bismarck-Türme zum Entzünden des Feuers in der Feuerschale begehbar war, waren sie häufig auch Aussichtspunkte. An Bismarcks Geburtstag, dem 1. April, sowie am Tag der Sonnwendfeier, dem 21. Juni, wurden sie entzündet. Auch heute sind viele Bismarcktürme begehbar. Eine Aufstellung aller Bismarcktürme findet sich in: S. Seele/G. Kloss: Bismarcktürme und Bismarcksäulen. Petersberg 1997.

Q6, Q7, Q10 Am 2. September 1873 wurde die Berliner Siegessäule auf dem damaligen Königsplatz, dem heutigen Platz der Republik, eingeweiht (Q10). 1938 wurde sie auf den Großen Stern im Tiergarten versetzt, wo sie heute noch steht. Sie musste den Planungen Albert Speers zum Umbau Berlins zur Reichshauptstadt „Germania" weichen. Mit der Umsetzung wurde der Sockel vergrößert und an unterster Stelle eine vierte Säulentrommel von 6,5 Metern Höhe eingefügt. Der Kanonenschmuck der obersten Trommel wurde nach unten versetzt und durch Lorbeergehänge ersetzt, die Kanonenrohren optisch nachempfunden sind. Der Zugang zur Säule erfolgte nun durch eine bis heute erhaltene Tunnelanlage, die unter dem Kreisverkehr durchführt.

Q8 Die Victoria hält in ihrer Rechten den Lorbeerkranz in die Höhe, in ihrer Linken ein Feldzeichen mit dem Eisernen Kreuz, das für den Einsatz für das Vaterland in den Befreiungskriegen von 1814/15 gestiftet worden war. Sie trägt den Adlerhelm und auch auf dem Gürtel ist ein Adler mit gespreizten Flügeln zu sehen. Sie schreitet, auch ihre Flügel sind gespreizt, das Gewand vom Wind gebläht, was einen sehr dynamischen Eindruck macht.

Q9 und Q11 In den Sockelunterbau aus rotem, schwedischem Granit sind die 2 x 12 Meter großen Friesreliefplatten, gegossen aus eroberter Geschützbronze, eingelassen. An der Westseite ist der deutsch-dänische Feldzug mit der Erstürmung der Düppeler Schanzen dargestellt, im Süden der Deutsche Krieg von 1866, im Osten der deutsch-französische Krieg und im Norden das Ende der Kriege und der Einzug der Truppen in Berlin. Das Relief an der Ostseite stellt von links nach rechts den Aufbruch zum Krieg dar. Auf Q9 noch nicht sichtbar ist eine Lokomotive als Symbol des industriellen Fortschritts und der modernen Kriegslogistik sowie Krankenschwestern. Der Bildausschnitt beginnt mit der Versorgung eines Verwundeten durch Generalarzt Dr. Wilms. Die französische Mitrailleuse, ein Vorläufer des Maschinengewehrs, liegt als Beute am Boden, ebenso zwei Verwundete. In der Bildmitte wird die Übergabe der Kapitulationsurkunde gezeigt. Der französische General geht zu Fuß, während der preußische König hoch zu Ross erscheint. Dargestellt sind Fürsten und Generäle, u.a. der Kronprinz Friedrich III., Bismarck, Moltke und Roon. Hinter General Reille werden erbeutete Trophäen präsentiert. Im Hintergrund sieht man Mauern und Stadttor von Sedan. Die orientalischen Gestalten unter den französischen Gefangenen ganz rechts im linken Bildabschnitt von Q9 verweisen in abwertender Weise darauf, dass die französische Armee Soldaten aus ihren Kolonien rekrutierte. Im rechten Bildabschnitt ist vor der Kulisse des Arc de Triomphe der deutsche Truppeneinzug am 1. März 1871 in Paris zu sehen. Am äußersten rechten Bildrand ist ein „Blousenmann", ein Arbeiter im weiten Hemd mit einer Tonpfeife, zu sehen. Er deutet auf die blutige Niederschlagung der Pariser Commune im Frühjahr 1871 hin. Auf den Steinen der Barrikaden stehend, die Faust in der Tasche muss er sich geschlagen geben.

Zu den Fragen und Anregungen

1 In beiden Fällen wurde Personen und Standorte gewählt, die von historischer bzw. mythischer Bedeutung waren. Arminius wurde als Symbol der durch Einheit erreichten Überlegenheit über den Feind gewählt, Barbarossa symbolisiert Stärke und Charisma des deutschen Kaisertums. Beide Denkmäler feiern einen sich historisch begründenden deutschen Nationalismus.

2 Die Rede sollte folgende Aspekte berücksichtigen: Person und Leistungen Bismarcks, Reichseinigung, Reichsnationalismus, Ausblick in die Zukunft.

3–6 Vgl. Zusatzinformationen zu den Materialien.
7 Die Schüler sollten Siegessäule, Bismarck-Denkmal und das durch den Reichstag symbolisierte Parlament in Beziehung setzen. Die Siegessäule betont den Primat militärischer Stärke. Das Bismarck-Denkmal untermauert diese Aussage und betont gleichzeitig die preußische Vorherrschaft im Staat. Auf dem Platz vor dem Parlament stehen keine Symbole von Demokratie oder eines gesamtdeutschen Einigungsprozesses.

4. Vom Umgang mit Minderheiten und Andersdenkenden

Konzeption

Im Kaiserreich herrschte in weiten Kreisen der Bevölkerung ein nationaler Grundkonsens. Wer sich nicht darin einpasste oder einpassen ließ, wurde von Seiten des Staates bekämpft: die Katholiken im „Kulturkampf", die Sozialisten mit dem Sozialistengesetz, später flankiert durch die Sozialpolitik, die Polen durch die preußische Germanisierungspolitik. Eine vierte Minderheit, die mit zunehmenden Anfeindungen in der Bevölkerung zu leben hatte, waren die Juden. Der Darstellungstext in diesem Kapitel behandelt alle diese Gruppen; die Materialien konzentrieren sich auf die Verfolgung der Sozialdemokraten und den anwachsenden Antisemitismus.

Aspekte der Unterrichtsgestaltung

Der wesentliche Gesichtspunkt bei der Behandlung dieses Kapitels sollte sein, dass die Schülerinnen und Schüler den sozialpsychologischen Mechanismus erkennen, der beim Umgang mit Minderheiten im Kaiserreich zum Tragen kommt. Die herrschende nationale Ideologie wirkt für die größten Teile der Bevölkerung integrierend; diese Art gemeinsamer Identitätsbildung geht aber auf Kosten der – unter verschiedenen Aspekten – „Andersartigen" im Inneren; die Abgrenzung nach außen, insbesondere gegenüber dem „Erbfeind" Frankreich, ist dabei ohnehin vorausgesetzt. Aus diesem Grunde sollten die vier Minderheitsgruppen zwar zunächst gesondert betrachtet (Aufgaben 1–3), in einem zweiten Schritt dann aber der Versuch einer zusammenhängenden Deutung gemacht werden (Tafelanschrieb). Dazu gehört auch die Erkenntnis, dass die Bekämpfung von Seiten des Staates bei Sozialdemokraten, Katholiken und Polen letztlich kontraproduktiv gewesen ist, indem sie eine massive Gegenintegration bewirkt hat. Die Frage, welche alternative politische Strategie gegenüber der Sozialdemokratie möglich gewesen wäre, lässt sich anhand des folgenden ergänzenden Textes diskutieren. Es handelt sich um einen Vortrag, den Hans Freiherr von Berlepsch, ehemaliger preußischer Minister, 1903 als Vorsitzender der „Deutschen Gesellschaft für Soziale Reform" gehalten hat:
„Nein, das was die Sozialdemokratie gefährlich macht, das sind nicht die Ziele, sondern die Wege, auf welche sie ihre Anhänger verweist, das ist die absolute Absonderung der Arbeiterschaft von allen anderen Bevölkerungsklassen, von der Gemeinsamkeit des Vaterlandes, der staatlichen Ordnung, das ist die Erbitterung, die sie erzeugt, das ist der Klassenkampf und der Klassenhass, den sie braucht, das ist das Streben nach der ausschließlichen politischen Herrschaft des Proletariats […] Wer heute noch nicht begriffen hat, dass für absehbare Zeit mit der Sozialdemokratie als der Vertreterin des größten Teils der industriellen Arbeiterschaft gerechnet werden muss, wer heute noch sich einbildet, die Herrschaft der Sozialdemokratie über die Arbeiterschaft brechen zu können durch Gewalt oder durch kleinliche polizeiliche Mittel, der ist nicht nur mit Blindheit geschlagen, sondern, wenn er Einfluss auf die Leitung der Politik im Staatsleben hat, auch im hohen Grade gefährlich, weil er auf Grund einer falschen Diagnose zu falschen Mitteln greifen wird. Nicht die Sozialdemokratie zu beseitigen, kann die Aufgabe umsichtiger Politiker sein, weil sie hieran umsonst arbeiten würden, sondern die Hindernisse zu beseitigen, die der Umwandlung der Sozialdemokratie, wie sie jetzt ist, in eine Arbeiterpartei entgegenstehen, die ohne Klassenhass und ohne Vernichtungskrieg gegen das Bestehende, im Wege der Reform und der Entwicklung den Arbeitern den Platz an der Sonne zu erkämpfen sucht, auf den sie Anspruch haben, wie jeder andere Staatsbürger."
(Hans Freiherr von Berlepsch, Warum betreiben wir die soziale Reform, Jena 1903, S. 26 f.)

Zusatzinformationen zum Verfassertext

Zur Bevölkerung des Deutschen Reiches gehörten verschiedene (nationale) Minderheitsgruppen. Die Polen waren die größte und die kulturelle, sprachliche und religiöse Andersartigkeit war bei ihnen am stärksten ausgeprägt. Sie unterlagen deshalb am stärksten dem Verdacht der Reichsfeindlichkeit und wurden am massivsten durch Germanisierungspolitik bekämpft. Eine friedliche Koexistenz mit weitgehenden kulturellen Freiheiten bei politischer Loyalität zu Preußen und zum Reich haben Reichsleitung und preußische Behörden nie als mögliche Perspektive gesehen. Dieses Modell war allerdings zu einer Zeit allseits ausgeprägter Nationalismen auch nur schwer denkbar. Zudem hätte es auf deutscher Seite die Anerkennung einer eigenständigen polnischen Kultur vorausgesetzt. Stattdessen war man durchdrungen vom Bewusstsein deutscher Überlegenheit – das Deutschtum repräsentierte die höhere Kultur und den Fortschritt und nur durch Assimilation konnten Polen daran Teil haben.
Eine zweite Minderheit waren die Dänen in Nordschleswig. Auch hier wurde eine forcierte Eindeutschungspolitik verfolgt. Wer sich zu Dänemark bekannte, wurde mit Repressalien bis hin zu Ausweisung bedroht. 1888 wurde auch in den dänisch besiedelten Gebieten Deutsch als Schulsprache eingeführt. Auch hier verfolgten also Politik und Behörden eine rigide Politik, obgleich die kleine Minderheit keinerlei Bedrohung darstellte, zumal es keine sozialen und religiösen Differenzen gab.
Die Elsässer und Lothringer stellten insofern eine besondere Gruppe dar, als sie zum größten Teil auf einer eigenständigen, regionalen Identität zwischen Deutschen und Franzosen beharrten. Das politische Kernproblem war, dass Elsass und Lothringen als Reichslande unmittelbar aus Berlin verwaltet wurde. Es gab keine föderalen Rechte und kaum

Autonomie; bis zum Ersten Weltkrieg fühlten sich die Bewohner als Staatsbürger zweiter Klasse. Die Beamten und Militärs aus dem Reich blieben Fremde. Dass beide Seiten den Eindruck einer Besatzungsherrschaft hatten, demonstriert die Zabern-Affäre von 1913. Andere, kleinere und weniger geschlossene Minderheiten wie Masuren, Sorben, Kaschuben oder Litauer waren weitgehend assimiliert.

Zusatzinformationen zu den Materialien

Q2/Q8 Antisemitische Ansichtskarten bildeten im späten Kaiserreich geradezu ein eigenes Genre innerhalb der Postkartenproduktion. Mehr als tausend verschiedene Motive sind nachgewiesen. Das Spektrum reicht vom vermeintlich harmlosen Humor bis zur ausdrücklichen rassistischen Diffamierung. Dass der Antisemitismus in dem Alltagsmedium Ansichtskarte solchen Widerhall fand, belegt, wie populär und selbstverständlich dieses Gedankengut war.

Q3 Dieser Holzstich erschien unter dem Titel „Haussuchung" am 15. Juni 1895 in der sozialdemokratischen Satirezeitschrift „Der wahre Jacob" (Beilage).

Q4 Zwar galt im deutschen Reich das gleiche und geheime Wahlrecht (für Männer), aber nicht jeder konnte überall davon Gebrauch machen. Der Brief bezieht sich auf die Nachwahl zum Reichstag am 1. März 1890 in der Umgebung Berlins. Eduard Bernstein (1850–1932) war ein führender Sozialdemokrat und wurde später zum Begründer des Revisionismus. Aus Deutschland ausgewiesen, lebte er von 1887–1901 in London.

Q5 Am 2. Juni 1887 wurde ein Attentat auf Kaiser Wilhelm I. verübt, das dann u. a. zur Begründung des am 21. Oktober 1878 erlassenen Sozialistengesetzes diente. In diesem Zusammenhang ist der Bericht des Oberstaatsanwalts zu sehen, der diverse Maßnahmen gegen Sozialdemokraten im Ruhrgebiet behandelt.

Q6 Dieses Flugblatt ist im Zentralen Staatsarchiv Merseburg archiviert. Genauere Angaben zu den Verfassern und zur Verbreitung liegen nicht vor.

Q7 Seit Beginn der 1880er-Jahre entstand in Deutschland eine ganze Reihe von antisemitischen Vereinen und Organisationen. Die Deutsche Antisemitische Vereinigung, 1886 gegründet, vertrat einen besonders radikalen Antisemitismus auf völkischer und rassistischer Basis. Bei den Reichstagwahlen erhielten die antisemitischen Gruppierungen zusammen etwa 250 000 Stimmen und errangen damit 16 Sitze. In den folgenden Wahlen gingen ihre Stimmanteile zurück – was allerdings nichts über die Verbreitung latenter antisemitischer Strömungen in der Bevölkerung besagt.

Zu den Fragen und Anregungen

1 Maßnahmen, Argumente und Reaktionen lassen sich an der Tafel in einer Tabelle sammeln. Der Zeitungsartikel betont noch einmal die sozialdemokratische Perspektive und verlangt, die Stichworte des Tafelanschriebs in einen Text umzusetzen.

2 Die Namensgebung „Neu-Jerusalem am fränkischen Jordan" spielt an auf die starke Präsenz von Juden in Frankfurt a. M.; Stadt und Fluss werden als jüdisch gesehen. Umso besser kann sich das Hotel als „judenfrei" präsentieren. Der Besitzer geht offenbar davon aus, dass er mit dieser Art von Werbung eine größere Zielgruppe erreicht. Auf den beiden Abbildungen, besonders auf Q8, kommen alle einschlägigen Vorurteile gegenüber den Juden, wie sie später ihre schärfste Ausprägung in den Karikaturen des „Stürmer" gefunden haben, zum Tragen. Die Figuren sind durchweg mit der vermeintlich typischen „Judennase" versehen. Vorne in Q8 ist der Typus des „Finanzjuden" abgebildet, offenkundig betucht, im Anzug und mit Favoris, versehen mit Orden, Uhrenkette und vielen Ringen, in der Tasche eine (Wirtschafts?)Zeitung. Neben ihm geht der Typus des „Ostjuden", mit langem Rock, langem Bart und Kipa. Als Hausierer trägt er einen Bauchladen. An weiteren Accessoires fallen der Talmud in der Hand des Jungen rechts, der Koffer mit der Aufschrift „Muster", den der befrackte Herr trägt, und eine große Tüte Knoblauch im Arm des Mannes dahinter ins Auge. Die „Zukunft" der Juden wird dargestellt gleichsam als Vertreibung aus dem Paradies: Aus einer wohlbestellten deutschen Agrarlandschaft kommen sie in eine Wüstengegend – durch einen Wegweiser

Tafelbild

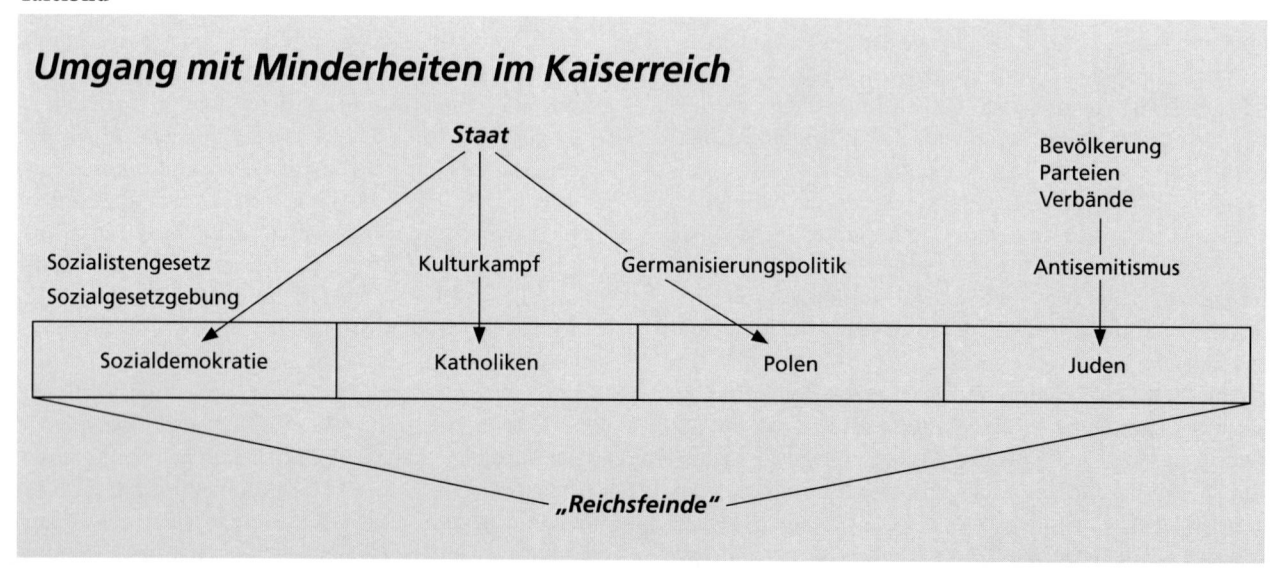

Umgang mit Minderheiten im Kaiserreich

Staat			Bevölkerung / Parteien / Verbände
Sozialistengesetz / Sozialgesetzgebung	Kulturkampf	Germanisierungspolitik	Antisemitismus
Sozialdemokratie	Katholiken	Polen	Juden

„Reichsfeinde"

als Palästina ausgewiesen –, deren Unfruchtbarkeit noch durch die Skelettreste im mittleren Vordergrund unterstrichen wird. Zwei Soldaten nehmen die Vertreibung vor. Der berittene Offizier vorne links weist den Juden mit gestrecktem Arm den Weg; seine aufrecht militärische Haltung und seine sportliche Figur kontrastieren gezielt mit den als verwachsen (die beiden Kinder) und degeneriert dargestellten Juden.

3 Die Anwürfe gegen die Juden lassen sich im Grunde in zwei Punkten zusammenfassen. Es wird behauptet, Juden hätten eine andere Moral und Lebensauffassung, sie würden deutsche „Sitte" und „Gesinnung" untergraben; die Besetzung wichtiger Ämter mache ihnen das möglich. Der zweite Punkt ist der wirtschaftliche Einfluss: Beamte und Bauern fielen jüdischem Wucher zum Opfer, jüdische Wirtschaft verdränge „das redliche Handwerk und den soliden Handel", und diese Wirtschaft habe internationale Dimensionen. Insbesondere die Begriffe „Börsen-Jobberei" und „schwindelhaftes Gründertum" machen den Bezug auf die krisenhafte Wirtschaftslage der Zeit deutlich. Insgesamt liegt der Schluss nahe, dass hier Modernisierungsverlierer (kleine Beamte bzw. Angestellte [Privatbeamte], Bauern, der alte Mittelstand aus Handel und Gewerbe) einen Sündenbock für die strukturellen Probleme der Zeit suchen. Da es sich um eine Projektion handelt, kommt es nicht auf die tatsächlichen quantitativen Verhältnisse an, die den beschriebenen Einfluss von Juden gar nicht erlauben würden.

5. Frauen im Kaiserreich – der lange Weg zur Gleichberechtigung

Konzeption

Auch im Hinblick auf die Situation der Frauen war das Kaiserreich eine Zeit der Ambivalenz. Das bürgerliche Rollenverständnis sah eine klare Aufgabentrennung vor, welche die Frau auf den Haushalt als ihren „natürlichen" Wirkungskreis reduzierte. Dagegen erzwangen wirtschaftliche Notwendigkeiten verstärkt weibliche Berufstätigkeit, wenn auch vor allem außerhalb des Bürgertums. Und schließlich gewann die Frauenbewegung in diesem Zeitraum immer stärker an Einfluss. Zwar blieben die Fortschritte auf den Gebieten von Recht, Arbeit und Bildung weit hinter ihren Forderungen zurück, aber gerade in längerfristiger Perspektive stellten sie einen eminenten Fortschritt dar.

Schülerinnen und Schüler können anhand dieses Kapitels lernen, dass die Emanzipation der Frauen ein langer und mühevoller Weg war, auf dem Erfolge sich keineswegs von selber einstellten und auf dem nicht nur juristische, sondern vor allem auch massive mentale Widerstände zu überwinden waren.

Aspekte der Unterrichtsgestaltung

Das Rollenverständnis, das insbesondere in Q1, Q3 und Q5 zum Vorschein tritt, ist von unserem heutigen Verständnis von Geschlechterrollen und einer partnerschaftlichen Ehekonzeption weit entfernt. Allerdings muss man für die Gegenwart unterscheiden zwischen einer Idealvorstellung, zu der sich Männer oft nur aus political correctness bekennen, und dem tatsächlich gelebten Geschlechteralltag. Hier fallen Rollenverteilungen und Rollenbilder oft sehr viel konventioneller aus und es zeigt sich, dass Konfliktlinien vergangener Zeit noch längst nicht völlig obsolet geworden sind.

Dieser Gegenwartsbezug lässt sich in den Unterricht mit einarbeiten, indem die Materialien in nach Geschlecht getrennten Gruppen bearbeitet werden. Insbesondere zu Q5, wo traditionelle Urteile im Gewande von wissenschaftlichen, gleichsam anthropologischen Erkenntnissen vorgetragen werden, kann sich beim Vergleich der Gruppenergebnisse erheblicher Diskussionsstoff ergeben.

Zusatzinformationen zum Verfassertext

Das bürgerliche Ideal der Zeit sah für Frau und Mann die Aufgabenteilung zwischen Haushalt und Beruf, Heim und Außenwelt vor. Das war die Ideologie – die Wirklichkeit sah allerdings oft genug anders aus. Das galt selbst für das Bürgertum. Oft gab es eine Diskrepanz zwischen dem sozialen Status und den damit verbundenen Repräsentationspflichten einerseits und den tatsächlichen wirtschaftlichen Verhältnissen andererseits. Vor allem auf Beamten- und Offiziersfamilien traf dies zu. Bürgerliche Haushalte waren sich ein Dienstmädchen gewissermaßen schuldig, selbst wenn sie damit an den Rand ihrer finanziellen Möglichkeiten gerieten. Deshalb mussten auch in solchen Kreisen Frauen manchmal hinzuverdienen, allerdings möglichst unter der Hand. Und um dann, wenn man einlud, angemessen repräsentieren zu können, erlegte man sich für die restliche Zeit äußerste Sparsamkeit auf.

Obwohl reguläre weibliche Berufstätigkeit in der Arbeiterschaft verbreiteter war, darf man sie doch nicht überschätzen. Um die Jahrhundertwende waren nicht einmal 20 % aller industriellen Arbeitnehmer Frauen.

Abgesehen von der Veränderung der politischen Rahmenbedingungen nach dem Ersten Weltkrieg leistete auch der Krieg selber unter der Hand einen Beitrag zur Emanzipation. Notgedrungen übernahmen Frauen viele Tätigkeiten, die bislang Männern vorbehalten gewesen waren. Zwar wurden sie aus den meisten herkömmlichen Männerberufen nach Kriegsende wieder verdrängt. Dennoch hatten sie bewiesen, dass sie zu vielem in der Lage waren, was Männer ihnen ohne die Ausnahmesituation des Krieges nicht überlassen und nicht zugetraut hätten.

Zusatzinformationen zu den Materialien

Q1 Zum Medium Ansichtskarte vergleiche die Anmerkungen zu Kapitel 3, Q2.

Q3 Das „Bürgerliche Gesetzbuch" trat am 1. Januar 1900 im ganzen Deutschen Reich in Kraft. Damit wurde das Privatrecht innerhalb Deutschlands vereinheitlicht. Zuvor galten in den einzelnen Ländern unterschiedliche Regelungen, teils in Gesetzbüchern niedergelegt (so in Preußen das Allgemeine Landrecht von 1794, in Bayern der Codex Maximilianaeus Bavaricus Civilis von 1756), teils aber auch in Form geschriebenen oder ungeschriebenen Gewohnheitsrechts. Beim Ehe- und Familienrecht fiel das BGB zum Teil hinter die alten Länderbestimmungen zurück. Im Gegensatz zu den allgemeinen Prinzipien bürgerlichen Rechts wurde der Frau hier der Status als gleichwertige Rechtsperson versagt. Die diskriminierenden Bestimmungen des BGB blieben (in der Bundesrepublik) bis in die 50er-, zum Teil bis in die 70er-Jahre in Kraft.

Q4 Der ADF wurde 1865 von Louise Otto-Peters (1819 bis 1895) gegründet. In den 70er- und 80er-Jahren entstanden zahlreiche weitere bürgerliche, vor allem sozial ausgerichtete Vereine. Sie schlossen sich 1874 zum „Bund Deutscher Frauenvereine" zusammen.

Q5 Theodor L.W. von Bischoff (1807–1882) war Professor für Anatomie und Physiologie in München. Aus seinen Untersuchungen zur vergleichenden Gehirn- und Schädelanatomie leitete er eine angebliche intellektuelle Minderwertigkeit von Frauen ab. Seine Schrift „Das Studium und die Ausübung der Medicin durch Frauen" (1872) lieferte bis nach der Jahrhundertwende die pseudowissenschaftlichen Standardargumente für die Gegner des Frauenstudiums.

Zu den Fragen und Anregungen

1 Die ausdrückliche Gegenüberstellung in Stichworten macht den minderen Rechtsstatus der Frau besonders deutlich. Das einzige hier aufgeführte Recht der Frau besteht darin, im „häuslichen Wirkungskreis" stellvertretend für den Mann zu agieren.

2 Das Prinzip dieses Bildertableaus besteht darin, dass die zeittypischen Geschlechterrollen vertauscht sind: In der Mitte übernimmt der Mann die Hausfrauenarbeit, außen gehen Frauen politischen Aktivitäten (links oben) und Freizeitbeschäftigungen nach (rechts oben Billard, rechts unten Kneipengang, links unten Skatspiel). Sie sind dabei mit typisch männlichen „Accessoires" versehen (Biergläser, Zigarren, Spazierstöcke). Frauen wirken in Männerrollen albern, der Mann ist in der Hausfrauenrolle überfordert, beide Geschlechter sind also in der jeweils anderen Rolle fehl am Platz – zu dieser Folgerung soll der zeitgenössische Betrachter offenbar gelangen. Auf uns Heutige wirkt die Darstellung allerdings genau entgegengesetzt: Männer entlarven sich selber, wenn sie Hausfrauenarbeit und Männerfreizeit miteinander kontrastieren und so „wichtige" Tätigkeiten wie Billard, Skat und Kneipengang als nur Männern geziemend darstellen.

Die Position der bürgerlichen Frauenbewegung ist ambivalent. Sie will die klassische Frauenrolle in Ehe und Familie beibehalten und versteht sie als „nächstliegenden Beruf" der Frau (II.). Zugleich aber fordert sie bessere Chancen bei Bildung, Berufstätigkeit und politischer Teilhabe, wobei offen bleibt, wie weit die letzte gehen soll.

3 Die Eigenschaftszuschreibungen, die Bischoff vornimmt, entsprechen der Konvention der Zeit – sie sind normativ, nicht empirisch gewonnen. Heute wirken sie in ihrer Überzeichnung eher karikaturistisch. Aber gibt es tatsächlich biologisch bedingte geschlechtsspezifische Eigenschaften – oder ist das Meiste eine Frage der Sozialisation? Hier gehen auch heute noch die (wissenschaftlichen und populären) Meinungen auseinander. Eine zweite Frage ist, welche Folgerungen aus solchen Positionen gezogen werden. Im Falle Bischoffs: Wären nicht „weibliche" Eigenschaften wie „Teilnahme für die ... Notleidenden" gerade gute, „männliche" wie Rauheit und Verschlossenheit gerade schlechte Voraussetzungen für den Medizinerberuf? Welches Bild akademischer Berufe steht überhaupt hinter seinen Vorstellungen? Auch dies wäre zu hinterfragen.

Heute ist man von diesen Unterscheidungen lange abgerückt. Die Diskussion dreht sich in der Gegenwart um angemessene Karrieremöglichkeiten für Frauen und die Vereinbarkeit von Beruf und Kindern, die sich im Wesentlichen als Frauenproblem darstellt. Wo hier die Schwerpunkte weiblicher Selbstverwirklichung liegen könnten und sollten, darüber gehen auch unter Frauen die Meinungen weit auseinander. Auch die Frage, mit welchen sozialpolitischen Maßnahmen sich dafür angemessene Rahmenbedingungen schaffen lassen, wird unterschiedlich beantwortet. Hier ist also viel Raum für Diskussion und eigene Vorstellungen der Schülerinnen und Schüler.

Die Schüler sollen dazu angehalten werden, ihre eigenen Argumente und Begründungen zu hinterfragen. Bischoff war seinerzeit überzeugt davon, naturwissenschaftliche Beweise für seine Thesen zu besitzen, dabei deckte sich seine Vorstellung lediglich mit dem Frauenideal seiner Zeit. Inwieweit können wir also sicher sein, dass wir unsere Meinung auf objektive Erkenntnisse gründen oder hängen wir nicht auch nur einem ideologisierten Frauenbild an.

Tafelbild

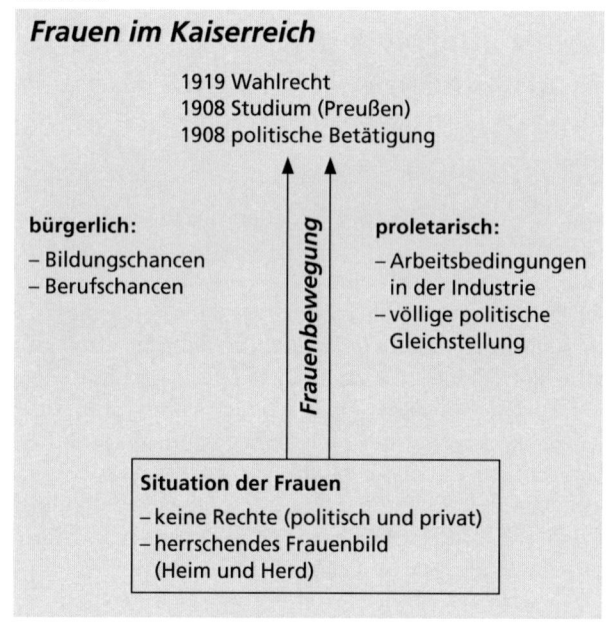

Frauen im Kaiserreich

1919 Wahlrecht
1908 Studium (Preußen)
1908 politische Betätigung

↑ Frauenbewegung ↑

bürgerlich:
– Bildungschancen
– Berufschancen

proletarisch:
– Arbeitsbedingungen in der Industrie
– völlige politische Gleichstellung

Situation der Frauen
– keine Rechte (politisch und privat)
– herrschendes Frauenbild (Heim und Herd)

6. Aufbruch in die Moderne

Konzeption

Die klassische Epocheneinteilung, die das lange 19. Jahrhundert nach dem Ersten Weltkrieg enden lässt, verstellt eher den Blick auf die Elemente von Dynamik, die sich

Leben im Deutschen Kaiserreich

bereits in der Zeit zuvor finden lassen. Der Begriff „Moderne" – bezogen auf eine Zeit etwa ab 1880 – bringt sie besser in den Blick. Er beschreibt einen grundlegenden wirtschafts-, sozial- und kulturgeschichtlichen Umbruchprozess, der in dieser Zeit seinen Anfang nahm. Die Prozesse der Modernisierung verliefen in allen Industriestaaten ähnlich. Allerdings war die Veränderung in Deutschland besonders rasant und die „Gleichzeitigkeit des Ungleichzeitigen" trat hier besonders massiv zum Vorschein: Es gab Entwicklungszentren, außerhalb davon, vor allem auf dem Lande, blieb vieles noch beim Alten. Das führte zu alltagspraktischen wie zu ideologischen Verwerfungen. Um die späte Zeit des Kaiserreichs als „Inkubationszeit der Moderne" geht es in diesem abschließenden Kapitel. Der Verfassertext beschreibt die Veränderungen, die sich vollziehen; die Arbeitsmaterialien stellen die Vorbehalte und Befürchtungen, die damit verbunden waren, in den Vordergrund.

Aspekte der Unterrichtsgestaltung

Das Bild vom modernen Kaiserreich kontrastiert mit dem tradierten von der „guten alten Zeit", aber auch mit dem von einem eher statisch gedachten Obrigkeitsstaat. Um diesen Deutungsansatz besonders prägnant zur Geltung zu bringen, kann es sinnvoll sein, vorhandene Schülervorstellungen vom Kaiserreich gleichsam als Folie zu erheben. Geprägt sein dürften sie – außer durch die Erarbeitung der bisherigen Kapitel – z. B. durch Spielfilme oder alte Familienfotos. Mit Hilfe der Gegenüberstellung (siehe unten) von kontrastiven Begriffen (weitere lassen sich beliebig ergänzen) können die Schülerinnen und Schüler ihre individuelle Sichtweise des Kaiserreichs in Form eines so genannten Polaritätsprofils festhalten. Es wird angekreuzt, welcher Begriff in welchem Maße als zutreffend angesehen wird; verbindet man die Kreuze durch eine Linie, erhält man sein Polaritätsprofil. Die einzelnen Profile können dann miteinander verglichen werden.

Da dieses Kapitel die Themeneinheit abschließt, sollen die Arbeitsaufträge synthetisierend auch Aspekte der vorhergegangenen Kapitel wie auch das Thema Zeitung erfassen. Ebenfalls bietet sich eine wiederholende Arbeit mit der „Werkstatt"-Doppelseite „Die moderne Stadt entsteht" in der Themeneinheit „Industrialisierung" an. Die „Werkstatt" behandelt vor allem die technische und logistische Entwicklung in den Städten, im vorliegenden Kapitel werden die kulturellen und mentalitätsgeschichtlichen Dimensionen der Moderne angesprochen.

Zusatzinformationen zum Verfassertext

Nach einer langen Phase wirtschaftlicher Stagnation setzte während der 90er-Jahre in allen wirtschaftlich entwickelten Staaten Europas eine Hochkonjunktur ein, die bis zum Beginn der Ersten Weltkrieges anhielt. Schwung erhielt das industrielle Wachstum vor allem durch neue Führungssektoren, nämlich die Elektro- und Chemieindustrie. Auch der Maschinenbau spielte (wie noch heute in Deutschland) eine große Rolle.

Die Eisenbahn hatte eine doppelte Funktion. Sie war der Führungssektor für den industriellen Take off in der Jahrhundertmitte gewesen, indem sie die Eisenindustrie, den Kohlebergbau und den Maschinenbau stimuliert hatte. Bis 1880 war in Deutschland ein flächendeckendes Netz entstanden, das danach nur noch durch den Ausbau von kleinen Bahnen verfeinert wurde. Deutschland verfügte über die größte Eisenbahnstreckenlänge Europas. Preußen hatte 1879 sämtliche Privatbahnen gegen Entschädigung verstaatlicht. Die „Königlich-Preußische-Eisenbahnverwaltung" war das größte Unternehmen der Welt und trug mit mehr als 10% zu den Einnahmen des Staates bei.

Das erste öffentliche Nahverkehrmittel waren die Pferdebahnen. Ihnen folgten die Straßenbahnen. Voraussetzung für ihren Siegeszug war die Entwicklung des Elektromotors. 1908 gab es in fast der Hälfte aller deutschen Großstädte Straßenbahnen. Dadurch erhöhte sich die Mobilität der städtischen Bevölkerung, weitere Entfernungen zwischen Wohnort und Arbeitsplatz wurden möglich, neue Vorstädte und Stadtrandsiedlungen entstanden.

Die großen Städte waren die „Laboratorien der Moderne". Hier war die Dynamik am stärksten, durch quantitativen Zuwachs wie durch die qualitative Veränderung der Lebensverhältnisse. Massenhaftigkeit war die eine Seite des modernen „urbanen Lebensstils", Individualisierung die andere. Das Leben in der Großstadt war anonymer, die Verwurzelung lockerer, die soziale Kontrolle geringer. Man konnte unter vielen alleine leben – das war damals neu und ist heute weit verbreitet.

Zur „Moderne" gehören auch jene Bewegungen, die gegen alte, ihnen erstarrt erscheinende Muster neue Lebensformen und Ideale propagierten: die Jugendbewegung, die Reformpädagogik, die Lebensreformbewegung, die neuen Richtungen in der Kunst.

Zusatzinformationen zu den Materialien

Q1 1883, sechs Jahre später als in den USA, entstanden in Deutschland die ersten Ortsnetze. Private Telefonanschlüsse

	sehr	ziemlich	etwas	etwas	ziemlich	sehr	
starr							beweglich
geordnet							unruhig
altmodisch							modern
langsam							schnell
langweilig							aufregend
sicher							unsicher
leise							laut
ruhig							nervös

blieben allerdings eine Sache für besonders Wohlhabende. 1915 kamen auf 100 Einwohner 2,2 Telefonanschlüsse.

Q2 Um die Jahrhundertwende entstanden nach französischen Vorbild („Bon Marché", „Galerie Lafayette") die ersten deutschen Kaufhäuser. Besonders luxuriös ausgestattet war das Berliner Kaufhaus Wertheim, errichtet von 1896 bis 1906. Der auf dem Foto zu sehende Lichthof hatte eine Höhe von 24 m. Die Stützpfeiler waren mit Marmor verkleidet, die Wandreliefs vergoldet und versilbert. Wertheim prägte den Typus des repräsentativen Gebäudes, an dem sich die folgenden Kaufhausbauten orientierten.

Q3 Das Postkartenfoto zeigt den 1911 gebauten Zeppelin Deutschland II aus der Bauserie LZ 8. Graf Ferdinand von Zeppelin (1838–1917) beschäftigte sich seit 1892 mit dem Bau von mit Treibgas gefüllten Starrluftschiffen, die später seinen Namen tragen sollten. Das erste Modell (LZ 1) startete im Jahre 1900. In den 20er-Jahren diente der Zeppelin als Fernverkehrsmittel u. a. zwischen Europa und den USA. Die Zeit der großen Starrluftschiffe ging zu Ende mit der Explosion der „Hindenburg" auf dem amerikanischen Flughafen Lakehurst im Jahre 1937.

Q4 Der Deutsche Bund Heimatschutz wurde im Jahre 1904 gegründet. Ziel der Heimatschutzbewegung war es, das traditionelle Bild der Landschaft und die herkömmliche Lebenswelt zu erhalten. Dabei orientierte man sich an den ersten Jahrzehnten des 19. Jahrhunderts vor Einsetzen der Industrialisierung.

Q5 Der Bund der Landwirte, 1893 gegründet, war ein Interessenverband der Großgrundbesitzer Ost- und Mitteldeutschlands.

Q6 Der Artikel von E.-H. Nickels trägt den Titel „Die Warenhäuser als Zerstörer des Familienlebens" und ist in der Familienzeitschrift „Deutsches Blatt" vom 21. Februar 1903 erschienen.

Q7 In den 1890er Jahren entstand das Bildplakat als neues Werbemittel für Kunst, Politik und Industrie. Technische Voraussetzung dafür war die Entwicklung des gerasterten Mehrfarbendrucks, soziale die Entstehung eines breiten, vornehmlich städtischen Publikums. Häufig betätigten sich Künstler wie der Grafiker Gadau bei der Gestaltung der Plakate.

Q8/Q9 Im Jahre 1895 führten die Brüder Lumiére in Paris und die Brüder Skladanowsky in Berlin öffentlich die ersten kurzen Filme vor. An die Stelle von ambulanten Vorführungen traten ab 1905 ortsfeste Kinos, um 1910 gab es schon die ersten „Kinopaläste". Stumme Spielfilme von ca. 15 Minuten Dauer wurden gezeigt, meist untermalt mit Klaviermusik. Das Filmgeschäft – Produktion, Verleih, Vorführung – begann sich als profitabler Wirtschaftszweig zu etablieren.

Zu den Fragen und Anregungen

1 Q4 beklagt den Verlust überschaubarer, „freundlicher" Städte und Dörfer, in denen der Einzelne seinen privaten (Haus)Besitz pflege. Dagegen seien die Dörfer jetzt „wüst", die Schönheit der Natur (Berge, Wälder) zerstört und die Menschen zu reinen Arbeitsmaschinen geworden. Q5 betont die körperliche und geistige Verkommenheit der Stadtmenschen: Sie seien „ausgemergelt", „hohläugig", geschwächt und verfielen sozialdemokratischer und jüdischer Propaganda. Die Industrie vernichte daher „wertvolle Volkskräfte". Q6 unterstellt Warenhäusern ein nicht ehrbares Geschäftsgebaren, indem es ihnen vor allem um Konsumanreize („Tand und wertloser Flitter") und keine nützlichen Geschäfte gehe, damit verlockten sie die Jugend dazu, sich herumzutreiben, verleiteten sie zur Oberflächlichkeit und leisteten Ausschreitungen Vorschub, da sie die schlechte Erziehung der Jugend noch unterstützten. Auch Q9 betont die schlechten Auswirkungen der Moderne auf die Jugend, die zu Geldverschwendung animiert werde sowie körperlichen, geistigen und moralischen Schaden

Tafelbild

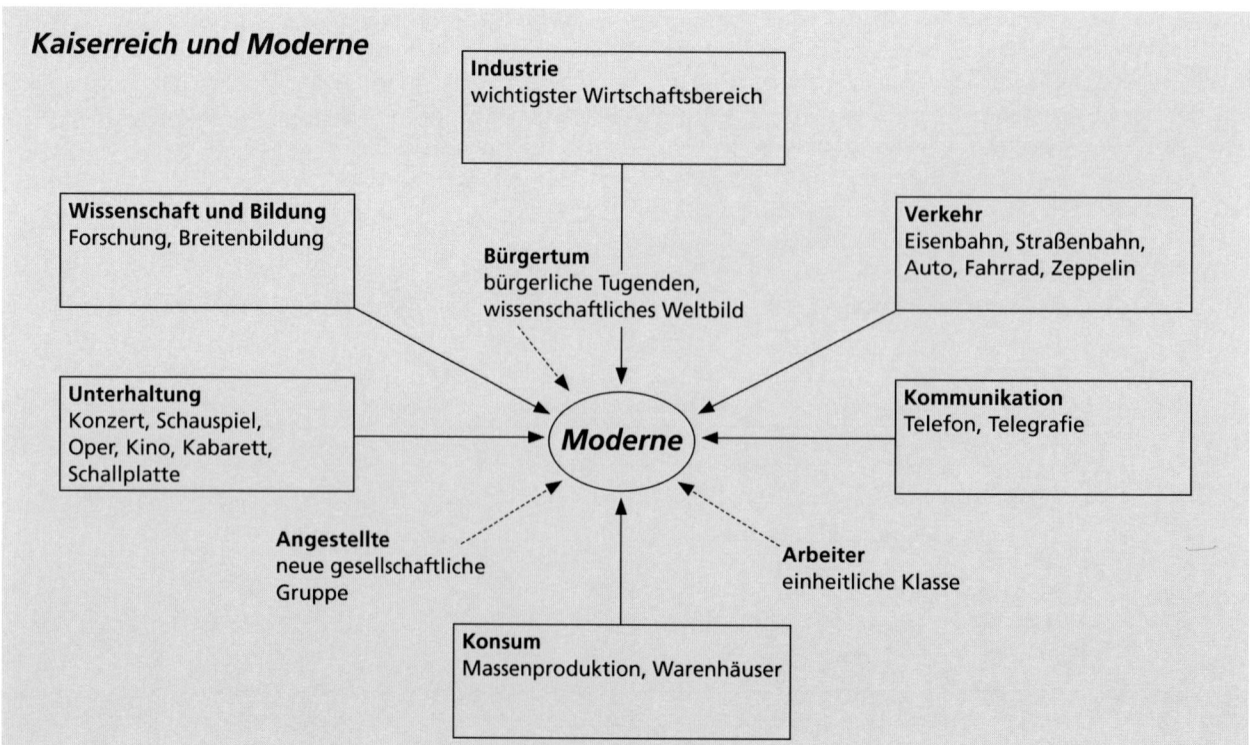

Kaiserreich und Moderne

- **Industrie**: wichtigster Wirtschaftsbereich
- **Wissenschaft und Bildung**: Forschung, Breitenbildung
- **Bürgertum**: bürgerliche Tugenden, wissenschaftliches Weltbild
- **Verkehr**: Eisenbahn, Straßenbahn, Auto, Fahrrad, Zeppelin
- **Unterhaltung**: Konzert, Schauspiel, Oper, Kino, Kabarett, Schallplatte
- **Kommunikation**: Telefon, Telegrafie
- **Angestellte**: neue gesellschaftliche Gruppe
- **Arbeiter**: einheitliche Klasse
- **Konsum**: Massenproduktion, Warenhäuser

→ *Moderne*

nehme. Als Oberbegriffe könnten gewählt werden: Natur, soziale Gemeinschaft, wirtschaftliches Handeln, Jugend/Erziehung oder körperliche Gesundheit des Menschen und geistig-moralische Gesundheit des Menschen.

Die Diskussion sollte aufdecken, dass die agrarromantischen und bürgerlichen Moralvorstellungen sehr kritisch hinterfragt werden müssen. Das Landleben war mit Entbehrungen und Mühen verbunden, die Unterschichten, die als Arbeiter in die Stadt kamen, hatten auch zuvor nur begrenzte Möglichkeiten zur Betreuung und Erziehung von Kindern, Warenhäuser und Kinos sind Ausdruck eines wachsenden Wohlstandes, politische Intoleranz ist keine Tugend.

2 Neue Techniken erfordern neue Kompetenzen und führen so häufig zu Verunsicherungen bei denen, die mit den Neuerungen nicht vertraut gemacht werden. Im 19. Jahrhundert änderte sich durch die Industrialisierung die Lebensführung drastisch. Verkehrsmittel erhöhten Mobilität und Geschwindigkeit, die Sinneseindrücke durch Warenhäuser, Kino, Beleuchtung, Verkehrsgeräusche oder auch Telefon wurden vervielfacht. Die Umorientierung wurde unterschiedlich erlebt.

Mit dem Arbeitsauftrag einen Brief zu schreiben sollen die Schüler sich wiederholend mit dem Thema Gesellschaft und Frauen beschäftigen. Sie sollen in den Brief möglichst viele spezifische Merkmale der von ihnen gewählten Person aufnehmen.

3 Für diese Aufgabe kann die Themeneinheit „Industrialisierung" herangezogen werden, die verdeutlicht, dass die Moderne deutliche Verbesserungen im Leben der Menschen mit sich brachte. Die mündlich vorliegenden Ergebnisse der Diskussion aus Aufgabe 1 werden hier verschriftlicht.

4 Die Aktualisierung vertieft das Verständnis für die ambivalenten Ansichten gegenüber der Moderne, die Ergebnissicherung das methodische Können im Umgang mit Statistiken.

Lernen lernen: Eine Geschichtszeitung zur Kaiserzeit

Der Vorzug einer Geschichtszeitung liegt darin, dass sie die inhaltliche Erarbeitung mit eigenem Schreiben und Gestalten sowie Teamarbeit verknüpft. Zu Grunde liegt eine historische Simulation: Die Schülerinnen und Schüler müssen als Zeitgenossen über eine historische Situation berichten. Man kann die Simulation sogar so weit führen, dass man bestimmte historische Zeitschriften als Vorbilder nimmt. Oft haben ja auch Zeitschriften in politischen Umbruchsituationen der neueren Zeit eine bedeutsame Rolle gespielt. Wichtig ist, dass sich die Schülerinnen und Schüler nicht zu viel vornehmen. Eine wirklich genau erarbeitete Seite ist besser als mehrere flüchtige. Dafür müssen viele technische Details geklärt (z. B. die Gestaltung von Überschriften oder Bildlegenden) und die Texte sorgsam erarbeitet (und redigiert) werden.

Imperialismus und Erster Weltkrieg

Einleitung

Die Themeneinheit „Imperialismus und Erster Weltkrieg" ist im Ablauf des Lehrganges von besonderer Bedeutung. Im Anschluss an die Kapitel über die Entwicklung des Nationalstaatsgedankens in Deutschland und die gesellschaftliche Realität des Kaiserreichs lernen die Schüler und Schülerinnen hier eine Epoche am Ende des „langen 19. Jahrhunderts" (Eric Hobsbawm) kennen, die in mancherlei Hinsicht eine Extremform nationalistischen Denkens war – das Zeitalter des Imperialismus.

In den 1880er Jahren begannen die europäischen Staaten, deren Kolonialbesitz sich bis dahin im Wesentlichen auf einige wenige Küstenstreifen beschränkt hatte, aus unterschiedlichen Gründen große Teile Afrikas und Asiens in einem sich ständig beschleunigenden Prozess in direkter bzw. indirekter Form unter ihre Herrschaft zu bringen. Die USA und Japan beteiligten sich seit den 1890er Jahren ebenfalls an diesem „Wettrennen" nach Kolonien und Einflusssphären.

Dieser durch moderne Technik sowie militärische und wirtschaftliche Überlegenheit gekennzeichnete Prozess der systematischen Europäisierung der Erde ist jedoch nur ein Aspekt dieser Epoche; ein anderer, integral hiermit zusammenhängender Aspekt ist das Anwachsen der Rivalität der global miteinander konkurrierenden Imperialismen. Diese Rivalität entlud sich schließlich im Ersten Weltkrieg, der „Urkatastrophe des 20. Jahrhunderts" (George F. Kennan).

Die imperialistische Vergangenheit vieler europäischer Mächte, die seit dieser Zeit bestehende Asymmetrie der wirtschaftlichen Beziehungen und die Suche der ehemaligen Kolonien nach einer eigenen kulturellen Identität belasten auch heute noch in erheblichem Maße das Verhältnis der „ersten" zur „dritten Welt". Die mittel- und unmittelbaren Folgen dieser Epoche sind für Schüler und Schülerinnen heute in ihrem Alltag in vielerlei Form – Berichte über Armut und Verelendung in weiten Teilen Afrikas, blutige ethnische Auseinandersetzungen zwischen Staaten, deren Grenzen durch die Kolonialmächte gezogen wurden, und die Konflikte über eine allgemeine Verbesserung der „terms of trade" – konkret erfahrbar.

Inhalte und Schwerpunkte

Der Aufbau der Themeneinheit orientiert sich an folgenden Erkenntnis leitenden Fragen:
- Welche Folgen hatte die Gründung des Deutschen Reiches für das europäische Mächtesystem?
- Aus welchen Gründen begannen die europäischen Mächte in der zweiten Hälfte des 19. Jahrhunderts, überseeische Gebiete direkt bzw. indirekt ihrer Herrschaft zu unterwerfen?
- Welche Folgen hatte diese Expansion für das Leben der Menschen in diesen Gebieten und für die weitere Entwicklung dieser Länder in politischer, wirtschaftlicher und kultureller Hinsicht?
- Was bedeutete das allgemeine Streben nach einem „Platz an der Sonne" für das Verhältnis der Großmächte untereinander?
- Warum wird der Erste Weltkrieg als „Urkatastrophe des 20. Jahrhunderts" bezeichnet?
- Wie wirkte sich das Kriegsgeschehen auf die inneren Verhältnisse in Deutschland aus?

Auftaktdoppelseite 214/215

Die Auftaktdoppelseite ermöglicht einen ersten Zugriff auf das Reihenthema:

1. Die Karte veranschaulicht die Aufteilung der Erde im ausgehenden 19. Jahrhundert durch eine relativ kleine Zahl europäischer Groß- und Mittelmächte. Die farbliche Gestaltung betont vor allem die Relation der Größe der „Mutterländer" und der von ihnen abhängigen Gebiete.
2. Die „eingeklinkten" zeitgenössischen Bilder illustrieren (jeweils von oben nach unten) wichtige Themen dieses Abschnitts: die „Zivilisierung" der „Wilden", „Kriegsbegeisterung" sowie „Leiden" und „Grausamkeit" des Krieges.
3. Der VT verweist auf Folgen des imperialistischen Zeitalters. Mit Hilfe der Karte können nicht nur Erklärungen für die heutigen Gegebenheiten gefunden werden, sondern auch erste Fragen nach den Gründen dieser Entwicklung entstehen. Durch die Integration des abgedruckten Bildmaterials sowie des Wissens der Schüler zu Entwicklungs- oder Dritte-Welt-Ländern in das Unterrichtsgespräch, wird bereits der Problemhorizont von den Gründen über die zeitgenössischen Auswirkungen bis zu den Folgen imperialistischer Machtausübung abgesteckt.

Vergleichend zur abgedruckten Karte kann in einem zweiten Schritt mit einer Weltkarte aus der Zeit nach dem Ersten Weltkrieg gearbeitet werden: Welche Veränderungen sind erkennbar? Lassen sich Gründe finden? Das Bildmaterial unterstützt eine erste Problematisierung.

1. Die Vorherrschaft Europas in der Welt

Konzeption

Dieses Kapitel der Themeneinheit soll einen kompakten Überblick über das Zeitalter des „Imperialismus" geben. Die Schülerinnen und Schüler erkennen,
- dass die Europäer die Welt innerhalb weniger Jahre unter sich aufteilten,
- dass koloniale Expansion mit Gewalt verbunden war,
- dass die Kolonialmächte die territorialen Gegebenheiten in den eroberten Ländern nach ihren Interessen veränderten,
- dass die Aufteilung der Welt zu Spannungen unter den imperialistischen Mächten führte.

Aspekte der Unterrichtsgestaltung

Nachdem mit der Bearbeitung der ADS bereits die grundlegenden Probleme des Themas Imperialismus entwickelt wurden, kann mit diesem Kapitel in die Beantwortung

Imperialismus und Erster Weltkrieg

der aufgeworfenen Fragen eingestiegen werden. Als Einstieg bietet sich das Bildmaterial Q2 und Q3 an, über das sich Gründe des imperialistischen Machtstrebens erschließen lassen (Aufgabe 1). Die komplexe Situation am Ende des 19. Jahrhunderts lässt sich über die Erstellung einer Zeitleiste erarbeiten (Aufgabe 2), bevor an ausgewählten Beispielen der Vorgang imperialistischer Machtergreifung differenziert betrachtet werden kann (Aufgabe 3). Methodisch greift das Kapitel die Arbeit mit Fachlexika auf (siehe „Lernen lernen" in der Themeneinheit „Industrialisierung", S. 133).

Zusatzinformationen zum Verfassertext

Ein ausführlicher Überblick über den „Imperialismus" kann aufgrund der Komplexität und der unterschiedlichen Ausprägungen dieses Phänomens einerseits, der vielfältigen Deutungsversuche von Historikern und der vergleichsweise wenigen Stunden, die zur Verfügung stehen, andererseits nicht gegeben werden. Für einen komprimierten Überblick sei verwiesen auf Gregor Schöllgen: Das Zeitalter des Imperialismus, 4. Aufl., München 2000 (= Oldenbourg Grundriss der Geschichte, Bd. 15), sowie Eric J. Hobsbawm: Das Imperiale Zeitalter 1875–1914, Frankfurt/M. 1989.

Tafelbild

Kolonialmächte

bis 1880	ab ca. 1880
Spanien	Spanien
Portugal	Portugal
Niederlande	Niederlande
Großbritannien	Großbritannien
Frankreich	Frankreich
	Deutsches Reich
	Belgien
	Italien
	Russland (Asien)
	USA
	Japan

Zusatzinformationen zu den Materialien

Q2 Diese undatierte Karikatur aus den 1890er Jahren illustriert am Beispiel des englischen Kolonialpioniers und zeitweiligen Ministerpräsidenten der Kap-Kolonie Cecil Rhodes die Bedeutung von „Men on the spot", Männern, die stets zur Stelle sind. Rhodes setzte sich gegen alle Widerstände (European Jealousy = Eifersucht der Europäer; Little Englander Carping = Nörgeleien von Gegnern einer Expansion; Unctuous Rectitude = salbungsvoller Rechtschaffenheit) durch. Um den Einfluss Großbritanniens auszuweiten, nutzte er zunächst friedliche Mittel, die hier durch Eisenbahnen und Telegrafie symbolisiert werden. Er schreckte schließlich nicht vor Gewalt zurück, hier symbolisiert durch moderne Waffen (Pistole am Halfter, modernes Fort am unteren Bildrand). Es sind wichtige Elemente imperialistischer Expansion in dieser Abbildung versammelt.

Q3 Dieser Umschlag eines französischen Jugendbuchs aus dem Jahre 1902 „L' Assaut de L' Asie" ist ein gutes Beispiel dafür, dass der Imperialismus ein europäisches Phänomen war – erkennbar an den von den Soldaten getragenen Fahnen (v. l.: Großbritannien, Russland, Japan, Deutschland und Frankreich). Dieses Jugendbuch ist zugleich ein Beispiel für imperialistische Propaganda.

Zu den Fragen und Anregungen

1 Die Schülerinnen und Schüler sollen erkennen, dass die Europäer sich in ihren Zielen – Unterwerfung der Welt – offenbar einig waren und Expansion als nationale Aufgabe (erkennbar an den symbolisch hoch gehaltenen Fahnen, Q2) betrachteten. Zugleich sollen sie erkennen, dass die Eroberung auch als ein Beitrag zur Zivilisation in einem – anscheinend – leeren Land betrachtet wurde (Eisenbahn, Telgrafie in einem unzivilisierten Land – erkennbar an den Hütten).
2 Der Vergleich mit einem historischen Atlas dient zunächst der Veranschaulichung, die Schüler sollen die geografische Lage der Orte und Länder kennen lernen. Die Beschriftung macht deutlich, dass der VT die Vorgänge bereits vereinfacht wiedergibt. Die Karte weist zu einem Land häufig mehrere Daten auf, da die Inbesitznahme in mehreren Schritten erfolgte. Damit wird das Problembewusstsein der Schüler gegenüber diesem komplexen Thema geschärft.
3 Die über die Kartenarbeit bereits erfolgte Problematisierung soll an einzelnen Beispielen arbeitsteilig ausgebaut werden. Dabei sollen die Schüler auch mit unterschiedlichen Formen imperialer Herrschaft bekannt gemacht werden.

2. Interessen der Europäer – Folgen für die Einheimischen

Konzeption

Während die Auftaktdoppelseite und das erste Kapitel dieser Themeneinheit darauf abzielten, den Schülerinnen und Schülern einen allgemeinen Überblick über das Phänomen Imperialismus zu vermitteln, geht es in diesem Kapitel darum, die vielfältigen Motive und Legitimationsversuche der Befürworter imperialistischer Expansion sowie die Argumente zeitgenössischer und späterer Kritiker dieser Politik kennen zu lernen.
Die Schülerinnen und Schüler sollen
a) die unterschiedlichen Triebkräfte imperialer Expansion und
b) die Folgen für die einheimische Bevölkerung erkennen.

Aspekte der Unterrichtsgestaltung

Ausgehend von einer Betrachtung von Q1 artikulieren die Lernenden erste Hypothesen über die Motive der Kolonialherren – hier: Kultur, Wohlstand und Frieden – und die Realität: Gewalt und Unterdrückung.
Anhand des VT sowie von Q2–Q12 bzw. D1 und D2 erarbeiten die Schülerinnen und Schüler evtl. in Gruppen

die Ursachen für das Vordringen der Kolonialmächte, die Folgen für die Einheimischen sowie die Haltung der Europäer. In diesem Rahmen muss die bereits in der Themeneinheit „Kaiserreich" behandelte sozialdarwinistische Ideologie aktualisiert werden. Die Motive der Europäer sowie die Auswirkungen ihres Handelns auf das Verhältnis von „erster" und „dritter Welt" damals wie heute sollten kritisch hinterfragt werden.

Tafelbild

Imperialismus

Motive	Folgen
Zivilisationsidee Sendungsbewusstsein	Veränderungen bestehender kultureller, rechtlicher und religiöser Traditionen Herrschaft über fremde Völker
Rassenideologie (Sozialdarwinismus)	
ökonomische Motive (Absatzmärkte, Rohstoffe)	Ausbeutung
Machtstaatsgedanke	Rivalität mit anderen Mächten

Zusatzinformationen zu den Materialien

Q1 Diese englische Postkarte (um 1900) illustriert in eindringlicher Weise am Beispiel der Eroberung Ghanas den Anspruch der Europäer, den Völkern Afrikas die Zivilisation („After the War: Civilisation commencing") zu bringen. Gegenwart – armselige Negerhütten, halbnackte Menschen, keine Waren und keine Handwerksbetriebe – und Zukunft – Alltag in einer modernen Stadt, moderne Verkehrsmittel, westlich gekleidete Einheimische und Werbung für industrielle Erzeugnisse (Remington Schreibmaschinen) – werden drastisch kontrastiert.

Q2 Der englische Missionar und Forscher David Livingstone (1813–1873) gehörte zu den bedeutendsten Afrikaforschern. Auf mehreren Reisen erkundete er große Teile Süd-Ost-Afrikas. Sein abenteuerliches Leben übte bereits auf Zeitgenossen eine ungeheure Faszination aus. Diese zeitgenössische Biografie illustriert Livingstones Forscherleben – erkennbar an der Karte und den Büchern – und seinen Beitrag für die Erforschung Afrikas, sowie die damit verbundenen Segnungen für die Einheimischen: zwei Einheimische umrahmen sein Bild und verdeutlichen so seine Nähe zur einheimischen Bevölkerung. Auf dem Buchcover ganz oben ist ein hier nicht abgebildeter dritter Einheimischer – ein Sklave – zu sehen, der seine Ketten zerreißt – ein Symbol für Livingstones Einsatz gegen die Sklaverei.

Q3 Brutale Strafen wurden von den Kolonialherren vielfach als ein legitimes Mittel zur Durchsetzung der eigenen Herrschaft angesehen. Als besonders grausam galt unter Zeitgenossen die belgische Kolonialherrschaft: Widerspenstige, aber auch Einheimische, die zuwenig Rohkautschuk, dem sehr einträglichen Rohstoff für Gummi, ablieferten, wurden durch drastische Körperstrafen wie z. B. das Abhacken von Gliedmaßen bestraft. Dagegen gab es bereits um die Jahrhundertwende zahlreiche internationale Proteste wie dieses Foto aus dem Jahre 1907.

Q4 Der Politiker und Kaufmann Cecil J. Rhodes (1855–1902), der als Parlamentsmitglied, später als Premierminister der Kap-Kolonie zu den einflussreichsten Befürwortern englischer Expansion gehörte, war von der Überlegenheit der weißen Rasse zutiefst überzeugt. Der vorliegende Auszug, der seiner Schrift „Draft of Ideas" aus dem Jahre 1877 entnommen ist, spiegelt die Grundgedanken seiner Imperialismuskonzeption, die darauf abzielte, soviel Land wie möglich britischer Herrschaft zu unterwerfen und ein einheitliches, vom „Kap bis Kairo" reichendes Kolonialreich zu errichten.

Rhodes, der sich selbst stolz als „größte[n] lebende[n] Imperialiste[n]" bezeichnete, ist zugleich aber ein Beispiel für die unterschiedlichen Antriebsfaktoren imperialistischer Politik. So glaubte Rhodes einerseits, dass imperialistische Expansion ein Mittel zur Lösung der „sozialen Frage" sei; andererseits verfolgte Rhodes, der zu den reichsten Minenbesitzern gehörte, auch handfeste materielle Interessen.

Q5 Heinrich von Treitschke (1834–1896) war einer der einflussreichsten Historiker und Publizisten des Kaiserreichs. Viele Angehörige der Bildungs- und der politischen Elite hörten seine Vorlesungen über „Politik", in denen er seiner Meinung nach grundlegende Gedanken über das Wesen des modernen Machtstaats formulierte. Der hier abgedruckte Text ist § 4 über „Entstehung und Untergang der Staaten" entnommen. Treitschke begründet darin – stellvertretend für viele Zeitgenossen – die Berechtigung deutscher Expansion unter Hinweis auf historische Vorbilder. Besonders deutlich wird dabei das sozialdarwinistische Denken der Zeit, das von der Annahme geprägt war, nur starke Staaten könnten in der Zukunft überleben.

Q6 Der Gedanke der Zivilisierung der Einheimischen war eine wesentliche Begründung für die Expansion der Europäer in Afrika. Als Beweis für ihre „Erfolge" veröffentlichten die Kolonialherren daher u. a. mit Vorliebe Fotos von einheimischen Schulklassen wie dieser im französischen Senegal.

Q7 Das zaristische Russland gehörte zwar nicht zu den „klassischen" Kolonialmächten in Afrika und Ozeanien; seit der Mitte des 19. Jahrhunderts unterwarf Russland – nicht zuletzt als Kompensation für die Niederlage im Krimkrieg – jedoch systematisch angrenzende Gebiete in Mittelasien und Fernost. Dabei kam es immer wieder zu Spannungen mit Großbritannien, das die Sicherheit seiner Besitzungen in Indien bedroht sah, sowie mit Japan, das im ausgehenden 19. Jahrhundert ebenfalls im Fernen Osten zu expandieren begann. 1904 griff Japan Russland schließlich an, um dem russischen Imperialismus in Fernost Einhalt zu gebieten und die eigenen Expansionsziele zu verwirklichen. 1907 einigten sich England und Russland friedlich über eine Aufteilung der Interessenssphären in Persien, Afghanistan und Tibet. In dem abgedruckten Schreiben an die anderen Großmächte vom 21.11.1864 versuchte der russische Außenminister Gortschakow (1798–1883) insbesondere England, das das russische Eindringen in die eigene Interessenssphäre im östlichen Mittelmeerraum und im Mittleren Osten als Bedrohung auffasste, zu beschwichtigen. Die Motive, die Russland veranlassten, in angrenzende Regionen zu expandieren – gemeint sind die Eroberung des Kaukasus (1864 beendet) und der islamischen Chanate in Mittelasien (1864–1885) – seien, so betonte Gortschakow in geschickter Weise, durchaus vergleichbar mit denen, die die anderen Großmächte zur Expansion in Asien und Afrika veranlasst hätten.

Q8 Diese französische Zeichnung aus dem Jahre 1892 illustriert am Beispiel des Kampfes zwischen Dahomeern und einem französischen Kanonenboot Formen der Eroberung und die dabei sichtbar werdenden Unterschiede – westliches Kanonenboot mit modernsten Waffen gegen ein Kanu der Eingeborenen. Zugleich wird der Zivilisationsgedanke erkennbar: Das Kanonenboot liegt offenbar vor einer modernen Siedlung, die Dahomeer kämpfen aus dem Urwald heraus.

Q9, Q10 Imperialistische Expansion war bereits unter Zeitgenossen keineswegs unumstritten. So wurde Ministerpräsident Jules Ferry (1832–1893), den die Opposition für einen kostspieligen und verlustreichen Kolonialkrieg in Indochina verantwortlich machte, im Sommer 1885 gestürzt. In einer Rede verteidigte er seine Politik der Annexion von Annam, Tonking, Laos und Madagaskar unter Hinweis auf die ökonomischen Vorteile für das Mutterland, die an Ideen der französischen Revolution anknüpfende „mission civilisatrice" Frankreichs und die sozialdarwinistischem Gedankengut entspringende Sorge, im allgemeinen Kampf der Staaten ums Dasein auf einen der hinteren Plätze zurückzufallen. George Clemenceau (1841–1929), Ministerpräsident 1906–1909 und 1917–1920, kritisiert hingegen unter Hinweis auf die Entwicklung der indischen und chinesischen Kultur sowie die Realität des Alltags in den Kolonien die Idee der Überlegenheit bestimmter Rassen. Clemenceau formuliert damit eine bis heute gültige Kritik am Imperialismus.

Q11 Nach dem Ende der „Eroberung des Westens" begannen auch die USA, nach Übersee zu expandieren, wenn auch nicht im gleichen Maßstab wie die europäischen Mächte. Der einflussreiche Senator Albert J. Beveridge (1862–1927) war einer der Befürworter einer Politik der Expansion. Im April 1898 begründete er seine Haltung, deren Motive sich von denen europäischer Politiker nicht unterschied, und forderte den Erwerb Kubas und der Philippinen. Beide wurden noch im gleichen Jahr nach einem Krieg mit Spanien von diesem an die USA abgetreten.

Q12 1961 beschrieb ein senegalesischer Häuptling – Cheikh Hamidou Kane – in einem autobiografischen Roman sein Leben. Seine Beschreibung gibt ein plastisches Zeugnis von der Art der „Begegnung" zwischen Einheimischen und kolonialen Eroberern und deren Folgen.

D1, D2 Auch in den ehemaligen Kolonien wird das Zeitalter des Imperialismus durchaus kontrovers diskutiert. Während der Nigerianer Donald Ekong dem Imperialismus auch positive Aspekte abgewinnt, ist die Kolonialherrschaft für den in Kenia geborenen Politikwissenschaftler Ali A. Mazrui für die Zerstörung ganzer Kulturen, gewachsener territorialer Einheiten und den Rassismus, unter dem die schwarze Bevölkerung bis heute leidet, verantwortlich.

Zu den Fragen und Anregungen

1 Siehe Tafelbild.
2 Die Schülerinnen und Schüler sollen erkennen, dass es keine kulturelle Überlegenheit eines Volkes oder einer Rasse über andere gibt; die Hinweise auf Kulturmission sind Heuchelei, da Gewalt zur Durchsetzung der eigentlichen, ökonomischen oder rein machtpolitischer Ziele charakteristisch für das europäische Vordringen sind.
3 Siehe die Anmerkungen zu D1 und D2.
4 Die Schülerinnen und Schüler könnten hier aufgefordert werden, sich z. B. mithilfe des Internets über die weitere Entwicklung und aktuelle Konflikte in Afrika (Kongo, Ruanda, Sudan, Elfenbeinküste, Nigeria) zu informieren. Dabei werden sie erkennen, dass diese Konflikte z. T. auf koloniale Grenzziehungen zurückgehen, die ethnische Gruppen trennte, bzw. verfeindete Ethnien in einen Staat zwang. Sie werden ebenfalls erkennen, dass auch ökonomische Ausbeutung und ungelöste Probleme des „Kulturtransfers" historische Ursachen haben.

3. „Kein Sonnenuntergang in unserem Reich" – das Deutsche Reich als Kolonialmacht

Konzeption

Das deutsche Kolonialreich existierte im Vergleich zu denen anderer europäischer Mächte nur kurze Zeit. Nachdem die Kolonien bereits während des Krieges von den Alliierten erobert worden waren, erklärte der Versailler Vertrag von 1919 das Deutsche Reich endgültig aller Kolonien verlustig. Die Schülerinnen und Schüler dürften über Deutschlands koloniale Vergangenheit daher kaum etwas wissen. Diese Unterrichtseinheit verfolgt daher das Ziel,
– den Schülerinnen und Schüler bewusst zu machen, dass der Imperialismus ein wichtiger Teil der eigenen Geschichte ist,
– dass die Motive, Ziele und Wirkungen deutscher Kolonialexpansion mit denen anderer Länder vergleichbar sind.

Aspekte der Unterrichtsgestaltung

Die Schilderung der „Gründung" der Kolonie Deutsch-Südwest (VT) kann als Einstieg gewählt werden, ist dieser Vorgang doch ein plastisches Beispiel dafür, wie „leicht" Europäer fremde Gebiete in Besitz nahmen und die Welt europäisierten. Anknüpfend an das Datum 1884 können kurz die bereits bekannten Stationen des deutschen Imperialismus wiederholt werden (Kapitel 1, Aufgabe 3). Die folgende Erarbeitungsphase steht unter der Leitfrage, warum sich das Deutsche Reich erst spät um den Erwerb von Kolonien bemüht hat (Aufgabe 2 und 3) und welcher Art die deutsche Kolonialpolitik war (Aufgabe 1 und 4). Vertiefend soll sowohl die deutsche als auch die Kolonialpolitik anderer europäischer Länder aus der Sicht einiger Protagonisten erarbeitet werden. Die Synthese der Ergebnisse aus Kapitel 1–3 kann durch die Erarbeitung eines ersten Ausstellungsteils für eine Ausstellung mit dem Thema „Imperialismus und Erster Weltkrieg" erfolgen (siehe „Lernen lernen").

Imperialismus und Erster Weltkrieg

Tafelbild

Deutsche Kolonialpolitik

Argumente der Befürworter	Argumente der Gegner	Folgen für die Einheimischen
– Siedlungsland – Rohstoffe – Absatzmarkt – Sicherung nationaler Arbeit	– Unterdrückung – Profitgier – ungerechtfertigter Hochmut gegenüber anderen Rassen	– Unterdrückung – Gewalt – tiefe Eingriffe in den Alltag (Recht, Wirtschaft, bisherige Lebensweise)

Zusatzinformationen zum Verfassertext

Der deutsche Imperialismus nahm mit der offiziellen Erklärung vom 24. 4. 1884, welche die von dem Bremer Kaufmann Adolf Lüderitz 1883 erworbenen Gebiete unter den Schutz des Deutschen Reiches stellte, seinen Anfang. Einen komprimierten Überblick über den gegenwärtigen Stand der Forschung zu diesem Themenkomplex geben Michael Fröhlich: Imperialismus. Deutsche Kolonial- und Weltpolitik 1880–1914, München 1994 und Horst Gründer: Geschichte der deutschen Kolonien, 3. Aufl., Paderborn 1995 sowie ders.: „...da und dort ein junges Deutschland gründen". Rassismus, Kolonien und kolonialer Gedanke vom 16. bis zum 20. Jahrhundert, München 1999.

Zusatzinformationen zu den Materialien

Q1 Die „Reichskolonialuhr" wurde seit ca. 1900 von namhaften Uhrenherstellern vertrieben. Das Motto „Kein Sonnenuntergang in unserm Reich" und „Unsere Zukunft liegt auf dem Wasser" verdeutlichte einerseits den Anspruch des Deutschen Reiches, Kolonialmacht zu sein, die bildliche Darstellung appellierte zugleich andererseits in geschickter Weise an „Sehnsüchte", die zu erfüllen die Verantwortlichen hiermit versprachen.

Q2 „Die Züchtigung eines Eingeborenen", die diese Postkarte hier darstellt, war gängige Praxis bei der Durchsetzung des eigenen Herrschaftsanspruches und bei der Ahndung selbst kleinster Vergehen. Die Tatsache, dass diese Form der Herrschaftsausübung auf einer Postkarte dargestellt wurde, erlaubt zugleich einen tiefen Einblick in die Mentalität vieler Zeitgenossen.

Q3 August Bebel (1840–1913) gehörte mit zu den Gründervätern der SPD. Neben einer kleinen Gruppe Linksliberaler gehörten die Sozialdemokraten mit zu den entschiedensten Gegnern deutscher Kolonialpolitik, in der sie nur ein Mittel zur Existenzverlängerung des Kapitalismus und der Ablenkung von innenpolitischen Problemen des preußisch-deutschen Obrigkeitsstaates sahen. Bebel artikuliert in seiner Rede vom 26. 1. 1889 zentrale Aspekte der Kolonialismuskritik, die bei Zeitgenossen freilich auf wenig Widerhall stießen.

Q4 Die deutsche Kolonialpolitik wurde aufgrund mehrerer Aufstände in Deutsch-Südwest- und Deutsch-Ostafrika und der hohen Kosten, die in einem eklatanten Gegensatz zu dem erhofften Nutzen standen, nach der Jahrhundertwende in der Öffentlichkeit und im Reichstag heftig kritisiert. Der Berliner Bankier Bernhard Dernburg (1865–1937), der 1907 die Leitung des neu geschaffenen Reichskolonialamtes übernommen hatte, versuchte die bisherige Kolonialpolitik im Reichstag unter Hinweis auf deren – angeblichen – ökonomischen Nutzen zu verteidigen. Die Argumente, die er dabei anführte, gehörten zum „Allgemeingut" der Befürworter kolonialer Expansion in Deutschland und anderen Staaten.

Q5, Q7 Die Bilder gehören zu den zahlreichen Fotos, die von Ethnologen, Angehörigen der Schutztruppen, Kaufleuten und Kolonisten aus unterschiedlichen Gründen gemacht wurden und die den kolonialen Alltag widerspiegeln. So zeigt das obere Foto einen Häuptling mit seinen zwanzig Frauen, der, von seiner eigenen Kleidung abgesehen, offenbar weiterhin entsprechend den eigenen Normen und Wertvorstellungen lebte, die u. a. auch die Polygamie erlaubten. Dagegen ist auf dem unteren Bild ein Lehrer zu sehen, der, in Anpassung an europäische Normen, nach der Trauung von einem Missionar fotografiert wurde.

Q6 Da unmittelbare schriftliche Zeugnisse äußerst selten sind, gehören mündliche Schilderungen Einheimischer wie dieses Häuptlings aus Togo zu den wichtigsten Quellen über die Zeit der deutschen Kolonialherrschaft in Afrika. Dieser beschreibt hier den Zusammenhang von Kolonialherrschaft und Unterdrückung und den damit verbundenen erzwungenen Wandel im Alltag der Einheimischen: Zwangsarbeit für Geld, um Steuern zahlen zu können, sowie die Sanktionen bei Arbeitsverweigerung.

Zu den Fragen und Anregungen

1 Siehe Tafelbild.

2 Bismarcks außenpolitisches Ziel war die Vermeidung von Konflikten mit den anderen europäischen Mächten. Afrika bewertete Bismarck deshalb vor allem danach, welche Kolonialmächte dort aktiv waren. Der Umschwung erfolgte vor allem unter dem Druck des Reichsnationalismus, der das deutsche Machtstreben auf außereuropäische Gebiete ausweiten wollte.

3 Bismarcks kolonialpolitische Operationen waren stets auf die deutsche Außenpolitik in Europa abgestimmt. Durch Vertragspolitik und Diplomatie versuchte er Deutschlands Position in Europa abzusichern. Seine Kolonialpolitik 1884/85 war eng mit Frankreich abgestimmt. Bismarck hoffte durch diese Zusammenarbeit das sich verschlechternde deutsch-englische Verhältnis sowie die Spannungen mit Frankreich bezüglich Elsass-Lothringens ausgleichen zu können. Dagegen zeigen vor allem die zwei Marokko-Krisen deutlich, dass Wilhelm II. vor allem Deutschlands Stärke und Überlegenheit demonstrieren wollte und dadurch die europäischen Mächte herausforderte.

4 Wichtig ist hier die Erkenntnis, dass die einheimische Bevölkerung die deutsche Kolonialpolitik als Form von Gewalt, Unterdrückung und Eingriff in ihren Alltag erfuhr. Der einheimischen Bevölkerung wurden die Werte und Normen der Europäer übergestülpt. Das Tragen europäischer Kleidung – eigentlich zutiefst unpraktisch für die klimatischen Bedingungen in Afrika – ist äußeres Zeichen der Unterwerfung unter die Herrschaft der Europäer. Die Schülerinnen und Schüler sollen erkennen, dass dieses Verhalten der Europäer gegenüber der einheimischen Bevölkerung die gegenseitigen Beziehungen späterhin nachhaltig belastete, da die Eingriffe in kulturelle Normen ungelöste Spannungen hervorriefen.

5 Zu allen drei Personen lassen sich im Internet seriöse und überschaubare Informationen finden. David Livingstone (1813–1873) war ursprünglich Missionar in Afrika, unternahm allerdings bald ausführliche Forschungsreisen, deren Ergebnisse er publizierte. Er legte durch seine Expeditionen die Grundlage für die Kolonialisierung des Kontinents. Livingstone starb auf seiner letzten Reise in Afrika. Er setzte sich gegen die Sklaverei ein. Cecil Rhodes (1853–1902) und Carl Peters (1856–1918) wuchsen dagegen bereits in das Zeitalter des Imperialismus hinein. Zunächst wurden sie aus eigenem Interesse bezüglich der Kolonialfrage aktiv, wurden dann aber in die staatliche Kolonialpolitik eingebunden. Sie vertraten den Typus des überlegenen weißen Eroberers. Peters wurde 1897 wegen seiner Behandlung der Einheimischen vorübergehend aus dem Staatsdienst entlassen, von Wilhelm II. dann aber vollständig rehabilitiert. Rhodes wurde durch den Diamantenhandel in Afrika einer der reichsten Männer der Welt.

Werkstatt: Sensationen aus Übersee

Konzeption

Die verstärkte Begegnung mit fremden Kulturen in der Epoche des Imperialismus entfaltete in Europa selbst eine breite Wirkung. Die fremden Welten und Kulturen fanden Eingang in Kunst und Literatur. Entweder wurden sie im Exotismus und Eskapismus Gegenbild zum entmenschlichten, industriellen und auch chauvinistischen Zeitalter des Kaiserreichs oder sie lieferten die Folie, vor der in der Heimatkunst und Kolonialliteratur der ‚edle Deutsche' in einer unzivilisierten Welt für Tugend und Gerechtigkeit sorgt. Fremde Kontinente wurden nicht nur bereist, erforscht und erobert, Menschen und Tiere wurden in der Regel ohne jede Rücksichtnahme nach Europa importiert, um dort die Sensationsgier der Menschen zu befriedigen. Insofern waren auch die Menschen in Europa direkt und aktiv an der Ausbeutung von Einheimischen und deren Ländern beteiligt. Die „Werkstatt" soll den Schülerinnen und Schülern diese Perspektive auf den Imperialismus und Kolonialismus eröffnen und auch unter der Fragestellung des Fremdverstehens zu einer kritischen Auseinandersetzung im Umgang mit fremden Kulturen und Ländern damals und heute anregen.

Aspekte der Unterrichtsgestaltung

Die Schülerinnen und Schüler sollen die vorgestellten Materialien selbstständig erarbeiten (Aufgabe 1–3). Nach der Vorstellung der Ergebnisse sollte eine abschließende Diskussion das erarbeitete Themengebiet kritisch bewerten. Die Fragen nach den Gründen der Faszination, warum sich keine grundsätzlichen Gegenstimmen erhoben und welche Meinung die Schüler heute zu den Völkerschauen haben, sollten die Schüler erkennen lassen, dass das Fremde Sehnsüchte ansprach, die im harten oder (auch moralisch) streng geregelten Alltag des Kaiserreichs keine Entsprechungen fanden, dass die Andersartigkeit der Fremden das eigene triste und schwere Leben vergessen oder auch die eigene Überlegenheit offensichtlich werden ließ. Im Vergleich zu Begegnungen mit dem Fremden heute werden die Schülerinnen und Schüler erkennen, dass unsere Motive für Reisen o. ä. dem häufig entsprechen. Die Begegnung mit dem Fremden dient auch heute noch zu oft der Kompensation eigener Defizite und nicht dem Erkennen des Anderen.

Zusatzinformationen zu den Materialien

Q1 Nachdem May ab Beginn der 1890er Jahre nicht mehr in finanziell beengten Verhältnissen lebte, konnte er sich 1895 ein eigenes Haus in der Kirchstraße 5 in Radebeul kaufen. In der Villa Shatterhand, in der seine wertvollsten Werke entstanden sind, hat er bis zu seinem Tode gewohnt. Seit 1985 ist hier ein Museum eingerichtet.

Q2 Für den geografischen, ethnografischen und naturkundlichen Hintergrund des Romans hat May einschlägige Quellen benutzt. Darunter waren Zeitschriftentexte, Reisebeschreibungen und Lexikonartikel aus „Brockhaus' Conversationslexikon", die er zum Teil wörtlich übernahm. Genaue Nachweise finden sich in Gert Ueding (Hg.): Karl-May-Handbuch. Würzburg 2001, S. 211.

Q4, Q5, Q7 Der Kontakt zwischen Truppen-Mitgliedern und Besuchern wurde sorgsam gelenkt. Schon bei der Auswahl der Ethnie sowie der einzelnen Individuen wurde darauf geachtet, dass möglichst keine Kenntnisse europäischer Sprachen vorhanden waren, einerseits um den Eindruck absoluter Ursprünglichkeit nicht zu gefährden, andererseits um Kontakte zu unterbinden. Das Publikum schien aber stets ein großes Bedürfnis zu haben, sich den Fremden zu nähern. Schon bei der Anreise bildeten sich Menschenaufläufe, teilweise wurden Ausstellungsgelände von Soldaten bewacht, häufig wurden den Truppenmitgliedern Geschenke gemacht und man versuchte mit ihnen zu sprechen. Ein Aspekt der Faszination scheint erotischer Natur gewesen zu sein. Das Interesse der europäischen Damen an männlichen Völkerschau-Teilnehmern scheint nach der Quellenlage dabei noch größer gewesen zu sein als umgekehrt.

Q6 Die Organisatoren der Völkerschauen arbeiteten stets mit Vertretern des Faches Völkerkunde zusammen. Dabei ging es den Wissenschaftlern aber darum, die Teilnehmer anthropologisch zu vermessen und zu befragen um das Datenmaterial zur physischen Anthropologie zu vermehren. Eine sachliche Information des Publikums zu Herkunft, Kultur und Sitten der jeweiligen Truppe war aber nicht vorgesehen.

Q8 Die Bücher von James F. Cooper und Karl May hatten beim Publikum ein festes Bild der nordamerikanischen Indianer geprägt, dem das Programm der Völkerschau entsprechen sollte. Völkerschauen zu Indianern, die nicht diesem Bild entsprachen, wurden Misserfolge.

Q9 Nach der Eröffnung von Hagenbecks Tierpark 1907 in Stellingen wurden die Völkerschauen immer grandioser. Es wurden weite Dorfanlagen angelegt und wichtige Bauwerke der entsprechenden Regionen nachgebaut. Q9 zeigt im Hintergrund den Nachbau eines südindischen Tempels.

Zu den Fragen und Anregungen

1 Vgl. „Zusatzinformationen zu den Materialien". Q1 zeigt die umfangreiche Bibliothek in Mays Haus. Daraus lässt sich erschließen, dass er sich sein Wissen zum Orient durch Literatur angeeignet hat.
2 Vgl. „Zusatzinformationen zu den Materialien". In die produktive Aufgabe können die Schüler auch eigene, subjektive Gründe zur Beurteilung der Völkerschauen aufnehmen. Bei der Besprechung der Ergebnisse sollte geprüft werden, ob diese Perspektive für die Menschen des Kaiserreichs ebenfalls gültig gewesen sein könnte.
3 Die Frage erfordert einen Rückgriff auf den Sozialdarwinismus und die bereits bekannten Umgangsformen mit der einheimischen Bevölkerung.

4. Konkurrenz in der Welt – Frieden in Europa: Bismarcks Außenpolitik

Konzeption

In diesem Kapitel steht die Rolle des Deutschen Reiches in der europäischen Politik zwischen 1871 und 1890 im Mittelpunkt. Die Bildung eines auf eine große Armee sich stützenden Machtstaates im Zentrum Europas verlieh dem Deutschen Reich eine latente Hegemonialstellung, die grundsätzlich geeignet war, das Misstrauen der anderen Großmächte zu erregen. Daher, aber auch aufgrund des erkennbaren Strebens nach Revision des Frankfurter Friedens von 1871 durch die französische Regierung war Bismarck als der verantwortliche Leiter der deutschen Politik gezwungen, einen vorsichtigen Kurs zu steuern, der die neue Macht für die anderen Mächte erträglich erscheinen ließ. Dessen Prinzipien zu erläutern, erscheint auch deswegen wichtig, um die fundamentalen Unterschiede zur Politik seiner Nachfolger erkennen zu können.

Aspekte der Unterrichtsgestaltung

Die Karikatur aus dem „Simplicissimus" (1887) (Q1) bietet einen Einstieg, der geeignet ist, zentrale Fragen an die deutsche Außenpolitik in der Ära Bismarck zu formulieren und Hypothesen aufzustellen. Daran anschließend bietet es sich an, mithilfe des VT sowie der Materialien Q2, Q3 und Q4 sowie D1 die Grundlagen der Bismarckschen Politik – Sicherung des Reiches gegen Frankreich, Erhaltung des Friedens, Sorge vor den innenpolitischen Folgen eines verlorenen Krieges – zu erarbeiten und vertiefend zu analysieren.

Zusatzinformationen zum Verfassertext

Die Gründung des Deutschen Reiches und dessen latente Hegemonie auf dem Kontinent wurden von den anderen europäischen Mächten zwar als mit dem Prinzip des europäischen Gleichgewichts gerade noch vereinbar betrachtet, dennoch aber auch mit einem gewissen Misstrauen beobachtet. Indem Bismarck schon früh und dann wiederholt erklärte, dass Reich sei saturiert, versuchte er, dieses Misstrauen abzubauen. Dies war nicht zuletzt auch eine wesentliche Voraussetzung für die Isolierung Frankreichs innerhalb des europäischen Mächtekonzerts. Die Erhaltung des Friedens war eine wesentliche Voraussetzung zur Erreichung beider Ziele. Das von ihm errichtete Bündnissystem war das wichtigste Mittel dazu.

Zusatzinformationen zu den Materialien

Q1 Diese Karikatur aus dem „Simplicissimus" (1887) illustriert Bismarcks entscheidende Rolle in der europäischen Politik. Anlass war die große Doppelkrise 1886/87, in der es sowohl auf dem Balkan als auch in Frankreich zu großen Spannungen kam. Insbesondere in Frankreich forderten unter Führung des Generals Boulanger einflussreiche Kreise eine Revanche gegen Deutschland, und – folgt man der Karikatur – es lag in Bismarcks Hand, die Weichen für eine Erhaltung des „Friedens" oder den Sieg des Revanchestrebens – und damit einer kriegerischen Lösung der Spannungen – zu stellen.
Q2 Dieser Fächer mit den Unterschriften der europäischen und des türkischen Delegierten auf dem Berliner Kongress 1878, der die Orientalische Frage wenigstens temporär löste, zeigt ein weiteres wichtiges Mittel seiner Politik: die Einberufung internationaler Konferenzen, die Streitfragen schlichteten und auf denen das Deutsche Reich – hier wie auch später 1884/85 – als „Makler" auftreten konnte.
Q3 In dieser Denkschrift vom 10.11.1887 erläuterte Bismarck Kaiser Wilhelm I. noch einmal die Notwendigkeit der Erhaltung des europäischen Friedens aufgrund der unabsehbaren innenpolitischen Folgen eines großen Krieges für die konservativen Monarchien Europas. Zugleich wies er auf die vom republikanischen Frankreich ausgehenden Gefahren hin.
Q4 In der Kronratssitzung vom 23.3.1888 legte Bismarck dem neuen Kaiser Friedrich III. die Prinzipien seiner Außenpolitik und die Bedeutung der Erhaltung des Friedens dar. Im Übrigen vgl. die Erläuterungen zum VT.
D1 illustriert die wichtigsten europäischen Bündnissysteme, an denen das Deutsche Reich direkt bzw. indirekt (Orientdreibund) beteiligt war. Keines dieser Bündnisse diente der Vorbereitung eines Angriffskrieges; sie enthielten allein Bestimmungen für den Fall eines Angriffes von dritter Seite.

Zu den Fragen und Anregungen

2 Hier geht es um die Erkenntnis, dass Bismarck vor Gründung des Deutschen Reiches bereit war, seine außenpolitischen Ziele mithilfe der Führung von Kriegen (1864 gegen Dänemark, 1866 gegen Österreich, 1870 gegen Frankreich) zu verwirklichen und dabei auch mit der Neutralität der europäischen Flügelmächte (Russland und Großbritannien) rechnete; nach 1871 war es jedoch – wie er schnell erkannte – ein Gebot der Selbsterhaltung, den Frieden zu bewahren, da beide Flügelmächte eine weitere deutsche Expansion nicht erlauben würden. Zur Beantwortung der Frage müssen die Schüler auf die Themeneinheit „Deutsche streben nach Einheit und Freiheit", Kapitel 9 und 10, zurückgreifen. Dabei lässt sich auch die Frage noch einmal aufnehmen, welchen Einfluss einzelne Personen auf den Lauf der Geschichte haben könnten (vgl. „Werkstatt Otto von Bismarck").

3 Die Schülerinnen und Schüler sollen erkennen, dass Frankreich dem Deutschen Reich aufgrund der Niederlage 1871 und des Verlusts von Elsass-Lothringen feindselig, die anderen Mächte diesem jedoch wohlwollend gegenüberstanden, vorausgesetzt, dieses gab sich mit dem Erreichten zufrieden. Hinzu kam das gemeinsame Interesse der konservativen Ostmächte – Deutschland, Russland, Österreich-Ungarn – an der Bewahrung des innenpolitischen Status quo und der Abwehr revolutionärer Ideen, als dessen Vertreter seit 1789 Frankreich galt.

5. Das Weltmachtstreben Wilhems II. – Die deutsche Außenpolitik verändert Europa

Konzeption

Unter Wilhelm II. verließ das Deutsche Reich die Grundlinien Bismarckscher Politik und begann aktiv Weltpolitik zu betreiben.
Die Schülerinnen und Schüler sollen erkennen,
– warum das Deutsche Reich in den 1890er Jahren glaubte, wie die anderen Weltmächte Großbritannien, Russland und die USA „Weltmacht" werden zu müssen,
– wie die anderen Mächte darauf reagierten,
– dass das Auftreten des Deutschen Reiches das gegenseitige Misstrauen unter den Mächten verstärkte und ein den Frieden gefährdendes Wettrüsten zur Folge hatte.

Aspekte der Unterrichtsgestaltung

Da das Kapitel sehr umfangreich ist und das Thema aus unterschiedlichen Perspektiven beleuchtet werden muss, bietet sich eine Arbeit in Gruppen an, die in einer Fishbowl-Diskussion zusammengeführt wird. Ein möglicher Einstieg in das Thema wäre die Analyse des „Blauen Hunderters" (siehe Arbeitsblatt). In der ersten Erarbeitungsphase sollten sich die Schüler einen Überblick über die Entwicklung unter Wilhelm II. verschaffen (Aufgabe 1 und 2), bevor sie in Gruppen die kontroversen Positionen zur deutschen Weltmachtpolitik erarbeiten. Abschließend kann im Plenum die Frage diskutiert werden, ob es denn eine Alternative zur Weltmachtpolitik Wilhelms II. gegeben hätte.

Zusatzinformationen zum Verfassertext

Die Vorgeschichte des Ersten Weltkriegs steht seit einiger Zeit wieder im Mittelpunkt des Interesses. Manche Position wurde dabei modifiziert; zugleich rückten vor allem mentalitäts- und kulturgeschichtliche Fragestellungen stärker in den Mittelpunkt des Interesses. Einen Überblick bieten Volker R. Berghahn: Sarajewo, 28. Juni 1914. Der Untergang des alten Europa, München 1997; ders.: Europa im Zeitalter der Weltkriege, Frankfurt/M. 2003; sowie Sönke Neitzel: Kriegsausbruch. Deutschlands Weg in die Katastrophe 1900–1914, Zürich 2002.

Zusatzinformationen zu den Materialien

Q1 Das Selbstverständnis Wilhelms II., die deutsche Politik selbst leiten zu müssen („Persönliches Regiment") steht in einem auch für Schülerinnen und Schüler bemerkenswerten Kontrast zur Wirkung des kaiserlichen Auftretens nach außen. Die damit verknüpften Besorgnisse der anderen europäischen Mächte illustriert die von John Tenniel am 6.5.1890 im Londoner „Punch" veröffentlichte Karikatur das „L'enfant terrible" (vgl. dazu E. Schwalm (Hrsg.): Folienbuch Geschichte, Bd. 2, Gotha 1993, S. 118ff.). Russland, Österreich, Frankreich und England beobachten mit Sorge, wie Wilhelm II. das Boot zum Schaukeln bringt. Kindlicher Übermut und die Vorliebe für unzeitgemäßes monarchisches Verhalten, verdeutlicht an der Krone des mittelalterlichen Heiligen Römischen Reiches, werden bewusst als Stilmittel zur Charakterisierung des Kaisers benutzt. Um den Kontrast zwischen dem eigenen Selbstverständnis und der Wirkung nach außen exemplarisch herauszuarbeiten, dürfte es sich empfehlen, die Karikatur auf einer Folie zu vergrößern.

Q2 Dieser zeitgenössische Einband eines der vielen populären Bücher über die Flotte illustriert einerseits den Anspruch der deutschen Politik, weltpolitisch mitreden und diesen mithilfe einer starken Flotte auch durchsetzen

Tafelbild

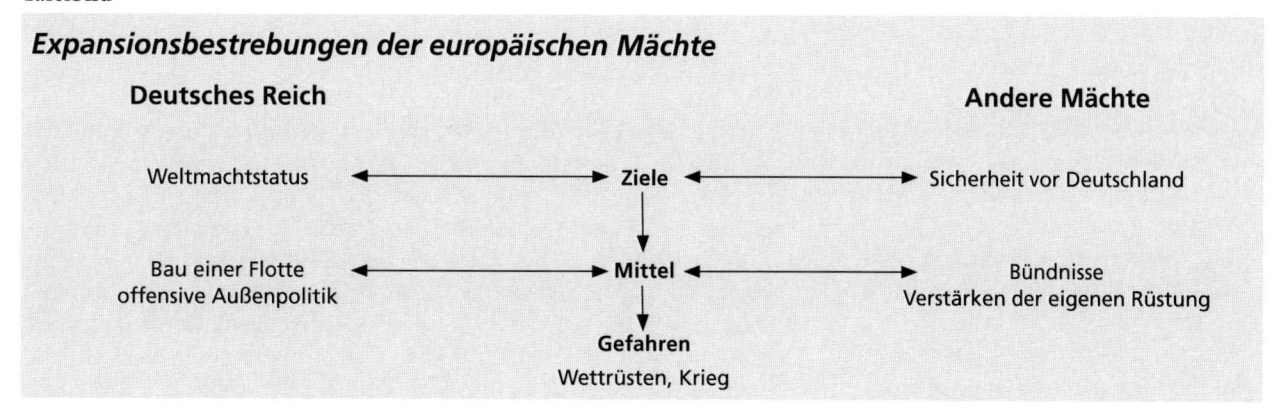

Expansionsbestrebungen der europäischen Mächte

Deutsches Reich		Andere Mächte
Weltmachtstatus	←→ Ziele ←→	Sicherheit vor Deutschland
Bau einer Flotte offensive Außenpolitik	←→ Mittel ←→	Bündnisse Verstärken der eigenen Rüstung
	↓ Gefahren Wettrüsten, Krieg	

zu wollen. Zugleich ist der Einband ein gutes Beispiel für moderne Formen der Propaganda.

Q3 Auf ihrer Postkarte zum Reichstagswahlkampf 1912 versuchte die Zentrumspartei, deren nationale Zuverlässigkeit im Rahmen der „Hottentotten-Wahlen" 1907 in Zweifel gezogen worden war, sich im Gegensatz zur SPD – „den roten Vaterlandsverrätern" – als „reichstreue" Partei zu präsentieren, die ohne Einschränkungen für Kolonien sowie ein starkes Heer und eine starke Flotte eintrat.

Q4 Die nationalliberale Partei war die Partei des Imperialismus „par excellence". Ohne Einschränkungen befürwortete sie daher die Welt- und Flottenpolitik. Der spätere Außenminister Gustav Stresemann (1878–1929), seit 1907 Mitglied des Reichstags, betonte die Notwendigkeit dieser Politik am 12. Mai 1907 in einer Rede auf der Hauptversammlung des Deutschen Flottenvereins in Köln. Zugleich unterstrich er damit die enge Verknüpfung zwischen „nationalen Parteien" im Reichstag und „nationalen Agitationsverbänden" wie dem Deutschen Flottenverein, der zu dieser Zeit annähernd eine Million Mitglieder hatte. Die Rede selbst enthielt nahezu alle machtpolitischen, wirtschaftlichen und ideologischen Begründungen, die in der innenpolitischen Diskussion über die Notwendigkeit dieser Politik regelmäßig angeführt wurden.

Q5 Die englische Regierung verfolgte den deutschen Flottenbau seit 1900 mit wachsender Sorge. Nachdem die Reichsleitung 1906 und 1908 weitere Novellen eingebracht hatte, die den Abstand zur englischen Flotte weiter verringerten, reagierte die englische Regierung äußerst besorgt und bemühte sich, ein Wettrüsten durch Verhandlungen zu verhindern. In zahlreichen Gesprächen wiesen die verantwortlichen Politiker wie der englische Außenminister Sir Edward Grey (1862–1933) und Schatzkanzler David Lloyd George (1863–1945) den deutschen Botschafter darauf hin, dass England aufgrund seiner geografischen Lage den deutschen Flottenbau als existenzielle Bedrohung betrachte und daher notfalls bereit sei, darauf mit einer Vergrößerung der eigenen Flotte zu antworten. Aus englischer Sicht erschien das Deutsche Reich auch insofern zunehmend bedrohlicher, als dieses bereits die stärkste Landmacht auf dem Kontinent war. Das englische Prinzip des „Gleichgewichts der Mächte auf dem Kontinent" wurde dadurch in bedrohlicher Weise infrage gestellt.

Q6 Großadmiral Alfred von Tirpitz (1849–1930) war einer der Architekten der deutschen Weltpolitik. Obwohl sein Konzept, mithilfe des Flottenbaus dem Deutschen Reich dazu zu verhelfen, das Erbe Englands antreten zu können, 1912/13 endgültig gescheitert war, war er nicht bereit, für einen Kurs der Verständigung einzutreten und die Rolle eines englischen „Juniorpartners" – die dem Reichskanzler vorschwebte – zu akzeptieren. In dieser Geheimrede vor seinen Offizieren machte er noch einmal deutlich, dass er es für richtiger halten würde, um die deutsche Vorherrschaft zu kämpfen, auch wenn dies den Untergang bedeuten würde.

Q7 Im Frühjahr 1913 begann Frankreich als Antwort auf die deutschen Heeresverstärkungen 1912/13 seine Armee ebenfalls zu verstärken. Darüber berichtete der englische Botschafter in Paris, Lord Bertie (1844–1919), in einem ausführlichen Bericht an die Regierung in London. Dabei wies er insbesondere auf die Wahl Raymond Poincarés (1860–1934) zum französischen Ministerpräsidenten und die damit verbundene „nationalistische Welle" hin.

Q8 Nachdem das Deutsche Reich 1908 durch eine weitere Novelle zum Flottengesetz das Bautempo erhöht hatte, begann auch die englische Marine verstärkt zu rüsten, indem sie das Tempo ihrer Neubauten verdoppelte. Zugleich drohten einige Admirale und Politiker mit einem Präventivkrieg gegen Deutschland, bevor die deutsche Flotte zu stark sei. Diese Karikatur aus dem sozialdemokratischen „Wahren Jacob" aus dem Jahre 1909 illustriert die tödliche Spirale des Flottenwettrüstens: zwei Kriegsschiffe – in der Form eines Rennwagens, an deren Steuer der englische König Eduard VII. (1841–1910) und der deutsche Kaiser Wilhelm II. (1859–1941) sitzen, rasen auf einer Piste, die aus Kanonenrohren besteht, in den Tod, der bereits wartet. Am Ende hat das Deutsche Reich dieses Wettrennen verloren, das Klima zwischen beiden Staaten wurde dadurch jedoch erheblich belastet.

Q9 Die Niederlage des Reiches in der Zweiten Marokkokrise 1911 hatte eine Flutwelle des Nationalismus zur Folge. Vor allem die politische Rechte kritisierte die Reichsleitung als zu „schlapp". In einem anonym erschienen Buch äußerte der Vorsitzende des Alldeutschen Verbandes, Heinrich Claß (1868–1953), diese Kritik und plädierte – wie zahlreiche andere Zeitgenossen – offen für einen Krieg. Der Handlungsspielraum der Reichsleitung, die in anderen Bereichen auf die Unterstützung der Rechten angewiesen war, wurde aufgrund dieser Erwartungshaltung zunehmend enger.

Q10 Die Beschleunigung des Wettrüstens 1912/13 war allein für die sozialistischen Parteien ein Anlass zur Sorge vor einem großen europäischen Krieg und dessen unabsehbaren Folgen. Gemeinsam machten sie daher 1913 dagegen Front und warnten vor Massensterben und Massenelend. Verhindern konnten sie den Krieg damit nicht; 1914 stellten sich beide Parteien – im Glauben, es handele sich um einen Verteidigungskrieg – an die Seite ihrer jeweiligen Regierung.

Q11 macht deutlich, dass führende deutsche Militärs bereits im Frühjahr 1914 auf die „rechtzeitige Herbeiführung" eines Krieges drängten. Vor dem Hintergrund des allgemeinen Wettrüstens und angesichts der isolierten Lage des Deutschen Reiches war ein Präventivkrieg ihrer Meinung nach die einzige Möglichkeit, militärisch die Oberhand über die Entente zu behalten. Aufgrund der starken Stellung des Militärs im Kaiserreich wurde der Entscheidungsspielraum der Regierung bei zukünftigen Krisen gefährlich eingeengt.

Q12 Die Sozialdemokraten waren neben einigen Linksliberalen die einzigen, die vor den Gefahren der Aufrüstung und des Militarismus, aber auch den damit verbundenen Lasten für breite Schichten der Bevölkerung von Anfang an warnten und darauf hinweisen, dass nur wenige Interessengruppen tatsächlich davon profitieren würden. Dieses SPD-Plakat aus Anlass der Reichstagswahlen von 1912, bei denen die SPD schließlich zur stärksten Partei im Reichstag wurde, ist ein Beispiel dafür.

D1, D2 verdeutlichen am Beispiel der Rüstungsausgaben bzw. des Baus großer Kriegsschiffe noch einmal die Dimensionen wie auch die Beschleunigung des Rüstungswettlaufs vor 1914, in dem das Deutsche Reich schließlich die Führung übernahm.

Zu den Fragen und Anregungen

1 Die Schüler sollen zeigen, dass sie einem Text die wesentlichen Informationen entnehmen und sie in geordneten, kurzen, aber aussagekräftigen Stichworten zusammenfassen können. Die gegenseitige Beurteilung der Ergebnisse soll die methodischen Fertigkeiten vertiefen und erweitern. Inhaltlich sollen die Schüler folgende Punkte ansprechen: Weltmachtanspruch Wilhelms II., Ausbau der Kriegsflotte, aktive, teilweise auch aggressive und unberechenbare imperialistische Politik, öffentliche Unterstützung, England fühlt sich bedroht, Verhandlungen zur Begrenzung des Flottenrüstens scheitern, ab 1905/06 rüstet England auf, England schließt Bündnisse gegen Deutschland (Entente cordiale 1904, Einigung mit Russland 1907, → Triple Entente), deutliche Spannungen unter den europäischen Großmächten, allgemeines Wettrüsten, Verhandlungen zur Beendigung des Wettrüstens scheitern.
2 Die Schüler sollen einem Text Informationen entnehmen und in eine Karte übertragen. Der Vergleich zu D1 auf S. 232 zeigt anschaulich die veränderte Mächtekonstellation in Europa.
3 Die Materialien enthalten Textquellen, Statistiken und Karikaturen. Die Analyse dieser Quellen sollte daher mit einem Rückgriff auf die bereits erlernten Interpretationsmethoden verbunden sein. Gerade die Statistiken haben für die genannte Fragestellung keinen unmittelbaren Aussagewert, sondern müssen erst interpretiert werden.
Mindestens zwei Schüler sollten sich darauf vorbereiten, die Diskussion zu moderieren. Auf der Basis der ersten Erarbeitungsphase und der bereits behandelten Kapitel sollten sie einen Fragenkatalog zusammenstellen, der darauf abzielt zu klären, welche Positionen die unterschiedlichen Gruppen zur deutschen Politik und zur Situation in Europa einnehmen. Dazu sollten einzelne Stationen der deutschen und europäischen Entwicklung herausgegriffen und Fragen formuliert werden, die Stellungnahmen der Diskussionspartner einfordern.
Im Einzelnen sollten die Gruppen auf folgende Aspekte eingehen:
Gruppe 1: Die Schülerinnen und Schüler sollen erkennen, dass das Streben nach Macht und Prestige, der Wille, Weltvormacht zu werden (Q3, Q6, Q9), sowie die Überzeugung, dass Rüstungsausgaben auch ökonomisch sinnvoll seien (Q4), ein wesentliches Motiv der Befürworter der Welt- und Flottenpolitik war. Q2 dokumentiert die Stärke des Deutschen Reiches und den daraus resultierenden Anspruch auf Mitsprache auch auf den Weltmeeren und in Übersee.
Gruppe 2: Die Kritiker der deutschen Weltmachtpolitik wiesen auf die mit einem Wettrüsten verbundenen großen Gefahren für den Frieden (Q8, Q10) und auf die Vernachlässigung kultureller Aufgaben sowie der stetigen Fortentwicklung der Demokratie (Q10) hin. Die zunehmende ‚Erschöpfung der Völker' (Q10) kann durch D1 und D2 belegt werden. Aus Q11 geht hervor, dass das Wettrüsten eine Dynamik in Gang setzt, deren Folge nicht mehr die Größe und das Prestige Deutschlands ist, sondern die Aufrüstung der europäischen Nachbarn, die Deutschland in kürzester Zeit überflügeln werden. Die Weltpolitik führt Deutschland daher nicht zu Größe und Erfolg, sondern zwangsläufig in einen Krieg, dessen Ausgang ungewiss ist.
Gruppe 3: England betont vor allem seine eigenen Sicherheitsinteressen. Die deutsche Politik verhindere eine vertrauensvolle Beziehung. Jeder Engländer würde mit seiner Existenz die Unabhängigkeit seines Landes unterstützen. Auch in Frankreich erwacht ein militaristischer Nationalismus. Q1 ist ein Beleg für die Sorgen der anderen europäischen Mächte vor der Unruhe, die das Deutsche Reich – im Gegensatz zur Bismarck-Ära – verursacht.

6. Der Balkan – ein „Pulverfass" für Europa?

Konzeption

Die Schülerinnen und Schüler sollen erkennen,
– dass der Balkan vor 1914 aufgrund gegenläufiger nationalistischer Strömungen ein Konfliktherd war,
– regionale Konflikte den allgemeinen Frieden gefährden können, wenn Großmächte zur Wahrung eigener Interessen direkt oder indirekt darin verwickelt sind,
– dass Krieg als Mittel der Politik in Regierungen und der Öffentlichkeit durchaus anerkannt war.

Die Balkankriege 1912/13 eignen sich zur Thematisierung dieser Aspekte, da genuin nationale Ziele und Großmächteinteressen sich hier in vielfacher Hinsicht überschnitten. Zugleich trägt eine exemplarische Behandlung dieses Konfliktherds zu einem besseren Verständnis der komplexen Situation im Juli 1914 wie auch zur Erklärung der heutigen nationalen Spannungen auf dem Balkan bei.

Aspekte der Unterrichtsgestaltung

Durch einen Vergleich der Abbildungen Q1 und Q5 könnten die Schüler für dieses Thema sensibilisiert werden (Aufgabe 1). Um die komplexe Situation und die vielen sich überschneidenden Interessen zu erfassen, sollten die Schüler in einer ersten Erarbeitungsphase in Gruppenarbeit die Positionen der unterschiedlichen „Parteien" herausarbeiten. (Aufgabe 2). In der zweiten Erarbeitungsphase steht die Frage im Vordergrund, welche Lösungsvorschläge die einzelnen Nationen machen und welche Rolle Krieg als Mittel der Politik spielt (Aufgabe 3 und 4). Der Wunsch der Serben nach einem Nationalstaat sollte an die deutsche Geschichte zurückgebunden werden: Wie verlief dieser Prozess in Deutschland? Welche Möglichkeiten gibt es, einen Nationalstaat zu errichten? Abschließend sollte die Frage nach Krieg als Mittel der Politik aktualisierend aufgegriffen werden: Welche Beobachtungen lassen sich heute dazu machen? Wie wird Krieg als Mittel der Politik gerechtfertigt? Welche Erfolge zeitigt diese Politik?

Zusatzinformationen zum Verfassertext

Auf dem Balkan lebten Serben, Kroaten, Mazedonier, Albaner und Muslime seit Jahrhunderten neben- und

Imperialismus und Erster Weltkrieg

Tafelbild

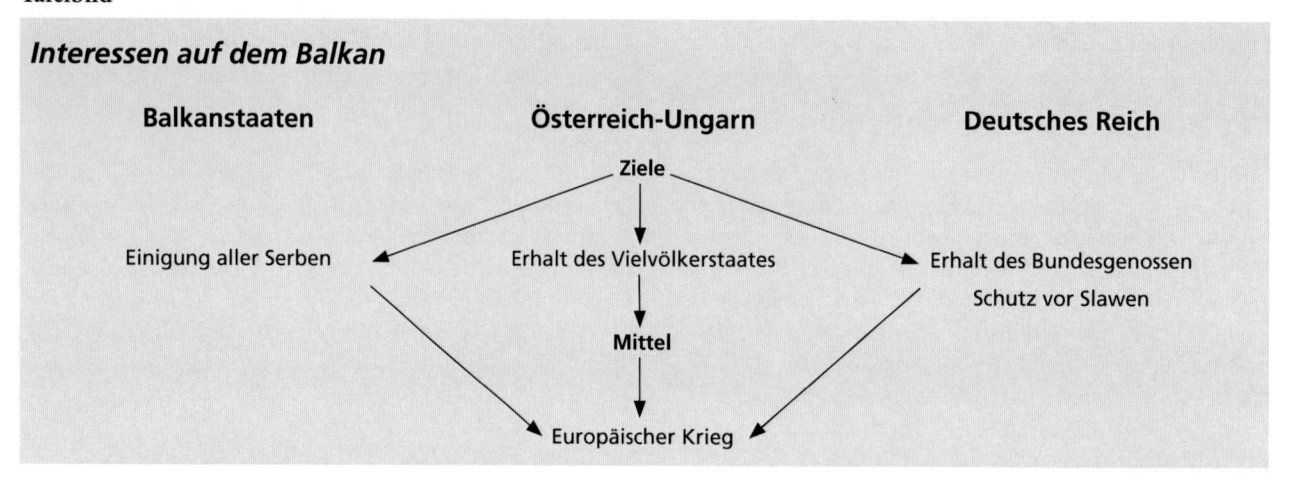

Interessen auf dem Balkan

Balkanstaaten	Österreich-Ungarn	Deutsches Reich
	Ziele	
Einigung aller Serben ←	Erhalt des Vielvölkerstaates	→ Erhalt des Bundesgenossen
		Schutz vor Slawen
	Mittel	
	Europäischer Krieg	

miteinander in den gleichen Gebieten, jedoch in unterschiedlichen Staaten. Während Österreich-Ungarn und die Türkei ihre Herrschaft über „ihre" Völker aufrechterhalten wollten, strebte Serbien danach, nach dem Vorbild Deutschlands oder Italiens im 19. Jahrhundert alle Serben unter einem Dach zu vereinen. Daraus resultierten mehrfach große Krisen.

Zusatzinformationen zu den Materialien

Q1 Die Karikatur aus dem „Simplicissimus" aus dem Jahre 1912 thematisiert die Haltung der europäischen Mächte nach Ausbruch des Krieges zwischen den Balkanstaaten und der Türkei. Obwohl das „Haus" brennt, geben die europäischen Mächte nur vor, als „Feuerwehr" den Brand zu löschen. Sie betätigen zwar gemeinsam die Feuerspritze (Wasserpumpe), aber der Engländer ritzt mit einer Axt ein Loch in den Schlauch, der Russe steht auf dem Schlauch und hält damit das Löschwasser zurück). Aus Eigennutz haben die europäischen Mächte offenbar ein Interesse daran, das Feuer am Brennen zu halten.

Q2 Aufgrund der als Bedrohung aufgefassten großserbischen Bestrebungen gehörte der österreichisch-ungarische Generalstabschef Conrad von Hötzendorf zu den Befürwortern eines baldigen Krieges gegen Serbien.

Q3 beschreibt die Haltung der großserbischen Kräfte gegenüber Österreich-Ungarn. Der Name „Piemont", der bewusst auf die Rolle dieses italienischen Kleinstaates bei der Einigung Italiens (Lehrervortrag) anspielt, hat programmatischen Charakter. In gleicher Weise wie das kleine Königreich Piemont verstand sich Serbien als Keimzelle eines großen, einheitlichen Nationalstaates und war bereit, dieses Ziel durch einen Nationalkrieg zu erreichen.

Q4 Nach anfänglicher Unsicherheit war die Reichsleitung ebenso wie die englische Regierung nicht gewillt, den Balkankrieg eskalieren zu lassen. Daher warnte sie die österreichische Regierung, die bereit war, wegen der serbischen Ansprüche auf einen Zugang zur Adria einen europäischen Konflikt zu riskieren, vor einer Eskalation des Konflikts. Zugleich wies sie darauf hin, dass der Zeitpunkt für einen Konflikt aus Sicht der Reichsleitung jetzt ungünstig sei.

Q5 Diese Karikatur aus dem sozialdemokratischen „Wahren Jacob" aus dem Jahre 1909, als es nach der Annexion Bosniens und der Herzegowina durch Österreich-Ungarn bereits einmal zu scharfen Spannungen zwischen diesem und dem mit ihm verbündeten Deutschen Reich einerseits, Russland und seinen Verbündeten andererseits gekommen war, illustrierte die Schwierigkeiten, den Balkan zu befrieden, wenn alle in eine andere Richtung zogen. Zugleich wird deutlich, dass der Balkan ein Dauerproblem war.

Q6 Der Brief des englischen konservativen Politikers Austen Chamberlain (1863–1937) offenbart die weit verbreitete Überzeugung, dass ein baldiger Krieg von zahlreichen Menschen als Lösung der als unerträglich empfundenen Spannungen in Europa empfunden wurde.

D1 Die Karte zeigt die tief greifenden Veränderungen auf dem Balkan in den Jahren 1912/13.

Zu den Fragen und Anregungen

1 Siehe „Zusatzinformationen zu den Materialien".

2 Durch die Steckbriefe sollen die Schüler die einzelnen Kontrahenten in der Balkankrise 1912/13 erfassen. Dabei wird auch von ihnen erwartet, dass sie das Lesen einer historischen Karte beherrschen und auch bereits bekannte Informationen verarbeiten, z. B. die Zuweisung von Bündnispartnern. Ein Steckbrief für Österreich-Ungarn könnte folgendermaßen aussehen:
- Eigene Situation: Vielvölkerstaat, einzelne Völker wollen den Staat verlassen und einen eigenen Staat errichten, Österreich-Ungarn lehnt Gebietsforderungen ab;
- Bündnispartner: Deutschland, Italien;
- geführte Kriege: 1878–1908 Besetzung von Bosnien-Herzegowina und Teilen des Osmanischen Reiches;
- erreichte Ziele/offene Fragen: Erhalt des Vielvölkerstaates. Wie reagiert es weiterhin auf den großserbischen Nationalismus? Welche Rolle wird es seinen Verbündeten antragen?

3 Der österreichische Generalstabschef betrachtete Serbien als eine dauerhafte Gefahr für den Vielvölkerstaat; daher plädierte er für einen Krieg so schnell wie möglich. Dieser konnte aber nach seiner Einschätzung nur mit deutscher Unterstützung gewonnen werden. Der deutsche Reichskanzler hielt 1912/13 den Zeitpunkt für einen großen Krieg für ungünstig und plädierte daher für die Aufrechterhaltung des Friedens. Der französische Kriegsminister hingegen plädierte aus militärischen Gründen für einen Krieg „je eher desto besser". Diese Haltung, die Krieg als legitimes Mittel der Politik betrachtete und für dessen Auslösung je nach Interessenlage plädierte, gefährdete den Frieden in hohem Maße, da sie die verantwortlichen Staatsmänner in Krisen dazu verleitete, nicht den Frieden, sondern eine gute Ausgangslage für einen Krieg zu suchen.

4 Das Verhältnis von den Serben zu Österreich erinnert an das der Deutschen zu Frankreich. Österreich wird als Besatzungsmacht beschrieben, die bekämpft werden soll. Die Rache gegenüber dem Besatzer eint das Volk und stärkt den nationalen Gedanken. Die Gründung des deutschen Nationalstaates erfolgte dann tatsächlich durch einen Krieg gegen den „Erbfeind". Allerdings war eine Nationalstaatsgründung zunächst über eine Revolution im Inneren versucht worden. Wäre eine solche Lösung in der Situation 1912/13 denkbar?

7. Europa im „Juli 1914" – Wie ein „Weltbrand" entsteht

Konzeption

Der Erste Weltkrieg gilt allgemein als die „Urkatastrophe des 20. Jahrhunderts". Die Schülerinnen und Schüler sollen
– Anlass und Ursachen für die krisenhafte Zuspitzung im Juli 1914 erkennen,
– die von den beteiligten Großmächten in der Julikrise verfolgten Ziele erkennen,
– die Komplexität politisch-militärischer Entscheidungsprozesse in Krisensituationen erkennen.

Aspekte der Unterrichtsgestaltung

Einen Einstieg in das Thema könnte eine Diskussion über die Folgen eines politischen Attentats, wie in Q2 dargestellt, bieten. Als weitere Teilthemen können analog zu den Fragen und Anregungen folgende erarbeitet werden:
– Anlass und Ursachen des Krieges (Q3, Q4);
– Die Haltung der Großmächte (Q4, Q5, Q6, Q7, Q8);
– Das Urteil der Geschichte (D1, D2).

Tafelbild

Ziele der Mächte in der „Julikrise"

Österreich-Ungarn	– Rache für Franz Ferdinand – Zurückdrängung des serbischen Nationalismus – Erhalt des Großmachtstatus
Deutsches Reich	– Unterstützung des Bündnispartners – Sprengung der Entente – Präventivkrieg
Russland	– Unterstützung Serbiens (Panslawismus) – Prestige
Frankreich	– Unterstützung des russischen Bündnispartners – Angst vor Deutschland
England	– Verletzung der belgischen Neutralität – Aufrechterhaltung des Gleichgewichts

Bei der Erarbeitung können die folgenden Problem-/Fragestellungen als Impulse gegeben werden:
– Warum gibt es Krieg und keine diplomatische Lösung (vgl. Q4–Q7)?
– Was bedeutet ein großer Krieg für die Menschen (Q9)?
– Wie wird der Krieg von der deutschen Regierung gerechtfertigt (Q3, Q5)?
– Wie hätte der Krieg vermieden werden können?

Die Positionen der beteiligten Länder können die Schülerinnen und Schüler in arbeitsteiliger Gruppenarbeit herausarbeiten.

Zur Vertiefung der „Kriegsschuldfrage" können die Schülerinnen und Schüler die Materialien Q3 und D1, D2 einem Vergleich unterziehen oder alternativ ein Rollenspiel durchführen.

Zusatzinformationen zum Verfassertext

Ausbruch und Folgen des Ersten Weltkrieges gehören zu den am meisten erforschten, wenngleich in Teilen weiterhin kontrovers diskutierten Themen der Geschichte. Als kurzer Überblick eignen sich neben der zu Kap. 5 genannten Literatur die aus Anlass des 90. Jahrestags des Kriegsausbruchs im Jahr 2004 erschienenen Sonderhefte von Spiegel Spezial: Die Urkatastrophe des 20. Jahrhunderts, Nr. 1/2004, sowie GEO-Epoche: Der Erste Weltkrieg. Von Sarajevo bis Versailles: Die Zeitenwende 1914–1918, Nr. 14 (2004).

Zusatzinformationen zu den Materialien

Q1 1914 malte der Maler Friedrich August von Kaulbauch (1850–1920) das Bild von der bewaffneten „Germania". Damit wollte er die Stärke des Deutschen Reiches und dessen Willen, sich zu verteidigen, illustrieren. Dieses Motiv zierte bald die Urkunden, auf denen der Tod Gefallener an der Front dokumentiert wurde.

Q3 Am 6. August 1914 veröffentlichte Wilhelm II. einen Aufruf „An das deutsche Volk". In diesem betonte er einerseits, dass es sich um einen Verteidigungskrieg gegen eine Koalition von Gegnern handelte, die dem Deutschen Reich „den Erfolg unserer Arbeit" neiden. Andererseits forderte er das Volk entsprechend der Politik des Burgfriedens zur Einigkeit auf.

Q4 Der österreichische Ministerpräsident Graf Stürgkh begründete – nach dem Erhalt des „Blankoschecks" auf der Sitzung des Ministerrats vom 7. Juli 1914 – seine Entscheidung, einen Krieg gegen Serbien zu führen, selbst wenn dieser ein Eingreifen Russlands und damit einen Kontinentalkrieg zur Folge haben sollte. Angesichts der gegebenen Lage galt es, den Gegnern zuvorzukommen.

Q5 In seinem Schreiben an den deutschen Botschafter in London erläuterte Staatssekretär Gottlieb von Jagow (1863–1936) die Politik der Reichsleitung. Zwar bevorzugte er eine Lokalisierung des Konflikts, wollte aber bei einer Eskalation keinesfalls „kneifen".

Q6 Der deutsche Botschafter in London, Max Fürst von Lichnowsky (1860–1928), gehörte zu den wenigen, die die Regierung in Berlin Ende Juli 1914 mehrfach davor warnten, den Konflikt zwischen Österreich-Ungarn und Serbien dazu zu benutzen, den Zusammenhalt der Entente zu „testen". Eine politische Demütigung Frankreichs und

Russlands oder sogar ein militärischer Sieg Deutschlands über diese beiden Verbündeten Englands zerstörte aus englischer Sicht das Gleichgewicht der Mächte auf dem Kontinent, sodass Großbritannien, das damals die führende Weltmacht war, auf deren Seite in den Krieg eintreten würde. Es ist in der Forschung bis heute umstritten, ob der Reichskanzler im Juli 1914 dennoch mit der englischen Neutralität rechnete oder ein Eingreifen Englands in Kauf zu nehmen bereit war.

Q7 macht deutlich, dass das Kalkül der deutschen und der österreichischen Regierung in Russland durchaus erkannt wurde. Um die eigene Position auf dem Balkan zu wahren, war das Zarenreich im Gegensatz zu vorangegangenen Krisen dieses Mal nicht bereit, eine Niederlage Serbiens hinzunehmen.

Q8 Diese Sammelbox mit Soldatenfiguren der am Krieg beteiligten Länder für Kinder illustriert die psychologische Vorbereitung auf den Krieg, und dass er als gerechtfertigt wahrgenommen wurde.

D1, D2 Die Frage nach der „Kriegsschuld" hat Generationen von Historikern beschäftigt. Heute sind viele Kontroversen zwar überwunden, dennoch gibt es Unterschiede bei der Bewertung. Während Thomas Nipperdey wie zahlreiche andere Historiker die Mitverantwortung der anderen Mächte betont, hält Sönke Neitzel weiterhin das Deutsche Reich für den Hauptverantwortlichen.

Q9 Diese Schweizer Postkarte, die am Jahresende 1914 erschien, illustriert die vom Krieg ausgehende Zerstörung Europas. Die Figur der „Europa" ist zugleich ein guter Kontrast zur Figur der „Germania".

Zu den Fragen und Anregungen

1 Vgl. „Zusatzinformationen zu den Materialien".
2 Die Schülerinnen und Schüler sollen hier herausarbeiten, dass Nipperdey alle Mächte für den Kriegsausbruch verantwortlich macht, Neitzel hingegen allein das Deutsche Reich, wobei er insbesondere auf die verhängnisvolle Rolle der Militärs im Entscheidungsprozess hinweist.
3 Die Schülerinnen und Schüler sollen dabei erkennen, dass das Deutsche Reich dieses Mal im Gegensatz zu den Balkankriegen an keiner friedlichen Lösung durch Zusammenarbeit der Großmächte, insbesondere der unbeteiligten Mächte Deutschland und Großbritannien, interessiert war.
4 Attentat – deutsche „Blankovollmacht" – Ultimatum an Serbien – Österreich-Ungarn erklärt Serbien den Krieg – Russland macht mobil – deutsche Kriegserklärungen an Russland und Frankreich – Verletzung der belgischen Neutralität – England erklärt Deutschland den Krieg.

8. Von der Kriegsbegeisterung zum Massentod

Konzeption

Dieser Abschnitt soll den Schülerinnen und Schülern einen Eindruck der Dimension und – in großen Zügen – vom Verlauf des Krieges vermitteln. Sie sollen erkennen, dass
– dieser Krieg zunächst Begeisterung auslöste,
– dass diese Begeisterung von der Realität an der Front und neuen Formen der Kriegführung (Stellungskrieg, Einsatz moderner „effizienter" Waffen, Massensterben) innerhalb weniger Monate eingeholt wurde,
– alle Mächte weit reichende Kriegsziele verfolgten,
– Propaganda psychologisch eine zentrale Rolle bei der Legitimierung des Krieges zu spielen begann.

Aspekte der Unterrichtsgestaltung

Einen Themeneinstieg bieten die Bilder Q1 und Q3. Durch einen Vergleich lässt sich hier gut die Diskrepanz zwischen Kriegsbegeisterung und Realität auf den Schlachtfeldern darstellen.
Weitere Teilthemen zur Behandlung im Unterricht können sein:
– Kriegsbegeisterung und Kriegsrealität (Aufgabe 1 und 3);
– Industrialisierung des Krieges (vgl. Q1, VT, Aufgabe 4);
– Vom begrenzten Krieg zum Weltkrieg (D1);
– Kriegszielpolitik (Aufgabe 2);
– Kriegspropaganda (Q7, Q8).
Problem-/Fragestellungen:
– Was ist unter einer „Industrialisierung" des Krieges zu verstehen;
– Wie ist das Verhalten der Menschen zu Beginn des Krieges zu erklären?
– Was ist Propaganda, welcher Stilelemente bediente sie sich und welche Ziele verfolgte sie?
– Kriegsziele machten Frieden unmöglich: Argumente pro und kontra;
– Fakultativ: Warum gibt es keinen Frieden? Friedensvorschläge – Kriegsziele.

Zusatzinformationen zu den Materialien

Q1 Dies ist eines der Farbfotos, die 2003 in französischen Archiven aufgefunden wurden und die das Grauen des Krieges illustrieren.

Tafelbild

Die Auswirkungen des Krieges

Kriegsbegeisterung	Wandel der Kriegführung	weit reichende Kriegsziele
– Ernüchterung – Trauer – Entsetzen	– Massentod – unvorstellbare Zerstörung – „Industrialisierung" des Krieges	– Kriegspropaganda – kein Verhandlungsfrieden

Q2 Eines von Tausenden von Gedichten, die zu Beginn und während des Krieges veröffentlicht wurden, um diesen zu verherrlichen bzw. zu neuen Anstrengungen aufzurufen.

Q3 Das Foto illustriert die Begeisterung, mit der die Menschen, die einen kurzen Krieg erwarteten, in den beteiligten Ländern im Sommer 1914 in den Krieg gezogen sind. Die Frage, ob diese Bilder tatsächlich die Realität des August 1914 widerspiegeln, ist in der historischen Forschung inzwischen allerdings umstritten. Neuere Arbeiten, die sich aus alltags- und mentalitätsgeschichtlicher Perspektive mit dem „Augusterlebnis" beschäftigen, kommen vielmehr zu dem Ergebnis, dass die Begeisterung für den Krieg keineswegs so groß und weit verbreitet war, wie es die vielen Bilder, Gedichte und Schriften zu suggerieren scheinen. Daher wäre es auch eine mögliche Aufgabe für Schülerinnen und Schüler, sich im Stadtarchiv anhand einschlägiger Zeugnisse über die Reaktionen auf den Kriegsausbruch in ihrer Stadt zu informieren.

Q4, Q5 Die Texte sind Beispiele für die Stimmung in den jeweiligen Ländern. Nicht eingeweiht in das Kalkül der Politiker, ging die Mehrheit der Menschen von einem Verteidigungskrieg aus und zog daher in den Krieg. Wieweit die Begeisterung reichte, ist in der Forschung allerdings teilweise sehr umstritten.

Q6, Q9 Diese Programme aus den ersten Monaten des Krieges belegen die Diskussion über Kriegsziele in allen am Krieg beteiligten Ländern. Sie lassen zugleich die prinzipielle Dynamik imperialistischer Interessen in Krieg und Nachkriegszeit erkennen. Die von Reichskanzler Bethmann Hollweg im September 1914 in Auftrag gegebene Denkschrift (Q9), deren Verbindlichkeit für die Politik des Reichskanzlers in der Forschung allerdings umstritten ist, ist eine erste Zusammenfassung der wichtigsten Kriegszielforderungen, die seit Anfang August von Parteien, Verbänden, Militärs und zivilen Ministerien erhoben wurden. Die Möglichkeit, den Krieg durch Verhandlungen zu beenden, wurde dadurch, insbesondere durch das deutsche Beharren auf einer Kontrolle Belgiens bzw. einer eventuellen Annexion von Teilen dieses neutralen Landes, sehr erschwert. Der Druck der Öffentlichkeit auf die Regierung trug maßgeblich dazu bei, deren Handlungsspielraum bei Verhandlungen einzuschränken. Einer der wesentlichen Kritikpunkte an den Arbeiten Fritz Fischers über die deutsche Politik 1914–1918 war, die deutschen Kriegsziele nicht in den Zusammenhang mit denen der übrigen Kriegführenden eingeordnet und damit die unverkennbare Dialektik zwischen den Zielen der verschiedenen Staaten vernachlässigt zu haben. Vor dem Hintergrund dieser durchaus berechtigten Kritik, die an der wesentlichen Verantwortung des Deutschen Reiches für den Ausbruch des Krieges nichts ändert, ist Q6 ein Beleg dafür, dass auch die Alliierten von Anfang an entschlossen waren, die politische, militärische und wirtschaftliche Macht Deutschlands drastisch zu reduzieren. Die französisch-russischen Abmachungen vom September 1914 sind ein erster Ausdruck dieser Bestrebungen. Die Gesamtheit dieser Kriegsziele war weniger Ausdruck authentischen imperialistischen Machtstrebens als, vor allem in Frankreich, vielmehr einer obsessiven Sorge um die eigene Sicherheit.

Q7 Die Postkarte ist ein illustratives Beispiel für die Forderung nach noch weiter reichenden Kriegszielen in der italienischen Öffentlichkeit sowie für die suggestive Form der Kriegspropaganda.

Q8 Das Titelblatt ist ein deutsches Beispiel für Kriegspropaganda zu einem bereits sehr frühen Zeitpunkt. Es offenbart sehr weit reichende Kriegsziele – der Sprung über den Kanal vom besetzten Belgien aus – gestützt auf ein siegreiches Heer und eine starke Flotte.

Zu den Fragen und Anregungen

1 Vgl. die Erläuterungen zu Q2–Q5.

2 Vgl. die Erläuterungen zu Q6–Q9. Das Verfassen eines Aufrufs an das deutsche Volk (vgl. S. 243, Q3) verlangt von den Schülern, eine bestimmte Perspektive einzunehmen und den Text dem gedachten Verfasser gemäß propagandistisch zu gestalten. Um die geplante Wirkung zu erzielen, muss ebenfalls der Adressat bedacht werden. Die Schüler müssen Ängste und Hoffnungen im Volk kennen und die einzelnen Aspekte des Themas Kriegsziele auf diese Stimmung abstimmen. Sie müssen entscheiden, welche Themenbereiche sie betonen, welche sie entschärfen oder unterschlagen. Der produktive Arbeitsauftrag soll die Schüler zu einem kritischen Umgang mit Propaganda befähigen. Auf der Basis der erzielten Ergebnisse sollte dieses Thema daher abschließend reflektiert werden.

3 Die Schüler sollen einerseits anhand von VT und D1 den Kriegsverlauf rekapitulieren und dabei auch wieder Informationen einer Karte verbalisieren. Auf der anderen Seite sollen sie erkennen, wie der Kriegsverlauf die Einstellung zum Krieg änderte. In den Schülerarbeiten sollten folgende Aspekte enthalten sein: Stellungskrieg, neue Techniken und deren Folgen, Materialschlachten, Massentod. Die Aufgabe kann dadurch ergänzt werden, dass die Schüler sich über die im Krieg eingesetzte moderne Technik und deren Folgen informieren sollen.

4 An einem Beispiel sollen die Schüler erarbeiten, wie und warum bahnbrechende industrielle Entwicklungen für den Krieg eingesetzt wurden und werden: Wer stellte die Kriegstauglichkeit neuer Techniken fest? Von wem wurden sie in Auftrag gegeben? Warum haben die Forscher sich nicht verweigert? Wer hat die Kosten übernommen? Wie erfolgte die Massenfertigung? Fritz Haber (1868–1934) war Chemiker und erhielt für das Haber-Bosch-Verfahren 1918 den Nobelpreis für Chemie. Die Preisvergabe war sehr umstritten, da Haber im Ersten Weltkrieg die Giftgase eingeführt hatte. Auf der anderen Seite zeigt die Biografie Fritz Habers drastisch, welche Folgen die Forschungsarbeit für den Krieg auch privat haben kann: Fritz Habers Frau beging aus Verzweiflung über sein Kriegsengagement Selbstmord, ein großer Teil seiner Familie – er war Jude – wurde von den Nationalsozialisten vergast. An der Entwicklung des Gases hatte Haber selbst mitgewirkt.

Gewusst wie: Feldpost auswerten

Konzeption

Fragt man nach Kriegserfahrungen sowohl der Soldaten wie auch der Daheimgebliebenen, so stellen Feldpostbriefe mit Sicherheit einen der bedeutendsten Quellenbestände dar. Die Zensur der Post und die vielfältigen psychischen Verwicklungen der Verfasser erfordern bei der Analyse und Interpretation der Briefe methodische Arbeitsschritte, die bei der allgemeinen Auswertung von Textquellen nicht im Vordergrund stehen. Daher sollen die Schülerinnen und Schüler am Beispiel der Feldpost dazu angeleitet werden, mit Textquellen umzugehen, die einerseits aus einer betont subjektiven Perspektive geschrieben sind und andererseits besonderen äußeren Bedingungen unterliegen. Nach der Erarbeitung des Kapitels sollte die Bearbeitung von Feldpost mit der Auswertung anderer Textquellen verglichen werden. Die Schüler sollen erkennen, dass die Arbeitsschritte prinzipiell die gleichen sind, dass man sich aber stets die besonderen Aspekte einzelner Quellengattungen bewusst machen muss.

Aspekte der Unterrichtsgestaltung

Sollten die Familien von Schülern noch Feldpostbriefe besitzen, könnte man als Einstieg die jeweilige Geschichte des Briefes sowie die äußere Beschaffenheit besprechen. Auch die Leitfrage des Themas ließe sich daran formulieren: Auf welche Fragen könnte diese Quelle Antwort geben? Welche Besonderheiten muss man bei der Auswertung dieser Quelle beachten?

Zusatzinformationen zu den Materialien

Q1, Q2 Beide Briefauszüge entstammen den umfangreichen Privatsammlungen der Bibliothek für Zeitgeschichte in Stuttgart. Von Robert Pöhland, einem Industriearbeiter aus Bremen, sind weit über 100 Briefe vorhanden, die es erlauben, den Absender über mehrere Kriegsjahre zu begleiten. Der vorliegende Brief Pöhlands wurde während der von Juli bis Ende November dauernden Somme-Schlacht geschrieben, einer der größten Materialschlachten des Ersten Weltkrieges.

Zu den Fragen und Anregungen

1 Eine wesentliche Beobachtung ist die häufig absolut außergewöhnliche Entstehungszeit und der Entstehungsort der Briefe. Das Verfassen eines Briefes während einer Schlacht muss zu einer Gefühlslage führen, die aus unserer Perspektive ebenfalls absolut außergewöhnlich ist. Gerade bei Feldpost ist es daher entscheidend sich zu Ort und Zeit zu informieren, denn damit können bestimmte Kriegsereignisse verbunden sein, die den Verfasser beeinflussen.
2 Er überträgt seinem Sohn die Sorge für die Familie. In seinen Augen war es nicht die Rolle der Frau Familienoberhaupt zu sein und die Existenz der Familie zu sichern, daher schreibt er an seinen Sohn. Seiner Frau hätte er wohl eher in hoffnungsvolleren Situationen geschrieben, hätte ihr Mut gemacht und seine eigenen Ängste zurückgehalten.
3 Der Brief Dr. Jenthes vermittelt auf den ersten Blick eine positive Sicht auf den Krieg: gut verheilte Wunde – großartiger Siegeszug – große Heerstraße – vorzüglich ausgebaute Stellungen – nur zum Spaß, kein Angriff. Er vermittelt den Eindruck, als ob der Verfasser von der Notwendigkeit des Krieges und der Kampfkraft der Deutschen überzeugt ist. Auf der anderen Seite enthält er aber viele Detailinformationen, die nicht in jeder positiven Schilderung enthalten sind: Wunde – fast jeden Tag Gefechte – stramm marschiert – Läuse – Hagel von Geschossen – Gasangriffe. Werden diese Aspekte des Briefes in den Vordergrund gerückt, liest er sich eher wie eine Warnung an seinen Schüler, die er allerdings durch den positiven Duktus des Briefes gut vor der Zensur versteckt hat. Kennt der Lehrer den Schüler sehr gut, so könnte er unter Umständen sicher sein, dass dieser die versteckten Botschaften versteht.
4 Vgl. „Konzeption".

9. Totaler Krieg und gesellschaftlicher Wandel

Konzeption

In diesem Abschnitt sollen die Auswirkungen des Krieges auf die Gesellschaft thematisiert werden. Die Schülerinnen und Schüler sollen erkennen, dass
– dieser Krieg sich nicht allein an den Fronten „abspielte", sondern dass die Heimat in zunehmendem Maße mit einbezogen wurde und unter den Auswirkungen zu leiden begann,
– sich die Versorgungslage dramatisch verschlechterte,
– an die Menschen in der Heimat durch die Konfrontation mit Not, Elend, Verwundeten und Tod sowie dem Verlust bisher gewohnter Lebensmuster hohe psychische Anforderungen gestellt wurden,
– das soziale Muster der Gesellschaft sich unter den Bedingungen des Krieges teilweise radikal änderte und dadurch auch das Selbstverständnis und politische Einstellungen ganzer Gesellschaftsgruppen in Bewegung gerieten.

Aspekte der Unterrichtsgestaltung

Der Einstieg in dieses Thema kann über die persönlichen Familiengeschichten der Schüler erfolgen: Als vorbereitende Hausaufgabe können die Schüler erfragen, welche Erinnerungen zur Zeit des Ersten Weltkrieges in ihrer Familie noch bekannt sind, ob es Gefallene gab oder vielleicht sogar noch Dokumente aus dieser Zeit. Daran lässt sich das persönliche Schicksal der Familie Ebert aus der Sicht der 17-jährigen Tochter anschließen (Aufgabe 1). Bemerkenswert ist, dass die Existenzgrundlage der Familie in der Heimat nicht bedroht scheint, die Abwesenheit und schließlich der Tod des Sohnes die einzelnen Familienmitglieder nachhaltig verändert. Von diesem einen Aspekt ausgehend, kann der gesamte gesellschaftliche Wandel durch den totalen Krieg erarbeitet werden (VT und evtl. Werkstatt „Überleben an der Heimatfront"). Aufgabe 2 zielt auf eine Synthese des Lebens und dessen Wandel im Kaiserreich.

Zusatzinformationen zu den Materialien

Q2, Q3 Das Foto und der Brief illustrieren am Beispiel der Familie des SPD-Vorsitzenden Friedrich Ebert (1871 bis

1925) das Leid einer Familie im Krieg, die innerhalb kurzer Zeit zwei Söhne an der Front verlor. Das Bild Georg Eberts zeigt zugleich, wie jung die große Mehrheit der deutschen Soldaten war. Georg Ebert scheint zu „klein" für die Ausrüstung zu sein, in die man ihn gesteckt hat.

Zu den Fragen und Anregungen

1 Vgl. „Aspekte der Unterrichtsgestaltung".
2 Gerade für eine gut situierte Familie des Mittelstandes brachte der Erste Weltkrieg eine drastische Veränderung der Lebensbedingungen mit sich. Die Einkommen sanken, Väter und Söhne wurden eingezogen, Frauen und Kinder waren auf sich gestellt. Im Erstellen einer fiktiven Biografie sollen die Schüler erkennen, wie der Krieg sich auf die Gesellschaft ausgewirkt hat und welche Folgen er für den Wandel von politischen und mentalen Einstellungen er hatte. Die Vorgaben sollen dazu anleiten, die soziale Stellung, politische Haltung und Mentalität möglichst genau zu erfassen und in Verbindung zueinander zu setzen.

Werkstatt:
Überleben an der Heimatfront

Konzeption

Die Werkstatt vertieft die Ausführungen in Kapitel 9. Die Erarbeitung kann daher mit diesem Kapitel kombiniert werden (siehe Kapitel 9, „Aspekte der Unterrichtsgestaltung"). Die Schülerinnen und Schüler sollen selbstständig Entbehrungen und Belastungen der Kriegszeit erarbeiten und die Zeit des Ersten Weltkrieges in ihrer Region rekapitulieren.

Aspekte der Unterrichtsgestaltung

Sollte den Schülern der gesellschaftliche Wandel bereits bekannt sein, können durch die „Werkstatt" weitere Details zum Leben im Krieg erarbeitet werden. Wird die „Werkstatt" in Kapitel 9 integriert, kann in der zweiten Erarbeitungsphase zunächst die „Werkstatt" bearbeitet werden unter der Frage, welche weiteren Auswirkungen (neben den psychischen Belastungen durch den Verlust von Familienmitgliedern) der Krieg auf das Leben der Daheimgebliebenen hatte (Aufgabe 1 und 2). Nach der Vorstellung der Ergebnisse kann im Plenum die Frage thematisiert werden, wie sich dieser Wandel auf einzelne Gesellschaftsgruppen ausgewirkt haben könnte. Mit Hilfe des VT von Kapitel 9 lassen sich die Hypothesen überprüfen.

Zusatzinformationen zu den Materialien

Q1 Fleisch, Fett, Brot und andere Lebensmittel wurden aufgrund der Blockade und des Mangels an Arbeitskräften in der Landwirtschaft zunehmend zur Mangelwaren. Sie waren bald rationiert und schließlich – vor allem für Stadtbewohner – nur noch zu unerschwinglichen Preisen auf dem Schwarzmarkt zu erhalten. Diese Verhältnisse waren geeignet, die ohnehin großen Spannungen zwischen arm und reich zu verschärfen, wie diese Karikatur aus dem sozialdemokratischen „Wahren Jacob" illustriert.

Q2 Bereits im März 1916 vertraut Anna Kohns ihrem Tagebuch an, dass sie nicht mehr an einen Sieg glaubt. Sie schildert den Missmut der Soldaten, die Stimmung im Volk, die vom Tod der Angehörigen und der unzureichenden Versorgungslage geprägt sei, dass Polizisten Menschenmengen in Schach halten müssten, wenn Fett oder Butter verkauft werde, aber auch, dass ein Friedensschluss vor allem an England scheitere.

Q3, Q5 Im Krieg mussten Frauen die Arbeitsplätze der Männer einnehmen. Zugunsten der Wehrfähigkeit wurden bisher gültige Arbeiterschutzgesetze außer Kraft gesetzt, die Arbeitsumstände sollten im Einzelfall geklärt werden. Der Krieg wirkte aber nicht nur auf die rechtliche Situation ein. Das kleine Beispiel der Arbeitskleidung macht deutlich, dass auch Sitten und Normen davon betroffen waren.
Die weit verbreitete Annahme, dass weibliche Lohnarbeit während des Ersten Weltkrieges in beispielloser Weise zugenommen habe, gehört nach neueren Forschungen jedoch in den Bereich der Legende. Die prozentuale Steigerung der versicherungspflichtig beschäftigten Frauen lag mit ca. 17 % durchaus im Trend der Vorkriegszeit, und die überwiegende Mehrheit der in der Kriegsindustrie beschäftigten Frauen – in 2594 Betrieben der Metallindustrie stieg die Zahl der beschäftigten Frauen von 63 570 auf 266 530 Personen (= 319 %) im Jahre 1916 – war zuvor bereits als Dienstbotin, in der Landwirtschaft bzw. als Verkäuferin beschäftigt. Nach einer bayerischen Statistik, die aber wohl einen generellen Trend widerspiegeln dürfte, hatten vor 1914 nur 28 % der Frauen keinen Beruf ausgeübt (vgl. dazu Ute Daniel: Fiktionen, Friktionen und Fakten. Frauenlohnarbeit im Ersten Weltkrieg, in: Wolfgang Michalka (Hrsg.), Der Erste Weltkrieg. Wirkung, Wahrnehmung, Analyse, München 1994, S. 530–562).

Q4 Vor allem Kranke und Ehefrauen von Soldaten litten zunehmend unter Not, wie dieser Brief einer Soldatenfrau an die zuständigen Behörden mit der Bitte um Unterstützung deutlich macht.

Zu den Fragen und Anregungen

2 Auch für einen Brief von der Heimat an die Front kann die „Gewusst-wie"-Seite „Feldpost auswerten" herangezogen werden. Es kann besprochen werden, inwiefern die methodischen Arbeitsschritte übertragbar sind. Auch der Brief aus der Heimat schönt vermutlich einige Zustände oder verschweigt sie. Er könnte aber zusätzlich zu einer realistischen Schilderung auch ein politisches Bekenntnis enthalten, das entweder auf die Notwendigkeit des Krieges hinweist und Durchhaltewillen und Hoffnung betont oder ein Votum gegen den Krieg abgibt und die aktuelle Lage als Beweis dazu anführt.

3 Es bietet sich an, diese Aufgabe in der Form eines Projektes zu bearbeiten, das in der fertigen Ausstellung präsentiert werden kann.

Imperialismus und Erster Weltkrieg

10. Der lange Weg zum Frieden

Konzeption

Dieser Abschnitt soll den Schülerinnen und Schülern verdeutlichen, warum sich der Krieg über mehrere Jahre hinzog, ohne dass eine Aussicht auf einen Friedensschluss zur Beendigung erkennbar gewesen wäre. Dabei sollen die unterschiedlichen Interessen der Beteiligten an einem Frieden wie auch die unterschiedlichen Vorschläge bzw. Wege zum Frieden dargestellt werden. Es soll deutlich werden, warum der Krieg nicht nur unendlich viel Leid, Tote und Verwüstungen mit sich brachte, sondern auch eine völlige Veränderung der politischen und territorialen Landschaft in Europa.

Aspekte der Unterrichtsgestaltung

Ausgehend von Q2 könnte die erste Leitfrage der Einheit erarbeitet werden: Warum gibt es keinen Frieden? Daran anknüpfend sollten arbeitsteilig die unterschiedlichen Wege zum Frieden erarbeitet werden (Aufgabe 1). Dabei sollte deutlich werden, dass Pazifisten (Q3), Revolutionäre (Q4) und Sozialdemokraten (Q5/Q7) einen Verhandlungsfrieden forderten, Konservative (Q6) hingegen einen Siegfrieden. In einem zweiten Schritt sollten die Etappen der Entwicklung bis zum Frieden erarbeitet werden (VT). Dabei steht die Frage im Vordergrund, warum das Kriegsende mit einem politischen Umsturz verbunden war.

Zusatzinformationen zu den Materialien

Q1 Das Gemälde stellt ein U-Boot dar. 1915 und seit 1917 führte die Kaiserliche Marine einen uneingeschränkten U-Boot-Krieg, der schließlich (im April 1917) zum Eintritt der USA an der Seite der Alliierten in den Krieg führte. Es ist ein Beispiel für den Willen, einen Siegfrieden zu erzwingen. Die Form der Gestaltung ist zugleich ein weiteres Beispiel für geschickte Kriegspropaganda.

Q2 Hier wird der Wunsch nach Frieden unter Zuhilfenahme christlicher Motive illustriert. Tod und Zerstörung sind dabei als treibende Motive deutlich erkennbar.

Q3 Bürgerliche Pazifisten veröffentlichten im Herbst 1914 in der Schweiz einen Aufruf zum Frieden. Dabei wiesen sie auf die fürchterlichen Folgen eines Krieges für die europäische Kultur hin und forderten nicht nur einen Frieden, der nicht Anlass für einen neuen Krieg sein sollte, sondern, wenn auch erst für die Zukunft, eine Einigung Europas.

Q4 Im März 1917 stürzten Revolutionäre das zaristische Regime. Bereits wenige Tage später veröffentlichten sie einen Aufruf, in dem sie alle Proletarier aufrufen, die Waffen niederzulegen, da der Krieg nicht in ihrem Interesse sei, Frieden ihnen aber zugleich auch Freiheit und Demokratie bringen würde. In weiteren Aufrufen forderten sie einen „Frieden ohne Annexionen und Kontributionen".

Q5 Dies ist ein Beispiel für das Streben der MSPD nach einem Verhandlungsfrieden und inneren Reformen – beides hing integral zusammen; dahinter stand allerdings auch das Bemühen, die eigenen Anhänger, von denen ein Teil sich bereits abgewandt und der weiter links stehenden USPD zugewandt hatte, zu beruhigen.

Q6, Q7 Diese Aufrufe sowie die fürchterlichen Verluste an den Fronten und wachsende Kriegsmüdigkeit veranlassten die Mehrheitsparteien im Reichstag im Juli 1917 schließlich zur Verabschiedung einer „Friedensresolution". Während die Sozialdemokratie dafür eintrat und dabei auf die Kriegsmüdigkeit hinwies (Q5, Q7), betonten die Gegner der Resolution die Notwendigkeit eines Siegfriedens (Q6).

Q8 Diese Quelle offenbart die wachsenden Spannungen in der Heimat aufgrund der großen Verluste und des Ausbleibens eines Friedens.

Q9 Das Foto zeigt gefallene deutsche Soldaten. Während des Krieges dufte diese englische Aufnahme nicht veröffentlicht werden, um keine unerwünschten Reaktionen auszulösen.

Q10 Ende September 1918, nach dem Zusammenbruch der Verbündeten Österreich-Ungarn und Bulgarien, musste auch die Oberste Heeresleitung, die noch im August der politischen Führung trotz des Vordringens der Alliierten versichert hatte, „dass es gelingen werde, auf französischem Boden stehen zu bleiben und dadurch schließlich den Feinden unseren Willen auf[zu]zwingen", die militärische Niederlage eingestehen. Die Verantwortung dafür wurde aber in geschickter Weise auf die Politik abgewälzt. Dahinter stand zum einen die Absicht, die „Dolchstoß-These" in Zukunft als innenpolitische Waffe einzusetzen; zum anderen war dieses Vorgehen ein subtiler Staatsstreich auf Raten, glaubte die OHL doch, dass sich der Sturm der Entrüstung der Bevölkerung gegen die zu erwartenden harten Friedensbedingungen gegen die neue Regierung richten und diese stürzen werde: „Später hofft man dann", so berichtete der bayerische Militärbevollmächtigte in diesen Tagen, „sich wieder in den Sattel zu schwingen und nach dem alten Rezept weiter zu regieren."

Tafelbild

Der Krieg verändert die Gesellschaft

Folgen des Ersten Weltkrieges	Reaktionen der deutschen Bevölkerung	Reaktionen der deutschen Regierung
– Massensterben – Hunger durch Blockade – Frauenarbeit	– Sehnsucht nach Frieden – Forderung nach politischen Reformen	– neue Offensiven – vage Versprechen

↓
Streiks und Demonstrationen
↓
Revolution

Zu den Fragen und Anregungen

1 Die Schülerinnen und Schüler sollen erkennen, dass die bürgerlichen Pazifisten und die SPD auf einen Verständigungsfrieden im Zeichen einer gemeinsamen Kultur setzten und ein gemeinsames Europa als friedliche Perspektive für die Zukunft betrachteten. Vertreter eines Siegfriedens hingegen setzten allein auf militärische Erfolge. Erfolg konnte unter den Bedingungen der Zeit keine Seite haben, da die Erwartungen in der Bevölkerung zu groß waren – ein Verständigungsfriede hätte das bestehende System bedroht, ein Siegfriede war angesichts der militärischen Lage und der schwindenden Ressourcen unrealistisch. Die russischen Revolutionäre erhoffen sich von einem Friedensschluss die internationale Einigung der Arbeiter und die Durchsetzung der Revolution in allen europäischen Ländern.

2 Durch Postkarten, öffentliche Aufrufe, Appelle, Veranstaltungen oder Reden in politischen Gremien wie dem Reichstag versuchten die unterschiedlichen Gruppierungen ihre Meinung öffentlich zu machen und Anhänger zu gewinnen.

3 Vgl. „Zusatzinformationen zu den Materialien".

4 In dieser Diskussion sollen die Auswirkungen des Krieges auf Staaten und Gesellschaften in Europa, die Folgen der Brutalisierung des Krieges (Gaskrieg, uneingeschränkter U-Boot-Krieg usw.), sowie der durch diesen ausgelösten revolutionären Umwälzungen thematisiert werden.

Vom Zarenreich zur Sowjetunion

Einleitung

1991 ging mit der Sowjetunion auch die Weltordnung unter, die das 20. Jahrhundert geprägt hatte. Plötzlich waren die Vereinigten Staaten von Amerika die einzige noch verbliebene, weltweit operierende Supermacht. Mit der Auflösung der Sowjetunion nahm auch das Interesse an ihrer Geschichte rapide ab. Wurde seit den 70er Jahren der Geschichte der UdSSR nicht nur im Geschichtsunterricht, sondern auch im Gemeinschafts- bzw. Sozialkundeunterricht und zuweilen sogar im Deutschunterricht gehuldigt, führt sie jetzt beinahe ein Schattendasein. Weder das eine noch das andere wird aber ihrer weltgeschichtlichen Bedeutung gerecht. Die UdSSR war der erste Staat auf der Welt, in dem 74 Jahre versucht wurde, die marxistisch-leninistische Lehre in konkrete Politik umzusetzen. Ganz im Gegensatz zu seiner gewaltsamen Geburt durch den Umsturz 1917 und den anschließenden Bürgerkrieg 1918 bis 1921, ging der bedeutende und mächtige Staat 1991 ohne äußeren und inneren Krieg geräuschlos unter. Gerade diese Implosion ist es, die die Frage nach den Ursachen seines Scheiterns aufwirft. Der Weg in die stalinistische Diktatur war nicht naturgesetzlich vorgezeichnet, sondern es gab gerade zu Beginn des 20. Jahrhunderts für das Zarenreich und später die junge UdSSR Weichenstellungen und Alternativen zum tatsächlich eingeschlagenen Weg. Dieses Experiment übte auf viele Menschen, auch in den kapitalistischen Ländern, eine unvergleichliche Faszination aus, die oft blind für die dunklen Seiten dieses Systems machte. Bis in die Gegenwart sehen Menschen in der marxistisch-leninistischen Dogmatik immer noch einen Weg, die Probleme der Gegenwart zu lösen.

Inhalte und Schwerpunkte

Das Kapitel „Russland zwischen Erstarrung und Reform" behandelt die gesellschaftlichen und politischen Faktoren, die in Russland einen Problemdruck aufbauten, an dem das Zarenreich letztlich unterging. Die einerseits umfangreichen, andererseits aber nur halbherzig ausgeführten Reformen, zu denen Zar Alexander II. nach dem verlorenen Krimkrieg seit 1861 genötigt wurde, verstärkten nur die Gegensätze innerhalb des Staates. Ein weiterer Krieg sollte 1904/05 von den inneren Problemen ablenken, brachte das Zarenreich 1905 aber an den Rand des Untergangs. Die nun eingeleiteten Reformen konnten aber nicht mehr greifen, denn der Erste Weltkrieg beschleunigte den Untergang des überlebten Zarensystems. Das zweite Kapitel „1917 – ein Jahr, zwei Revolutionen" stellt die beiden Wege der Umgestaltung des Staates gegenüber. Wobei das rücksichtslose, sich über die Grundsätze der westlichen Demokratien hinwegsetzende Zugreifen der bolschewistischen Kaderpartei unter Lenin und Trotzki die unentschlossenen und zaghaften bürgerlichen Kräfte hinwegfegte. Die Minderheit der Bolschewisten ergreift die historische Chance und besetzt die Schaltstellen der Macht. Im dritten Kapitel „Die Bolschewisten sichern ihre Macht" werden die teilweise brutalen, teilweise subtilen Maßnahmen der Bolschewisten vorgestellt, mit denen Lenin seine Diktatur ausbaut, bevor Stalin die politische Bühne betritt und den endgültigen Bruch mit den alten Revolutionären vollzieht. Die Durchsetzung des Sozialismus in einem Land, die rücksichtslose Industrialisierung des Agrarstaates, die Liquidierung der Gegner und der Personenkult sind die Schwerpunkte des vierten Kapitels. Ein Kardinalproblem seit der ausgehenden Zarenzeit wird deutlich, nämlich die fortdauernde Aufgabe, die wirtschaftliche Leistungsfähigkeit und das materielle Lebensniveau des „Westens" für den rückständigen Staat zu erreichen. Unzulänglichkeiten der Gegenwart rechtfertigen die Bolschewisten mit dem Versprechen eines bevorstehenden goldenen Zeitalters. Wie Stalin für seine Propaganda sowohl das damals moderne Medium der Fotografie ebenso einsetzt wie die traditionellen Möglichkeiten der bildenden Kunst, behandeln die Sonderseiten „Gewusst wie: Fotografien als historische Quelle" und „Werkstatt: Kunst in der Diktatur". Abgerundet wird das Kapitel durch die Seite „Lernen lernen: Ein Rollenspiel entwerfen".

Auftaktdoppelseite 262/263

Unterlegt ist die Auftaktdoppelseite mit dem Bild des Moskauer Kremls, der seit dem 14. Jahrhundert die Residenz der Zaren war. Die Autokraten oder Selbstherrscher, wie sich die Zaren nannten, vergrößerten ständig ihre Festung über der Moskwa und ließen die Paläste immer glanzvoller ausstatten, so dass der Kreml zum Abbild und Sinnbild des ungeheuren Reichtums und der fast grenzenlosen Macht des Zarenreichs wurde. Auch nach der Revolution blieb der Kreml Machtzentrale. Wo einst Iwan der Schreckliche von seinem Elfenbeinthron das russische Reich beherrschte und später eine deutsche Prinzessin in prächtiger Robe zur Krönung schritt, um als Zarin Katharina II. neue Länder zu erobern, da herrschten 70 Jahre lang die „roten Zaren". In dieser Zeit schien die über 2 Kilometer lange „Rote Mauer" noch höher geworden zu sein. Der Hintergrund der ADS zeigt, dass bei allen Veränderungen in Politik und Gesellschaft Traditionen bestehen blieben, die bis in die Gegenwart reichen. Die anderen Bilder stellen Gegensatzpaare vor: Zar Nikolaus II. und Lenin, ein Arbeitslager und den neuen Menschen, die Opfer der Hungersnot und den vorwärts schreitenden Arbeiter und die Kolchosbäuerin, der Entwurf für den Palast der Sowjets in Konkurrenz zum Kreml der Zaren. In der linken oberen Seite ist das Staatswappen der UdSSR abgebildet. Es wurde letztmalig 1956 geänderte und zeigt Hammer und Sichel vor einer Weltkugel in einem Ährenkranz. Der Kranz ist umwunden von einem roten Band, auf dem in den Sprachen der 15 Unionsrepubliken der Spruch „Proletarier aller Länder, vereinigt euch!" steht. Über der Weltkugel prangt ein goldgeränderter roter Stern, unter der Weltkugel eine aufgehende Sonne. Der Einleitungstext weist auf die beiden Pole hin, zwischen denen sich die Geschichte der UdSSR bewegt: die Hoffnung auf eine glücklichere und gerechtere Zukunft und die Gegenwart von Diktatur und Mangel.

Vom Zarenreich zur Sowjetunion

1. Russland zwischen Erstarrung und Reform

Konzeption

Das Kapitel beginnt mit einem Rückblick auf die Grundlagen, aus denen sich die Ereignisse des Jahres 1917 entwickeln. Russlands demokratisches Scheitern ist auf seine politische Kultur und seine Sozialgeschichte zurückzuführen:
– Das Fehlen eines staatlich gestützten Gegengewichts zum Despotismus des Zaren.
– Die Isolation und Labilität der liberalen bürgerlichen Gesellschaft.
– Die Rückständigkeit und Brutalität des russischen Dorfes, die die Bauern in die wenigen entstehenden Industriestandorte treibt.
– Der seltsame Fanatismus der russischen radikalen Intelligenzija.

Im 19. Jahrhundert ist Russland ein rückständiges, agrarisch geprägtes Land mit einer autokratischen Zarenregierung ohne eine breite stadtbürgerliche Schicht, die in Westeuropa Motor und Träger der wirtschaftlichen und politischen Entwicklung war. Auf dem Lande haben sich die Zustände seit dem Mittelalter kaum verändert. Während die Masse der Landbevölkerung zarentreu ist, formieren sich unter Führung gebildeter Eliten zahlreiche Oppositionsgruppen gegen den autokratischen Zarenstaat, ohne diesen wirklich erschüttern zu können. Die zwei innenpolitischen Reformwellen seit der Mitte des 19. Jahrhunderts werden durch außenpolitische Niederlagen ausgelöst und sind nicht aus der Überzeugung der politischen Elite des Landes erwachsen. Trotz beachtlicher Erfolge, das Riesenreich zu modernisieren, erwies sich der autokratische Zarenstaat letztlich als reformunwillig und -unfähig. Dies ist die Kerneinsicht, die die Schülerinnen und Schüler nach der Bearbeitung dieses Kapitels erlangt haben.

Möglichkeiten der Unterrichtsgestaltung

Die Bearbeitungszeit für das Kapitel beträgt 2 Stunden, ausgehend davon, dass die erste Stunde dazu genutzt wird, ein Basiswissen als Ausgangspunkt herzustellen. Auf der Grundlage der Informationen des Verfassertextes kann dann in einer Stunde die Konzentration auf das Jahr 1905 erfolgen, in dem die Zarenautokratie vor dem Kollaps stand. Das Bild vom Petersburger Blutsonntag (Q3) leitet die Bearbeitung der Materialien Q4 und Q5 ein, die Informationen des Verfassertextes „Russlands erste Verfassung" zeigen die Reaktionen des Staates. Damit gelang es der Zarenautokratie die Oppositionsgruppen zu spalten und sich eine Atempause zu verschaffen.
Die Vertiefung kann anhand folgender Fragen erfolgen:
a) Fragen 4 und 5 auf S. 268;
b) Überlege die möglichen Reaktionen der Opposition auf die Konzessionen der Zarenregierung 1905/06.

Zusatzinformationen zum Verfassertext

Zur Stellung der Zaren: Während sich in Europa in Jahrhunderte langen Auseinandersetzungen die Trennung von römisch-katholischer Kirche und dem weltlichen Staat durchsetzte, stand der russische Zar gleichzeitig an der Spitze des Staates und der christlich-orthodoxen Kirche. Die für Russland typische Herrschaftsform, die Autokratie, geht auf byzantinisch-asiatische Wurzeln zurück und verlieh dem Zar eine viel größere Unabhängigkeit und Machtfülle als den absolutistischen Herrschern Europas.
Zu den Ereignissen 1905: Nachdem sich Russland auf dem Berliner Kongress (1878) mit seinem Plan, auf dem Balkan ein unter seinem Einfluss stehendes Großbulgarien zu gründen, nicht durchsetzen konnte, lenkte es seine Expansionsbestrebungen nach Asien. Dabei stieß Russland immer häufiger mit britischen Interessen zusammen. Nach der chinesischen Niederlage im Krieg gegen Japan (1894/95) gewährte eine neu gegründete russisch-chinesische Bank China einen 400 Millionen Francs Kredit. Dafür

Tafelbild

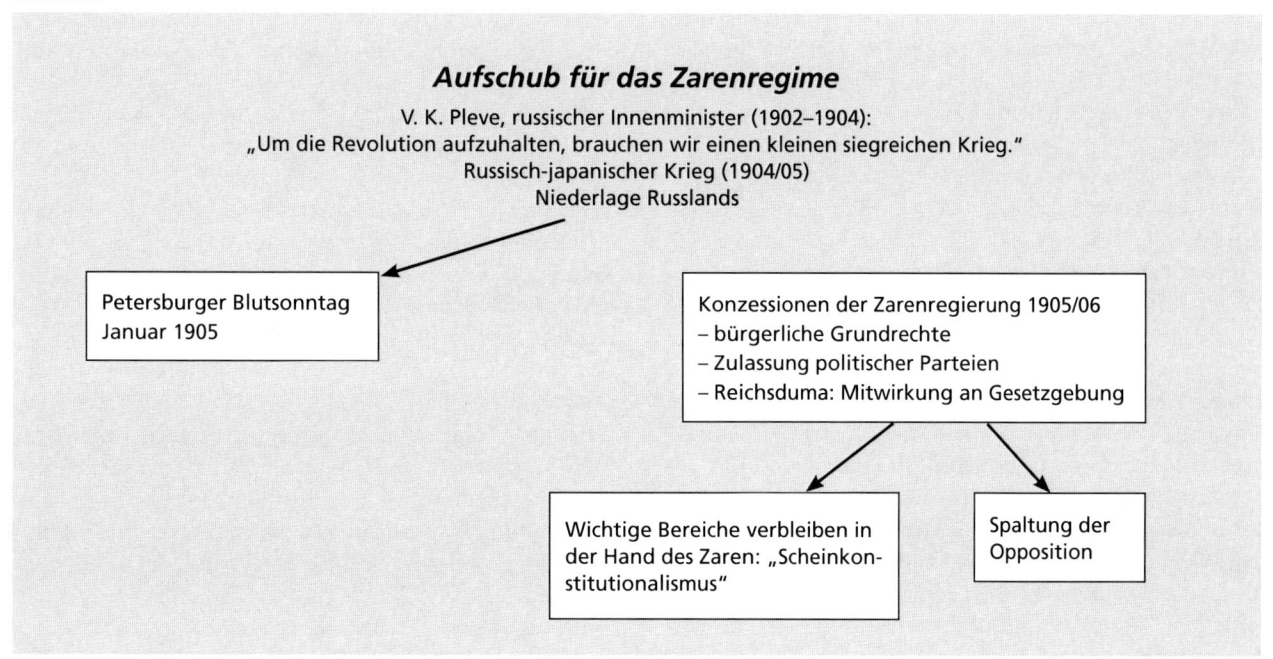

Aufschub für das Zarenregime

V. K. Pleve, russischer Innenminister (1902–1904):
„Um die Revolution aufzuhalten, brauchen wir einen kleinen siegreichen Krieg."
Russisch-Japanischer Krieg (1904/05)
Niederlage Russlands

Petersburger Blutsonntag
Januar 1905

Konzessionen der Zarenregierung 1905/06
– bürgerliche Grundrechte
– Zulassung politischer Parteien
– Reichsduma: Mitwirkung an Gesetzgebung

Wichtige Bereiche verbleiben in der Hand des Zaren: „Scheinkonstitutionalismus"

Spaltung der Opposition

musste China den Russen die Kontrolle über seine Zolleinnahmen einräumen und ihnen den eisfreien Hafen Port Arthur (heute Lüshun) verpachten. Als Russland den Boxeraufstand 1900 nutzte, um Truppen in die Mandschurei zu entsenden, rief dieser Schritt Japan und Großbritannien auf den Plan, die 1902 ein Bündnis gegen die russischen Expansionsbestrebungen abschlossen. Als Russland 1903 den vereinbarten Abzug aus der Mandschurei verzögerte, um China weitere Zugeständnisse abzuringen, brach Japan die diplomatischen Beziehungen zum Zarenreich ab und löste durch den Angriff auf russische Kriegsschiffe vor Port Arthur einen Krieg aus, in dessen Verlauf sich das russische Militär als hoffnungslos unterlegen erwies. Am 2. Januar 1905 musste Port Arthur kapitulieren. Zum Symbol der russischen Ohnmacht wurde aber die Seeschlacht von Tsushima am 14./15. Mai 1905, in der die Japaner die zu Hilfe geeilte russische Ostseeflotte binnen einer Nacht versenkten. Da die Reichweite der russischen Geschütze hinter der von den Japanern zurückblieb, hatten die russischen Seeleute keine Chance. Vor dem Hintergrund dieses Krieges brach die Revolution aus, die nahezu alle Schichten und Gebiete des Zarenreiches erschütterte. Das Zarenregime konnte sich nur mit weit reichenden Zugeständnissen an der Macht halten. Erst als der russische Finanzminister und spätere Ministerpräsident Sergei Witte den Zaren in einem Memorandum vom Ernst der Lage überzeugte, gewährte Nikolaus II. in Reaktion auf einen Generalstreik vom 15. Oktober zwei Tage später im Oktobermanifest 1905 bürgerliche Freiheiten und eine Volksvertretung (Reichsduma).

Zusatzinformationen zu den Materialien

Q2 Der russische Maler Ilja Repin (1844–1930) ist eine Schlüsselfigur der russischen Malerei des 19. Jahrhunderts. Die Kunst Repins führt hinein in die historischen und gesellschaftlichen Entwicklungen Russlands zwischen 1860 und den revolutionären Ereignissen von 1905. Das Bild zeigt die Rückkehr eines Verbannten zu seiner Familie in Zusammenhang mit der Begnadigung politischer Gefangener durch den Zar Alexander III. Die Bildkomposition hat Anklänge an christliche Motive wie den „verlorenen Sohn" oder „Christus erscheint dem Volk". Blickkontakt besteht nur zwischen dem Heimkehrer und seiner Mutter. Die Bilder an der Wand (u. a. zwei Bildnisse der Dichter Schewtschenko und Nekrassow) belegen, dass es sich bei der dargestellten Familie um Angehörige der Intelligenz handelt. Der lange Weg des Verbannten wird durch die schmutzigen, abgetragenen Stiefel symbolisiert. Verhaftungen und Verbannungen waren unter den Zaren allgegenwärtige Vorgänge. Schon für ein mutiges Wort konnte man ohne eine Gerichtsverhandlung deportiert werden. Tausende von Mutigen traf dieses Schicksal.

Q4 und **Q5** Chronologisch stehen beide Quellen in umgekehrter Reihenfolge, beide zeigen die Interpretation und Forderungen auf die Ereignisse des Jahres 1905. Q5 belegt das immer noch vorhandene Vertrauen in den Zaren, von dem sich die Arbeiter und ihre Familien aus St. Petersburg die Errettung aus ihrer Notlage erhoffen. Q4 analysiert die Situation unter Einbeziehung der Jahrhunderte langen russischen Traditionslinien. Witte sieht nur die Alternative, Reformen zuzulassen oder durch die revolutionären Kräfte vernichtet zu werden.

Q8 Illegal gedrucktes Flugblatt. Wichtiges ist am oberen und unteren Rand zu erkennen:
– Das in Wolken eingehüllte Zarenpaar ist für die Masse der Bevölkerung nicht erreichbar und erkennt seinerseits die revolutionäre Gefahr auch nicht.
– Auf der untersten Ebene brechen einige aus, während der rechte Bauer sterbend am Boden liegt, sind auf der linken Seite Arbeiter zu erkennen, die Wut entbrannt ihre Fäuste recken, einer hebt einen Stein auf. Ein Hinweis auf die Gewaltbereitschaft im Kampf gegen die alte Ordnung.

D1 Bevölkerungsschichtung im Zarenreich. Gezeigt ist die ungefähre Schichteneinteilung. Die Tabelle zeigt das Fehlen einer breiten bürgerlichen Mittelschicht. Die Arbeiterschicht (ca. 5 %) geht in den 80 % der Bauern auf. Die entstehende Industriearbeiterschicht ist noch nicht eindeutig und trennscharf von der Schicht der Bauern und deren Lebens- und Denkweise abzugrenzen.

D2 und D3 Es ist darauf zu achten, dass es sich bei D2 um Indexzahlen, bei D3 um absolute Zahlen handelt. Beide Tabellen zeigen, dass Russland für sich betrachtet zwar gewaltige Fortschritte macht und dass eingeleitete Reformen greifen, aber gemessen an dem westeuropäischen Standard liegt Russland hoffnungslos zurück. Bis 1880 stagniert die russische Landwirtschaft praktisch, erst in den letzten zwei Jahrzehnten des 19. Jahrhunderts ist auf niedrigem Niveau eine Steigerung zu verzeichnen, lediglich die italienische Landwirtschaft produziert pro Kopf weniger. Dass Italien bei den Dampfmaschinen zurückliegt ist sowohl strukturell, aber auch in Bezug auf seine Größe im Verhältnis zu Russland zu begründen.

Zu den Fragen und Anregungen

1 Modernisierungsbedarf bestand auf allen Gebieten des wirtschaftlichen, sozialen und politischen Lebens. Reformen wurden vor allem behindert durch:
– Das Fehlen einer breiten bürgerlichen Schicht, die Träger von Modernisierungsprozessen hätte sein können.
– Die fehlenden demokratischen Traditionen der politisch Herrschenden.
– Den teilweise hinhaltenden, teilweise offenen Widerstand der durch die Reformen benachteiligten Adelsschichten.
– Die über Jahrhunderte gewachsenen, dem Alten verhafteten Strukturen der russischen Dorfgemeinde.
Reformen, die durchgesetzt wurden, waren: Aufhebung der Leibeigenschaft – Beginn einer lokalen Verwaltung – Ansätze einer Justiz und Militärreform – Bau der transsibirischen Eisenbahn – bürgerliche Grundrechte – Verfassung (Reichsduma).

2 Deutlich werden müssen die großen sozialen Gegensätze im zaristischen Russland. Einer am Rande oder sogar unter dem Existenzminimum lebenden Masse, steht eine kleine Schicht von Wohlhabenden und Reichen gegenüber, die in Luxus schwelgen und nicht bereit sind, Reformen mitzutragen.

3 Auf der einen Seite das autokratische Zarenregime, das keinerlei Opposition duldet, auf der anderen Seite eine

Vielzahl von Oppositionsgruppen, die ihrerseits unterschiedliche Interessen (nationale, soziale, politische) vertreten. Verfolgung der Oppositionellen durch den Staat, wachsende Anzahl von Protesten in den Städten, defensives Reagieren der Herrschenden.

4 Deutlich werden sollte, dass zarentreue Demonstranten gegen ihre Lebensbedingungen protestieren. Der Zar wird nicht in Frage gestellt. Auch hier ist eine Verbindung zu Q5 sinnvoll.

5 Durch sein Verfassungszugeständnis gelang es dem Zaren, die Oppositionsgruppen zu spalten. Er gab sich nach Außen den Anschein, die Missstände lösen zu wollen. Dennoch bleiben dem Zaren weite Bereiche unterstellt: Armee, Außenpolitik, Veto-Recht gegen Duma-Beschlüsse, Notverordnungen umgehen das Parlament, Institution des von ihm ernannten Reichsrates.

2. 1917 – ein Jahr, zwei Revolutionen

Konzeption

Das Kapitel stellt heraus, dass die Einmündung der Februar-Revolution in die bolschewistische Diktatur nicht zwangsläufig war und dass für den Zeitraum von wenigen Monaten sich die Situation im Epochenjahr 1917 durchaus offen gestaltete. Die Schwäche und Unentschlossenheit der liberalen und demokratischen Kräfte in der Provisorischen Regierung erleichterte den Bolschewisten die Machtergreifung. Weder die bürgerlichen Parteien der Provisorischen Regierung noch die Mehrheit der Abgeordneten in den Sowjets hatten Lenins antidemokratischem Radikalismus und seiner kleinen, aber straff organisierten Partei von Berufsrevolutionären etwas Gleichwertiges entgegenzusetzen. Es geht darum, nicht nur den Systemgegensatz darstellend zu entwickeln, sondern auch darum, die Gefahren zu zeigen, wenn ein demokratisches System sich nicht wehrhaft und entschlossen seinen Feinden entgegenstellt. Letztlich zerbrach die Provisorische Regierung an ihrer Unentschlossenheit, ihrer mangelnden Verankerung im Volk, ihrer Ignoranz der Bedürfnisse und Wünsche der überwiegenden Mehrheit des Volkes und ihrer Arroganz gegenüber den Bolschewisten. Der zweite Teil des Kapitels konzentriert sich auf die Person Lenins und seine Theorie des Machterwerbs, denn die Bedeutung seiner Person für den Verlauf der russischen Geschichte kann schwerlich überschätzt werden.

Möglichkeiten der Unterrichtsgestaltung

Eine vorbereitende Hausaufgabe erarbeitet die Rahmenbedingungen der Februarrevolution und die Doppelexistenz von Arbeitersowjets und Provisorischer Regierung. Das Zentraldokument sind Lenins Aprilthesen (Q8), von denen ausgehend sowohl die Politik der Provisorischen Regierung einbezogen werden soll wie auch die Frage, warum die Aprilthesen so attraktiv und der Erfolg der Oktoberrevolution so grundlegend waren.

Zusatzinformationen zu den Materialien

Q1 Die Erste Provisorische Regierung im Marienpalais 1917. Die Zuordnung der Personen stößt auf Schwierigkeiten, da auch die Fachliteratur nur ausgewählte Personen identifiziert:
- Gregori Fürst Lwow (geboren 1861 in Dresden, gestorben 1925 im Pariser Exil), erster Premierminister des demokratischen Russland (1. Reihe, sitzend, 1. von links).
- Michail Rodsjanko, Präsident der Duma (1. Reihe, sitzend, 1. von rechts).
- Alexander Kerenski (geboren 1881 in Simbirsk, gestorben 1970 in New York), zunächst Justiz- dann Kriegsminister (2. Reihe, stehend, 2. von rechts).

Tafelbild

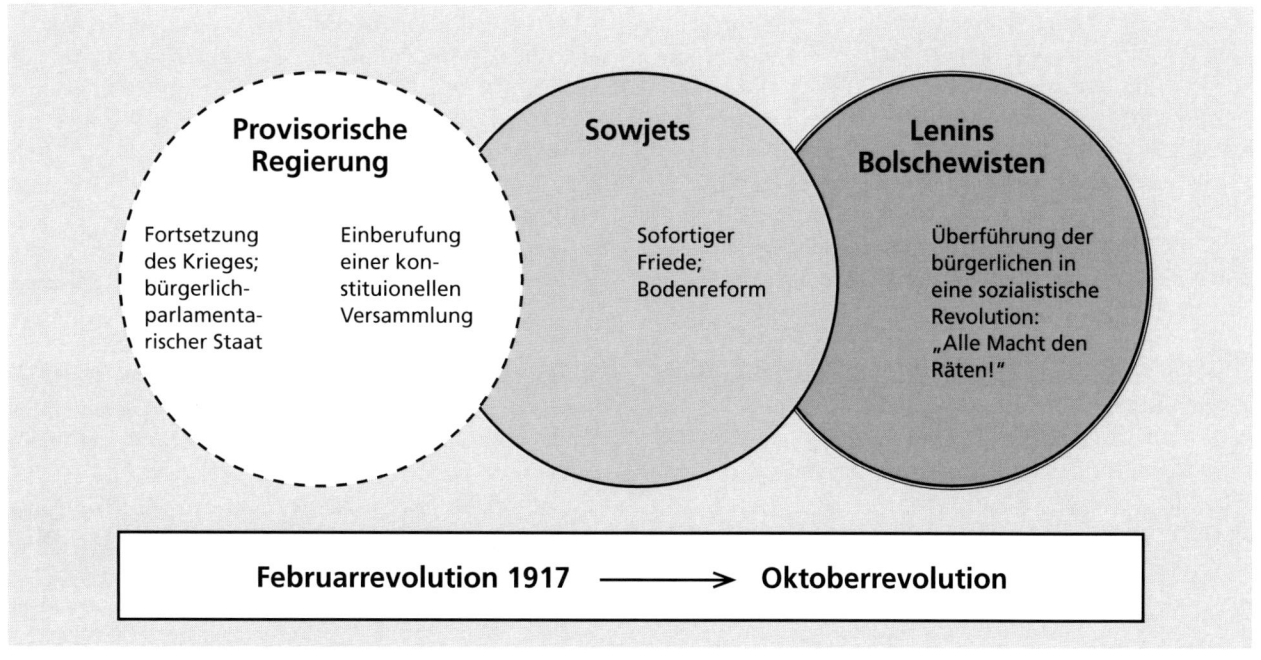

Provisorische Regierung
- Fortsetzung des Krieges; bürgerlich-parlamentarischer Staat
- Einberufung einer konstituionellen Versammlung

Sowjets
- Sofortiger Friede; Bodenreform

Lenins Bolschewisten
- Überführung der bürgerlichen in eine sozialistische Revolution: „Alle Macht den Räten!"

Februarrevolution 1917 ⟶ Oktoberrevolution

– Wassilij Vitaljewitsch Schulgin (1878–?), Duma-Abgeordneter, Schriftsteller, Journalist (2. Reihe, stehend, 1. von links).

Q2 Die Wahl des Taurischen Palais, dem Sitz der Reichsduma, als Versammlungsort mag ein Zeichen dafür sein, das der Sowjet mit seiner Mehrheit aus Menschewiki und Sozialrevolutionären grundsätzlich zur Zusammenarbeit mit der Provisorischen Regierung bereit war. Die beiden Bilder Q1 und Q2 wurden ausgewählt, um die lebhafte und aktive Abgeordnetenmasse des Sowjets der geschäftlich-bürokratisch anmutenden, distinguierten provisorischen Regierung gegenüberzustellen.

Q3 Nach der Verkündigung der Amnestie für politische Straftaten betrieb Lenin seine Rückkehr nach Russland. Mit der Billigung der deutschen Obersten Heeresleitung wurde für ihn die Reise von seinem Schweizer Exil durch das mit Russland im Krieg befindliche Deutschland erreicht. Die Reiseroute verlief über Schweden und Finnland nach Petrograd.

Q4 Boris M. Kustodjew, (Kustodjew/Kustodiev), geb. in Astrakhan (Wolga-Delta) 7.3.1878 – gest. in Leningrad 28.5.1927. Er arbeitete als Maler und Grafiker (Art Deco). Ausbildung u.a. bei Ilja Repin, Aufenthalte in Frankreich, Spanien, Österreich und Deutschland. Ganz offensichtlich hat er auch Bücher illustriert (geht aus manchen Angaben zu Büchern hervor). Seit 1916 als Folge einer Rückenmarkskrankheit beidseitig gelähmt. Kustodijew hatte sich zunächst mit Themen des alten Russland beschäftigt, gehörte zu der Künstlergruppe „Welt der Kunst", die sich kurz vor der Wende zum 20. Jh. in St. Petersburg gebildet hatte. Illustrierte Bücher, erstellte Bühnenbildentwürfe. Zahlreiche Porträts, u.a. Die Frau des Kaufmanns („Russische Venus"), mehrere Werke haben den Blick aus seinem Atelierfenster in St. Petersburg zum Inhalt, relativ wenige Werke haben eindeutig propagandistischen Inhalt, insofern darf man sich von dem hier abgebildeten „Bolschewik" nicht zu sehr beeinflussen lassen.

Q6 und **Q7** Q6 zeigt die beiden Entscheidungen, die die Provisorische Regierung dem Volk entfremdeten: 1. die Fortsetzung des Krieges und das Aufschieben der Bodenreform für die Zeit nach der Wahl einer Verfassungsgebenden Versammlung. Q7 präzisiert diese Bestimmungen. Besonders hinzuweisen ist auf den Punkt 1, der auch Lenin die Rückkehr nach Russland ermöglicht. Ferner enthält Q7 das Bekenntnis zur Verfassungsgebenden Versammlung, zu demokratischen Wahlen und zu den Grundrechten, andererseits werden auch die lokalen Kräfte gestärkt (Punkte 5 und 6); die Fortsetzung des Krieges wird festgeschrieben.

Q8 und **Q10** Q8: „Aprilthesen": Lenins eindeutige Absage jeglicher Zusammenarbeit mit der Provisorischen Regierung und die Forderung nach sofortiger Beendigung des Krieges. Ferner die Abkehr von demokratisch-parlamentarischen Grundregeln und die Aufforderung zu willkürlichen Enteignungen der Großgrundbesitzer durch lokale Sowjets. Q10 zeigt ein weiteres Mal deutlich, dass die Bolschewisten nicht bereit waren, sich an demokratische Regeln zu halten.

Q9 Die Zahl der Frauen, die sich im Februar 1917 an den Streiks beteiligten, war auffallend hoch. Mit der Herausgabe der ersten Frauenzeitschrift „Morgenröte" (1859) begann in Russland die liberal-reformistische Frauenbewegung. Forderungen nach Reformen im Bildungsbereich führten dazu, dass nach und nach die öffentlichen höheren Schulen auch für Mädchen geöffnet wurden. In der Reformära (1859–1863) konnten Frauen Universitätskurse besuchen. Nach 1881 wurde diese Möglichkeit wieder zurückgenommen. Während der Revolution 1905 entstand mit dem „Bund für die Gleichberechtigung der Frauen" die erste politische Frauenorganisation. 1913 erfolgte erstmals die Immatrikulation einer Frau an der Universität Tomsk. Im Vergleich zu den sozialistischen Parteien Westeuropas waren Frauen innerhalb der Sozialdemokratie Russlands auch als Leiterinnen lokaler Parteiorganisationen relativ stark vertreten (15 Prozent, in Westeuropa zwischen 5 und 10 Prozent), ohne allerdings die Vorherrschaft der Männer in der Partei zu gefährden. (nach: Hans W. Ballhausen: Aufstieg und Zerfall der Sowjetunion. Klett (HPW), Stuttgart 1998, S. 28)

Q11 Grigori Jewsejewitsch Sinowjew (eigentlich: Apfelbaum, 1883–1936), jüdischer Abstammung, von 1921 bis 1926 Mitglied des Politbüros des Zentralkomitees der Kommunistischen Partei Russlands (dem Vorgänger der KPdSU). Er war enger Vertrauter Lenins, mit dem er zu Beginn der Oktoberrevolution nach Russland zurückkehrte. Trotz seines zusammen mit Lew Kamenew offen geäußerten Widerspruchs zu einigen Ansichten Lenins behielt er dessen Vertrauen und blieb sein engster Mitarbeiter und Sprecher. Als Vorsitzender des Petersburger Sowjets erlangte er großen Einfluss. Obwohl ein enger Weggefährte von Josef Stalin, wurde er während der stalinistischen Säuberungen hingerichtet.

Lew Borissowitsch Kamenew (ursprünglich Rosenfeld, 1883–1936), jüdischer Abstammung. Einer der engsten Mitarbeiter Lenins in Russland und während der Zeit der Emigration in Frankreich. Er leitete die bolschewistische Fraktion in der Duma. Von 1914–1917 war Kamenew in der Verbannung in Sibirien und lernte dort Stalin kennen. Er vertrat kurz nach der Oktoberrevolution eine Position der Kooperation mit den anderen sozialistischen Parteien. Von 1917 bis 1926 war er Mitglied des Zentralkomitees und von 1919 bis 1926 Mitglied des Politbüros des Zentralkomitees der Kommunistischen Partei Russlands. Er war Leiter des Exekutivkomitees des Moskauer Sowjet und stellvertretender Vorsitzender des Rates der Volkskommissare. Auch er war ein enger Weggefährte von Stalin, geriet aber mit ihm in innerparteilichen Konflikt und verlor 1925/26 mit Sinowjew als Exponent der linken Opposition alle seine Partei- und Staatsämter. Während der stalinistischen Säuberungen wurde er im 1. Moskauer Schauprozess 1936 verurteilt und hingerichtet.

Die Quelle zeigt, dass es sich bei den Bolschewisten dieser Zeit um keinen monolithischen Block handelte, sondern dass einige sich demokratischen Wahlen unterordnen wollten, sich aber mit dieser Auffassung nicht durchsetzten.

D1–D3 (Kontrovers) Valentin Gitermann, geb. 1900 in Uman (Ukraine), gest. 1965 in Zürich. 1905 flüchtet die Familie aus politischen Gründen zunächst nach Berlin, dann nach Zürich. Studierte Geschichte, Staatsrecht, Kunstgeschichte und Psychologie in Zürich, Berlin und Warschau. Ab 1924 Lehrtätigkeit, 1944–1965 Nationalrat in der Schweiz.

Manfred Hildermeier, geb. 1948, Professor für Osteuropäische Geschichte an der Universität Göttingen. Mehrere

Bücher zur Russischen Geschichte, u. a. Geschichte der Sowjetunion 1917–1991, München: Beck, 1998.
Eric J. Hobsbawm, geb. 1917, englischer Historiker, Professor für Geschichte und Soziologie in London.

Zu den Fragen und Anregungen

1 Die Lösung kann in einem geschlossenen Text, aber auch in Form einer tabellarischen Übersicht erarbeitet werden.

	Provisorische Regierung	**Bolschewisten**
Wege zur Macht	allgemeine, gleiche geheime Wahlen, Anerkennung demokratischer Mehrheitsbeschlüsse	Weiterführung der Revolution um die Regierung zu stürzen, keine Mehrheitsbeschlüsse abwarten
Formen der Machtausübung	Parlamentarismus	Diktatur des Proletariats, das nur durch die Bolschewistische Partei vertreten wird
Demokratische Rechte	Einhaltung der Grundrechte	Vorrang für Klasseninteressen
Krieg	Einhaltung der Bündnisverpflichtungen und Fortsetzung	sofortiger Friede
Agrarfrage	Entscheidung der Verfassungsgebenden Versammlung vorbehalten	Sofortige Enteignung und Übergabe des Landes an die Bauern

2 Lenins Machtbasis ist die revolutionäre, straff organisierte Kaderpartei von Berufsrevolutionären. Sinowjew und Kamenew fürchten, dass die Bolschewisten, die noch die Minderheit sind, im Kampf um die Macht unterliegen, wenn sie die Revolution alleine fortsetzen, denn dies würde ihre Gegner vereinen. Sie raten im Moment abzuwarten, die Zeit würde für die Bolschewisten arbeiten.

3 Der übermenschliche Bolschewik hebt sich unbeirrt aus der Masse hervor und schreitet über das alte Russland sieghaft hinweg. Die rote Fahne als Symbol der Revolution weht über den Gebäuden und Türmen des alten Moskau.

4 Gitermann erwähnt, dass die Bolschewisten erkannten, dass das Volk Frieden und Land wollte, und sie versprachen es ihm. Hildermann spricht vom Versagen der Provisorischen Regierung, das den Erfolg der Bolschewisten ermöglichte. Hobsbawm erwähnt Lenins Verdienst, zu erkennen, was das Volk wollte und weist darauf hin, dass es in der Provisorischen Regierung Kräfte gab, die bewusst den Bolschewisten die Macht übertragen wollten.

5 In naiver Weise zeigt das Plakat den Ansatz der Weltrevolution, denn Lenin säubert nicht nur Russland, sondern er fegt auf der ganzen Welt die Monarchen, Kirchenvertreter und Kapitalisten weg.

3. Die Bolschewisten sichern ihre Macht

Konzeption

Es waren nicht die unmittelbaren Folgen der Revolution vom Oktober 1917, die das Land in Elend stürzten, sondern der Bürgerkrieg und der in seinem Kontext durchgeführte Versuch der Bolschewisten, in Russland eine sozialistische Wirtschaft aufzubauen. In diesem Kriegskommunismus übernahm der Staat alle wichtigen Produktions- und Verteilungsfunktionen. Am Ende dieses Versuchs lag das Land völlig am Boden. Das Kapitel informiert die Schülerinnen und Schüler zunächst über den Bürgerkrieg, den die Rote Armee bereits 1920 gewonnen hatte, allerdings musste sie sich bis ins Frühjahr 1921 mit lokalen Widerständen (Kronstädter Matrosenaufstand) auseinandersetzen. Für die weitere Geschichte der Sowjetunion sind zwei Beschlüsse maßgeblich, die im Frühjahr 1921 auf dem X. Parteitag der KPR (KPdSU) gefasst wurden. Beide werden im Verfassertext dieses Kapitels erläutert. Zunächst das strikte Verbot jeglicher Opposition innerhalb der Bolschewistischen Partei (Fraktionierungsverbot), mit dem sich die Clique um Lenin ihre Macht gegen innerparteiliche Gegner sichert. Zweitens gönnt die Partei der Wirtschaft eine Atempause und gibt ihr Zeit zur Regeneration. Die Regierung lässt sich auf Zugeständnisse ein, um die Bauern zu besänftigen und den Wirtschaftskreislauf des verwüsteten Landes wieder in Gang zu bringen: Die „Neue Ökonomische Politik" bestimmt von 1921 bis 1927 den Wirtschaftsablauf. Der organisatorische Rahmen, der das noch fragile Staatsgebilde zusammenhalten soll, ist die 1922 gegründete und bis 1991 im Kern gleich bleibende UdSSR. Die Biographie Stalins wird in diesem Kapitel vorgestellt, denn in dieser Zeit baut er seinen Aufstieg zur Macht konsequent aus. Der Materialteil stellt Quellen zur Verfügung, die das Modernisierungsprogramm, die Versorgungsnöte im Frühjahr 1921 und Lenins Haltung zur Kirche dokumentieren.

Möglichkeiten der Unterrichtsgestaltung

Im Zentrum dieses Kapitels stehen die Folgen des Bürgerkriegs und die von der bolschewistischen Regierung ergriffenen Maßnahmen. Durch einen Informationsblock erfahren die Schülerinnen und Schüler Grunddaten des Bürgerkrieges und dessen Folgen. Die Bolschewisten erkannten, dass ihre Macht durch die unerträgliche wirtschaftliche Lage gefährdet war. Dies veranlasste die Parteiführung zu Maßnahmen auf den Gebieten der Politik, Wirtschaft und Kultur, um ihre Macht abzusichern. Exemplarisch kann dies sowohl am Leninschen Dogma: „Kommunismus ist Sowjetmacht plus Elektrifizierung" und an dem daran anknüpfenden Modernisierungsprogramm erarbeitet werden, aber auch an der Hungerkrise im Frühjahr 1921 und der taktischen Umsteuerung in der Wirtschaftspolitik. Dabei kommt der NEP die herausragende Rolle zu. Der Sonderaspekt „Umgang mit der orthodoxen Kirche" ist in einer Hausaufgabe zu bearbeiten.

Tafelbild

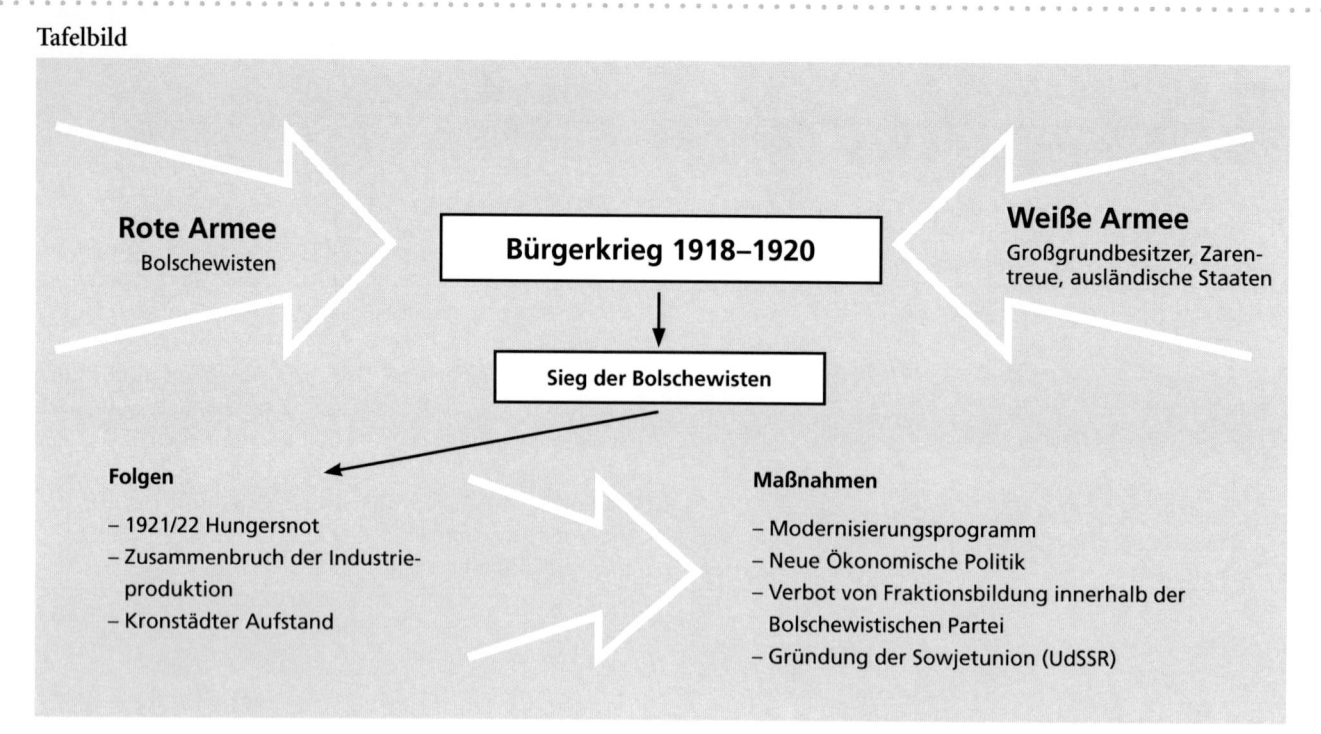

Rote Armee — Bolschewisten → **Bürgerkrieg 1918–1920** ← **Weiße Armee** — Großgrundbesitzer, Zarentreue, ausländische Staaten

↓

Sieg der Bolschewisten

Folgen
- 1921/22 Hungersnot
- Zusammenbruch der Industrieproduktion
- Kronstädter Aufstand

Maßnahmen
- Modernisierungsprogramm
- Neue Ökonomische Politik
- Verbot von Fraktionsbildung innerhalb der Bolschewistischen Partei
- Gründung der Sowjetunion (UdSSR)

Zusatzinformationen zum Verfassertext

Russland hatte am 3. März 1918 mit den Mittelmächten im Frieden von Brest-Litowsk den Ersten Weltkrieg beendet und große territoriale Verluste akzeptiert. Der nun folgende, in seinen Einzelaktionen recht unübersichtliche Bürgerkrieg war die Konfrontation, die im Oktober 1917 ausgeblieben war. An der mittleren Wolga wurde von den „Weißen" der Sturz der neuen Machthaber vorbereitet, wobei es aber bis September 1918 dauerte, bevor sich die wichtigen politischen und militärischen Kräfte überhaupt auf ein gemeinsames Direktorium unter Admiral Koltschak einigten. Aber noch während dieser Vorbereitungszeit eroberte die Rote Armee unter der Führung Trotzkis bereits die Mittelwolga. Das Jahr 1919 brachte den Roten an der Wolga und im Gebiet der Donkosaken im Süden große Erfolge. 1920 erreichte die Rote Armee das Schwarze Meer, eroberte den Kaukasus und schickte sich an, Mittelasien zu überrollen. Im Westen musste sie im Grenzkonflikt mit Polen nach überraschenden Anfangserfolgen im August zwar eine schwere Niederlage hinnehmen, aber der Verlust von Teilen Weißrusslands und der Ukraine an die wiedergeborene polnische Republik wog weniger schwer als die Gewinne an der süd- und südöstlichen Peripherie. Die Frage, worauf der Erfolg der Bolschewiki zurückzuführen sei, ist in jüngster Zeit wieder in die Diskussion geraten. Mehrere Ursachen bieten sich an: Der schnelle Aufbau der Roten Armee (offiziell am 15. Januar 1918 gegründet, im Mai 1919 1,5 Mio. Mann umfassend, verfügt sie 1920 bereits über 5 Mio. Mann), die Anwerbung ehemaliger Offiziere der zaristischen Armee, die das unentbehrliche militärstrategische Wissen mitbrachten. Die demographischen, geographisch-klimatischen Verhältnisse begünstigten die Bolschewiki, die das Zentrum des Riesenreiches beherrschten und auf die Ressourcen der Hauptstädte und des Großraums um Moskau zurückgreifen konnten, während sich ihre Gegner von der dünn besiedelten und wirtschaftlich unterentwickelten süd- und südwestlichen Peripherie her in den Kern des Reiches vorkämpfen mussten. Der Roten Armee halfen auch die Fehler und die Uneinigkeit zwischen Sozialrevolutionären und Liberalen, sowie zwischen demokratischen Zivilisten und den Generälen. Die Weißen gerieten in den Ruf, für die Restauration zu stehen. Allerdings wird heute auch ein weiterer, sicher nicht unwesentlicher Faktor hervorgehoben: die schiere Gewalt. Sie richtete sich über kurz oder lang mit abgestufter Intensität gegen alle nichtbolschewistischen Akteure. Darüber hinaus ging das neue Regime mit zunehmender Heftigkeit auch gegen soziale Gruppen vor, die eigentlich zu seinen Verbündeten zählten. Erstes Opfer wurden die Bauern. Da sich die Versorgungskrise weiter zuspitzte, erklärten die Bolschewiki im Mai 1918 das Staatsmonopol auf alles Getreide und setzten verstärkt bewaffnete Verbände ein, um Getreidebesitzern gleich welcher Klasse das letzte Korn abzupressen. Nicht grundsätzlich besser erging es den Arbeitern. Sie mussten die bittere Erfahrung machen, dass sich die Unterstützung der Bolschewiki während der Oktobertage nicht auszahlte. Anders als die demokratischen Politiker des Februars zeigten die neuen Regenten umgehend, dass sie keine konkurrierenden Machtzentren duldeten. Aber der Protest schwelte weiter und machte sich vor allem im Frühjahr 1921 in einer Welle von Streiks Luft. Nicht zuletzt dieses nachdrückliche Misstrauensvotum brachte das Sowjetregime zu der Einsicht, dass eine Kehrtwende geboten war, wenn es überleben wollte.

Zusatzinformationen zu den Materialien

Q7 Der Text stammt von Fedor Dan (1871–1947). Dan war Menschewik, redigierte mehrere Zeitungen, wurde zur Zarenzeit ins Exil gezwungen, kehrte aber 1913 zurück. Er befürwortete den Eintritt der Menschewiki in die Provisorische Regierung. Nach der Oktoberrevolution wurde er erbitterter Gegner der Bolschewisten. 1921 wurde er verhaftet und abermals ins Exil geschickt.

Q9 und **Q10** Das Bild zeigt Rotarmisten bei der Plünderung des Simonow-Klosters in Moskau, 1923. Besondere

Beachtung verdienen die ersten zwei Zeilen von Q10, die belegen, dass die Bolschewisten sich der Ungeheuerlichkeit ihres Tuns angesichts der tiefen Religiosität ihrer Landsleute durchaus bewusst waren.

Zu den Fragen und Anregungen

1 Notwendig ist ein Rückbezug auf die Quellen Q8 und Q10 des vorherigen Kapitels. Lenin verzichtet auf Überzeugungsarbeit, er geht rücksichtslos gegen die Gegner vor, duldet keine Opposition.

2 Der „Kriegskommunismus" mit dem staatlichen Monopol auf Verteilung und Produktion ruiniert das Land. Am Ende des Bürgerkrieges war die Landwirtschaft zerrüttet, eine Hungersnot deutete sich an, die Industrieproduktion lag am Boden. Lenins NEP (Neue Ökonomische Politik) nahm zwar marktwirtschaftliche Elemente in geringem Maße auf, war aber ein ausschließlich taktisch motivierter Rückzug der Bolschewisten. D3: Zeigt, dass die Industrie bis 1925/26 auf keinem Gebiet die Leistung vor dem Ersten Weltkrieg erreicht. Der große Entwicklungssprung ereignete sich zwischen 1926 und 1940. Damit verweist die Tabelle bereits auf das folgende Kapitel.

3 Die Bolschewisten erkannten den Zusammenhang zwischen Bildung und wirtschaftlichem Fortschritt. Der politischen und sozialen Revolution ließen sie eine Kulturrevolution folgen, wobei es zunächst lediglich um die Alphabetisierung besonders der Landbevölkerung ging. Ein durchaus reizvoller Nebeneffekt war dabei, dass die Vermittlung des ABC an parteikonformen Propagandatexten erfolgen konnte. So ist auf dem Plakat Q6 im Vordergrund eine Holzkiste zu sehen, in der gerade die Ausgabe der „Prawda" (russisch правда = Wahrheit), des Parteiorgans der KPdSU aus Moskau eingetroffen ist. Ein Rotarmist liest der Dorfbevölkerung vor.

4 Die Aufgabe ist nur mit einem jeweils aktuellen Atlas zu lösen: Vor allem im Gebiet des Kaukasus finden sich Teilrepubliken, die um ihre Unabhängigkeit von der Russischen Föderation kämpfen, andere Staaten der Kaukasusregion wie Georgien, Abchasien, Adscharien, Armenien und Aserbaidschan sind formal unabhängig. Seit 1991 unabhängige Staaten sind: Weißrussland, die Ukraine, Moldawien, ebenfalls: Kasachstan, Turkmenistan, Usbekistan, Tadschikistan, Kirgistan. Auf die Sonderstellung der Baltischen Staaten (Lettland, Estland und Litauen) ist hinzuweisen, denn sie wurden 1941 von der UdSSR auf der Basis des geheimen Zusatzprotokolls zum Hitler-Stalin-Pakt annektiert und sind ebenfalls seit 1991 wieder unabhängig.

5 Im Kontext des Bürgerkrieges zahlte sich die Nationalitätenpolitik Lenins aus, die den nichtrussischen Völkern des einstigen Imperiums temporär glaubhaft eine gleichberechtigte Kooperation anbot und zum Abschluss entsprechender Verträge führte. In den 30er Jahren erfolgte eine aggressive Russifizierungspolitik, die die Wurzeln der nichtrussischen Völker beschneiden sollte. Nationale Traditionen überdauern die Tagespolitik. Zum zweiten Teil der Aufgabe ist auch auf die vorangehende Aufgabe zu verweisen.

6 Marx schrieb 1844 in der *Kritik der Hegelschen Rechtsphilosophie*: „Die Religion ist der Seufzer der bedrängten Kreatur, das Gemüt einer herzlosen Welt, wie sie der Geist geistloser Zustände ist. Sie ist das Opium des Volkes." Diese zugespitzte Formulierung von Marx wird von Lenin aufgenommen und in eine konkrete Handlungsanweisung umgesetzt. Allerdings bekommt das Volk dieses Opium nicht von irgendwem verabreicht, sondern berauscht sich gleichsam selbst. Umso wichtiger ist es, dem Volk diese Möglichkeit zu nehmen, zumal Lenin die orthodoxe Kirche als Stütze des alten Regimes einschätzt und damit wohl auch nicht Unrecht hatte.

Gewusst wie: Fotografien als historische Quelle

Konzeption

Das Kapitel informiert über die Manipulation im Auftrag Stalins und schärft das gesunde Misstrauen gegenüber scheinbar objektiven Bildquellen. Nach 1927 wird nur noch das retuschierte Foto verbreitet, denn Trotzki und Kamenew waren parteiintern entmachtet und aus der Partei ausgeschlossen worden. Gleichzeitig ist an diesem Thema der inhaltliche Richtungsstreit über den Weg zur Durchsetzung der kommunistischen Herrschaft abzulesen.

Möglichkeiten der Unterrichtsgestaltung

Schülerinnen und Schüler können als Kurzreferat die Lebensläufe der beiden wegretuschierten Politiker vorstellen. Die Informationen sind im Internet problemlos mittels gängiger Suchmaschinen (Google u.a.) zu beschaffen. Zu Kamenew: s. auch, S. 273, Q11; zu Trotzki: s. Verfassertext über Register.

Zu den Fragen und Anregungen

1 In einer Zeit, in der es noch keine elektronischen Bildmedien gibt, und in einem Land, in dem die Masse der Bevölkerung noch nicht lesen und schreiben konnte, bietet sich die Postkarte als Propagandamittel an, um die Politiker bekannt zu machen.

2 Hier ist auch an die „einfache" Lösung zu denken: Der Auftrag funktioniert ebenfalls, wenn man ein x-beliebiges Bild einmal im Original nimmt, und es dann zurechtschneiden lässt, so dass die Bildaussage verändert wird. Das „veränderte" Bild wird auf schwarzen Karton geklebt und die Ausschnittwahl und Wirkung wird kurz schriftlich begründet.

4. Die Diktatur Stalins

Konzeption

Die Schere zwischen Bewunderung und Ablehnung geht unter Stalins Herrschaft weit auseinander. Einerseits beschleunigt sich der Ausbau der Diktatur, andererseits erzielt die UdSSR unter seiner Führung erhebliche Modernisierungsfortschritte und der Umbau der Gesellschaft wird radikal vorangetrieben. Vielen jungen Leuten aus ehemals benachteiligten und bildungsfernen Schichten wurden ungeahnte Karrieremöglichkeiten eröffnet. Die Sowjetunion Stalins faszinierte, denn die Überzeugung, dass die Ausbeutung des Menschen durch den Menschen für immer abgeschafft ist, die Gleichberechtigung von Mann und Frau verwirklicht und ein tragfähiges Zukunftsmodell entwickelt wurde auf dem Weg in die Moderne, ist propagandistisch vermittelt und von vielen – auch im Westen – geglaubt worden. Hinweggesehen wurde dabei über die dunklen Seiten der persönlichen Diktatur Stalins. Im Lande steigt die Popularität Stalins und wächst im Zweiten Weltkrieg weiter.

Unterrichtsaspekte sind: der Aufbau des Sozialismus in einem Land, die rücksichtslosen, aber beeindruckenden Industrialisierungsfortschritte, die Fünfjahrespläne mit dem erklärten Ziel „Amerika einzuholen und zu überholen", die Zwangskollektivierung auf dem Lande und die Liquidierung der Kulaken als Klasse, die Umformung der Gesellschaft, Ausschaltung der innerparteilichen Gegner und die Zeit des großen Terrors sowie der Personenkult. Aus diesen verschiedenen Aspekten entsteht ein Bild der Sowjetunion der 1930er und 1940er Jahre.

Möglichkeiten der Unterrichtsgestaltung

Die Erarbeitung dieses Kapitels bietet sich für eine arbeitsteilige Kleingruppenarbeit an. Die inhaltlichen Grundlinien wurden bereits in den drei vorangegangenen Kapiteln erarbeitet, während der Stalinzeit werden diese Tendenzen fortgesetzt, beziehungsweise verstärken sie sich in ausgewählten Bereichen. Für die Erarbeitung des Themenbereichs sind insgesamt zwei Unterrichtsstunden zu veranschlagen, wenn die Gruppenarbeit außerschulisch erfolgt. Acht Themen stehen zur Auswahl, die Ergebnispräsentation sollte pro Thema fünf Minuten plus Nachfragezeit nicht überschreiten:

1. Stalins Wirtschaftspolitik,
2. Die Liquidierung der Kulaken,
3. Die neuen Eliten,
4. Das neue Frauenbild,
5. Die Schauprozesse,
6. Das System der Arbeitslager,
7. Der Personenkult,
8. Die Entstalinisierung.

Diese Themenbereiche lassen sich ergänzen durch „Gewusst wie: Fotografien als Historische Quelle" und „Werkstatt: Kunst in der Diktatur".

Zusatzinformationen zum Verfassertext

Stalin verändert mit seiner „Revolution von oben" die wirtschaftliche, soziale und politische Struktur des Landes grundlegend. Die Mehrheit der Bevölkerung trug Stalins Kurs mit, wohl weniger aus Furcht vor dem Terror, sondern weil es gelang, durch neue Ideologien die Massen zu integrieren und zu mobilisieren. Der proletarische Internationalismus wurde durch den Sowjetpatriotismus ersetzt. Dazu kam der Stalinkult, der an Zarenmythos und Leninkult anknüpfte, der „Rote Zar" war keineswegs durchweg despektierlich gemeint. Bis heute wird eine erbitterte Debatte darüber geführt, ob der Stalinismus die zwangsläufige Fortführung des Marxismus und Leninismus darstellt. Sicher schufen Marx mit seiner revolutionären Utopie und Lenin mit seiner Intoleranz, seiner undemokratischen Parteiorganisation, dem Kriegskommunismus und dem Tscheka-Terrorismus die Voraussetzungen, die schließlich zur rücksichtslosen Anwendung von Gewalt gegen politische Gegner führten. Andererseits sind die Persönlichkeitsstruktur Stalins, die gesellschaftliche Entwicklung in der UdSSR und die Ereignisse der späten zwanziger Jahre, denen mit überstürzten Notmaßnahmen und einer „Flucht nach vorn" begegnet wurde zu berücksichtigen. Eine andere Debatte wird um die These

Tafelbild

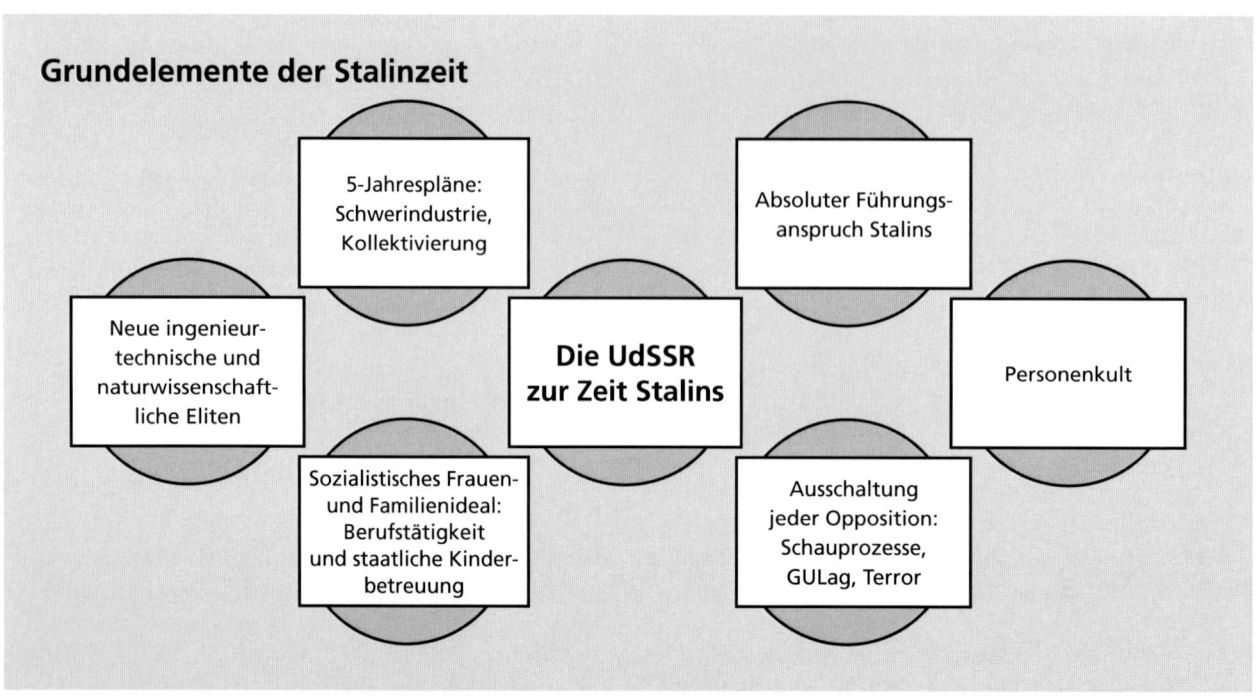

Grundelemente der Stalinzeit

- 5-Jahrespläne: Schwerindustrie, Kollektivierung
- Absoluter Führungsanspruch Stalins
- Neue ingenieurtechnische und naturwissenschaftliche Eliten
- **Die UdSSR zur Zeit Stalins**
- Personenkult
- Sozialistisches Frauen- und Familienideal: Berufstätigkeit und staatliche Kinderbetreuung
- Ausschaltung jeder Opposition: Schauprozesse, GULag, Terror

geführt, ob der Kommunismus nur eine andere Spielart des Faschismus sei, denn offensichtlich stehen beide Systeme mit ihrem übersteigerten Führerkult, der Ausschaltung jeglicher Opposition und der Formierung der Gesellschaft den Grundprinzipen der westlichen Demokratie entgegen. Trotz aller Hindernisse und Widrigkeiten bestand die UdSSR die Bewährungsprobe des Zweiten Weltkrieges. Der unter gewaltigen Opfern errungene Sieg im „Großen Vaterländischen Krieg" legitimierte das Sowjetsystem und besaß enorme Integrationswirkung. 1945 stand Stalin auf dem Gipfel seiner Macht, neben den USA war die UdSSR zur zweiten Weltmacht geworden.

Zusatzinformationen zu den Materialien

Q4 Stalins Eingeständnis der Mängel im Bereich der Konsumgüterindustrie mag zunächst verblüffen, aber er begründet die Notwendigkeit mit seiner Überzeugung, in einer kapitalistischen Umwelt zu leben, die der UdSSR technisch überlegen sei. Diese Überzeugung manifestiert sich auch in einem Zitat, das Stalin an anderer Stelle äußerte: „In höchstens zehn Jahren müssen wir jene Distanz durchlaufen, um die wir hinter den fortgeschrittenen Ländern des Kapitalismus zurück sind." (Stalin, Über die Aufgaben der Wirtschaftler. Rede auf der ersten Unionskonferenz der Funktionäre der sozialistischen Industrie am 4. Februar 1931)

Q6 Auszug aus dem Brief von Michail Scholochow, Autor des Romans „Der stille Don", vom 4. April 1933 an Stalin, auf den Stalin mit Q6 antwortete:

Genosse Stalin!

Der Distrikt Weschenski hat, wie viele andere Distrikte im nördlichen Kaukasus, den Lieferplan für das Getreide nicht wegen irgendeiner „Kulakensabotage", sondern wegen der schlechten Lokalpolitik der Partei nicht erfüllt …
Im letzten Dezember hat das Regionalkomitee der Partei zur „Beschleunigung" des Steuereinzugs den Genossen Owtschinnikow als „Bevollmächtigten" geschickt. Dieser hat folgende Maßnahmen getroffen. 1. Beschlagnahmung des gesamten verfügbaren Getreides, einschließlich des „Vorschusses", den die Kolchoseleitung den Kolchosebauern zum Aussäen der nächsten Ernte gegeben hatte. 2. Aufteilung der von jeder Kolchose dem Staat noch geschuldeten Lieferung auf die einzelnen Familien. Was haben diese Maßnahmen bewirkt? Als man mit den Beschlagnahmungen anfing, versteckten sich die Bauern und vergruben das Korn. Und nun ein Wort zu den Zahlen, die diese Beschlagnahmungen erzielten. „Gefundenes" Getreide: 5930 Doppelzentner … Und hier einige Methoden, mit denen man zu jenen 593 Tonnen kam, die teilweise seit 1918 vergraben waren.
Die Kältemethode … Man zieht den Kolchosebauer aus und setzt ihn splitternackt in einer Scheune „der Kälte" aus. Oft setzte man die Kolchosebauern in ganzen Brigaden „der Kälte" aus. Die Hitzemethode. Man übergießt die Füße und die Rockzipfel der Kolchosebäuerinnen mit Kerosin und zündet beides an. Dann löscht man alles wieder und beginnt von vorne … In der Kolchose Napolowski zwang ein gewisser Plotkin, „Bevollmächtigter" des Distriktkomitees, die verhörten Kolchosebauern, sich auf einen glühendheißen Ofen zu legen, und sperrte sie hinterher zum „Abkühlen" nackt in eine Scheune … In der Kolchose Lebjatschenski stellte man die Kolchosebauern an einer Mauer auf und simulierte eine Hinrichtung … Ich könnte die Liste mit Beispielen solcher Art endlos fortsetzen. Es sind keine einzelnen Fehlgriffe, sondern gängige Methoden beim Einzug des Korns …
Wenn Ihnen mein Brief der Aufmerksamkeit des Zentralkomitees wert scheint, so schickt wahre Kommunisten hierher, die den Mut haben, alle diejenigen, die dem Aufbau der Kolchosen in diesem Distrikt einen tödlichen Schlag versetzt haben, zu entlarven … Sie sind unsere einzige Hoffnung.

Ihr Michail Scholochow

(Archiv des Präsidenten der Russischen Föderation 45/1/827/7 22)

Q9 Siehe hierzu auch: „Arbeiter in Magnitogorsk", Q3. Die Aufzeichnungen Scotts zeigen, welche Faszination das Projekt „Sowjetunion" auch auf Menschen der westlichen Welt ausübte. Scott, der neben Magnitogorsk auch andere Großbaustellen besuchte, gibt zwar einen beeindruckenden Einblick in die Arbeit, es darf aber nicht vergessen werden, dass hier jemand mit einer gehörigen Portion Enthusiasmus schreibt.

D1 Diese Tabelle belegt das Industriewachstum der UdSSR unter Stalin in zwei Bereichen der Schwerindustrie. Für die westlichen, kapitalistischen Länder sind bei diesen Zahlen die Auswirkungen der Weltwirtschaftskrise zu bedenken. Die Tabellen S. 268, D3 und S. 280, D3 erweitern den Untersuchungszeitraum bis in die Zeit vor dem Ersten Weltkrieg, mit Einschränkungen sogar bis 1840.

Zu den Fragen und Anregungen

1 Auf dem Gebiet der Wirtschaft gelangen Stalin unter rücksichtsloser Ausbeutung der Menschen beeindruckende wirtschaftliche Erfolge. Hatte 1917/18 der radikale Umbau der Wirtschaft begonnen, der im Kontext des Bürgerkrieges den sog. „Kriegskommunismus" hervorbrachte, vollzog Lenin 1921 mit der Neuen Ökonomischen Politik eine Scheinliberalisierung. Stalin schlägt seit 1929 mit den Fünfjahresplänen den Weg ein, der am Ende der dreißiger Jahre die UdSSR dem Volumen der Produktion nach hinter die USA an die zweite Stelle der Welt brachte. Zu den pflichtgemäßen Beteuerungen eines linientreuen Kommunisten gehörte die Erfüllung des Fünfjahresplans in vier Jahren. Daher folgt schon 1933 der zweite Fünfjahresplan. Deutlich rückten die industriellen Großprojekte zur Förderung der Schwerindustrie in den Vordergrund, denen ein hoher Prestigewert zukam. Das ganze Land verwandelte sich in eine Großbaustelle und führte zu einer enormen Urbanisierung. Vor allem aber drückte die Hektik auf die Qualität der Arbeitsleistung, aber die Grundlagen für die weitere Industrialisierung wurden gelegt.

2 Stalins Terror richtete sich gegen alle und niemand konnte sicher sein, nicht in nächster Zeit verhaftet zu werden. Es traf ehemalige politische Mitstreiter ebenso wie verdiente Offiziere der Roten Armee, Künstler und Intellektuelle ebenso wie einfache Leute aus den Provinzen. Es herrschte in der Gesellschaft ein ausgeprägtes Gefühl der Unsicherheit, niemand konnte dem anderen wirklich trauen. Stalin hatte 1929 gefordert, die Arbeitskraft von

Häftlingen in Arbeitslagern effizienter auszunutzen. Schon unmittelbar nach der Errichtung der Sowjetunion waren die ersten Arbeitslager als Gefängnisse mit Arbeitspflicht für politische Gegner, bestimmte soziale Gruppen und gewöhnliche Kriminelle errichtet worden. GULag war die staatliche Zentralbehörde, unter der die anfangs getrennt geführten Straflager für Kriminelle und Oppositionelle bis 1934 zusammengefasst wurden. Hauptsächlich in Sibirien und Nordrussland gab es ungefähr 100 dieser Hauptlager, zu denen zahllose Außenposten gehörten. Die Lager waren vom Rest der Nation streng isoliert. GULag wurde 1956 im Zuge der Entstalinisierung der UdSSR aufgelöst. Schätzungen belaufen sich darauf, dass bis zu 20 Millionen Menschen in den Lagern interniert waren, von denen ein unbekannter, sicherlich jedoch hoher Anteil die brutalen Lebens- und Arbeitsbedingungen mit dem Tode bezahlte.

3 Wenn unter Emanzipation die Berufstätigkeit der Frau und die Auflösung der bürgerlichen Familienstruktur verstanden werden, dann ist der Beitrag, den die staatliche sozialistische Frauen- und Familienpolitik zur Emanzipation leistete unwidersprochen. Versteht man unter Emanzipation aber die gleiche Chance von Männern und Frauen, sich selbst zu verwirklichen, die Verpflichtung, in Ehe und Kindererziehung gleiche Pflichten zu übernehmen, ist die Bilanz nicht mehr so eindeutig.

4 Das Plakat aus dem Jahr 1930 gehört zum Personenkult um Stalin. Der strenge, aber gütige Stalin ist aus der Masse herausgehoben, die ihm bedingungslos zujubelt. Stalin wird in einer quasi messianischen Haltung abgebildet: Die Parallele zu religiösen Darstellungen ist kaum zu übersehen. Stalin lenkt, wacht und beschützt die sozialistische Schöpfung.

Werkstatt: Kunst in der Diktatur

Die begeisterte Aufnahme, die die kommunistische Idee in der Kunst anfangs erfuhr, steht bald am Scheideweg: entweder sie ordnet sich bedingungslos der Parteidisziplin unter und wird Propaganda oder sie bleibt sich treu und wird im günstigsten Fall nicht mehr beachtet, in anderen Fällen verfolgt.

Konzeption

Das Kapitel schult den differenzierenden Blick. Herauszuheben als künstlerisch anerkannt und wertvoll ist die Arbeit von Malewitsch (Q3). Eindeutig der Kategorie „feierlicher Kitsch" sind Q4 und Q5 zuzuordnen.

Möglichkeiten der Unterrichtsgestaltung

Auf die Möglichkeit, dieses Thema in eine Gruppenarbeitsphase im Zusammenhang mit dem Gesamtkapitel „Die Diktatur Stalins" einzubetten, ist bereits hingewiesen worden. Die Einbeziehung von weiteren Darstellungen der Auftaktdoppelseite sowie der Seite 271 ist möglich und sinnvoll.

Zu den Fragen und Anregungen

1 Alexander Alexandrowitsch Deineka, geb. Kursk 1899 – gest. Moskau 1969. 1915–17 Studium an der Kunstschule Charkow. 1918 Fotograf der Kriminalpolizei in Kursk und Leiter der Abteilung bildende Kunst der Gouvernementabteilung für Volksbildung. 1919/20 Arbeiten für die Agitationsausgabe der Okna Rosta und Leitung des Kunststudios der Politverwaltung Kursk. 1928 Gründung der Künstlergruppe „OKTJABR", 1931/32 Mitglied des „Russischen Verbandes Proletarischer Künstler", ab 1932 Mitglied der Moskauer Abteilung des Sowjetischen Künstlerverbandes, Aufträge für Wandgemälde und Mosaiken. 1937 Auszeichnung mit der Goldenen Medaille der Pariser Weltausstellung. 1960 Mitglied der KPdSU. 1962–66 Vizepräsident der Akademie der Bildenden Künste der UdSSR.

Alexander Michailowitsch Gerassimow, geb. Koslow 12. 08. 1881 – gest. Moskau 23. 07. 1963. Studierte von 1903 bis 1910 an der Moskauer Fachschule für Malerei, Bildhauerei und Architektur zunächst Malerei, danach Architektur. Nach Fronteinsatz im Ersten Weltkrieg und der Revolution kehrt er nach Koslow zurück, wo er die „Kommune der Koslower Künstler" gründet. In dieser Zeit beginnt er seine Arbeiten auszustellen und arbeitet daneben als Theaterausstatter. 1925 lässt er sich in Moskau nieder und wird Mitglied der „Assoziation der Künstler des revolutionären Russland", deren Sprecher er bald wird. Nach 1927, dem Jahr, in dem sein erstes Porträt von Woroschilow (Volkskommissar für Krieg und Marine) ausgestellt wurde, gestaltet Gerassimow vor allem Bildnisse von Woroschilow sowie Themen der Roten Armee. Damit beginnt auch sein Wirken als Funktionär der sowjetischen Kunst: 1932 Vorsitzender des Organisationskomitees des Sowjetischen Künstlerverbandes und Vorsitzender der Moskauer Abteilung des Sowjetischen Künstlerverbandes, 1934 Mitbegründer des Grekow-Ateliers für Kriegsmalerei, 1947 Ordentliches Mitglied und Präsident der neu gegründeten Akademie der Bildenden Künste der UdSSR, 1949–1960 Leiter der Werkstatt für Tafelmalerei der Akademie der Bildenden Künste. Gerssimow war nicht nur Jurymitglied verschiedener Ausstellungen, sondern erwarb selbst auch Ausstellungspreise. 1941 erhielt er für sein Gemälde „Stalin und Woroschilow" seinen ersten Stalinpreis, dem in den Jahren 1942, 1943, 1946 und 1949 weitere folgen. 1949 wird er mit dem Titel „Volkskünstler der UdSSR" ausgezeichnet. Auch politisch betätigt sich Gerassimow, der 1950 in die KPdSU eintritt, als Abgeordneter des Obersten Sowjets der RSFSR (1947 bis 1958). Nach Stalins Tod verliert Gerassimow sämtliche Führungsämter und widmet sich bis zu seinem Tode nur noch der Malerei.

Kasimir Malewitsch, geb.1878 – gest. 1935. 1895 bis 1910 Ausbildung an verschiedenen Kunstschulen. Zeitgenosse von Piet Mondrian und Wassily Kandinsky. Zwischen 1913 und 1932 entwickelte Kasimir Malewitsch eine Form abstrakter Malerei, die als Suprematismus bezeichnet wird – eine Kunst der reinen Form. 1919 vollendet er sein theoretisches Werk „Über neue Kunstsysteme". Malewitsch entwarf eine künstlerische Utopie, die das säkulare Gegenstück zur religiösen Malerei wurde und darauf abzielte, die in Russland allgegenwärtige Ikone zu ersetzen. Er versuchte Werke zu schaffen, die den Betrachter in einen höheren Bewusstseinszustand versetzen sollten. 1930 wurde Malewitsch verhaftet. Aus Übervorsicht verbrannten Malewitschs Freunde sehr viele seiner Manuskripte. Rückkehr zur gegenständlichen Malerei.

Iwan Wladimirow, geb. Wilna 1869 – gest. Leningrad 1947. Erster Malunterricht an der Zeichenschule in Wilna; 1888 bis 1893 Studium an der Akademie der Bildenden Künste in St. Petersburg in der Klasse für Schlachtenmalerei, Abschluss mit dem Titel „Künstler der zweiten Stufe". 1894 absolviert er die Infanterie-Junkerschule, danach Wiederaufnahme des Kunststudiums, das er 1897 abschließt und für ein Jahr nach Paris geht, dort Arbeit in der Werkstatt des Schlachtenmalers Detaille. 1903 Korrespondent der Zeitschrift Niwa in China und im Fernen Osten. 1904 Teilnahme am russisch-japanischen Krieg als Kriegsberichterstatter, wobei er seine Erlebnisse im Bild festhält. 1906 Teilnahme an der Ausstellung der Akademie der Bildenden Künste mit Arbeiten zur Revolution 1905. Zensur lässt die Bilder entfernen, Verhaftung Wladimirows und anschließende Polizeiaufsicht. Kriegsberichterstatter für die Niwa und die englische Daily Graphic im bulgarisch-türkischen Krieg 1912. Im Ersten Weltkrieg (1914) Verwundung und Auszeichnung. Nach dem Krieg erteilt er Kunstunterricht und fertigt Zeichnungen sowie Gemälde an, die vor allem Ereignisse der Revolution zum Inhalt haben. Später entstehen Werke zum Bürgerkrieg. Nach 1923 Mitglied der Leningrader „Assoziation der Künstler des revolutionären Russland" und Teilnahme an deren Ausstellungen. 1939 international bekannt mit dem Wandgemälde „Die Erschießung des Volkes vor dem Winterpalais am 9. Januar 1905" im sowjetischen Pavillon auf der Weltausstellung in New York. 1939/40 Besuch der russisch-finnischen Front, während der Leningrader Blockade bleibt er in der Stadt und malt Bilder mit Sujets aus dem Zweiten Weltkrieg und entwirft Agitationsplakate. 1945 Auszeichnung mit dem Orden „Rotes Arbeitsbanner" und 1946 mit dem Titel „Verdienter Kunstschaffender der RSFSR".

2 Auswertungsraster für eine Bildinterpretation (siehe rechte Spalte)

3 Diktaturen sind bestrebt die Untertanen bis in ihre Gedanken zu kontrollieren und zu uniformieren. Eine freie Kunst ist nicht kontrollierbar und stellt daher grundsätzlich eine Gefahr dar.

4 Möglicher Verteidigungsansatz: Es geht Malewitsch um die Befreiung des Menschen aus alten Abhängigkeiten. Seine Werke sollen den Betrachter in einen höheren Bewusstseinszustand heben und so Kraft zu Veränderungen freisetzen.

	hervorragend	vollständig und gut	in weiten Teilen	in Ansätzen	falsch/fehlend
Bild als Ganzes					
• Thema, Ereignis, Gegenstand					
• subjektives Wirkungsempfinden					
Einzelheiten					
• Personen, Gegenstände vollständig					
• Kleidung der Personen					
• Körperhaltung					
• Gesichtsausdruck					
• Beschaffenheit der Gegenstände					
Bildaufbau					
• Mittelpunkt					
• Anordnung der Personen/Gegenstände zueinander					
Gestaltungsmittel					
• Maße					
• Perspektive					
• Farbgebung					
• Symbolcharakter der Bildelemente					
Entstehungsgeschichte					
• Künstler					
• Entstehungszeit					
• Auftraggeber					
• Adressat					
Aussage					
• Was soll erreicht werden?					
• Informationsgehalt des Bildes					
Weitere Beobachtungspunkte (beliebig zu ergänzen)					
•					
•					

Lernen lernen: Ein Rollenspiel entwerfen

Konzeption

Die Literatur zum historischen Rollenspiel zählt Legionen, so dass eine didaktische Begründung an dieser Stelle entbehrlich ist. In Anlehnung an den Artikel von Michael Sauer (in: Geschichte unterrichten, Seelze-Velber: Kallmeyer, 2001) nur wenige Hinweise: Beim Historischen Rollenspiel begeben sich Schülerinnen und Schüler in eine historische

Situation und handeln in der Rolle historischer Personen. Sie setzen damit gleichsam eine historische Brille auf. Ziel ist, dass sie Zwänge und Freiheiten, Denkweisen und Verhaltensmöglichkeiten nachvollziehen und erproben, die die Zeit bot. Die Voraussetzung dafür sind möglichst gute Kenntnisse der historischen Situation – nicht nur des allgemeinen politischen und wirtschaftlichen Rahmens, sondern vor allem auch der Lebensverhältnisse. Zum Beispiel muss man wissen, wie sich Menschen verschiedener Stände oder Schichten überhaupt angeredet haben, wenn man „richtig historisch" miteinander sprechen will. Zentral ist die präzise Beschreibung der jeweiligen Rolle; nur so kann man als Rollenträger in sie hineinschlüpfen, wird das Spiel historisch stimmig und plausibel.

Die Rollen sollten also so gewählt werden, dass sich Multiperspektivität ergibt – die jeweils andere Sichtweise ist dann durch die Mitspieler stets präsent.

Bei dem hier angeregten Rollenspiel handelt es sich um eine typisierte Spielsituation. Dabei geht es um Personifizierung: Schülerinnen und Schüler spielen bestimmte Sozialtypen. Deren Lebensverhältnisse und die Zeitumstände insgesamt sind zwar vorausgesetzt, im Detail kann aber vieles individuell ausgestaltet werden. Zwar ist für jeden die Perspektive vorgegeben, aber die Argumentation und Entscheidung des Einzelnen und der Ausgang des Ganzen sind offen. Gerade deshalb aber kommt es besonders darauf an, dass jeder Spieler und jede Spielerin über seine und ihre Rolle nachdenkt und sie adäquat ausgestaltet.

Jedes Rollenspiel benötigt im Anschluss die Reflexion, in der darüber nachgedacht wird, ob die Geschichte tatsächlich so hätte verlaufen können.

Literatur für Schülerinnen und Schüler

Leonhard, Wolfgang, Die Revolution entlässt ihre Kinder, 21. Aufl., Köln 2003 (erstmals 1955).
Solschenizyn, Alexander, Der Archipel GULAG, gek. Ausgabe, Berlin 1988 (erstmals 1974; Taschenbuch).
Solschenizyn, Alexander, Ein Tag im Leben des Iwan Denissowitsch, München 1999 (erstmals 1974; Taschenbuch).
Zweig, Stefan, Sternstunden der Menschheit, 14 historische Miniaturen, Frankfurt o. J. (Darin: Der versiegelte Zug; zu Lenin im Schweizer Exil und seiner Rückkehr; Taschenbuch).

Literatur für Lehrerinnen und Lehrer

Bundeszentrale für politische Bildung (Hrsg.), Die Sowjetunion 1917–1953, Bonn 1992 (Informationen zur politischen Bildung 235).
Bundeszentrale für politische Bildung (Hrsg.), Russland, Bonn 2003 (Informationen zur politischen Bildung 281).
Courtois, Stéphane u.a., Schwarzbuch des Kommunismus. München 1998 (Originalausgabe: Le livre noir du communisme. Paris 1997).
Hildermeier, Manfred, Geschichte der Sowjetunion 1917-1991, München 1998.

Wende dein Wissen an: Die Französische Revolution

Konzeption

Mit politischer Propaganda werden die Schülerinnen und Schüler gemeinhin erst in Klasse 9 bzw. im Oberstufenunterricht konfrontiert, wenn die totalitären Regime des 20. Jahrhunderts behandelt werden. Erkennt man – etwa mit Gerhard Ritter oder Jacob Talmon – in der Französischen Revolution (auch) Wurzeln des modernen Totalitarismus, gewinnt die Beschäftigung mit Regnaults propagandistischem Gemälde besonderen Sinn.

Freilich ist Propaganda kein Phänomen der Moderne – man denke nur an Kaiser Augustus und dessen systematisch und konsequent auf die Legitimierung seiner Alleinherrschaft zugeschnittene Selbstdarstellung in Bildender Kunst, Literatur und Architektur.

Gerade das politisch Neue bedarf häufig spezieller Rechtfertigung, und für die Phase des jakobinischen Terrors gilt dies in besonderem Maße.

Das 1794/95 entstandene Gemälde Jean-Baptiste Regnaults (1754–1829) „Freiheit oder Tod" (La Liberté ou la Mort) verdeutlicht den Schülerinnen und Schülern zum einen, dass es eine Revolutionskunst gab, deren Aufgabe darin bestand, das politische Handeln der Revolutionäre zu vermitteln. Zum anderen bieten die dargestellten Allegorien ein reiches Reservoir an Bildelementen, die Anlass zur Rekapitulierung des Revolutionsverlaufs und wichtiger Konfliktfelder bieten.

Zudem lassen sich anhand des Gemäldes die bereits bekannten Arbeitsschritte zur Bildbeschreibung und Bildinterpretation wiederholen.

Zusatzinformationen zu den Materialien

Q1 Das Gemälde von 1794/95 gehört zu den wenigen in Öl gefassten Werken der Revolutionspropaganda. Der *Genius Frankreichs* – Genius meint menschliche Schöpferkraft, und zwar, so Diderot, im Sinne willkürlichen, die Konventionen missachtenden Handelns – schwebt über der Erdkugel zwischen zwei weiteren Personifikationen in Richtung Betrachter. Er ist nackt, seine Haltung wirkt statisch, der Ausdruck ist märtyrerhaft.

– *Personifikation der Freiheit (bzw. der Republik):* Zur Rechten des Genius, links im Bild, sitzt eine lächelnde Frauengestalt, deren Attribute sie als Allegorie der Freiheit (bzw. der Republik) erkennen lassen: Ihr Gewand erinnert an eine römische Tunika; das von ihr empor gehaltene Winkelmaß steht für Gleichheit bzw. für eine gerechte Ordnung. Die kegelförmige Mütze aus rotem Tuch, wie sie mit der anderen Hand nach oben gehalten wird, hatte schon bald Eingang in die politische Symbolsprache der Jakobiner gefunden („Jakobinermütze"). Diese Art von Mützen sollen die aus Phrygien (einem Gebiet im mittleren Kleinasien) stammenden Amazonen beim Kampf getragen haben. Eine andere Erklärung für die Verwendung der Mütze als Freiheitssymbol verweist auf den Hut der antiken Galeerensklaven. „Le bonnet rouge" wurde nicht nur bei Festen getragen, sondern er ersetzte auch bei der offiziellen Amtsausübung die traditionelle Perücke. Der Stern ist ein Lichtsymbol; Licht ist ein immer wiederkehrendes Motiv der Aufklärungszeit (vgl. engl. „age of enligthenment", frz. „siècle des lumières"), denn es bedeutet Fortschritt, aber auch eine auf Grundsätzen der Vernunft beruhende gesellschaftliche und politische Ordnung. Die mit Trikoloren gebundenen Fasces (Rutenbündel), wie sie zu Füßen der Frauenfigur zu erkennen sind, waren in Rom Zeichen der Amtsgewalt hoher Beamter. Diese waren bei offiziellen Amtshandlungen von ihren Amtsdienern (Liktoren) umgeben, welche die Rutenbündel samt Beil mit sich trugen. Rutenbündel treten als Motive in der Kunst der Französischen Revolution häufig auf, sie stehen für die exekutiven und militärischen Befugnisse der Revolutionsregierung. Die Bündelung der Einzelstäbe versinnbildlicht möglicherweise auch die „unité et indivisibilité" (Einheit und Unteilbarkeit) der Nation.

– Auf der rechten Bildseite, zur Linken des Genius, befindet sich der *personifizierte Tod* als ein in schwarzes Tuch gehülltes Gerippe. Der Tod hält in seiner rechten Hand einen Eichenkranz, vermutlich als Zeichen seiner Verdienste um das Vaterland.

Indem der Genius zwischen beiden Figuren – Freiheit/Republik und Tod – schwebt, den Blick auf den Betrachter des Bildes gerichtet, die Arme ausgebreitet, scheint er beide wie alternative Möglichkeiten vorzuführen, zwischen denen man sich zu entscheiden hat.

Zu den Fragen und Anregungen

3 *Die wichtigsten Stationen auf dem Weg von der absolutistischen Monarchie zur Republik:* Die katastrophale Finanzsituation Frankreichs, verbunden mit der Unfähigkeit des absolutistischen Systems diese zu überwinden, war der Ausgangspunkt der Revolution. Die Einberufung der Generalstände durch den König führte dazu, dass sich die Vertreter des Dritten Standes zur Nationalversammlung erklärten und nicht eher auseinander gehen wollten, bis sie eine Verfassung erarbeitet hatten (Ballhausschwur). Revolutionäre Ereignisse fanden auch auf der Straße statt; ihr Höhepunkt war der Sturm auf die Bastille. Auf dem Land wurden Herrenhäuser gestürmt und Urkunden vernichtet, die feudale Abhängigkeiten festgeschrieben haben. Die Nationalversammlung beschloss indes die Abschaffung des Feudalismus und einen Menschen- und Bürgerrechtskatalog. Im September 1791 hatte Frankreich eine Verfassung, die es zur konstitutionellen Monarchie machte.

– *Rolle und Bedrohtheit von Freiheit und Gleichheit in der Revolution:* Die Schlagworte „Freiheit, Gleichheit, Brüderlichkeit" bringen auch diejenigen mit der Französischen Revolution in Verbindung, die nichts oder nur wenig über dieses Ereignis wissen. Tatsächlich verschaffte die Revolution formal jedem französischen Staatsbürger bürgerliche Freiheitsrechte. Für die hörigen Bauern (immerhin der weitaus größte Teil der Bevölkerung) bedeutete das Ende des Feudalismus persönliche Freiheit – auch sie sind nun freie Staatsbürger der einen französischen Nation. Da sozialpolitische Instrumente, wie sie der moderne Sozialstaat kennt, fehlten, konnten die formaljuristisch bestehenden Freiheitsrechte von vielen in der Praxis nur schwer oder gar nicht wahrgenommen werden. Freiheit war akut bedroht, als die jakobinische Schreckensherrschaft in großer Willkür gegen jeden vorging, der tatsächlich oder vermeintlich die Vorstellungen der Machthaber von Revolution und Gesellschaft nicht teilte. Im Übrigen sollte auch auf die rechtliche Minderstellung – und damit die eingeschränkte bzw. nicht gegebene Freiheit – der Frauen und insbesondere der Sklaven in den überseeischen Kolonien eingegangen werden. In diesem Zusammenhang stößt man auf den zweiten Begriff: Gleichheit. Auch hier kann die Verfassung von 1791 in ihrer spezifischen Unzulänglichkeit herangezogen werden – das Zensuswahlrecht ist sprechender Ausdruck dafür, wie gegen die mit hohem Idealismus verkündeten Menschen- und Bürgerrechte nur inkonsequent in verfassungspolitische Realität umgemünzt wurden, ganz zu schweigen von der Direktorialverfassung, in der die Besitzbürger unverhohlen bevorzugt wurden.

– *Zusammenhang zwischen Aufklärungsphilosophie und Revolution:* Zentrale Forderungen der Revolution, insbesondere die Freiheit und Gleichheit aller Menschen, gehen auf die Aufklärungsphilosophie zurück. Die Revolution stellte das aufklärerische Prinzip der Vernunft über die Autorität von Kirche und Gewohnheit.

– *Rolle des Todes in der Revolution:* Auf die Phase der Schreckensherrschaft bezieht sich bezeichnenderweise das Sprichwort, dass die Revolution ihre Kinder fresse. Tatsächlich öffnete insbesondere das „Gesetz über die Verdächtigen" willkürlichen Verhaftungen und massenhaften Hinrichtungen Tür und Tor. Die Guillotine wurde zum Sinnbild für eine nach rationellen Gesichtspunkten konstruierten Tötungsmaschinerie, die Zehntausenden von unschuldigen Menschen das Leben kostete. Der Tod fand freilich nicht nur auf dem Schafott, sondern auch auf den Schlachtfeldern der Revolutionskriege statt.

– *Missachtung von Konventionen und Regeln in der Phase der Schreckensherrschaft:* Außer der bereits erwähnten Missachtung humanitärer Gesichtspunkte in der Zeit der „grande terreur" werden Konventionen und Regeln auch insofern außer Kraft gesetzt oder zumindest relativiert, als die Traditionen der Jahrhunderte alten Adelsherrschaft, aber auch der Kirche bis hin zu christlich fundierten Alltagsgewohnheiten (wie z.B. Feiertagskultur, Gruß- und Anredeformeln usw.) über Bord geworfen wurden.

– *Gesamtdeutung:* Das Bild hat eine unverkennbar propagandistische Wirkungsabsicht: Der Betrachter sieht sich von der Figur des Genius in ebenso pathetischer wie herausfordernder Weise vor eine Entscheidung gestellt. Die Alternative „Freiheit oder Tod" stellt überdies der Bildtitel deutlich vor Augen. Es lässt sich deuten als Hinweis auf die (bedrohten) Errungenschaften der Revolution; es ist der Appell, das Erreichte nicht aufs Spiel zu setzten und nicht dem Tod die Herrschaft über die weitere Entwicklung zu geben. Die propagandistische Wirkungsabsicht des Bildes erweist sich nicht zuletzt darin, dass die gezeigte Alternative sich in Wirklichkeit so nicht stellte, denn der Tod war in vieler Hinsicht nicht Gegenspieler, sondern vielmehr ein häufig anzutreffender Begleiter der Revolution.

Insgesamt sollte darauf geachtet werden, dass die Französische Revolution trotz aller notwendigen Kritik die ihr zustehende Würdigung als einer der ersten wichtigen Schritte auf dem Weg in die Moderne erfährt. Es steht in der Verantwortung der Lehrkraft, dass am Ende der Beschäftigung mit der Französischen Revolution ein sachlich-abwägendes, kein polemisches Urteil steht.

Wende dein Wissen an: Die Industrialisierung

Konzeption

Die Lösung der Aufgaben auf dieser Doppelseite setzt sowohl inhaltliche Kenntnisse als auch methodische Kompetenzen voraus. Inhaltlich folgt der Aufbau der Materialien und Aufgaben zwei Gedankengängen. Auf der einen Seite wird ein Bogen gespannt von England über die internationale Entwicklung der Industrialisierung bis hin zu Deutschland. Auf der anderen Seite wechselt der Schwerpunkt der Untersuchung von den Voraussetzungen und Merkmalen der Industrialisierung hin zu den gesellschaftlichen Auswirkungen und Folgen. Die Aufgaben verlangen methodisches Arbeiten zur Entschlüsselung von Materialien genauso wie die gezielte Ausführung von Arbeitsoperationen.

Auf der Basis ihrer Fachkenntnisse sollen die Schüler erkennen, inwiefern sich der Industrialisierungsprozess in England in der Biografie Robert Peels und seiner Familie spiegelt. Obwohl keine Quelle vorliegt, ist es möglich den Text anhand der methodischen Arbeitsschritte der Quelleninterpretation zu erschließen. D2 thematisiert die Industrialisierung im internationalen Rahmen. Im Vordergrund der Erarbeitung steht zunächst die Rekapitulation der neu erlernten Methode Statistiken zu interpretieren, bevor die statistischen Daten auf der Basis des eigenen Sachwissens erläutert werden müssen. Mit Q1 und dem nächsten Erarbeitungsschritt werden die Auswirkungen der Industrialisierung thematisiert. Der Vergleich von Unternehmern und Arbeitern verlangt die Benennung von inhaltlich und begrifflich stimmigen Vergleichskriterien. Die handlungsorientierte Aufgabe führt die Charakterisierung einzelner gesellschaftlicher Gruppierungen fort. Die Diskussion von Lösungsansätzen der sozialen Frage verlangt perspektivisches Arbeiten, das schließlich zu einer multiperspektivischen Betrachtung führt.

Zusatzinformationen zu den Materialien

D1 Eric Hobsbawm (geb. 1917), englischer Historiker und Sozialwissenschaftler, veröffentlichte 1968 sein zweibändiges Werk „Industry And Empire, an Economic History of Britain since 1750", das bereits ein Jahr später in deutscher Übersetzung erschien. Der Textauszug ist Band I entnommen.

Sir Robert Peels Sohn, Sir Robert Peel junior (1788–1850), wurde bereits als Kind zum künftigen Politiker ausgebildet. Er besuchte die Schule und Universität in Oxford. 1809 kaufte sein Vater ihm einen Parlamentssitz im Unterhaus. Er bekleidete in den folgenden Jahren vielfältige politische Ämter und war in den Jahren 1834/35 und 1841–1846 Premierminister von England.

D2 Die Angaben erfolgen außer für das Jahr 1913 in Dreijahresdurchschnitten. Die Statistik wurde erstmals veröffentlicht in „Journal of European Economic History" 11 (1982).

Q1 Julius Vahlteich (1839–1915) war von Beruf Schuhmacher. Er gehörte zu den Mitbegründern des „Allgemeinen Deutschen Arbeitervereins" (ADAV). Er saß der Gründungsversammlung am 23. Mai 1863 in Leipzig vor.

1847–1881 war er mit kurzer Unterbrechung Mitglied des Reichstags. 1881 wanderte er in die USA aus.

Zu den Fragen und Anregungen

1 Zur Lösung der Aufgabe sollten die Schülerinnen und Schüler die Methode „Textquellen auswerten" anwenden (siehe Methodenglossar). Da die Schüler über Kenntnisse der Industrialisierung verfügen, sollten sie nicht lediglich eine kurze Überschrift für jeden Absatz finden, sondern die Textinhalte bereits in den Prozess der englischen Industrialisierung einordnen und die Zuordnung erläutern. Der Schüler kann selbständig über die genannten Arbeitsschritte hinausgehen, indem er nicht jeden einzelnen Abschnitt erläutert, sondern die erkannten Merkmale zunächst nach übergeordneten Gesichtspunkten gruppiert und dann gesammelt erläutert.

2 Die Aufgabe verlangt zunächst den produktiven Umgang mit der Methode „Arbeiten mit Statistiken" (S. 97). Die Erläuterung der statistischen Daten erfolgt unter Anwendung des zur Industrialisierung erworbenen Wissens. Bekannte Inhalte müssen geordnet und deren Zusammenhänge geklärt werden.

3 Die Schülerinnen und Schüler sollen D1 unter einer veränderten Fragestellung erneut auswerten. Die Besprechung der Aufgabe sollte daher auch diesen Aspekt des Umgangs mit Quellen thematisieren, d. h. dass der Aussagewert historischer Quellen in unmittelbarem Zusammenhang mit der Fragestellung des Historikers steht. Im Vergleich zu Q1 sollen die gesellschaftlichen Gruppen „Unternehmer" und „Arbeiter" charakterisiert werden. Von besonderer Bedeutung ist bei dieser Aufgabe die Strukturierung der Antwort, die sowohl inhaltlich sinnvoll als auch begrifflich präzise gefasst werden soll.

4 Mit der abschließenden Diskussion soll vor allem die reflexive und problemlösende Arbeitsweise zur Anwendung kommen. Vorbereitend müssen zunächst die in Aufgabe 3 noch nicht bearbeiteten Gesellschaftsgruppen charakterisiert werden. Allen Gesellschaftsgruppen müssen dann einzelne Lösungsvorschläge der sozialen Frage zugewiesen werden. Jeder Gesprächsbeitrag verlangt von den Schülern, eine bestimmte Perspektive zu übernehmen. Bei Einwänden oder Fragen der fiktiven Gesprächspartner, muss diese neue Problemstellung aus den festgelegten Perspektiven heraus reflektiert werden. Um zu einer Antwort zu kommen, müssen die Schülerinnen und Schüler über ihr gesichertes Wissen hinaus Hypothesen bilden, die in der Abschlussbesprechung kritisch überprüft werden sollten. Die Abwägung der einzelnen Perspektiven zielt auf ein multiperspektivisches Aufarbeiten des Themas.

Das Thema eignet sich auch für die Durchführung einer Fishbowl-Diskussion.

Wende dein Wissen an: Die Revolution von 1848/1849

Konzeption

Die Bildungsstandards geben vor, dass die Schülerinnen und Schüler am Ende des Kapitels die „Ursachen, Ziele und Auswirkungen der Revolution von 1848/1849 in Deutschland" und die „Voraussetzungen der Reichsgründung »von oben« erläutern" können. An diesen Zielvorgaben orientiert sich die Konzeption der Seite. Das Bild der Märzunruhen in Berlin spiegelt die Aufbruchsstimmung der Märztage wider, hier lassen sich die Ursachen und Ziele wiederholen. Mit Hilfe der Frage können die Märzereignisse mit den Augen des Künstlers gesehen und ein Perspektivwechsel geübt werden. Gleichzeitig lässt sich wiederholen, dass die Revolution in Deutschland nicht losgelöst von der Entwicklung in Europa betrachtet werden kann und auch die Zeitgenossen sich der Bedeutung der Ereignisse bewusst waren.

Ausgehend von der Karikatur, die die Ablehnung der Kaiserkrone zum Thema hat, wird anschließend das Ende der Revolution beleuchtet. Dies bietet die Möglichkeit, nach den Folgen der Revolution und der späteren Reichsgründung zu fragen. Gerade die Betrachtung von Karikaturen, die in diesem Band neu eingeführt wurde, provoziert Diskussionen und weitergehende Auseinandersetzungen, ihr gelingt es, komplizierte Sachverhalte auf eine konkrete Ebene der Anschauung zu bringen. Das genaue Beobachten wird ebenso wie Urteilsfähigkeit geschult.

Zusatzinformationen zu den Materialien

Q1 Der „Kampf zwischen Bürgern und Soldaten in der Straße" gehört zu den handkolorierten Bilderbögen von Gustav Kühn und ist das zweite Bild der Bilderbogenserie „Das merkwürdige Jahr 1848". Es zeigt die Barrikadenkämpfe in der Straße Frankfurter Linden in Berlin am 18. und 19. März 1848. Die Kämpfe waren eine Folge der eskalierenden Stimmung am 18. März 1848 in Berlin. Zunächst hatten sich die Menschen auf dem Schlossplatz versammelt, um Friedrich Wilhelm IV. für die Bewilligung der Märzforderungen, wie z. B. die Einberufung des Landtages und die Pressefreiheit, zu danken. (Die königlichen Bekanntmachungen hängen auf diesem Bild am rechten Baum.) Als aber in der Menge der Ruf nach dem Abzug der Soldaten aus der Umgebung des Schlosses immer lauter wurde, gab der König den Befehl, den Platz „säubern" zu lassen. Im allgemeinen Tumult lösten sich daraufhin zwei Schüsse von militärischer Seite. Die Menschen flohen Hals über Kopf in die Nebenstraßen. Entsetzt über diesen „Verrat", errichteten sie Straßenbarrieren. Hagen Schulze sieht darin eine elementare Massenpsychose, die automatische Massenreaktionen hervorrief. Das Militär versuchte daraufhin systematisch die einzelnen Straßenzüge einzunehmen, blutige Kämpfe beherrschten das Straßenbild in der Nacht vom 18. auf den 19. März. Erst als der Oberbefehlshaber einsah, dass seine vorhandenen Streitkräfte nicht ausreichten, die gesamte Stadt freizukämpfen, zog sich das Militär nach Potsdam zurück.

Etwa vier- bis zehntausend Menschen standen zeitweilig auf den Barrikaden und kämpften für die Freiheit. Diese Forderung findet sich zentral in der Mitte des Bildes auf der schwarz-rot-goldenen Fahne. Unter den Kämpfenden waren Studenten, Handwerker, Bürger und Arbeiter, unterstützt wurden sie von zahlreichen Helfern, zu denen auch Frauen und Kinder gehörten. Die Barrikadenkämpfer sind im Bildvordergrund abgebildet. Entgegen den tatsächlichen Verhältnissen sind diese Kämpfer gut ausgerüstet. Meistens verfügten die Aufständischen weder über Gewehre noch über Pistolen, sondern sie kämpften mit Säbeln oder Mistgabeln. Eine wichtige Waffe dagegen waren die Wurfgeschosse von den Dächern und aus den Fenstern, die auch auf dieser Abbildung gut zu erkennen sind. Auf der anderen Seite der Barrikaden, in der Bildmitte, standen die Soldaten, die mit modernster Waffentechnik ausgestattet waren. Helme, Tornister und Lederzeug schützten sie vor den Angriffen der Steinwerfer.

Q2 Wilhelm Heinrich August Freiherr von Gagern, wurde am 20. August 1799 als Sohn des Diplomaten und Politikers Hans Christoph Freiherr von Gagern (1766–1852) in Bayreuth geboren. Er kämpfte als Unterleutnant in der Schlacht bei Waterloo und zog sich eine leichte Verwundung zu. Anschließend studierte er in Heidelberg Jura, wo er zum Mitbegründer der Burschenschaft wurde. Er wechselte nach Göttingen, dann nach Jena, und rückte in den Vorstand der Burschenschaft auf. 1820 legte er sein juristisches Staatsexamen ab und begann 1821 seine Berufslaufbahn im Staatsdienst von Hessen-Darmstadt. 1832 wurde er in den Landtag gewählt. Während der Märzunruhen wurde er zum Regierungschef von Hessen-Darmstadt berufen. Um als Abgeordneter in der Nationalversammlung mitwirken zu können, trat er von seinem Ministerposten zurück. Am 19. Mai wählten ihn die Abgeordneten zum Präsidenten der Nationalversammlung. Am 21. März 1849 trat er zurück, als die Nationalversammlung die Reichsverfassung als Ganzes nicht annahm, dennoch war er federführend für die Wahl König Friedrich Wilhelms IV. von Preußen als deutscher Kaiser verantwortlich. Am 21. Mai 1849 trat Gagern aus dem Paulskirchenparlament aus. Zunächst unterstützte er die preußische Politik der Erfurter Union, danach zog er sich 1851 vorläufig aus der Politik zurück. Am 22. Mai 1880 starb Heinrich von Gagern in Darmstadt.

Q3 Friedrich Wilhelm IV. wurde 1795 in Berlin geboren und regierte von 1840 bis 1861. Er war künstlerisch und wissenschaftlich begabt. Seine Politik zeichnete sich häufig durch Widersprüche aus. So berief er 1847 zwar den Vereinigten Landtag ein und versuchte damit einen ständischen Staatsaufbau zu verwirklichen, gleichzeitig lehnte er aber eine Gesamtverfassung ab.

Die ihm von der Paulskirche 1849 angetragene deutsche Kaiserkrone wies er zurück. Sein Versuch einer Union der deutschen Fürsten unter Preußen scheiterte in Olmütz 1850. Eine schwere Erkrankung zwang ihn 1855, seine Regierungsgeschäfte an seinen Bruder Wilhelm I. abzugeben.

Q4 Die Karikatur erschien in den Düsseldorfer Monatsheften, einem zunächst politisch engagierten Blatt, das in Folge der 1849 wieder eingeführten Zensur auf satirische Sittenbilder auswich. Ferdinand Schröder (1818–1859), der seine Karikaturen auch im „Kladderadatsch" veröffentlichte, zeichnete die Karikatur zur Ablehnung der Kaiserkrone im April 1849.

Abgebildet sind ein weinender Knabe (Heinrich von Gagern) im Gespräch mit einer Frau, die eine Pickelhaube trägt (Borussia). Im Hintergrund spielt ein weiterer Knabe (Friedrich Wilhelm IV.) mit einem Bären (die Personifikation Russlands, vermutlich soll dies Nikolaus I. darstellen, der seit 1817 mit Alexandra Charlotte, der Schwester Friedrich Wilhelms IV. verheiratet war) Zwischen Heinrich von Gagern und der Borussia steht eine kopflose Statue. Sie steht stellvertretend für die Germania, die keinen Kopf hat, auf den man eine Krone setzen könnte. Anders als auf dem berühmten „Germania"-Bild von Philipp Veit, das oberhalb des Rednerpultes in der Frankfurter Paulskirche hing, geht hier die Sonne hinter der Germania nicht auf sondern offenbar gerade unter.

Zu den Fragen und Anregungen

1 Siehe Zusatzinformationen zu den Materialien.

2 Zu den bekanntesten Märzforderungen gehören die Kölner oder Mannheimer Forderungen.

Die Programmpunkte waren jedoch – bis auf regionale Besonderheiten – überall überraschend ähnlich. Gefordert wurde neben Volksbewaffnung, Pressefreiheit, Schwurgerichte, Religionsfreiheit, Versammlungs- und Vereinfreiheit, das allgemeine Wahlrecht, kostenlose Schulbildung, Aufhebung der Vorrechte der Grundherren häufig auch ein deutsches Nationalparlament. Zusammenfassen lassen sich diese Forderungen unter den Schlagwörtern: Einheit, Freiheit, politische und soziale Gleichheit.

3 Das auslösende Signal für ganz Europa kam aus Paris. Am 24. Februar 1848 musste König Louis Philippe abdanken und sich dem Druck der Barrikadenkämpfer beugen. Die Zweite Republik in Frankreich wurde ausgerufen. Diese Aufbruchstimmung breitete sich rasch in ganz Europa aus. Wie in einer Kettenreaktion folgten im März 1848 eine ganze Reihe von Revolutionen, die sich wechselseitig stützten. Gemeinsam war allen Aufständen, dass sie eine neue von den Völkern getragene Ordnung anstrebten. Die Märzrevolution, die Freiheit für die Völker forderte, breitete sich sowohl in Karlsruhe als auch in Budapest, Prag, Wien, Berlin und Mailand aus.

4 Siehe Zusatzinformationen zu den Materialien.

Borussia in der Mitte fragt: „Wat heulst'n, kleener Hampelmann?". Heinrich von Gagern als kleiner Junge antwortet: „Ick hab Ihr'n Kleenen ne Krone jeschnitzt, nu will er se nich!"

Personen und Gegenstände von links nach rechts:

- Kartenhaus: Deutschland steht auf so unsicheren Füßen wie ein Kartenhaus.
- Weinender Knabe: Heinrich von Gagern, als Synonym für die gescheiterte Nationalversammlung.
- Kreisel und Peitsche: Das politische Handeln wird als Kinderspielzeug abgetan.
- Krone liegt auf dem Boden: Das Anliegen der Paulskirche war gescheitert.
- Statue ohne Kopf hält ein Schild mit Doppeladler, dem Wappen der deutschen Kaiser; Schild und Schwert sind typische Attribute für die Germania.
- Zentrale Frauengestalt in der Mitte: Borussia mit Säufernase, Pickelhaube mit Preußenadler, Ohrringen und Perlenkette, langes Kleid mit Schürze.
- Lachender kleiner Junge mit Pickelhaube und Säufernase: Friedrich Wilhelm IV.
- Bär steht für Russland. Russland versuchte die Bildung von Nationalstaaten zu verhindern und pochte auf die Einhaltung der Beschlüsse des Wiener Kongresses.
- Die ungewöhnlich hohe Mauer wirkt wie eine Gefängniswand.
- Untergehende Sonne.

Zusammenfassung: Friedrich Wilhelm IV., der vom Karikaturisten offensichtlich nicht recht Ernst genommen wurde, verbündet sich lieber mit Russland als die Vertreter des deutschen Volkes zu empfangen. Die Verhandlung überlässt er einer übergroßen Borussia, die selbstbewusst mit Heinrich von Gagern, der hier als kleiner Bittsteller dargestellt ist, „verhandelt". Borussias Wortwahl („kleener Hampelmann" für den Präsidenten der Nationalversammlung) ist bezeichnend.

Obwohl sich das Umfeld Friedrich Wilhelms IV. durchaus für die Annahme der Krone aussprach, wollte sich der König um keinen Preis der Volkssouveränität beugen. Er nannte die Krone einen Reif aus Dreck und Letten. Stattdessen verfolgte Preußen das Ziel unter eigener Regie – ohne das Paulskirchen-Parlament – eine kleindeutsche Lösung herbeiführen.

5 Gründe für das Scheitern:

Neben der Ablehnung der Kaiserkrone durch Friedrich Wilhelm IV.:

- Die Zerstrittenheit zwischen Liberalen und Demokraten.
- Die Angst des Bürgertums vor einer sozialen Revolution.
- Der Rückzug der Bauern von der Revolution nach der Erfüllung ihrer Forderungen.
- Die langwierigen Verhandlungen in der Nationalversammlung.
- Der Nationalitätenkonflikt innerhalb eines „deutschen Nationalstaates".
- Die unpolitische Grundhaltung der Mehrheit der Bevölkerung.

6 Folgende Aspekte sollten angesprochen werden: die Bildung von Fraktionen als Vorläufer der späteren Parteien; die Ausarbeitung und Verabschiedung eines Grundrechte-Katalogs; Durchsetzung des gleichen Wahlrechts (Männer) gegenüber dem Zensuswahlrecht; Beginn der organisierten Arbeiter- und Frauenbewegung; Einzelstaatliche Verfassungen; Abschaffung der Feudalrechte; die Idee des deutschen Nationalstaats.

7 Friedrich Wilhelm IV. lehnte die Krone nicht ab, weil er nicht Kaiser eines gesamtdeutschen Staates werden wollte, sondern weil er der Bildung eines Nationalstaates auf bürgerlich-revolutionärem Wege nicht zustimmen wollte. Durchsetzbar wurde die kleindeutsche Lösung über Sprach- und dynastische Grenzen hinweg erst durch die preußisch-autoritäre Lösung einer „Revolution von oben". Das deutsche Reich ist die Folge dreier Kriege, dem Auseinanderbrechen des Vielvölkerstaates der Habsburger Monarchie, der wirtschaftlichen Vormachtstellung Preußens und ein Ergebnis von Fürstenverhandlungen.

Die Stationen sind: 1864 Krieg gegen Dänemark wegen Schleswig und Holstein, 1866 Krieg zwischen Österreich und Preußen, 1867 Gründung des „Norddeutschen Bundes", „Schutz- und Trutzbündnisse" mit den süddeutschen Staaten, 1870 von Bismarck provozierte Kriegserklärung Frankreichs und Zusicherung von Hilfstruppen der süddeutschen Staaten, 1871 Sieg bei Sedan, Gründung des „Deutschen Reiches".

Literatur

Iwitzki, Angelika, Europäische Freiheitskämpfe. Das merkwürdige Jahr 1848. Eine neue Bilderzeitung von Gustav Kühn in Neuruppin, Berlin 1994.

Rieber, Christof, Märzkämpfe in Berlin. Der Barrikadenmythos – ein gutes Geschäft, in: Praxis Geschichte (2/1998), S. 27–29.

Schulze, Hagen, Wege in den Nationalstaat, München 1994.

Wollstein, Günter, Märzrevolution und Liberalisierung, in: Informationen zur politischen Bildung 265 (1999), S. 9–14.

Wende dein Wissen an: Das Deutsche Kaiserreich

Konzeption

Im Mittelpunkt der Aufgabe steht die Gesellschaft im Kaiserreich. Die einzelnen Erarbeitungsschritte erfordern jedoch ein Ausgreifen in die Bereiche der Wirtschaft und Politik. Zunächst wird mit Q1 die Klasse des Bürgertums beleuchtet. Dem staatstragenden Bürgertum werden die gesellschaftlichen Gruppen gegenübergestellt, die entweder selbst aktiv andere politische Ziele verfolgten als der Obrigkeitsstaat oder vom Staat ausgegrenzt wurden. Dadurch dass die Schüler abschließend ein Gesamtbild der Gesellschaft erarbeiten, werden beide Bereiche zusammengeführt.

Methodisch kommen die Auswertung von Bildern/Historienbildern sowie die Erschließung von Textquellen zur Anwendung. Mit Aufgabe 5 erfolgt eine Vernetzung des vorliegenden Themas mit dem Thema der Industrialisierung, wodurch einerseits der Zusammenhang zwischen Gesellschaft, Wirtschaft und Politik in den Blick rückt, andererseits aber auch die Grenzen der didaktischen Themenfelder für die Schüler aufgehoben werden sollen, so dass sie ein angemessenes Bild von der Geschichte entwickeln lernen. Die Schüler müssen sowohl sachliche als auch gestaltende Texte formulieren.

Zusatzinformationen zu den Materialien

Q1 Der österreichische Maler Hans Temple lebte von 1857–1931.

Q2 Die ursprünglichen Aufgaben der Husaren, die ab dem 16. Jahrhundert als schnelle und exzellente Reiter bekannt wurden, umfasste vor allem Kurierdienste, den Aufklärungs- und Vorpostendienst sowie die Störung der feindlichen Versorgungslinien. Von den Husaren wurden daher ein hohes Maß an selbständigem Handeln und schnelle Entscheidungen erwartet. Noch heute steht der Ausdruck „Husarenritt" für ein kühnes und waghalsiges Unternehmen. In Preußen wurden Husarenregimenter ab 1721 eingerichtet und zu einer mustergültigen leichten Kavallerie ausgebaut. Die preußischen Husaren haben eine Reihe hervorragender Kommandeure hervorgebracht. Nach der Niederlage gegen Napoleon wurden die Husaren den anderen Kavallerieeinheiten gleichgestellt; der Ruf, besonders verwegene und talentierte Reiter zu sein, blieb den Husaren aber erhalten.

Q3 Die in Aufgabe 5 genannten Forderungen zum „Schutze der Arbeiterklasse" finden sich ebenfalls in: vom Bruch/Hofmeister: Deutsche Geschichte in Quellen und Darstellungen, Bd. 8: Kaiserreich und Erster Weltkrieg 1871–1918, Stuttgart 2002.

Zu den Fragen und Anregungen

1 und 2 Das Bild präsentiert in geradezu idealtypischer Weise Wohn- und Lebenssituation des Bürgertums. Die Hauptperson des Bildes ist der junge Husar – vermutlich der Sohn der Familie, dem fast die ganze Familie aufmerksam zuhört. Auch im Türrahmen im Hintergrund stehen noch Zuhörer, im Bild rechts wird ein weiterer Besucher in Empfang genommen oder verabschiedet. Der Besuch des Sohnes scheint Aufsehen zu erregen. Die Darstellung der Räumlichkeit „erzählt" eindrücklich von der Lebenssituation und -einstellung der Familie. Die Kinder im Vordergrund repräsentieren nicht nur den privaten Charakter der Szene, sie haben auch Raum und Zeit um sich dem Spiel hinzugeben. Die zwei jungen Frauen im Hintergrund – vermutlich Töchter des Hauses – verstärken den Eindruck der gelebten familiären Privatsphäre, der sich auch in den weißen Kleidern der Mädchen widerspiegelt. Die am Tisch sitzenden Eltern können sich die Zeit nehmen, ihren Sohn gebührend zu empfangen. Der Vater hält eine Mokkatasse in der Hand, auf dem Tisch steht das Kaffeegeschirr. Die Familienmitglieder verfügen über Freizeit und unterliegen nicht dem ständigen Zwang zu Arbeit. Das gesamte Inventar des Raumes – Kristallleuchter, geschnitzte Türen, das geschnitzte Mobiliar, die vermutlich silbernen Kannen, Tapeten, Teppiche und der Parkettboden, der Jagdhund sowie der Bedienstete zeugen von großbürgerlichem Status und Wohlhabenheit. Die Nähe zum Militär kommt nicht nur durch den Sohn zum Ausdruck. Der Vater und der Besucher rechts im Hintergrund tragen Uniform und – zumindest der Besucher – das Eiserne Kreuz. Damit könnten sie Veteranen der Einigungskriege und Verfechter von Militarismus und Nationalismus sein. Die Husarenuniform unterstreicht die Bejahung militärischer Tugenden. Auch die patriarchalische Gesellschaftsstruktur wird deutlich. Direkt gegenüber dem Husaren, auf gleicher Augenhöhe mit ihm, sitzt der Vater am anderen Ende des Tisches, während sich Frauen und Besucher hinter dem Tisch versammeln. Der Sohn spricht hauptsächlich zum Vater, der ihm ernst, aber entspannt zuhört: ein Gespräch unter Männern. Die Gestik des Sohnes deutet daraufhin, dass er von seinen Erlebnissen, vermutlich während des Militärdienstes, erzählt. Der Vater reagiert darauf gelassen, seiner Mimik nach beurteilt er die Aussagen des Sohnes eher sachlich und aufgrund eigener Erfahrungen, während die Mimik der Mutter durchaus Besorgnis ausdrückt. Auch hier wird also die zeitgenössische Wesensunterscheidung zwischen Mann und Frau deutlich. Die übrigen Zuhörer scheinen vor allem beeindruckt. Der Sohn in militärischen Diensten scheint der Stolz der Familie zu sein.

3 Die Uniform signalisiert die Verbundenheit zum Kaiserreich, die Husarenuniform insbesondere Mut, Kühnheit und Einsatzbereitschaft. Daraus ließe sich schließen, dass der Uniformträger die Politik Wilhelms II. in allen Positionen unterstützt und darin auch nicht von der Familienmeinung abweicht. Der Schüler sollte an dieser Stelle diese Politik in der Rede des Husaren ausführen und aus dessen Sicht bewerten. Die gestalterische Aufgabe verlangt auch die Anwendung einer passenden Rhetorik.

4 Die Aufgabe verlangt, die Inhalte des Quellentextes durch Vergleich in das eigene erworbene Wissen einzuordnen. Dabei muss der Schüler vor allem kategoriale Zusammenhänge erkennen um dann in einem nächsten Schritt unterschiedliche Ausgestaltungen oder Ausgestaltungsvorschläge zu beschreiben.

5 Die Aufgabe verlangt, das Programm weiter zu entwickeln. Aufgrund des Textverständnisses sowie der Kenntnisse zur Lage der Arbeiter muss die inhaltliche Linie des Programms fortgeschrieben werden. Der Schüler ist darauf angewiesen, sein Wissen zu transferieren und sinnvolle Folgerungen zu ziehen. Die Schülerergebnisse sollten mit den Inhalten des Erfurter Programms abgeglichen (vgl. Zusatzinformationen zu den Materialien) und Differenzen erörtert werden. Aufgrund der eigenen Arbeit ist jetzt eine kritische Würdigung der geforderten Maßnahmen möglich.

6 Die Ergebnisse der Aufgaben 4 und 5 sollen in einer narrativen Struktur gebündelt werden. Der Text sollte bereits nach sinnvollen Gesichtspunkten geordnet sein, so dass die Untersuchung weiterer Gesellschaftsgruppen nach dieser Struktur erfolgen könnte. Die Schüler sollten also möglichst selbständig erlernte Strukturierungsmöglichkeiten zur Anwendung bringen. Die Systematik, ähnliche Problemstellungen nach gleichen Ordnungskriterien zu besprechen, führt schließlich zu der Textform eines Lexikoneintrags.

7 Die Aufgabe verlangt, sowohl die bereits untersuchten Gesellschaftsgruppen als auch die bisher nicht besprochenen knapp, präzise und sinnvoll gegliedert zu besprechen. Dabei müssen sie die Gesellschaftsgruppen zueinander in Beziehung setzen, die Wichtigkeit von Informationen abschätzen, um zu einer treffsicheren Aussage zu kommen und unter Anwendung der erlernten Fachterminologie sachlich formulieren.

Wende dein Wissen an: Imperialismus und Erster Weltkrieg

Konzeption

Die Flottenpolitik Wilhelms II. ist ein konkretes Beispiel für den Zusammenhang zwischen imperialer Weltmachtpolitik und dem Heraufbeschwören der Kriegsgefahr. Im Mittelpunkt der Aufgabe stehen zwei konträre Meinungen zur Flottenpolitik, die von den Schülerinnen und Schülern in intensiver Textarbeit bearbeitet werden müssen. Sie sollen erörtern, welche Faktoren dazu beitragen, dass einzelne Personen die gleiche historische Sachlage völlig unterschiedlich beurteilen. Voraussetzung dafür sind sowohl die Anwendung der erlernten Inhalte als auch die Kompetenz eines problemorientierten und multiperspektivischen reflexiven Umgangs mit historischen Themen. Die Antworten verlangen eine sachliche und terminologisch angemessene Darstellung in narrativen Strukturen.

Zusatzinformationen zu den Materialien

Q1 Dietrich Schäfer (1845–1929) war Historiker, Schüler Heinrich von Treitschkes, und lehrte in Jena, Breslau, Tübingen, Heidelberg und schließlich von 1903–1921 in Berlin. Schäfer war Nationalist und Antisemit, was auch sein Engagement im Alldeutschen Verband zeigte.

Zu den Fragen und Anregungen

1 Die Aufgabe verlangt eine ausführliche Quelleninterpretation sowie die Verschränkung des bereits erworbenen Wissens mit den Textinhalten. Das Ziel, die Rolle des Experten und Unterrichtenden zu vertreten, ist nur umsetzbar, wenn alle von einem Laien zu erwartenden Fragen, d.h. inhaltliche Einzelpunkte und Details, bedacht, die Inhalte in ihren Zusammenhängen erfasst und Ursachen und Voraussetzungen von Entwicklungen oder Ausprägungen bestimmter Phänomene geklärt werden.

- Als Ausgangspunkt der Arbeit sollen die Schülerinnen und Schüler erkennen, dass es sich bei Q1 um eine die Flottenpolitik befürwortende, bei Q2 um eine ablehnende Meinung handelt. Diese Leitlinie bietet während der Textarbeit Orientierung, evtl. ein Korrektiv und korreliert mit dem Fluchtpunkt der Aufgabe, diese Meinungen im historischen Kontext einzuschätzen.
- Der ersten Einschätzung folgt eine eingehende Überprüfung und eventuell Korrektur, bevor der historische Zusammenhang der Texte eingehend erschlossen werden soll. Die Schülerinnen und Schüler müssen dabei ihr methodisches Wissen zur Auswertung von Quellen zur Anwendung bringen und vor allem die Argumentationsstruktur der Texte erkennen.
- Die Schülerinnen und Schüler sollen ihre Kenntnisse daraufhin überprüfen, was Expertenwissen ist. Die selbständige Bestimmung ihres Wissens- und Erkenntniszuwachses beweist auf der einen Seite, dass sie das erlernte Thema von anderen Themengebieten abgrenzen können, auf der anderen Seite ist die genaue Einordnung von Inhalten und deren Zusammenhängen auch die Voraussetzung für den reflexiven Umgang mit einem Thema. Die Benennung von Oberbegriffen rekurriert auf die Fähigkeit, ein Thema sinnvoll zu strukturieren und unterstützt daher die Arrondierung des eigenen Wissens.
- In einem nächsten Schritt sollen die Schülerinnen und Schüler ihr Expertenwissen darlegen. Häufig zeigt erst der Prozess des Erklärens noch vorhandene Wissens- oder Verständnislücken. Die Schülerinnen und Schüler sollen zeigen, dass sie in der Lage sind, durch die Entwicklung von Fragen, eigener Recherche bzw. Wiederholung und dem Herstellen von Zusammenhängen diese Lücken zu schließen oder vielleicht auch eine neue Erkenntnisebene zu erreichen – aus der sich unter Umständen neue Fragen ergeben.
- Im letzten Schritt der Aufgabe müssen die Schülerinnen und Schüler die Fähigkeit zur Anwendung bringen, mit Erkenntnissen und Problemstellungen reflexiv umzugehen. Sie müssen zeigen, dass sie die Fähigkeit zur Erörterung besitzen. Beide Einstellungen, sowohl die von Schäfer als auch von Luxemburg, beruhen auf unterschiedlichen Einschätzungen, die argumentierend zusammengestellt werden müssen. An diesen beiden Texten lassen sich auch die gesellschaftlichen Trennlinien des Kaiserreichs nachvollziehen.

2 Ausgehend von der Problematik der Flottenpolitik Wilhelms II. sollen die Schülerinnen und Schüler Entstehung, Verlauf und Folgen des Ersten Weltkrieges erläuternd darstellen.

Wende dein Wissen an: Die Russische Revolution

Konzeption

Nach dem Sturz des Zaren am 2. März 1917 begann zwischen den unterschiedlichen oppositionellen Gruppierungen in Russland die Auseinandersetzung über den weiteren Kurs. Rückblickend kommt Lenin und dem Bolschewismus eine besondere Rolle zu, da diese Partei sich schließlich durchsetzen und über 70 Jahre die Macht behaupten konnte. Die Interpretation des Gemäldes von Vladimir Serov setzt nicht nur Kenntnisse der historischen Lage im Jahr 1917 und zur Entstehungszeit des Gemäldes voraus, sondern vor allem Kenntnis und Verständnis des Bolschewismus. Der Perspektive Serovs sollen die Reaktionen auf den Bolschewismus, vor allem zur Zeit der Russischen Revolution, innerhalb Russlands differenziert nach Gesellschaftsgruppen sowie des Auslands gegenübergestellt werden. Die Aufgabe verlangt damit neben Sachkenntnis reflexives und multiperspektivisches Arbeiten.

Die verlangten Methoden der Bild- und Karikatureninterpretation sowie des Entwerfens von gestalterischen und sachlichen Texten werden abschließend zu einem produktiven Arbeitsauftrag gewendet.

Zusatzinformationen zu den Materialien

Q1 Das Gemälde Vladimir Serovs ist im Stil des Sozialistischen Realismus' gemalt. Diese Stilrichtung wurde Literatur, bildender Kunst und Musik 1932 vom Zentralkomitee der KPdSU als einzig mögliche künstlerische Darstellungsweise vorgegeben und bald für alle sozialistischen Länder verbindlich. Die Künstler hatten ein positives Bild der sozialistischen Gesellschaft und des von ihr propagierten Menschentyps zu vermitteln. Der Sozialistische Realismus galt als offizielle Doktrin bis zum Zusammenbruch der UdSSR. Seine stärksten Auswirkungen hatte er in der Zeit nach dem Zweiten Weltkrieg, aus der auch Serovs Gemälde stammt. Nach Stalins Tod 1953 wurden die Vorgaben gelockert.

Q2 Das Foto zeigt einen Bauern in typisch bäuerlicher Kleidung, dem gesteppten Mantel, und mit traditioneller Haartracht.

Q3 Deutlich zu erkennen ist die für die Fabrikarbeiter übliche Kleidung. Zu Arbeitshose und -hemd trägt der Arbeiter eine Schirmmütze oder Rundkappe.

Q4 Die Karikatur zeigt den skelettierten Kopf des Zaren, erkennbar an der im byzantinischen Stil gearbeiteten Monomachkrone. Sie besteht aus goldenen, gebauchten und sich nach unten verjüngenden Metallplatten, die mittig durch Rippen verbunden sind. Den oberen Abschluss der Krone bildet das Kreuz. Die Skelettierung ist nach der Karikatur auf Wurmfraß zurückzuführen. Erkennbar sind helle und dunkle Würmer. Die vorhandenen Angaben zur Karikatur lassen keine eindeutige Interpretation zu. Es kann sich hierbei um den Gegensatz zwischen Provisorischer Regierung und Sowjets handeln oder die Karikatur nimmt bereits Bezug auf die Spaltung der Arbeiter in Sozialrevolutionäre/Menschewiki und Bolschewiki. Dabei wird – vor allem auch durch die Bildunterschrift – deutlich, dass eine in der Gegnerschaft zum Zaren vereinte Opposition in mehrere Lager zerfällt, die sich gegenseitig schaden.

Die Revolutionäre werden durch die Darstellung als Würmer eindeutig negativ bewertet. Trotzdem muss ihnen zugestanden werden, dass sie die scheinbar überlegene russische Autokratie, symbolisiert durch die Menschengestalt und die Größe des Kopfes, bezwungen haben. Allerdings zeigt der Fortgang der Ereignisse gemäß der Karikatur, dass nicht politische Ziele oder Fähigkeiten der Revolutionäre dafür verantwortlich waren, sondern lediglich ein ungezügeltes und richtungsloses Gewaltpotenzial. Die Karikatur bewertet die Revolution als Gewaltausbruch politisch unfähiger Massen.

Zu den Fragen und Anregungen

1 Im Mittelpunkt des Bildes steht die Geste Lenins. Der linke ausgestreckte Arm und der Zeigefinger weisen deutlich den Weg nach vorne. Die gespreizte Hand liegt wie zum Schutz bzw. ähnlich einem Segen über der Menge unterhalb. Lenins Position ist deutlich hervorgehoben. Sein nach vorne gestreckter Körper und sein herausfordernder Gesichtausdruck signalisieren Dynamik und Durchsetzungswillen, wenn nicht gar Kampfbereitschaft. Der wie beim Marschieren nach hinten genommene rechte Arm, der ein ungenutztes Manuskript hält, unterstützt diese Dynamik. Hinter Lenin stehen die Arbeiter, an seiner Seite wird die rote Fahne emporgehoben. Lenins Führungsposition ist durch seine erhöhte Stellung und den Jubel der Masse unangreifbar. Das Volk besteht aus Soldaten, Matrosen, Arbeitern und Bauern, die anhand ihrer Kleidung und Ausrüstung identifiziert werden können. Im Vordergrund ist eine junge Frau zu sehen. Unter den Männern sind alle Altersgruppen vertreten. Alle Blicke sind zu Lenin emporgehoben, immer wieder ist die rote Farbe zu sehen.

Die realistische Malweise können die Schüler durch den Vergleich mit den Fotos deutlich erkennen. Z. B. sieht die Kleidung des Bauern auf dem Gemälde fast genau so aus wie die des Bauern auf dem Foto. Das Gemälde suggeriert eine von den begeisterten Massen getragene Machtübernahme Lenins. 30 Jahre nach der Oktoberrevolution soll die gemalte Inszenierung eines begeisterten und spontanen Kollektivhandelns die offizielle Ideologie der UdSSR propagandistisch unterstützen.

Von besonderer Bedeutung ist, dass die Schülerleistung nicht bei der Beschreibung des Bildes stehen bleibt, sondern die kritische Bewertung der dargestellten Szene sowohl in Bezug zu dem Jahr 1917 als auch 1947 umfasst.

2 Die Ereignisse des Jahres 1917 sollen zunächst ganz aus der Perspektive des Bolschewisten Lenin betrachtet werden. Bei der Bearbeitung der Antwort können daher nicht nur Abläufe aus dem Jahr 1917 genannt werden, die Schüler müssen auch ihr Wissen zur marxistisch-leninistischen Theorie zur Anwendung bringen. Die Aufgabe verlangt die Anwendung gestalterischer Fähigkeiten.

3 Die meisten Personen drücken uneingeschränkte Begeisterung aus. Die junge Frau im Vordergrund z. B. wirkt aber auch nachdenklich und wägt eventuell Lenins Position gegen andere ab. Hier kann der Schüler oder die Schülerin daher je nach Person zwischen völlig zustimmenden und abwägend-reflektierenden Stellungnahmen wählen.

4 Die Erarbeitung von Gegenpositionen verlangt eine Neubewertung der historischen Ereignisse, die nur durch die Anwendung reflexiver Strategien erreicht werden kann. Die Schülerinnen und Schüler müssen mehrere ihnen bekannte Faktoren – politische, wirtschaftliche, gesellschaftliche, ereignisgeschichtliche – vergleichen und zu Argumentationsmustern entwickeln, um eine multiperspektivische Bewertung historischer Entwicklungen zu leisten.

5 Mit Q5 soll die Position des Auslands beleuchtet werden. Die Interpretation der Karikatur verlangt zunächst die Anwendung methodischen Könnens. Zum Inhalt der Karikatur vgl. Zusatzinformationen zu den Materialien.

6 Genannt werden kann die gesamte Zeit der Doppelherrschaft. Der Vergleich zu Aufgabe 2 verlangt die kritische Bewertung einer einseitigen Perspektive.

7 Zur Umsetzung der bildlich gefassten Aussage in einen Text muss sprachliche und terminologische Kompetenz zur Anwendung gebracht werden.

8 Die Schülerinnen und Schüler sollen zeigen, dass sie auf der Basis einer selbstständigen Erörterung ein begründetes Urteil fällen können. Die Darstellung dieses Urteils kann den persönlichen Neigungen und Fähigkeiten entsprechend gewählt werden.

Name: Klasse:

William Penns Verhandlungen mit den Indianern

William Penns Vertrag mit den Indianern. Kupferstich von J. Boydell nach dem Gemälde von Benjamin West aus dem Jahr 1771.

1. Das Bild zeigt die Verhandlung William Penns (1644–1718), des Gründers und Eigentümers der Kolonie Pennsylvania, mit Indianern vom Stamm der Delaware. Beschreibe die Gruppen der Siedler und der Indianer sowie den Hintergrund. Achte hierbei auch darauf, dass der Maler innerhalb der beiden großen Gruppen verschiedene Untergruppen dargestellt hat.

2. Informiere Dich in einem Lexikon oder über das Internet über William Penn und über die auf dem Bild dargestellte Situation, die 1681 stattgefunden haben soll.

3. Überlege, welche Folgerungen daraus zu ziehen sind, dass das Bild von Benjamin West im Auftrag eines Sohnes von William Penn gemalt wurde und dass es ca. 90 Jahre nach dem historischen Ereignis entstanden ist. Überlege dabei auch, was es bedeutet, dass von dem Gemälde zusätzlich von einem anderen Künstler ein Kupferstich angefertigt wurde.

4. Such Dir jeweils zwei Personen aus den Gruppen der Siedler und der Indianer aus und schreibe in eine Sprech- oder Gedankenblase, was sie gerade sagen oder denken könnten.

Name: Klasse:

Ist Sklaverei eine Sünde? Eine Auseinandersetzung um die Sklaverei im Jahr 1855

In den Auseinandersetzungen um die Sklaverei spielten religiöse Argumente eine besondere Rolle. Auf eine 1855 veröffentlichte Schrift des reformierten Pfarrers Samuel E. How, in der dieser die Sklaverei verteidigte, verfasste John van Dyke eine sklavereikritische Entgegnung.

Pfarrer Samuel B. How: „Sklaverei ist keine Sünde."	**John Van Dyke, Esq.:** „Sklaverei ist keine Sünde: eine Antwort."
„Die große Mehrheit der Amerikaner hat nie geglaubt, dass die Sklaverei im Gegensatz zur Unabhängigkeitserklärung steht … und wir wollen uns nun bemühen zu beweisen, dass sie nicht gegen die natürlichen Rechte und den christlichen Glauben verstößt."	„Sie verlegen den Schauplatz des Konfliktes kurzerhand von den Baumwollfeldern und Reissümpfen, den Sklavenbehausungen, den Versteigerungsplätzen und den Auspeitschungspfählen des Südens … in das Land der Oliven und des Weins."
„Gott schloss einen Bund mit Abraham, einem Sklavenhalter, seinen Kindern und seinen gekauften Sklaven ohne die leiseste Missbilligung der Sklavenhalterei zu äußern."	„Die Hebräer … hatten keine Nation, keine Rasse oder andere Menschengruppen unter sich, die sie zur Sklaverei verdammt hätten … ihre Knechte waren Mitglieder ihres eigenen Volkes und sie konnten nur für eine begrenzte Zeit beschäftigt werden."
„Es war nach den Gesetzen Moses rechtmäßig, heidnische Sklaven lebenslang zu behalten und auch ihre Kinder gefangen zu halten."	„Abraham hatte Nebenfrauen und mit ihnen Kinder, ohne dafür gerügt zu werden, aber kann dies zur Rechtfertigung derselben Sache heute verwendet werden?"
„Die Sicherheit des Eigentums und der Person, die es besitzt, bilden die Grundlage des zivilisierten und christlichen Lebens. Wo dieses unbekannt ist, besteht die Menschheit aus barbarischen, ungebildeten, habgierigen und würdelosen Stämme. … Der Versuch, andere um ihr Eigentum zu bringen, ist ein erschütternder Schlag gegen Zivilisation und Christentum."	„Als ein gewisser König nach Ägypten kam … und anfing, die Nachkommen von Jacob zu unterdrücken und auf seiner Weigerung bestand, sie zu ihrem eigenen Besten gehen zu lassen, wurde das Land mit Fröschen, Insekten und Heuschrecken verseucht, es wurde in Dunkelheit gehüllt, von Hagelschauern heimgesucht und mit dem Tod der Erstgeborenen gestraft … alles wegen der grausamen Unterjochung, in der die Menschen gehalten wurden."
„Lassen sie uns annehmen, dass die Sklaverei gewaltsam ausgerottet wird und dass jeder Sklavenhalter gezwungen wird, alle seine Sklaven freizulassen, würde das die Verhältnisse auf der Welt verbessern? … Dadurch würde lediglich eine Vielzahl von ungebildeten, prinzipienlosen, unmoralischen Menschen freigelassen und ihnen die Macht gegeben, der Stimme ihrer Bösartigkeit zu folgen."	„Die Bibel sagt, ‚Wenn ein Mann durch Schläge das Auge seines Dieners oder seiner Dienerin so verletzt, dass es zerstört ist, soll er ihn wegen des Auges freilassen' … Aber traurigerweise hat der arme, machtlose, einsame Sklave dieser ‚ehrenhaften Union' keinen derartigen Schutz durch das Gesetz. Der Herr … mag ihm beide Augen zerstören … aber das Opfer bleibt sein Sklave für immer.

Samuel B. How (Reformed Protestant Dutch Church): Slaveholding not sinful, New Brunswick, NJ, 1855. John van Dyke, Esq.: Slaveholding not sinful: A Reply. Zit. nach http://www.scc.rutgers.edu/njh/CivWar/Oppose/religion.htm; übersetzt von G. Henke-Bockschatz

1. **Nenne zwei Gründe, warum der Pfarrer Samuel How glaubte, die Sklaverei sei durchaus vereinbar mit der Verfassung der USA und dem christlichen Glauben. Finde auch heraus, was Samuel How von einer Befreiung der Sklaven befürchtete.**
2. **Nenne zwei Besonderheiten, durch die sich nach John van Dyke die Sklaverei in den USA von der Sklaverei im Alten Testament unterschied. Wie beurteilte John van Dyke insgesamt die Art, in der Samuel How mit der Religion die Sklaverei rechtfertigte?**
3. **Suche nach einer Erklärung dafür, warum religiöse Argumente in dem Streit um die Sklaverei in den USA eine wichtige Rolle spielten.**

Name: Klasse:

Politische Gruppierungen in der Französischen Revolution

Ergänze in Stichworten die freien Felder in der Tabelle. Charakterisiere dabei die politischen Gruppierungen, die während der Französischen Revolution aktiv waren.

Bezeichnung	Soziale Herkunft	Politische Ziele
Aristokraten		
Monarchisten		
Konstitutionelle		
Jakobiner		
Montagnards		
Girondisten		
Sansculotten		

Name: Klasse:

Verfassungen in Frankreich von 1789 bis 1815

Du siehst hier alle Verfassungen aufgelistet, die es in Frankreich in der Zeit von 1789 bis 1815 gegeben hat. Trage in die freien Felder ein, wie man die jeweilige Regierungsform bezeichnet und welche Beteiligungsmöglichkeit für das Volk jeweils galt.

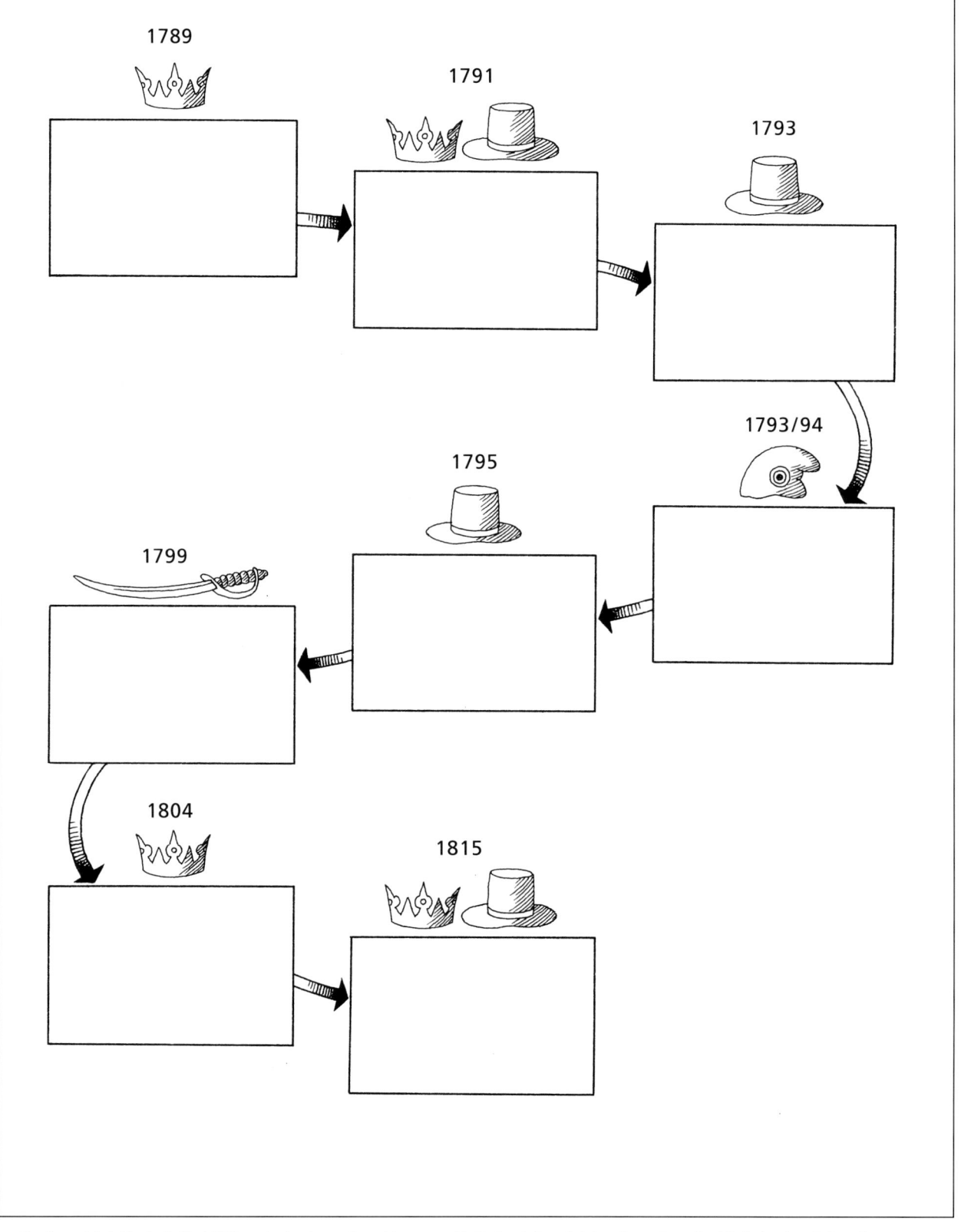

1789

1791

1793

1793/94

1795

1799

1804

1815

Kinderarbeit in einer Glashütte

Name: Klasse:

In preußischen Fabriken durften seit 1839 Kinder erst ab 9 Jahren und täglich höchstens 10 Stunden arbeiten. Auch Nachtarbeit wurde für sie verboten. 1853 wurde die Altersgrenze auf 12 Jahre angehoben, die maximale tägliche Arbeitszeit für Kinder unter 14 Jahren auf sechs Stunden festgesetzt und stärkere Kontrollen vorgeschrieben. Am 29. August 1854 wandten sich der Fabrikherr und die Arbeiter der Glashütte Gernheim bei Minden an der Weser mit zwei getrennten Briefen an das Handels- und Kultusministerium in Berlin. Bei einer Inspektion am 3. August 1854 waren Verstöße gegen die Kinderschutzbestimmungen festgestellt worden. In den Briefen wurde (vergeblich) darum gebeten, für Gernheim eine Ausnahme von dem Gesetz zuzulassen: Die Kinder sollten 9 Stunden lang arbeiten dürfen und danach eine 24stündige Pause haben.

1.) Aus dem von fünf Glasarbeitern und zwei Glasarbeiterwitwen unterschriebenen Brief:
[...] Zunächst trifft nun bei unserer Glasfabrik die Durchführung dieser Bestimmungen und deren Befolgung mit hartem Schlage uns ganz gehorsamst unterzeichneten Arbeiter resp. uns Witwen, da wir bei dem ohnehin herabgesetzten Lohne unsere zahlreichen Familien zu ernähren außer Stande sind, wenn unsere Kinder die Last nicht mit tragen helfen. [...] Bei einer Glasfabrik walten ganz andere Verhältnisse wie bei anderen Fabriken, weil dieselbe wegen des nicht löschbaren Feuers Tag und Nacht im Gange sein muß, folglich die Arbeiter keine bestimmten Arbeitsstunden haben. In der Regel muß jeder Arbeiter hier, ob Tag oder Nacht ist gleich, 9 Stunden durcharbeiten und hat alsdann eine Ruhe von mindestens 24 Stunden und diese 9 Stunden müssen indeß auch die jugendlichen Arbeiter mitarbeiten, weil ohne diese der Glasmacher nicht fortarbeiten kann, haben dann aber auch eine Ruhe von mindestens 24 Stunden, während welcher dieselben die Schule besuchen und in freier Luft sich bewegen können. Damit aber auch den Kindern der gehörige Schulunterricht zuteil werde, hat der Fabrikherr Schrader eine eigene Schule für die Kinder der Fabrikarbeiter mit einem geprüften Lehrer auf der Fabrik eingerichtet und wird die Medizinalbehörde bezeugen können, dass die arbeitenden Kinder sich bisher einer guten Gesundheit zu erfreuen gehabt, so wie das Amt bescheinigen kann, daß die von den Kindern zu verrichtenden Arbeiten – welche alleine nur in dem Eintragen jeder einzelnen Glasflasche von einem Ofen zum anderen bestehen – leicht und der Gesundheit der Kinder nicht nachteilig sind.

2.) Aus dem Brief des Fabrikherrn R. Schrader:
b) Weil diese Arbeit so leicht ist, so können keine erwachsenen Personen dazu genommen werden, diese würden auch zu dem Lohne von 25 Silbergroschen pro Woche nicht zu beschaffen seyn, indem in hiesiger Gegend – wahrscheinlich in Folge der starken Auswanderung – dergleichen Handarbeiter so sehr rar sind, daß man kaum die erforderlichen Tagelöhner, welche hier mit nöthigen Arbeiten beschäftigt werden, bekommen kann, obgleich der Tagelohn erhöhet worden ist. c) Ist es seit alten Zeiten her Gebrauch, daß die Kinder der Glasarbeiter, besonders die Söhne, von früh an in der Fabrik beschäftigt werden und sich, da sie auch doch wieder Glasarbeiter werden, zeitig an die unregelmäßige Lebensweise in Schlafen und Wachen zu gewöhnen; es ist stillschweigende Bedingung zwischen ihnen und dem Fabrikherren, daß ihre Kinder so früh als möglich in der Fabrik angestellt werden, um mit dem 14. bis 16. Jahre den ersten Kursus durchgemacht zu haben und förmlich in die Lehre zu treten; würde ihnen diese genommen, so würden sie die erste Gelegenheit ergreifen, in ausländischen Fabriken Anstellungen zu erhalten, wo ihre Kinder ohne Bedenken angestellt würden.

Stelle in einer Tabelle die Einwände zusammen, die 1. die Arbeiter und 2. der Unternehmer gegen eine weitere Einschränkung der Kinderarbeit vorbringen.

Glasmacher bei der Arbeit in einer böhmischen Glashütte. Knaben bringen die geblasenen, heißen Glasartikel mit Stangen in die so genannten „Kühlöfen".

Gliederung einer Maschinenfabrik

Name: Klasse:

Zu einer Maschinenbaufabrik (z. B. einer Lokomotivenfabrik) gehörten im 19. Jh. verschiedene Abteilungen:
- die **Gießerei,** in der das flüssige Gusseisen in Formen aus Sand und Lehm gegossen wurde, sodass die Gussrohlinge entstanden;
- die **Kesselschmiede,** in der aus Walzprofilen und Blechen Kessel bzw. Dampferzeuger gebaut wurden;
- die **Mechanische Werkstatt,** in der die Rohlinge aus Schmiede und Gießerei an Drehmaschinen und Werkzeugbänken so bearbeitet wurden, dass sie genau die passende Form hatten;
- die **Modellschreinerei,** in der aus Holz Gussmodelle hergestellt wurden, nach denen in der Gießerei aus Sand und Lehm die Gussformen gefertigt wurden;
- die **Montagehalle,** in der die Maschinen aus Einzelteilen zusammen gesetzt wurden;
- die **Schmiede,** in der die Schmiederohlinge produziert wurden;
- die **Stellmacherei,** in der aus Holz Aufbauten, Isolierungen und Verschalungen fabriziert wurden.

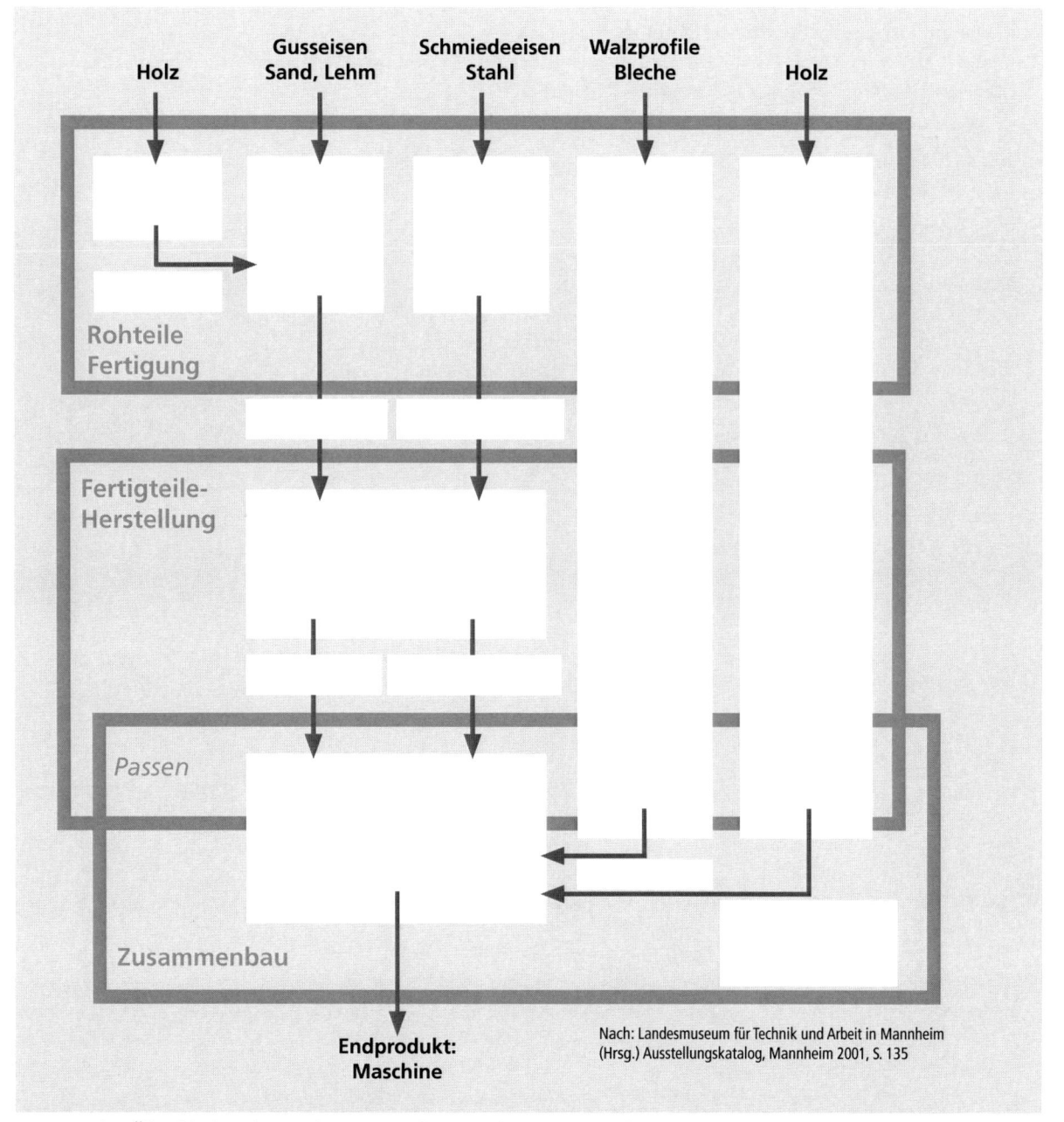

Nach: Landesmuseum für Technik und Arbeit in Mannheim (Hrsg.) Ausstellungskatalog, Mannheim 2001, S. 135

Trage in das Überblicksschema die Namen der jeweiligen Unternehmensabteilungen und ihrer Erzeugnisse ein.

Name: Klasse:

Rollenspiel: „Warum hat die Revolution von 1848 ihre Ziele nicht erreicht?"

Auf das Rollenspiel muss man sich gut vorbereiten. Dazu wird die Klasse zunächst in fünf etwa gleich große Gruppen aufgeteilt. Vier Gruppen erhalten jeweils eine der Rollenkarten und bereiten sich auf eine Podiumsdiskussion vor. Zur Vorbereitung sollten die Seiten 146–171 im Schülerbuch noch einmal gelesen werden. Danach wird innerhalb jeder Gruppe ein „Hauptdarsteller" ausgewählt, es sollten aber auch „Ersatzleute" benannt werden.

Der Lehrer/die Lehrerin übernimmt bei der Podiumsdiskussion die Rolle des Moderators/der Moderatorin. In der Podiumsdiskussion sitzen die jeweiligen Gruppen bei ihrem „Hauptdarsteller" und können diesen mit Hinweisen in seinen Antworten unterstützen. Die fünfte Gruppe hat die Rolle der Beobachter. Diese Gruppe einigt sich bei der Vorbereitung auf Kriterien für die Beobachtung, entwirft z. B. einen „Beobachtungsbogen" und benennt vier Beobachter für die einzelnen Gruppen.

Nach der Podiumsdiskussion wird auf der Grundlage der Aufzeichnungen der Beobachter der Verlauf und das Ergebnis des Rollenspiels in der Klasse kritisch bewertet.

Rollenkarte „konservativer Adel"

Name: Major Freiherr von Wranitzki

Herkunft:
Ostpreußischer Landadel; alle männlichen Erben dienen seit 200 Jahren als Offiziere in der preußischen Armee.

Deine Position zur Revolution von 1848:
Du bist ein Gegner der Revolution und ein Anhänger der alleinigen Regierungsgewalt durch deinen König, Friedrich Wilhelm IV. Liberale Ideen lehnst du ab, auch nationale Einigungspläne für Deutschland sind für dich ein Angriff auf die gottgewollte, traditionelle Ordnung in Deutschland.
Die Revolution konnte deiner Meinung nach nicht erfolgreich sein: Wäre es nach dir gegangen, hätte der König von Anfang an die Armee gegen die Bürger eingesetzt. So bist du aber auch zufrieden, denn letztlich haben Preußen und Österreich durch den Einsatz ihrer Soldaten die Revolution niedergeschlagen und die richtige Ordnung wiederhergestellt.

Rollenkarte „enttäuschter Nationalliberaler"

Name: Kaufmann Karl Gugern

Herkunft:
Du gehörst einer alten und reichen Kaufmannsfamilie aus Köln an. Deine Familie hat Anteile in verschiedenen Handelsgeschäften und betreibt eine eigene Bank.

Deine Position zur Revolution von 1848:
Du bist sehr enttäuscht. Du bist ein Anhänger deines Königs, Friedrich Wilhelm IV. von Preußen, und wolltest nur, dass das Bürgertum Mitbestimmungsrechte in einem gewählten Parlament erhält.
Außerdem wolltest du die Einigung Deutschlands in einem modernen Nationalstaat, wie z. B. Frankreich. Du findest, dass die Deutschen auch das Recht haben, in einem gemeinsamen Staat zu leben. Die vielen Einzelstaaten müssen daher deiner Meinung nach aufgelöst werden.
Du bist auch für einen deutschen Nationalstaat, weil so auch die wirtschaftliche Einigung möglich wird und sich der Handel erleichtert. Endlich nur noch eine Währung!
Deiner Meinung nach wurde nicht schnell genug versucht, die Unterstützung durch die bewaffnete Macht Preußens zu bekommen und den preußischen König zum Kaiser von Deutschland zu machen.
Außerdem findest du, dass im Paulskirchenparlament zu viel und zu lange diskutiert wurde und ein schnelles Handeln wichtiger gewesen wäre: Ohne eigene Regierung und Soldaten konnte die Revolution nicht erfolgreich sein. Dann wäre auch ein Krieg gegen Frankreich oder Russland möglich gewesen, falls sich diese beiden Staaten gegen eine Einigung Deutschlands gestellt hätten. Eine Verfassung hätte nach einem Erfolg ausgearbeitet und diskutiert werden können.

Von diesem Arbeitsblatt ist die Vervielfältigung für den eigenen Unterricht gestattet. Die Kopiergebühren sind abgegolten. © Ernst Klett Schulbuchverlag Leipzig GmbH, Leipzig 2006.

Name: Klasse:

Rollenkarte
„junge, engagierte Frau"
Name: Henriette Beyer

Herkunft:
Tochter eines bürgerlichen Elternpaares aus Köln; du bist 20 Jahre alt und hast noch 5 Brüder.

Deine Position zur Revolution von 1848:
Du hast dich an Versammlungen beteiligt, weil du auch für die Freiheit kämpfen wolltest. Dir ging es nicht wie deinen Brüdern vorrangig um politische Mitbestimmung, du wolltest das Recht, über deine Zukunft selbst entscheiden zu können. Du hättest gern Abitur gemacht und studiert, um Ärztin zu werden. Das alles bleibt dir versagt. Du darfst nicht einmal mehr in politischen Vereinen mitdiskutieren. Und du wirst wohl den jüngeren Kollegen deines Vaters heiraten müssen, so wie dein Vater es beschlossen hat.

Rollenkarte
„enttäuschter Linksliberaler"
Name: Prof. Dr. Heinrich Zagermann

Herkunft:
Du stammst aus einer alten Familie von Gymnasiallehrern und Universitätsprofessoren aus Süddeutschland.

Deine Position zur Revolution von 1848:
Die Niederschlagung der Revolution durch die preußische und österreichische Armee empört dich! Einen König willst du nicht mehr haben. Statt dessen möchtest du eine Republik mit einem gewählten Staatsoberhaupt und einem frei gewählten Parlament. Außerdem soll die Republik ganz Deutschland umfassen, du möchtest also auch einen Nationalstaat anstelle der verschiedenen deutschen Kleinstaaten.
Die Revolution scheiterte deiner Meinung nach daran, dass nicht von Anfang an entschieden durchgegriffen wurde: Die Könige und Beamte hätten in Gefängnis gehört und die Armeen Preußens und Österreichs hätten der Kontrolle durch die Revolutionäre unterstellt werden müssen. Damit hätte auch Krieg gegen Frankreich oder Russland geführt werden können, falls sich diese beiden Staaten gegen eine Einigung Deutschlands gestellt hätten!
So aber wurde viel zu lange diskutiert und dadurch konnten sich die Gegner der Revolution im Amt halten und schließlich die Revolution niederschlagen.

Rollenkarte
„Sozialrevolutionär"
Name: Kurt Simmelhaus

Herkunft:
Du bist als Sohn eines Volksschullehrers in Berlin aufgewachsen und konntest sogar das Gymnasium bis zur 9. Klasse besuchen! In Berlin hast du die Armut und den Hunger der vielen neuen Fabrikarbeiter gesehen, die in den neu entstehenden Fabriken arbeiten.

Deine Position zur Revolution von 1848:
Die Ziele der bürgerlichen Revolutionäre, Freiheit und Einheit, hast du nie unterstützt. Deiner Meinung nach ist die soziale Frage viel wichtiger: Das Elend und die Armut der Arbeiter und armen Landbewohner muss beendet werden. Dazu müssen die Steuern (z. B. für Kaufleute oder Fabrikanten) erhöht werden und die großen Landgüter (z. B. in Ostpreußen) an arme Bauern aufgeteilt werden. Es müssen sichere Löhne, sowie ein Schutz vor Armut durch Krankheit und Alter eingeführt werden. Die reicheren Menschen sollen teilen lernen; insbesondere die neureichen Fabrikanten!
Die Revolution war dir also viel zu gemäßigt. Daher wunderst du dich nicht über deren Scheitern: Musste nicht in Paris der König auch erst geköpft werden, damit die Revolution von 1789 vollendet werden konnte?

Die politische Opposition wird unterdrückt

1. Beschreibe die dargestellte Situation.

2. Beschreibe und erkläre den Rahmen und den Raum, in dem das Geschehen stattfindet sowie die dargestellten Personen. Achte auch auf Details, beispielsweise die Wandkarte im Hintergrund.

3. Vergleiche die Karikatur mit den Karikaturen in Deinem Buch auf S. 142 und 145. Achte dabei sowohl auf Inhalte als auch auf die Mittel der Darstellung. Wiederhole dabei noch einmal die Schritte zur Interpretation einer Karikatur. Stelle die Ergebnisse in einer Tabelle zusammen und vergleiche sie. Kannst Du Gemeinsamkeiten feststellen?

4. Beachte die Entstehungszeiten der Karikaturen. Überlege, ob sich durch die Revolution etwas verändert hat.

Ein Reich und viele Länder

Name: Klasse:

Das Kaiserreich bestand aus 25 einzelnen Ländern, die sich zu einem Bundesstaat zusammengeschlossen hatten. Größe und Gewicht dieser Länder waren ganz unterschiedlich. Und auch die politischen Verhältnisse innerhalb der Länder konnten sehr anders aussehen. Hier bekommst du vier Länder jeweils in einem kurzen „Steckbrief" vorgestellt. Versuche anhand der Informationen herauszubekommen, um welche Länder es sich handelt.

Als Hilfe kannst du die Zeichnungen mit den Umrissen der vier Länder verwenden. Suche die entsprechenden Länderformen auf einer Karte des Deutschen Reiches. Aber Achtung: Die Länder sind nicht im gleichen Größenmaßstab dargestellt. Und du musst erst noch herausfinden, welche Beschreibung zu welchem Land passt.

a) Das Land hat eine Fläche von 19 514 qkm und (1900) 2 169 480 Einwohner. Es besitzt eine leistungsfähige Kleinindustrie. An der Spitze der konstitutionellen Monarchie steht der König. Die Landesvertretung besteht aus zwei Kammern; die Mitglieder der zweiten Kammer werden im allgemeinen, gleichen und direkten Wahlrecht gewählt.

b) Das Land hat eine Fläche von 2 930 qkm und (1900) 102 602 Einwohner. Wichtigster Wirtschaftszweig ist die Landwirtschaft. An der Spitze des Staates steht der Großherzog. Im Landtag, den so genannten Landständen, sind nur Adel und Städte vertreten, nicht das einfache Volk.

c) Das Land hat eine Fläche von 348 607 qkm und (1900) 34 472 509 Einwohner. Es ist das bedeutendste Industrieland des Reiches. An der Spitze der konstitutionellen Monarchie steht der König. Der Landtag besteht aus dem Herrenhaus und dem Abgeordnetenhaus. Dessen Mitglieder werden im Dreiklassenwahlrecht gewählt.

d) Das Bundesland hat eine Fläche von 415 qkm und (1900) 705 738 Einwohner. Wichtigster Wirtschaftszweig ist der (internationale) Handel. Gesetzgebende Gewalt der demokratischen Republik ist die Bürgerschaft, vollziehende Gewalt der Senat.

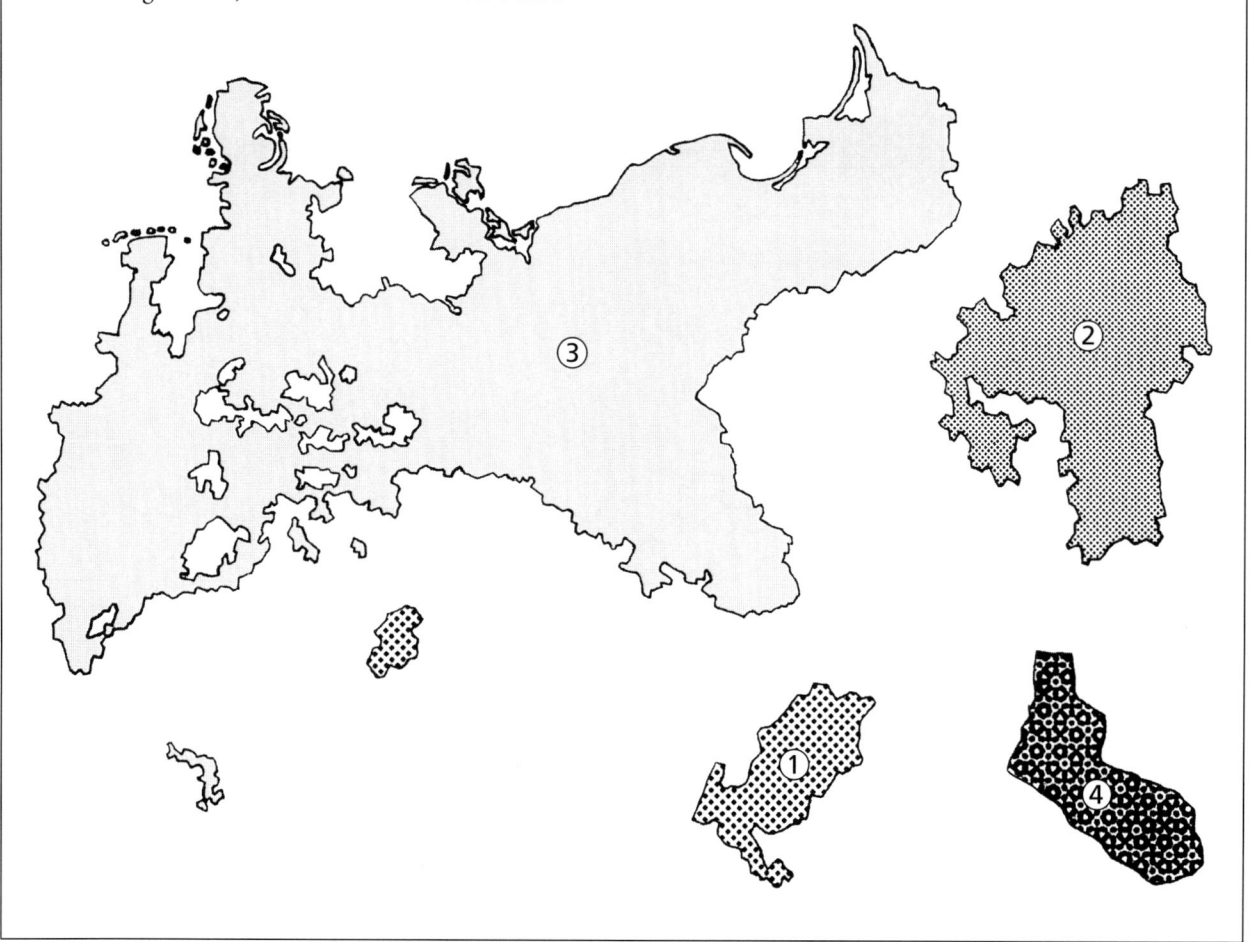

Name: Klasse:

Wohnraum für viele – die Mietskaserne

In der Zeit des Kaiserreichs strömten viele Menschen vom Land in die Städte. Sie wollten dort in den neuen Fabriken Arbeit finden. Die Einwohnerzahlen der Städte nahmen rasch zu. Die Reichshauptstadt Berlin hatte 1870/71 bereits 826 000 Einwohner, 1914 waren es dann 2 071 000. Um rasch neuen Wohnraum zu schaffen, baute man so genannte Mietskasernen. Das waren große Wohnhäuser mit vielen kleinen Wohnungen, in denen vor allem Arbeiter dicht gedrängt lebten. Erst wenn mehr als fünf Personen in einem Zimmer wohnten, galt eine Wohnung als überbelegt.

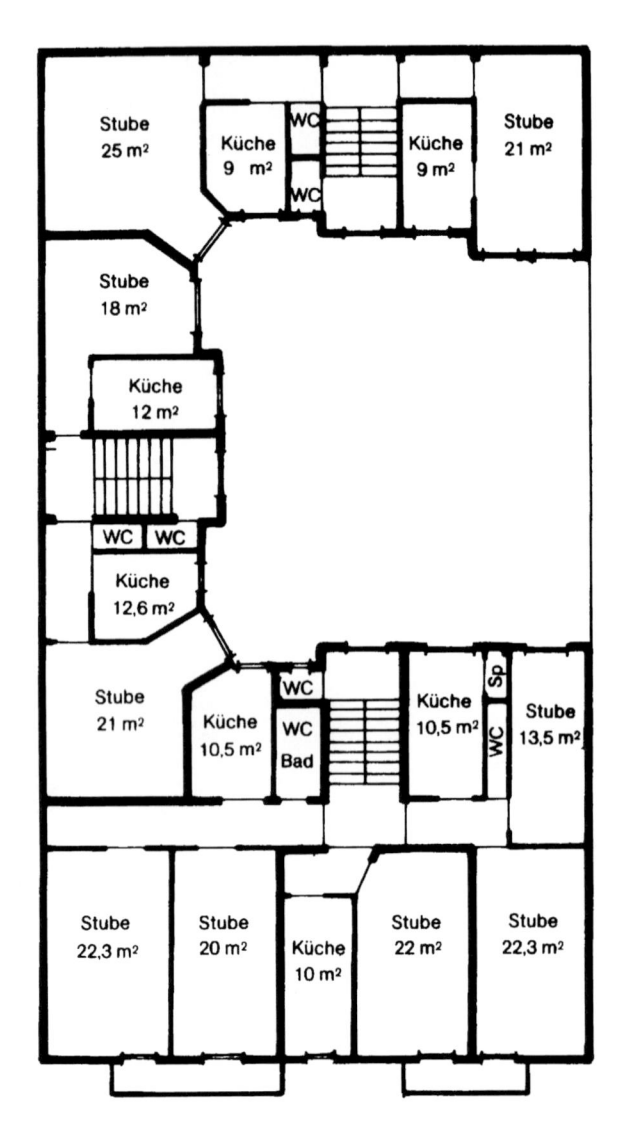

1. Hier siehst du den Grundriss einer Mietskaserne. Berechne, wie viele Menschen auf einer Etage wohnen konnten, ohne dass die Wohnung als überbelegt galt; zähle dafür nur die Stuben als Zimmer.

2. Berechne, wie viele Quadratmeter dann eine Person zur Verfügung hatte (verwende dazu die in der Zeichnung angegebenen Zahlen).

3. Vergleiche, wie viele Quadratmeter ungefähr bei euch zu Hause auf eine Person kommen.

Von diesem Arbeitsblatt ist die Vervielfältigung für den eigenen Unterricht gestattet. Die Kopiergebühren sind abgegolten. © Ernst Klett Schulbuchverlag Leipzig GmbH, Leipzig 2006.

Name: Klasse:

Ein Geldschein als Geschichtsquelle – der „blaue Hunderter"

Nach der Gründung des Deutschen Reiches wurde 1873 die Mark als einheitliches Zahlungsmittel eingeführt. Im Jahre 1908 gab die Reichsbank zum ersten Mal einen Hundertmarkschein aus – nach seiner Farbe als „blauer Hunderter" bezeichnet. 100 Mark waren damals viel Geld. Die wenigsten Menschen bekamen jemals in ihrem Leben einen Hundertmarkschein in die Hand.
Die auf der Vorderseite abgedruckten Bilder sagen viel darüber aus, wie die führenden politischen und wirtschaftlichen Kreise das Reich sahen und gesehen haben wollten.

1. Benenne die einzelnen Bildbestandteile, die mit Pfeilen gekennzeichnet sind.
2. Erläutere, wofür sie vermutlich stehen.
3. Beschreibe zusammenfassend das Bild vom Kaiserreich, das der „Hunderter" bietet.

Von diesem Arbeitsblatt ist die Vervielfältigung für den eigenen Unterricht gestattet. Die Kopiergebühren sind abgegolten. © Ernst Klett Schulbuchverlag Leipzig GmbH, Leipzig 2006.

Name: Klasse:

Kommunistische Führer in Russland

	Lenin	**Trotzki**	**Stalin**
Bürgerlicher Name			
Lebensdaten			
Geburtsort			
Familäre Herkunft			
Ausbildung			
Schritte auf dem Weg an die Spitze der Partei			
Grundansicht über den Charakter der Revolution			

1. Ordne die Porträtfotos mit Verbindungsstrichen der passenden Spalte zu.
2. Entnimm die notwendigen Daten aus den verschiedenen Seiten deines Geschichtsbuches. Fehlende Angaben kannst du ergänzen, indem du in einem Lexikon nachschlägst oder die Internetseite des Deutschen Historischen Museums (www.dhm.de/lemo/) aufrufst.

Wirtschaftliche Umgestaltung der Sowjetunion

1. „Kommunismus = Sowjetmacht + Elektrifizierung" – Lenin hat diese Formel ausgegeben. Erläutere die Aussage dieser Formel

_____

_____

_____

2. Trage in das Schaubild die folgenden Stichworte in der richtigen Zuordnung ein:

Vorrang für die Schwerindustrie – Hungerkatastrophe – Aufstiegsmöglichkeiten für die Jugend – Arbeitslager für Kritiker und Unschuldige – Enteignung von Kulaken – Industrieproduktion steigt in 10 Jahren um das Vierfache – Alphabetisierung – Vernachlässigung des Konsumsektors – Zwangskollektivierung – Anziehungskraft auf westliche Kapitalismuskritiker – Zwangsumsiedlung von Landarbeitern in die Industriestädte – seit 1928: Fünfjahrespläne – industrielle Großprojekte

Landwirtschaft	**Industrie**	**Bevölkerung**
-	-	-
-	-	-

Folgen	
-	-
-	-
-	-

Von diesem Arbeitsblatt ist die Vervielfältigung für den eigenen Unterricht gestattet. Die Kopiergebühren sind abgegolten. © Ernst Klett Schulbuchverlag Leipzig GmbH, Leipzig 2006.

Kopiervorlagen: Bearbeitungs- und Lösungsvorschläge

William Penns Verhandlungen mit den Indianern

Erläuterungen zu dem Bild von Benjamin West/dem Kupferstich von J. Boydell:

Das Bild zeigt die Verhandlung William Penns (1644-1718), des Gründers und Eigentümers der Kolonie Pennsylvania, mit dem Stamm der Delaware. Penn will mit den Indianern einen Vertrag schließen und dadurch das Recht erwerben, auf ihrem Land zu siedeln. Auf dem Bild sieht man mehrere Gruppen von Menschen. Männer mit Hüten und langen Mänteln, die Siedler, stehen rechts von einer geöffneten Truhe, in der man Stoffe und Perlenketten sieht. Links von der Truhe sitzen und knien Delaware-Indianer. Einer der Indianer kniet mit dem Rücken zum Betrachter vor der Truhe und befühlt ein Stück Stoff. Die Siedler bieten den Indianern Waren an, die sie großenteils nicht kennen, da ihnen zum Beispiel die Technik des Webens nicht bekannt war. Um diese beiden Menschengruppen herum befinden sich – am rechten wie am linken Bildrand – Zuschauer. Anhand ihrer Kleidung lässt sich vermuten, zu welcher Gruppe sie gehören. Am rechten Bildrand sitzen eine Frau und ein Mann, die zu den Siedlern gehören, am linken Bildrand sitzen Indianerfrauen, die eine trägt einen Säugling auf dem Arm (bitte nicht den Ausdruck „Squaw" verwenden, da dies eine beleidigende Formulierung der Siedler gegenüber den Frauen der Indianer ist!). Die Siedler wollen den Indianern die Dinge nicht schenken, sondern sie gegen Land eintauschen. Einer der Männer hält bereits eine Papierrolle in der Hand, die ein Vertrag sein könnte.

Das Bild soll eine Situation um 1681 darstellen, ist aber erst 1771 von Benjamin West im Auftrag von Thomas Penn, einem Sohn William Penns, gemalt worden. Der Maler hat also die Situation selbst nicht gesehen, sondern stellt sie so dar, wie er sie sich in seiner Zeit vorstellt und wie sie der Auftraggeber dargestellt haben möchte. Die Siedler sind im Stil des späten 18. Jahrhunderts gekleidet. Einige der Personen zeigen starke Ähnlichkeiten mit Verwandten des Malers. Die Indianer, die hier gezeigt werden, sind eindeutig als Prärieindianer zu identifizieren. Die Begegnung der Siedler um William Penn mit den Indianern hat aber an der Ostküste stattgefunden. Man weiß auch nicht, ob diese Begegnung so friedlich ablief oder ob den Indianern mit Waffengewalt gedroht wurde. Die Tatsache, dass es sich bei dem abgedruckten Bild nicht um das Originalgemälde, sondern um einen Kupferstich des Werkes handelt, ist ein Beleg für das Interesse, das dem Werk Penns entgegengebracht wurde.

Ist Sklaverei eine Sünde? Eine Auseinandersetzung um die Sklaverei im Jahr 1855

1. Abraham habe auch Sklaven gehabt; die Sicherheit von Besitz und Eigentum sei die Basis des Christentums; mit den Sklaven würde eine Menge unmoralischer und haltloser Menschen freigesetzt werden.
2. Die Hebräer hätten eigene Leute, nicht aber andere Rassen oder Nationen als Sklaven gehalten; Gott habe die Ägypter gerade dafür bestraft, dass sie ein anderes Volk nicht davon ziehen ließen; die Bibel verlange auch, dass man einen Sklaven freilassen solle, wenn man ihm einen Schaden zugefügt habe – ein Schutz, den die Sklaven in den Südstaaten nicht genossen. Allgemein wirft van Dyke How vor, den Konflikt aus der Gegenwart in die biblische Vergangenheit zu verlegen.
3. Die Schüler sollen sich an dieser Stelle daran erinnern, dass religiöse Minderheiten für den Prozess der Kolonisierung Nordamerikas und der Entstehung der USA eine wichtige Rolle spielten.

Kinderarbeit in einer Glashütte

1. Einwände der Arbeiter: Sie sind auf den Zuverdienst der Kinder zum Überleben angewiesen; die permanente Arbeit in der Glasfabrik, bei der keine Unterbrechung im Produktionsprozess eintreten darf, erfordert zusätzliche Arbeitskräfte; die Arbeitsbedingungen sind vergleichsweise gut, da den Kindern lange Pausenzeiten zustehen und der Fabrikherr in dieser Zeit auf seine Kosten Schulunterricht anbietet; die Arbeit ist leicht und kann ohne körperliche Anstrengungen verrichtet werden.
2. Einwände der Unternehmer: Für die leichte Tätigkeit lassen sich zu vertretbaren Konditionen keine erwachsenen Arbeitskräfte finden; die Kinder gewöhnen sich frühzeitig an den unregelmäßigen Arbeitsrhythmus; bei nicht rechtzeitiger Integration in den Arbeitsprozess droht die Abwanderung der Glasarbeiterfamilien ins Ausland.

Gliederung einer Maschinenfabrik

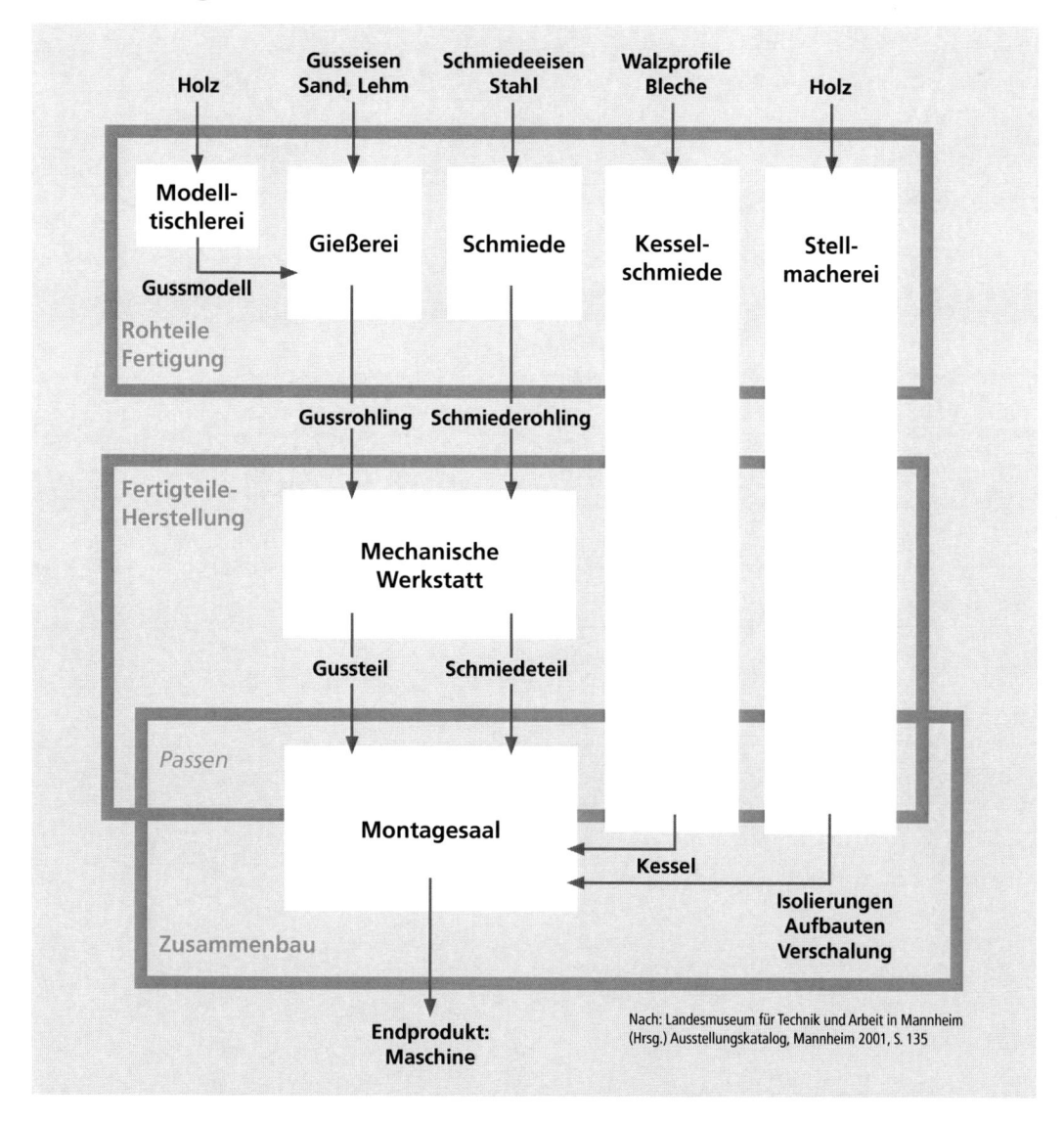

```
Holz    Gusseisen      Schmiedeeisen   Walzprofile    Holz
        Sand, Lehm     Stahl           Bleche
  ↓         ↓              ↓               ↓            ↓
```

- Rohteile Fertigung: Modelltischlerei → Gussmodell → Gießerei; Schmiede; Kesselschmiede; Stellmacherei
- Fertigteile-Herstellung: Gussrohling, Schmiederohling → Mechanische Werkstatt
- Passen / Zusammenbau: Gussteil, Schmiedeteil → Montagesaal ← Kessel ← Isolierungen, Aufbauten, Verschalung
- Endprodukt: Maschine

Nach: Landesmuseum für Technik und Arbeit in Mannheim (Hrsg.) Ausstellungskatalog, Mannheim 2001, S. 135

Die politische Opposition wird unterdrückt

1. und 2. Ein Schulmeister bestraft seine Schüler: Das Clubgesetz wird geprügelt; der Pressefreiheit sind die Hände gebunden; das Petitionsrecht ist gefesselt; der Redefreiheit ist der Mund zugebunden; das freie Versammlungsrecht ist in den Stock gesperrt. Auf der Landkarte ist der Sieg der Mächte der Reaktion (Österreich, Preußen, Russland) dokumentiert.
3. Gemeinsam ist den drei angesprochenen Karikaturen, dass sie sich gegen die Reaktion richten.
4. Die Karikatur auf S. 197 aus dem Jahr 1825 ist noch im Umfeld der Karlsbader Beschlüsse zu sehen; die Karikatur auf S. 194 entstand im Vorfeld der Revolution von 1848/49, die Zeichnung auf der Kopiervorlage ist undatiert, entstand aber nach der Revolution von 1848/49. Die zeitlich letzte Karikatur belegt, dass sich an den Verhältnissen in Deutschland durch die Revolution nichts geändert hat.

Ein Reich und viele Länder

1 Mecklenburg-Strelitz (a)

2 Württemberg (b)

3 Preußen (c)

4 Hamburg (d)

Wohnraum für viele – die Mietskaserne

1. 9 Stuben belegt mit je 5 Personen = 45 Personen.
2. Gesamtfläche ca. 259 qm = pro Person 5,7 qm.

Ein Geldschein als Geschichtsquelle – der „blaue Hunderter"

Einzelne Bildbestandteile	Bedeutung
(deutsche) Eiche	Stärke, Beharrungskraft
Figur der Germania	die Figur verkörpert Deutschland (Allegorie)
Krone, Lorbeer, Schild, Schwert	Krone = Herrschaft, Lorbeer = Sieghaftigkeit, Schild und Schwert = Wehrhaftigkeit
Kriegsschiffe	Aufrüstung zur See, deutsche See- und Weltmacht
Amboss	Handwerk
Zahnrad	Industrie und Technik
Pflug	Landwirtschaft
Warenballen und Hermesstab	Handel und Gewerbe (Hermes = griech. Gott der Kaufleute)

Gesamtdeutung
Das deutsche Reich als aufstrebender Wirtschafts- und Militärstaat.
Vereinigung von Tradition und Moderne.

Kommunistische Führer in Russland

	Lenin	Trotzki	Stalin
Bürgerlicher Name	Wladimir Iljitsch Uljanow	Leo Dawidowitsch Bronstein	Josef Wissarionowitsch Dschugaschwili
Lebensdaten	22. 4. 1870 – 24. 1. 1924	7. 11. 1879 – 21. 8. 1940	21. 12. 1879 – 5. 3. 1953
Geburtsort	Simbirsk/Russland	Janowa/Ukraine	Gori/Georgien
Familäre Herkunft	Vater adliger Schulinspektor Mutter Gutsbesitzertochter	jüdische Bauern	Vater Schuhmacher Mutter Waschfrau
Ausbildung	Jurastudium – Rechtsanwalt	Abitur	1884–1899 Besuch des Priesterseminars in Tiflis
Schritte auf dem Weg an die Spitze der Partei	1887 Hinrichtung seines Bruders wegen Attentatsversuch auf Zaren 1895 Gründung einer politischen Partei; Verbannung nach Sibirien 1900 Exil in Westeuropa 1903 Abspaltung der Bolschewiki von SDAPR 1917 Rückkehr aus dem Schweizer Exil; Vorsitz im Rat der Volkskommissare	1897 Gründung der Südrussischen Arbeiterpartei (SDAPR) 1899 Verbannung nach Sibirien 1902 Flucht nach London- organisiert mit Lenin den Staatsstreich 1917; gründet die Rote Armee; 1925 Absetzung als Kriegskommissar 1927 Parteiausschluss 1929 Exil 1940 In Mexiko ermordet	seit 1898 Mitglied der SDAPR 1903 Übertritt zu Bolschewisten ab 1903 mehrfache Verbannung nach Sibirien 1917 Nationalitätenkommissar im Rat der Volksbeauftragten 1922 Parteisekretär
Grundansicht über den Charakter der Revolution	Kaderpartei von Berufsrevolutionären Diktatur des Proletariats Republik der Sowjets in Russland	permanente Revolution, die auch in andere Länder getragen wird	Sozialismus in einem Land

Wirtschaftliche Umgestaltung der Sowjetunion

1. Für Lenin setzt sich die kommunistische Umgestaltung der Gesellschaft aus zwei Elementen zusammen:
   – Politisch: Sowjets als Träger und Garanten der bolschewistischen Revolution
   – Wirtschaftlich: Technisierung und Industrialisierung der UdSSR

2.

– seit 1928 Fünfjahrespläne

Landwirtschaft	Industrie	Bevölkerung
– Enteignung von Kulaken – Zwangskollektivierung	– Vorrang der Schwerindustrie – industrielle Großprojekte	– Alphabetisierung – Zwangsumsiedlung von Landarbeitern in die Industriestädte

Folgen

– Hungerkatastrophe – Arbeitslager für Kritiker und Unschuldige – Vernachlässigung des Konsumsektors	– Aufstiegsmöglichkeiten für die Jugend – Industrieproduktion steigt in 10 Jahren um das Vierfache – Anziehungskraft auf westliche Kapitalismuskritiker